银龄集

石锋 编著

南开大学出版社

天津

图书在版编目(CIP)数据

银龄集 / 石锋编著. —天津：南开大学出版社，2021.1
　　ISBN 978-7-310-05963-8

Ⅰ.①银… Ⅱ.①石… Ⅲ.①语言学－文集 Ⅳ.①H0－53

中国版本图书馆 CIP 数据核字(2020)第 180347 号

版权所有　侵权必究

银龄集
YINLING JI

南开大学出版社出版发行
出版人：陈　敬
地址：天津市南开区卫津路 94 号　　邮政编码：300071
营销部电话：(022)23508339　　营销部传真：(022)23508542
http://www.nkup.com.cn

北京虎彩文化传播有限公司印刷　全国各地新华书店经销
2021 年 1 月第 1 版　　2021 年 1 月第 1 次印刷
230×155 毫米　16 开本　29.625 印张　4 插页　428 千字
定价:89.00 元

如遇图书印装质量问题，请与本社营销部联系调换，电话：(022)23508339

人在云山之间

与拉波夫先生茶歇相谈

陪王士元先生参观戏剧展

《银龄集》自序

一、书名和内容

这本书之所以叫这个名字,不是因为我唱歌的声音像银铃,而是因为我的年龄已经进入古稀银发族。书名为《银龄集》,源自北京语言大学曾经聘请我为银龄学者一事。

我在64岁时曾经出版过自选作品《秋叶集》,亦雅亦俗。据说反响还不错,所以很快又加印了。这本《银龄集》的内容,基本上还是依样画葫芦:有论、序、悼、言、忆,等等,记录了人生足迹,也有些学术轶闻。增加的有四种:1. 收入了我的博士论文答辩会记录。这是得自偶然的机会:感谢当时的答辩秘书杨老师,竟记录了近30页,连插话都没有漏掉。2. 加入了当年我调查水语的发音人回忆录。这也是得自偶然的机会:这位发音人的侄女跟我在学术会议上相逢,她目前正在中央民族大学读博士。3. 加入了师长和好友给部分拙著所写的序言。4. 收入了我指导的50多名博士生的论文提要。希望这些内容会增加读者的兴趣,开卷有益。

二、从心所欲

我很佩服孔夫子的"十有五而志于学"。因为这也很符合我的人生经历。童蒙时期自然无须细说。我15岁时正在南开中学。南开精神和南开情结,对我的人生之路影响重大,可以说从此开始"志于学"。

在20岁离开南开中学,"被下乡"做了10年北大荒人,真的经历了"饿其体肤,苦其心志"的磨难。直到1977年考大学,1978年上学,1979年考上语言专业研究生,进入语言学的大门,走上语言实验之路——正好是"三十而立"。

40岁的时候,正在完成博士论文的写作。基于实验的语言格局研究,经过了10年的酝酿准备,初步成型。我的博士论文就是基于声调格局而成,得到学界前辈的鼓励。1990年通过博士论文答辩。这就是"四十而不惑"。

从1991年开始"周游列国",先后到美、英、法三国开会及研修;后来在中国香港研究2年半,又于日本任教4年。"独上高楼,望尽天涯路。"其间指导硕士研究生和博士研究生,共同探索。2001年任职南开大学汉语言文化学院院长时,已过"知天命之年"。天命者,使命也。以语言格局为使命,建立研究团队,埋头苦干,潜心求索。

花甲之年,"六十而耳顺",格局研究初见成效。《语音格局——语音学与音系学的交汇点》于2008年出版。当时"语调格局"正在试验探索之中,研究团队劲头正浓,实验工作方兴未艾。耳顺者,顺势而为。以上各项在《秋叶集》后记中略有涉及,此处不再赘述。

现在我已经是"从心所欲,不逾矩"了。本想不做院长后,可以回归赋闲,谁知事情更多。银龄学者期满结束,业已完成三件大事:一是建立语言病理及脑科学研究所,二是完成国家社科重大项目,三是培养了一批博士、硕士。

在成果出版方面,已有语言格局三部曲(借周洪波总编语):除《语音格局——语音学与音系学的交汇点》之外,又有《语调格局——实验语言学的奠基石》《听感格局——汉语语音听感特征初探》面世。第四本《韵律格局——语音跟语义、语法、语用的结合》书稿已在商务印书馆编辑中；主持拉波夫巨著《语言变化原理》三卷本中文译作，披阅三番，历经十载，今年出版了第一卷《语言变化原理：内部因素》。后面两卷《语言变化原理：社会因素》和《语言变化原理：认知和文化因素》即将陆续出版。商务印书馆约稿的《语音学导论：语言格局的理念和方法》正在撰写中，完成在即。日前我专为这三桩要事致信商务印书馆总编，表达我衷心的感谢。

再有，从2017年开始，我们每周组织两次实验语言学网上直播报告，一次是各校研究生的实验报告，一次是具有创见的老师报告。很多学校是老师组织研究生集体收看，相当于每周组会的补充内容。最多时会超过4000链接。始于1986年的实验语言学研修班，传播实验语言学理念和语言格局实验方法，每年如期举办。从2018年开始，研修班改为网上直播，全部开放，免费收看。今年研修班的开幕报告，有超过3300链接；到最后讲听感实验，竟有4600链接。有的年轻人来信，讲他们从网上直播得到帮助，完成了硕士论文和博士论文。这些都使我感到无比欣慰。学术为天下之公器，此之谓也。

三、下乡50年祭

今年恰好是我到黑龙江北大荒下乡50年。纪念会上，荒友们推我发言。我讲道：这是我们下乡50年祭。愿百万知青上山下乡的历史悲剧永不再来。当年我们这些荒友们结下患难之交，至今情谊长在。虽自古便有"天降大任"之前要"苦其心志"之说，但是没有人去讴歌苦难，更没有人要回到从前。我曾有一篇随笔，记录了当年身在北大荒时的心境：

"鲁迅说：哀莫大于心死。南阳曾给我们留下刻骨铭心的痛苦。当年每次坐上南下天津探亲的火车，就感觉心在解冻，苏醒，复活，打开；而每次探亲之后在北上返回农场的途中，会感到心灵又在干涸，冻僵，麻木，封闭。忧国忧家，忧人忧己，悲凉之感，不时笼罩在我们头上。

我们体验了北京街头捡煤渣老太婆的辛酸，我们亲历了"文化大革命"前后神州板荡的悲喜。我们曾经耳闻目睹，亲身见证了太多的痛苦。我不喜欢读伤痕文学的作品，好像是又撕开我们心灵的伤口，再撒上一把盐。有一段时期我只愿看喜剧而不愿看悲剧。

彷徨也是痛苦。我们不失向上的追求。我们跟命运抗争。我们期待涅槃之后的新生。"

我读完这段心路历程之后，很多荒友都深有同感，大家都没有忘记过去的苦难。从苦难中磨炼出来的人，会更加珍惜人生的宝贵时光。

四、人生愉悦之道

繁华落尽，回归本真。如烟往事，只能回味。在生活上，我跟学生们以及荒友们都分享过我的养生心得。其中有一条得到大家的赞许：要把别人的喜事作为自己的喜事一样高兴。这样你就总是从心里感到高兴。自己的喜事总是很有限的，而亲友、同学、同事、学生们的喜事却是层出不穷的。有人只是自己有好事才开心，别人有好事就不开心，这样就会总是不开心。我是自己有好事很开心，别人有好事同样很开心。这样就总是很开心。精神变物质，积极的情绪有利于身体健康，形成良性循环。高兴的心情会带来健康的身体。

在学术上，我曾多次参加评审科研课题和学术奖项，更多的是审阅中外刊物的投稿。我始终秉持一个原则：尽管我不同意作者的观点，但只要是符合规范标准，确有创新，就同意通过。因为我深信，解决学术问题不能靠个人意志。学术领域跟其他领域一样，需要百花齐放。如果一个花园里只有一种颜色的花朵，将会是多么单调无味。在学术上只有一种声音，那将是很危险的情景。即使难有百家争鸣的景象，能够听到不同的声音，也是有益于学术进步的。特别是对于有志于学的年轻人，要多加鼓励，多一点宽容，帮助他们在学术道路上成长起来。未来是年轻人的世界。先进的理念和前沿的方法，都青睐于年轻人，学术要靠他们来继承发扬，开拓创新。

语言格局的理念不是学术研究的终结，而是弃旧图新的起步。语言格局的方法不是秘藏深山的法宝，而是探索发现的工具。我们的目标和方向在哪里呢？那就是：研究人类的自然语言，探索语言的神奇奥秘。

老朽虽年已古稀，却是童心未泯，求解语言难题，仍是兴趣盎然。每有千虑一得，则喜不自胜，或与同道分享，愉悦之情，不可言状。自娱娱人，其乐无穷。

本书内容全靠王晓雯同学精心汇集，仔细梳理，暑期挥汗，费功费力，数月成稿，应记首功。

昔《秋叶集》曾请陈洪友赠序，洪明友题诗。深怀谢忱。这次已是一堆冬叶，不敢再叨扰老友。自言自语，闲话家常，信马由缰，权充为序。

石锋
2019 年 10 月 26 日
记于歌诗达邮轮中

目 录

学坛散论

2／ 试论普通话声调的本调——兼谈五度值记调法的性质
17／ 音节的定义——基于语言学的思考定义
30／ 演化语言学思考——宏观史、中观史和微观史
45／ 实验语言学十题
60／ 汉语音节十问
77／ 北京话儿化韵十题
91／ 普通话异读词调查的初步分析
100／ 语言学：从卡片之学到数据之学
103／ 量化与格局：实验语言学的方向
107／ 语言学应提倡开放式的研究
112／ 语音学条目
115／ 量子语音学条目
120／ 音质与音色

自序与跋

123／《韵律格局——语音跟语义、语法、语用的结合》序言
127／《普通话语音实验录》序言
131／《汉语功能语调研究》序言
136／《汉语功能语调研究》后记
139／《听感格局——汉语语音感知特征初探》序言

152 / 《汉语语音习得研究》序言
156 / 《什么是语音学？》序言
159 / 《实验语言学初探》序言
162 / 《语言变化原理》中文版后记
165 / 附：《语言变化原理》中文版序言（威廉·拉波夫）
168 / 附：《语言变化原理》中文版序言（王士元）
172 / 《秋叶集》后记

为人作序
175 / 时秀娟《鼻音研究》序
178 / 阎锦婷《洋腔洋调实验录（下）》序
182 / 附：石林《洋腔洋调实验录》（上）序（张洪明）
185 / 王萍《汉语语音实验探索》序
188 / 荣蓉《汉语普通话声调的听觉格局》序
193 / 刘掌才《汉语普通话基础元音的听感格局》序
197 / 于秒《现代汉语句法歧义加工的眼动研究》序
201 / 黄彩玉《现代汉语多义结构的韵律特征》序
205 / 张琪、刘劲荣《民族语言与文化》序
207 / 田美华《平凡岁月》序

师友赐序
211 / 《语音格局——语音学与音系学的交汇点》序（吴宗济）
213 / 附：《关于语音格局的发言》（吴宗济）
217 / 《实验音系学探索》序（王士元）
223 / 《实验音系学探索》序（胡明扬）
225 / 《语音丛稿》序（吴宗济）
227 / 《语音丛稿》序（鲍怀翘）
229 / 《语音丛稿》序（张家騄）
233 / 《语音学探微》序（邢公畹）

236 / 《语音学探微》序（胡明扬）
238 / 《汉语研究在海外》序（胡明扬）
242 / 《海外中国语言学》序（邢公畹）
246 / 《秋叶集》序（陈洪）

主持人语

250 / 《语言》(Lingua)"中国语言学专号"主持人语
256 / 《南开语言学刊》"韵律格局专题"主持人语
258 / 《语言文字应用》专栏开头语
259 / 第19届国际中国语言学会年会开幕式讲话
262 / 第7届演化语言学会议欢迎辞
263 / 在白建华校长荣退音乐会上的讲话

纪要评语

267 / 石锋博士论文答辩纪要
294 / 关于专业学习的会议纪要
299 / 给邓丹论文的评语
301 / 给贾媛著作的评语
303 / "语言探索之旅"微信讨论选载

缅怀纪念

326 / 语音格局寄厚望——永远怀念吴宗济先生
334 / 纪念邢公畹先生诞辰100周年
336 / 哭德金
338 / 我最好的学生——韩维新

立此存照

348 / 银龄学者致聘会讲话
351 / 银龄学者总结

356 / 给《当代语言学》编辑部的回信
359 / 访法报告
362 / 语言调查报道二则
365 / 诗五首

往事如烟
　　369 / 我怎样写论文
　　381 / 历尽严寒——忆石锋的三次考学
　　388 / 水寨记水语

桃李满园
　　395 / 石锋指导的博士生论文题目与摘要

附录
　　462 / 石锋著书目录

学坛散论

试论普通话声调的本调
——兼谈五度值记调法的性质

石锋

一、单字调和连读调

汉语是声调语言，每个音节都负载着一个特定的声调。目前一般对普通话声调的描写通常是阴平 55、阳平 35、上声 214、去声 51。这种描写的依据，是白涤洲在 1934 年用浪纹计对北京话单字调所做的实验测量结果（见罗常培、王均，1956）。由于当时是声调分析的早期阶段，学界对声调的实验还不多，随着汉语声调研究的进展，人们开始对此有进一步的思考和讨论。

笔者近年来多次在学术报告中提出对普通话声调描写的改进意见：把以单字调为基础的观念改为以连读调为基础，普通话的声调描写应为：阴平 55、阳平 35、上声 11、去声 53。理由有三点，下面分别加以说明。

1. 连读调更接近于本调

本调和原调[①]都是音乐术语在语言中的应用。原调就是声调的原型，本调就是声调的本质。一般认为本调就是原调，二者是一样的。连读调跟单字调之间有或多或少的差别。即，跟单字调相比，连读中都会发生变调。这可分为两种：一种是调位性音系变调，其中有些具有历时背景，

---

① 原调，就是曲子原来的调。选调就是选出适合你音域的调来弹奏、演唱。原调就是作曲者本身在作曲时选用的调。选调就是为了某些原因，移高或降低音调来演奏（演唱）。比如原调是 F 调的歌曲，现在你唱不上去了，需要降一个大二度，就改成 ♭E 调来唱，就是原调 F，选调 ♭E。

如上声相连前字变阳平。另一种是更为普遍的非调位性语流变调，如所谓的上声调有半上21，去声调有半去53。音系变调应该是源于语流变调的。语流音变在音类上的固化，成为音系规则；语流音变在音值上的固化，成为语音规则。连读调简称为连调。这样连调就跟变调联系起来。

很多方言的实例证明，连调往往更接近于底层形式。变调有时候可能是原调（丁邦新，1982；张洪明，2002）。根据常识就可以做出判断，连读调和单字调哪个是原生的，哪个是后起的——当然单字调是后起的。上面讲的半上半去就是指连读中只有单字调的一半。这种半调就是连调，其实连调就是本调。

2. 单字调带有边界成分

边界调（boundary tone）这一术语出自普里亨伯特（Pirrehumbert）的博士论文，是指在语调短语（intonational phrase）或句中短语（intermediate phrase）的开头和结尾标示边界的韵律成分。克里斯托尔（Crystal，1997）指出："一般认为高调和低调具有区分边界的重要作用。"我们曾经有专文讨论边界调的定义及其表现和功能问题（石锋、王萍，2014），在此不赘述。

单字调在英语里面称为 citation tone，其中 citation 就是"列举""引述"的意思。如：mā（妈）、má（麻）、mǎ（马）、mà（骂）。这些单字彼此之间都要有边界的，因此每个单字调本身就带有边界成分，包括时长的停延和音高的滑移。所以，单字调都是复合式的声调表现。相比之下，连读调并不带有边界成分，可以说是单一式的声调表现，应该作为声调标准形式的典型代表。

3. 连读调更接近实际语言交际

连读调优于单字调的根本原因，是它更接近人们日常语言交际中的实际语流。已有大量的语言调查和实验研究的实践经验表明，我们所采用的语言材料越是与实际语言交际相接近，就越有规律性。

儿童习得母语是通过语流中的概率匹配和自然模仿，当然是先学会连读调。单字调的学习是在上学认字的时候才开始的事情。所以虽然老师教的上声调是 214，可是极少有人说成 214，因为他早已经学会连读调。然而，二语习得则大不一样，留学生会把单字调当作连读调。有人统计，多数洋腔洋调的表现就是这个上声调的 214 在干扰。所以我到处呼吁：千万不要教外国学生把上声调说成 214。中国人多数都不说 214，为什么非要教外国人这么说呢？

林焘先生在《汉语韵律特征和语音教学》(1989) 一文中主张语音教学内容不仅要注意单字音，还应该充分注意单字进入语句中的韵律特征。这确实是至理名言，经验之谈。

二、平调定义和双数调原则

除了以上三条理由之外，我们还找到两个理论依据。一个是麦迪森的平调定义，一个是赵元任的双数调原则。

1. 麦迪森的平调定义

普通话四个声调有两个是平调，我们根据什么说它们是平调呢？麦迪森在《声调的共性》一文中提出平调的定义："平调是一种以水平音高为其可接受的变体的声调。"（Maddieson，1978）后面又追加说明："这种定义不考虑那些由于和邻接声调及音段联合发音、跟语调模式重叠，以及因边界现象而产生的音高变体。这些可预知的表现为升调或降调模式的变体不足以说明这些声调的基本特征是音高的滑动。"这个定义很重要，下文还要用到。

根据麦迪森的平调定义，普通话声调中的阴平和上声应该定义为平调。阴平为平调，这从一开始就是没有问题的。问题在于上声调，赵元任发现"半上"是低降或低平。王力（1979）明确指出："普通话的上声基本上是个低平调"。沈炯（1999）认定："上声基调核心段是低音区平调"。这反映了中国语言学者对普通话上声的认识从现象到本质逐层深入的推进过程，说明学界已有普通话上声是低平调的共识。我们曾有专文论述：普通话上声的本质是低平调（石锋、冉启斌，2011）。

我们之所以赞同麦迪森的平调定义，还因为这个定义的包容性：它并不排斥平调可以具有其他的变体，只是要求平调以水平音高为其可接受的变体即可。所以高平调可以同时具有微升、微降的变体，低平调可以同时具有低降和降升的变体。这不同于那种只认低降而排斥低平的封闭式观点。

2. 赵元任的双数调原则

赵元任在《一套标调的字母》（1930）一文中创制了五度值记调法。文章有一段说明，常常被人忽略，他提出了一个重要的双数调原则："为了不使区别过细，双数的2度和4度除了单独使用和相互配合使用之外，不跟单数的1度、3度和5度相配。"这句话虽然没有更多解释，但是意味深长。

"为了不使区别过细"中的"区别过细"是什么意思呢？五度值把调域划分为五级，这只是给出一种最大可能的极限。目前已知有几种语言具有五个调级，具有四个调级的约有十几种语言。大多数语言和方言就是划分为两级或者三级就够了，一般很少用到五级的划分。"有三个调级的语言很普遍。那些只有两个调级的语言是声调语言中最常遇到的类型。"（Maddieson，1978）实际上，双数调原则意味着一般语言中只用1、3、5就足够了。2、4只是为个别语言准备的符号。如果在调级只有两级或三级的语言或方言中，非要把五度都用全来标记声调，就属于"区别过细"。如普通话声调可分为三级。因此，所谓半上的21实际也就是11。后面我们会用听感测试的证据来说明这个双数调原则是符合语言实际的。

三、对于本调的说明

我们认为普通话的声调应该依据连调表现，描写为阴平55、阳平35、上声11、去声53。这就是它们的本调。除了前面所讲过的理论依据之外，还有大量的声学和感知实验的证据来支持我们的意见。下面分别对这四个声调的本调予以论证说明。

1. 阴平调

阴平调以高平为本调。变体有55、44，偶尔有33。实际上还会有54、45，偶尔有34、43等变体。阴平调起点和终点都在高调阶内。阴平调在语流中多分布在调域的上半部，只有少数达到调域上限。如果把人类语言的总调域划分为超高、高、中、低、超低五个调阶,普通话的阴平应该是在高调阶,而不是超高调阶。

图一a是50位北京发音人的阴平调在双字组的前后字中的表现(张妍,2018)。从中可以看到后字阴平比前字阴平下降约1/3格。这是由于音高下倾造成的声调的位次效应。图一b是52位北京发音人阴平单字调的总体音高分布(石锋、王萍,2006)。可以看出分布的下线已经超出一度,到3.5左右,即调域的70%。图一c是北京阴平调听感范畴跟阴平总体音高的对照(荣蓉等,2015)。阴平听感边界的下线起点为(74±2)%,也就是在前字时边界为76%,在后字时边界为72%;阴平听感边界的下线终点为(73±4)%,也就是在前字时边界为77%,在后字时边界为69%。这都属于稳态边界。(以下的图二、三、五的来源同图一,不再赘述)

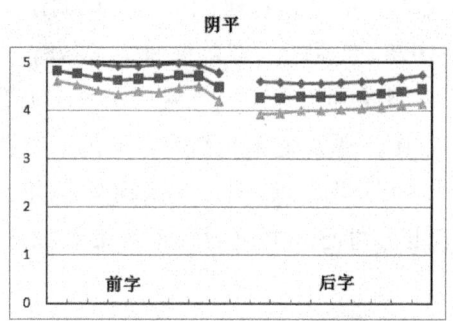

图一a　阴平调在双音前后字的音高表现

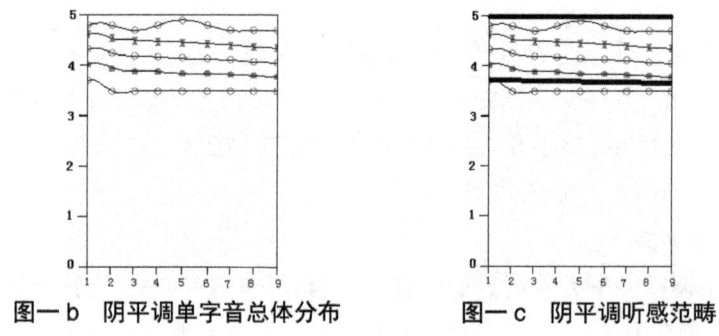

图一b　阴平调单字音总体分布　　　图一c　阴平调听感范畴

声学实验数据表明,阴平调高平均值在4.5左右,即调域的90%处。

若跟五度值对应，每一度约为调域的 1/5，即 20%。在平均值上下至少应有一度的自由空间。以 4.5 处的 90%减去 20%，就是 70%。这正好跟听感测试的阴平下线边界相对应。听感边界表明，阴平调的范围不是调域的 1/5，而是 1/3 到 1/4，超出了一度的范围。这就证实了双数调原则的正确性：区别过细，听感不能分辨。

阴平调没有半阴平的表现，没有半调，这是因为它终点在高调阶。高调尾与高边界调相互一致，重合在一起，使得连调和单字调相同。这也联系到我过去曾经讲过的：高平调具有特殊的稳定性。普通话的高平调是无标记的。它不发生变调，不参与变调，却可以作为变调的结果[①]。阴平调具有较强的独立性。

2. 阳平调

阳平调的本调是高中升调。变体有 35、24、25 等。因为北京声调系统中只有这一个上升的声调，并且只有这一个声调是起点在调域中部，所以它具有较大的中调的游移性。与此相对应，阳平调的听感范围所占的面积在四个声调中是最大的。这一点可以跟普通话中元音的游移性相联系（石锋，2002）[②]。

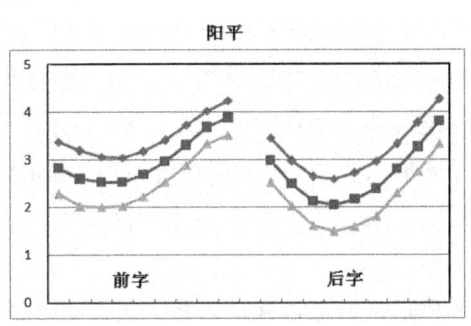

图二 a　阳平调在双音前后字的音高表现

[①] 阴平作为变调的结果。如：重叠形容词第二字音（慢慢走、好好干）；aabb 式形容词第三、四字音（整整齐齐、慢慢腾腾）；前字阴平或阳平的三字组第二字音（人民币、踢皮球）。

[②] 参见石锋，2002，《北京话的元音格局》：中元音/ə/有较强的游移性，表现为一级元音有明显的高低动程；二级元音呈前后离散分布；三级元音总体分布较低；四级元音分布均匀。

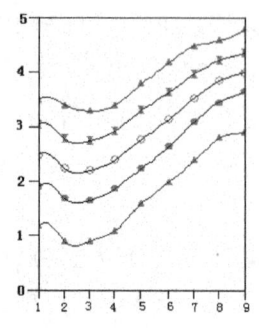 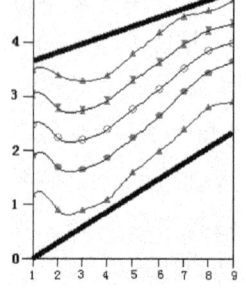

图二 b　阳平调单字音总体分布　　图二 c　阳平调听感范畴

图二 a 中的后字阳平比前字阳平下降约 1/2 格。声调的位次效应大于阴平的 1/3。图二 b 是阳平单字调的总体音高分布，起点在中调阶，先有一个下降的调头之后，又上升到高调阶终点。图二 c 是北京阳平调听感范畴跟阳平总体音高的对照。阳平听感边界的上线起点为（74±2）%，也就是在前字时边界为 76%，在后字时边界为 72%。这是一种稳态边界，跟阴平调的稳定性相联系。阳平听感边界的下线终点为（46±19）%，也就是在前字时边界为 65%，在后字时边界为 27%。终点边界的这种动态变化主要是受到低平上声的影响所致。

阳平的连读调与单字调的调值相同。没有半阳平调的表现，这跟阴平调一样，是因为它们的终点都在高调阶。阳平本身的高调尾与高边界调相互重合，造成连调和单字调相同。所以在表面上看是没有变化，实际上已经有高边界调加入其中。阳平调在连读时，在 aabb 式形容词第三、四字音，在首字阴平或阳平的三字组中字，会发生变调，变读为阴平调（见前页注①）。

普通话的阴平和阳平的连调和单字调一样，即，本调在连读中和在单念时没有大的变化：一个是 55，一个是 35。本调发生较大变化的是下面要讲到的上声调和去声调。

3. 上声调

3.1 上声本调　上声调的本调为低平调。上声调变体较多，有 11、21、212、112、213、113、214、114 等。单念时往往伴有紧喉发声，有时甚至发生声调断裂，说明上声调位于总调域的超低调阶。上声是有标记的，具有较强的依赖性：参与上上相连的前字变调；需要有高调参照的语境。当连读后字为非上声的时候，前字上声都读为半上 21 或 11，半调就是连调，连调就是本调。

图三 a 中的后字上声比前字上声略有下降。图三 b 是上声单字调的总体音高分布，起点在调域下半部，很快降到最低，后面的高调尾起到自我参照的作用。图三 c 是北京上声调听感范畴跟上声总体音高的对照。这里是把上声单字音后面的高调尾删除后做的对照图。上声听感边界的上线起点为（68±10）%，也就是在前字时边界为 78%，在后字时边界为 58%。上声听感边界的上线终点为（46±19）%，也就是在前字时边界为 65%，在后字时边界为 27%。终点边界的动态性约为起点边界的 2 倍，表明上声对于语境有较强的依赖性。

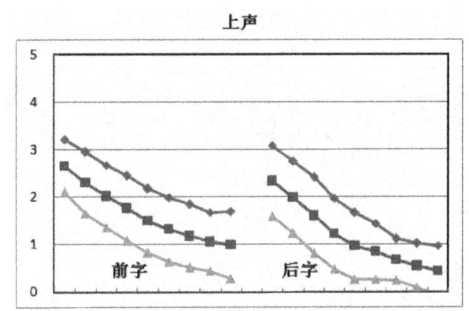

图三 a　上声调在双音前后字的音高表现

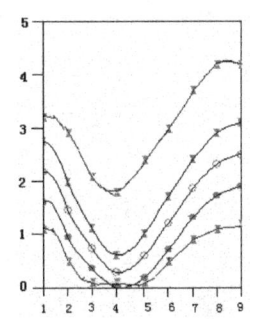　　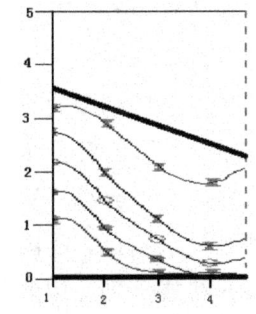

图三 b　上声调单字音总体分布　　图三 c　上声调听感范畴

为什么声调开头会下降呢？"人们常常在话语或词的起首位置发现一种辨识性的声学特征——低调有下降的过渡，高调有上升的过渡。"

（Maddieson，1978）弯头反映了声带从自然状态到特定的高音或低音的调节过程。弯头的出现是可以预测的：调域两极的声调会有弯头。

上声高调尾的出现也是可以预测的。这个高调尾可以有两种意义。一是边界调的表现。二是低平调的自我参照，以便跟高平的阴平调相区别。"上声基调还可能有中音区尾音特征，但只在单说或停顿前它才以声调尾音形式出现，以对偶关系支撑上声低音特征。"（沈炯，1999：64）"调头的降、调尾的升，都是次要的。"（王力，1979）这只是"因边界现象而产生的音高变体"（Maddieson，1978）。所以，上声的本质是低平。

3.2 检验与证据 对于调尾的性质有一个检验的办法：在上声后加上轻声，如："好的"读为 21+4，充分说明高调尾不是上声固有的，而是后加成分。对于其他声调也可以采用同样的检验方法。透过现象看到本质，去掉边界成分之后才能显露出真实面目。

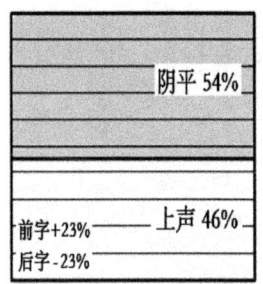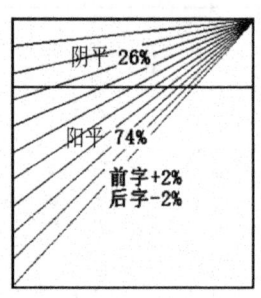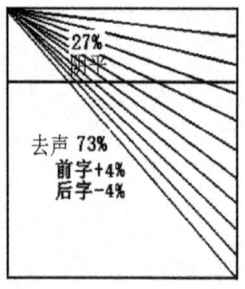

图四 a 阴平—上声调阶性分界　　图四 b 阴平—阳平调型性分界　　图四 c 阴平—去声调型性分界

通过上声跟阴平之间听感测试得到的动态性调阶边界与其他声调跟阴平之间的稳态性调型边界的对比，可以为"上声是低平调"增添新的证据（见图四。引自荣蓉等，2015）。图四 a 的阴平—上声分界呈水平式分割，边界在（46±23）%，即前字跟后字之间相差 46%，接近调域的一半；动态性很明显。而图四 b 的阴平—阳平和图四 c 的阴平—去声的分界都是射线式分割，边界分别在（74±2）% 和（73±4）%，前字跟后字之间相差不大，属稳态边界。这充分说明阴平—阳平和阴平—去声是调型性分界，而阴平—上声之间是调阶性分界。鉴于这种听感测试结果，如果承认阴平是平调，那么就必须同时接受上声也是平调的事实。

4. 去声调

去声调的本调是高中降调，变体有 53、52、51、42、41 等。去声在语流中，多数表现为 53，特别是去声相连时，前字 53 被称为半去。其实后字为其他声调时，也是半去。半去就是去声的本调。从高调阶开始，到中调阶结束。52 或 41 只是在韵律边界才会有。51 都是在句末边界出现的。这个低调尾就是边界调的表现，即本调 53 后面加上一个低边界调，成为 51。

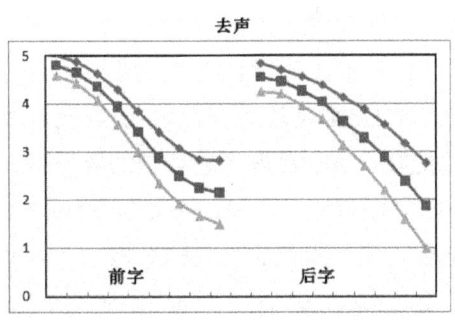

图五 a 去声调在双音前后字的音高表现

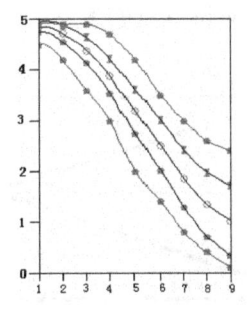 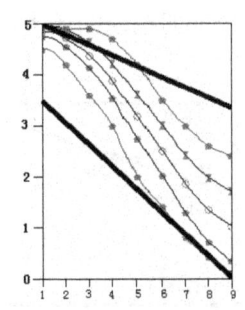

图五 b 去声调单字音总体分布　　图五 c 去声调听感范畴

图五 a 中的前字去声中线在 53；后字去声稍有下降，是音高下倾和边界调的影响。图五 b 是去声单字调的总体音高分布，起点在调域最高处，终点降到调域下半部，其中应该有边界调成分。图五 c 是北京去声调听感范畴跟去声总体音高的对照。可以看到去声听感边界的下线起点有明显降低，为（68±10）%，也就是在前字时边界为 78%，在后字时边界为 58%。去声听感边界的上线终点有明显提升，为（73±4）%，

也就是在前字时边界为 77%，在后字时边界为 69%。下线起点的动态性稍大些，因为这是跟标记性的上声之间的划界，难免受到影响；上线终点较为稳定，是来自与阴平分界的影响。上线终点的提升，说明了去声的听辨只要超过调域的 30%，就没有问题了。这就从感知方面证实，高降调根本用不到 51 那么大的降程。

四、声调系统的轴对称结构

综上所述，普通话四个声调的本调就是：55、35、11、53。其中阴平的 55 和阳平的 35 结尾都是高调，跟边界调一致。上声 11 后面的高调尾和去声 53 后面的低调尾都是边界调的表现。我们曾经在分析天津声调时发现一种有趣的现象：四个声调形成典型的轴对称结构——以水平的调域中线为轴，两两分别对称（石锋，1987），可以参见图六 b；这里的北京声调系统同样形成一个典型的轴对称结构——以垂直的调长中线为轴对称，可以参见图六 a。

声调系统的这种轴对称结构表现出声调之间的最佳对立状态。最佳对立状态符合声调系统的最大区分原理，应该具有普遍性。

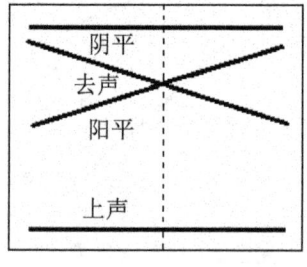 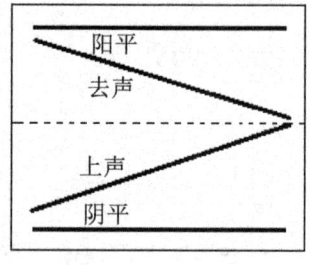

图六 a　北京话声调格局　　　　图六 b　天津话声调格局

其实这里讲的已经不是什么新内容。国外的学者早已经提出类似的看法。美国学者叶莫莉在她的博士论文中就有关于上声 11 和去声 53 的分析（Yip，1980）。日本的藤堂明保（1980）认为："不仅 1 声和 3 声是极端对立的形式，2 声和 4 声也有着明显的对比关系。""3 声通常被认为是降升调，但从音系角度来看，3 声的本质只是低平调。"为了方便教学，他还在汉语教科书中画出北京话四个声调的抽象形式：

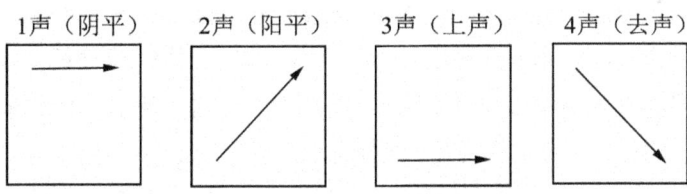

图七　北京话四个声调的抽象表现（藤堂明保等，1970）

我在美国也看到过汉语教科书上有类似的声调描写，这也有助于揭开这个谜题：为什么很多学生在本国就能把汉语学得很地道，而到中国来留学的学生却有不少都是洋腔洋调。中国老师教声调时把边界调加上了，还能说好汉语吗？

采用音系学特征来标示北京话的四个声调，如果分为 H（高）、M（中）、L（低）三级，就是：阴平 HH，阳平 MH，上声 LL，去声 HM；如果只分为 H（高）、L（低）二级，就更为简单：阴平 HH，阳平 LH，上声 LL，去声 HL。这样简明的声调区别，外国学生学起来应该是很容易的。把简单的东西搞得很复杂，不仅会使自己糊涂，更会使学生偏误。

五、余论：五度值的性质

本文内容直接涉及对五度值的理解和使用，不免对此再加些评论。正如国际音标的元音和辅音符号既可以标记音素，也可以表示音位一样，五度值是一种半调值、半调位的记调法。如同元音图和辅音表列出所有的符号一样，音高区分为五度是表明最大限度的可能性。每一种语言或方言各自从中做出有限的选择。在记音的时候依据听感辨识，做出主观印象的记录。并且由于音高本身的相对性质，五度值的描写更是具有"相当的模糊性"（王士元、沈钟伟，1987）。这里讲到了相对性和模糊性。

多年前我曾考察五度值的由来及其性质和用法（石锋，1990），对于采用五度值描写音高的相对性有所涉及。客观上有说话人性别、年龄的人际差异和社会分层，还有他们自身喜怒哀乐的情绪起伏；主观上有记音人天南地北的母语背景，以及各自学识偏爱的个体差别。

本文则是从不同声调系统本身看到五度值记调的模糊性。先从各种语言声调系统的内部来看，它们的分级彼此不同，多为二级或三级，很少有四级或五级。可是都要划分为五度，以此把每个声调标记出来。这就像不同语言元音高低的等级不一样，法语有四个等级，汉语有三个等级。那么同样的 a 在汉语和法语中的发音表现就会不一样。

再从跨语言的声调系统来看，人类语言的总调域可以分为五个调阶：超高、高、中、低、超低，"位于两极的声调标记程度高"（Maddieson, 1978）。超高调阶可以视为伴有假声的语音，超低调阶为伴有紧喉发声的语音。这五个调阶并不跟五度值相互对应。每一种语言的声调调域在人类语言总调域中所占据的范围各不相同。综上可见，同样的五度，在不同语言中的含义往往是各不相同。

如天津话和普通话都有低平 11 和高平 55 调。普通话的阴平 55 是在高调阶；上声 11 调伴有紧喉发声，是超低调阶。天津的阳平 55 往往带有假声，属超高调阶；阴平 11 调没有紧喉发声，是低调阶。所以天津话是在"低—超高"范围内划分 5 度；而普通话是在"超低—高"范围内划分 5 度。二者是不同的。

这就像不同语言的 a、i、u 元音构成的三角形元音空间各有特点，普通话是近似等边三角形；英语（美式）是近似钝角三角形；日语是近似直角三角形。因此，用同一国际音标 u 标示的元音，在不同语言中差别会很大。

各地声调系统各有特色，调阶分布范围和调域内部分级各不相同。朱晓农提出分域之说解决这个问题，道理明白，实行则难。目前只能像跟对元音辅音的发音特点一样，专门做出说明。一般声调系统分为二级或三级是常态，若是四级或五级，往往会有音高之外的线索帮助听感辨识，如时长以及声母清浊和元音松紧等发声态音征。

显然，我们用实验数据归一化得出的声调 T 值与五度值有不同的基础，只是一种对应的比附，不是五度值的代替。五度值本身就是一种模糊的主观标记。要求实验数据必须有分毫不差的匹配，那是脱离实际的幻想。只要实际调查几种语言或方言，就可以纠正这种天真的想法。所以我们提倡：从事实验者去做一些语言调查，语言调查者去做一些实验。

最后，我们想到：声调如此，音段亦然。在连续语流中，音段发音的音质特征不到位是普遍的正常状态；发音到位反而是特定的非常态。所以我们不仅是在声调问题上需要转变观念，在音段问题上同样需要转变。这应该是另一篇文章的内容了。

参考文献：

丁邦新，1982，汉语方言区分的条件，《清华学报》，14.1，2：257-273。收入《丁邦新语言学论文集》，北京：商务印书馆，1998.

林焘，1989，汉语韵律特征和语音教学，载《林焘语言学论文集》，北京：商务印书馆，2001.

罗常培、王均，1956，《普通语音学纲要》，北京：商务印书馆.

荣蓉、王萍、石锋，2015，汉语普通话声调的听觉感知格局，《南开语言学刊》，第1期（总25期），11-24.

沈炯，1985，普通话声调的音域和语调，《北京语音实验录》，北京：北京大学出版社.

沈炯，1999，汉语音高载信模型，《中国语言学的新扩展——王士元先生65华诞庆祝文集》，香港：香港城市大学出版社.

石锋，1986，天津话和普通话的异同，《语言研究论丛》第5辑，234-245.

石锋，1987，天津方言单字音声调分析，《语言研究论丛》第4辑。收入《语音学探微》，北京：北京大学出版社，1990.

石锋，1988，试论天津话的声调及其变化，《中国语文》第5期.

石锋，1990，论五度值记调法，《天津师大学报》第3期，15-19.

石锋，2002，北京话的元音格局，《南开语言学刊》第1期，1-10.

石锋、冉启斌，2011，普通话上声的本质是低平调，《中国语文》第6期，550-555.

石锋、石林、廖荣蓉，1987，高坝侗语五个平调的实验分析，英文刊于 *Journal, of, Chinese, Linguistics*（《中国语言学报》），Vol.15，No.2.，中文稿载石锋、廖荣蓉《语音丛稿》，北京：北京语言学院出版社，1994.

石锋、王萍，2006，普通话单字音声调的统计分析，《中国语文》第1期，33-40.

石锋、王萍，2014，边界调和焦点调，*Journal of Chinese Linguistics*（《中国语言学报》），42.1：93-108.

藤堂明保，1980，《中国语音韵论》（日），东京：光生馆.

藤堂明保，等，1970，《中国语教本》（日），东京：光生馆.

王力，1979，现代汉语语音分析中的几个问题，《中国语文》，第 4 期.

王士元、沈钟伟，1987，方法、理论与方言研究——语言研究的客观性和合理性，第一届国际粤方言研讨会（香港）.

王韫佳、李美京，2010，调型和调阶对上声和阳平知觉的作用，《心理学报》，Vol.42，No.9.

张洪明，2002，北大中文论坛系列发帖.

张妍，2018，《北京普通话的声调实验分析》，北京语言大学博士论文.

赵元任，1922，中国言语字调底实验研究法，《科学》第 9 期.

赵元任，1979，《汉语口语语法》，北京：商务印书馆.

Chao, Yuen Ren. 1930. A System of tone-letters. 重载于《方言》，1980 年第 2 期，81-83.

Cheng, Chin-Chuan. 1973. A quantitative study of Chinese tones. *Journal of Chinese Linguistics*, No.1, 93-110.

Crystal, D., 1997. A Dictionary of Linguistics and Phonetics. NJ: Blackwell Publishers Ltd.

Lehiste. 1970. *Suprasegmentals*. Cambridge, Mass: M.I.T. Press.

Maddieson, Ian. 1978. Universals of tone. In Joseph Greenberg (ed.). *Universals of Human Language*, Vol. 2 (Phonology). Stanford: Stanford University Press, 335-365. 声调的共性，廖荣蓉，译，石锋，校，《语言研究译丛》，第 2 辑，天津：天津人民出版社，1988.

Yip, Moria. 1980. The Tonal Phonology of Chinese, M.I.T. PhD dissertalion.

音节的定义——基于语言学的思考定义

一、以往的音节定义

人们很早就认识到音节的存在。古印度的《巴尼尼经》已涉及语言中的音节这一层级。中国传统音韵学研究的字音,实际上就是带调的音节。

一般书上都是这样讲到音节:"音节是音位组合构成的最小的语音结构单位,音节是语音中最自然的结构单位"(叶蜚声、徐通锵,1997);"音节是由一个或几个音素组成的最小的语音片断"(罗常培、王均,1981);"音节是言语中可能出现的最小单位"(Ladefoged & Johnson,2011);等等。这些是不同作者依据自己的观察各自做出的对音节的描述,并不是严格的具有确定内涵和外延的术语定义。

人们从生理、听觉等角度探索音节的客观基础。斯托姆(J. Storm)提出过"呼气"说,认为"用一次呼气力发出来的语音单位就是一个音节;呼气力最强的地方是音节的中心,最弱的地方是音节的分界线"。叶斯泊森等(Jesperson et al)提出过"响度说",认为音节中"响度的高峰就是音节中心,响度最低的地方是音节分界线"。谢尔巴(L.Scherba)提出过"肌肉紧张说",指出"按照说话时肌肉紧张的增减交替,每一次肌肉紧张度的增而复减,就造成一个音节"。

上述这些看法反映了音节在某些方面的特性,但也都存在一定问题。例如"呼气说"要看呼出气流的强弱,其实元音和浊辅音的发音跟清辅音发音是不同性质的气流机制,需要实验测算而不能靠主观猜测。"响度说"有一定的用处,不过实际语言中音节的划分与响度峰并不一定一致，而且很多音节是明确违反响度顺序的。"肌肉紧张说"以肌肉的紧张度为基础，然而肌肉紧张度的确定缺乏客观依据，主观性过强。

国外和国内都有学者从不同的角度提到音节的重要性。如阿贝克罗比（Abercrombie，1967）把音节作为语言中的基本语音单位；阿罗托（Arlotto，1968）提出"音节定向"特征可以与"语素定向"或"单词定向"语言形成对比；赵元任（1975）认为在中国人的观念里"字"是中心主题；徐通锵（1997）更是明确提出汉语以单音节为基础的字本位。近年来已有专门的音节论著出版（Duanmu，2008），朱晓农（2008）专设音节学来关注音节的作用；陈卫恒（2018）用语素对应的音节数来划分人类语言的类型。这充分说明学界对音节的重要性已达成共识。

音节是语言中构建话语的基本单位，它不仅是一个语音学单位，更是一个语言学单位；它具有心理、物理、生理的属性，更有语言学的属性，因此对音节的定义不能离开语言学的角度。

二、音节的语言学定义

音节是语言系统中的一个重要层级。从语言学的角度可以这样为音节定义：音节是语言中能够自由组合的最小的音段结构单位。

音节的这个语言学定义可以跟语素和词的定义相互对比。语素的定义是"语言中最小的音义结合体"。音节则是最小的音段结构单位。这里以最小为基础，大道至简，最小就是最简。而最大在理论上是无限的。当然在实际上会受到生理和心理限度的制约。词的定义是"能够独立运用的最小的语言单位"。"独立运用"就是"独立组合"，这跟音节的"自由组合"是有差别的。语素的不能"独立运用"，表明它的独立性不如词。而词的"独立运用"又不如音节的"自由组合"。前者的独立并不是自由，后者才是充分的自由。

音节是音段结构单位。即音节只包括元音和辅音而不考虑韵律。音节可以负载韵律特征，但不包括韵律特征。人们通常把汉语的字音称为带调音节，就跟英语中讲到重读音节和非重读音节一样，都是把音节的音段结构跟超音段的韵律特征区分开来。音节是负载超音段成分的最小单位。超音段成分还可以作用于更大结构层级，如词和短语，特别是句子中的语调。

音节既然是音段结构，就要有结构规则。音位配列规则（phonotactics）就是音节内部结构的组合规则。例如：CVX 就表明一种结构框架，其中的 C（辅音）、V（元音）、X（或元音，或辅音，或无音）并不是任意配合的，而是有一定限制条件的。这在不同语言中有不同的表现。如：汉语的音节是首先分为声母（initial）和韵母（final）两部分，韵母由韵头（medial）、韵腹（nucleus）、韵尾（ending）构成。在英语等语言中，音节由音首（onset）和韵基（rhyme）构成，韵基再分为韵核（nucleus）和韵尾（coda）。在音节内部，哪些音段能够出现在哪个位置上，不同语言中的音位配列规则各有不同。

三、音节在语言系统中自由程度最大

音节的语言学定义强调的是音节自由组合的特性。这种自由的程度有多大？这就需要把音节放在语言系统中来考虑。音节在语言系统中的地位十分重要。在语言系统层级中，音节位于语音和语义两大系统的结合部（见图一）。

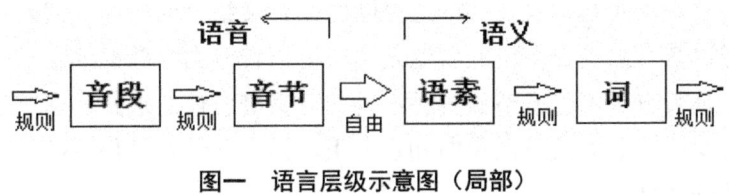

图一 语言层级示意图（局部）

首先看它的下位。音节的下位是音段，也就是元音和辅音音位。音段组成音节受到音位配列规则的制约，所以音段不是自由的，只有符合条件进入结构才能组成音节。音段下面还有特征，就是发音动作，也是有规则的。哪些特征可以共现，哪些特征相互排斥，都是有序的和不自由的。

音节或音节序列跟意义结合组成语素。再来看语素的上位：语素与语素构成词，词与词构成短语，再成为句子。其中每一层级与上位层级之间都是有规则制约的。语素组成词要受到词法的规则制约：首先是把语素分为词根和词缀，再有复合与派生两种合成词的构成方式，还有各种具体的语义搭配关系和结构形式的制约；词与词组成短语以及语句，还会有句法和语义的规则；句子和句子组成话语，又要加上语用的原则，这里不再详述。

综上所述，在音节的下位层级，音段之间和特征之间的组合都是有限制条件的；在音节之上，语素之间和词之间的组合也都是有限制条件的。只有音节与音节的组合没有发现什么规则和制约条件。可见音节之间的组合是自由的，即从理论上讲，任何两个或几个音节都是可以组合在一起的。很多语言中都是如此。因此可以说，音节是在语言系统各层级中制约最少而自由程度最大的层级。

四、为音义结合的任意性准备基础条件

音节自由组合的意义是什么呢？这要从语言的音义结合的过程来考虑。索绪尔（Saussure，1916）提出"音义结合的自由"。所谓音义结合，在意义方面是以概念为基本单位，在语音方面是以音节为基本单位。音节是语音和语义结合的联结点，构成最小的音义结合体——语素。音义结合就是语音和语义之间的选择匹配。音义结合的自由，就是语义概念选择语音形式的自由，其实这是需要有语音方面的前提的。这个前提就是，是否有足够的音节供各种不同的语义概念任意选择。音节的自由组合可保证有最大数量的音节和音节组，为音义结合的任意性提供了充分的基础条件。

在音义结合的过程中，存在两个方面的自由：一个是备选音节或音节组的自由，即音节和音节组的出现不受规则的制约；另一个是选择音节或音节组的自由，即特定的意义选择跟哪个音节或音节组结合时不受规则的制约。前者是音节组合的自由，后者是意义选择的自由；后者要建立在前者的基础上。没有充足数量的音节或音节组，就谈不上意义选择的自由。

索绪尔讲的音义结合讨论的是后一种自由，音节定义的自由组合关

注的是前一种自由。音义结合的初始单位是语素。人类语言中语素跟音节数目的对应有四种：单音节语、双音节语、三音节语和 X 音节语（陈卫恒，2018）①。即，在单音节语中，所有的音节都作为音义结合的备选项；在双音节语中，所有的双音节组都作为音义结合的备选项；在三音节语中，所有的三音节组都作为音义结合的备选项；在 X 音节语中，所有的单音节、双音节组和三音节组都作为音义结合的备选项。

  如果计算音节自由组合可能出现的所有音节组数量，因为需要区分组合中音节的位次，这在排列组合数学中属于排列计算②，并且还要加上音节重叠的情况，那么实际得出的备选音节组的数目就要大于使用排列计算的结果，这将是非常庞大的数量。这就为后一种音义结合的自由选择提供了充分而广阔的空间。

  不同语言的语素所对应的音节数各有不同，即音义结合的对应关系不同。如：汉藏语系的很多语言、美洲的玛雅语（Maya）和非洲的丁卡语（Dinka）等都是以单音节为主；南岛语系的很多语言、亚马逊语言中的阿拉瓦克语（Arawak）等都是以双音节为主；希伯来语和阿拉伯语等都是以三音节为主；美洲很多印第安语和现代英语中，语素的音节数是在一到三之间不等的③。构成语素的音节数目尽管不同，可是音节作为音义结合基本单位的地位并没有发生变化。

  这里要注意的是，汉语语素的单音节性很容易使人把语素和音节相混淆。二者只是貌似，其实不是等同的。区别在两个方面：一是音节没有意义，而语素有意义；二是音节不包括声调，所以人们把汉语的语素字音称为带调的音节。

---

  ① 参见陈卫恒（2018）《人类语言世界的四分法：单/双/三/X 音节语》："由于各个语言中对'词'（word）缺乏统一、明晰的界定，我们选择以语言中最小的表义单位——语素或词素（morpheme）与音节数目的对应关系将世界语言分成单音节语（monosyllabic languages）、双音节语（disyllabic languages）、三音节语（trisyllabic languages）和 X 音节语（X-syllabic languages）。X 音节语是其中较为灵活的一种，但 X 音节语中单个语素所对应的音节数也在单音节到三音节的范围内。"

  ② 排列计算的公式：$p(n, m) = n(n-1)(n-2)\ldots(n-m+1) = n!/(n-m)!$［规定 $0!=1$］。

  ③ 参见陈卫恒（2018）《人类语言世界的四分法：单/双/三/X 音节语》。

五、音义结合过程的两个步骤

音节是负载意义的基本单位，又是负载韵律特征的基本单位。这两者之间有什么联系呢？这也要从音义结合的过程来考虑。音义结合的实现可能是同时完成的。为方便说明，可以设想其中有两个逻辑步骤：1. 选择音节组合。2. 韵律赋值调整。为了更好地表现音义结合的细节，在音节层中附加一个音节组，即音节序列（见图二）。

图二　音义结合过程的两个阶段

第一步是从音节到音节组。可以设想有从备选到入选的过程。备选音节组就是所有可能出现的音节序列，包括单音节、双音节、三音节等。如汉语中的单音节约有 400 个，如果是双音节组就有约 16 万个，如果是三音节组就多达约 6400 万个。所有可能出现的音节序列都作为备选音节组，由语言中的概念意义来选择。最终入选的只是其中的一部分音节组。

入选音节组就是被意义选中，能够跟意义相结合的音节组。在汉语普通话约 400 个单音节中，约有 30 个音节没有汉字，即没有被意义选中[①]。例如：在汉语普通话中 fi 音节没有汉字，不是这个音节不能发，而是这个音节没有被选中。一般所说的音义结合集中表现在对音节组的选择中。这种选择是一种约定俗成的过程。

第二步是从音节组到语素。同样可以考虑有从韵律赋值到后续调整的过程。韵律赋值就是韵律特征的指派。所有音段的发音都会有各自的音高、时长、音量的表现。这种韵律成分和韵律特征不同，韵律特征是在具体语言中表达和区分意义的音高、时长、音量的凸显模式。韵律赋值给入选音节组的音节带上适合的韵律特征，犹如画龙点睛。在韵律赋值的同时，实现音义结合，音节成为语素，进入语素层级。不同语言各

---

① 如：tia, nia, chua, rua, fie, fai, nuei, luei, kei, chei, rei, cei, sei, bou, biou, piou, fao, fiao, fiou, tiou, fian, fin, din, ten, tin, nun, len, diang, tiang, ruang, fing, shong 等音节在汉语普通话中没有对应的汉字。

有特定的韵律凸显模式。汉语就是为音节加上声调，所有的语素都是带调音节；英语有重读音节和非重读音节的分派，都是韵律赋值的结果。

后续调整是韵律赋值以后，在语音上的协调整合。调整的内容比较广泛，包括音段成分和超音段特征的整合。如：随着重读音节和非重读音节而出现的外缘化、央化、同化、异化、弱化、脱落等连读音变是音段方面的调整；声调方面的调整有调位性和非调位性的连读变调等。汉语中的轻声和儿化也属于这种后续调整。还有英语、法语等语言中的音节重组，即音节连读中前音节的尾辅音和后音节开头的元音可以连起来。只是英语前面那个尾辅音一般是发出来的，而法语一般不发出来，音节重组连读时才发出来。

在乌拉尔语系、阿尔泰语系等语言中的元音和谐、辅音和谐现象，是元音或辅音在发音方法或发音部位上的协调。如：属于乌拉尔语系的芬兰语前元音和后元音往往不能出现在同一个词中；属于阿尔泰语系的维吾尔语的词根与附加成分结合时辅音的清浊应保持一致；等等。这并不是音节与音节组合的限制，而是入选音节组在韵律赋值后，有语音和谐律进行调整的结果。

韵律赋值和后续调整都已经属于语素层级范畴。随着语音系统层级的提升，从词、短语，到语句，后续调整将不断增加更多内容。

六、音节自由组合原理始终不变

前面已经说明在语素层面的音义结合中音节的自由组合情况。语素是最小的音义结合体；语素以上的层级，词、短语、句子，也都是音义结合体。一切语言单位都是语音单位，也都存在音节组合是否自由的问题。那么在语素以上的各层级中，音节序列的组合是否会受到制约呢？

语言事实表明，音节这种自由组合的特性是贯彻到底、始终不变的。不仅是在跟意义结合构成语素时音节自由组合，而且语素组合为词、词组合为短语，以至到更高的层级，都是如此。尽管它们都是更大的音义结合体单位，却都是同样在音节之间可以自由组合，没有任何限制。这成为一个普适性的音节自由组合原理：**音节在语言各层级单位中的自由**

程度是最大的，音节的组合具有最大限度的自由。

　　语素、词、短语等语言单位都具有二重性，既是语法单位，又是音节序列。如图三所示，语素、词、短语等，在相互组合时会受到不同因素的不同程度的制约。随着层级提升和单位扩大，受到的制约因素就越多，从词法到句法，从语义到语用。可是在语音方面，它们作为音节序列，音节之间和音节组之间的自由组合却是始终如一，没有改变。因此人们从不需要考虑在语音方面是否有什么制约，以至大家对此已经习焉不察。如同空气对于人类的生命一样，平时很少有人去注意空气，似乎呼吸空气是理所当然的事情。直到有了沙尘暴，来了雾霾，才认识到清新的空气对人生命的重要性。

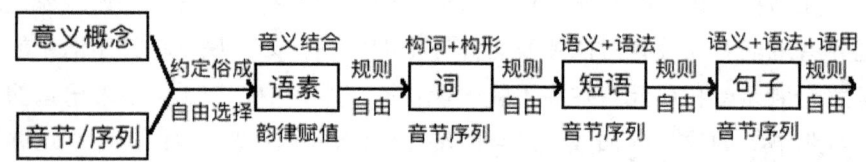

图三　音节的自由组合原理示意图

　　音节自由组合原理为人类语言的构成和使用提供了极大的便利，居功至伟，可是过去却很少被人注意到。实际上，无论是学习语言、使用语言，还是研究语言，都应该对此有充分的认识和理解。人们可以设想，如果没有音节的自由组合，人类的语言将会遭遇一种什么样的困境！

　　当然语音也绝不是对于语义、语法、语用无所作为。既然一切语言单位都是语音单位，也就是所有语义、语法、语用的内容都要通过语音表现出来。前面所讲的韵律赋值和后期调整，形成话语音流中的韵律分布模式，这除了显示语言单位的分界之外，对于考察语句焦点的表现和话语信息的传递具有重要意义。语流中出现的共时和历时的音变、语音的变异、类推和接触等各种语音表现，常常跟语法语义等因素交织在一起，为人们的语言研究增添丰富的色彩。当然，所有这些都不会影响在各个层级上音节的自由组合。

七、音节的划分和音节的组合

大多数人类语言的书写文字都是基于语言中的音节系统（Abercrombie，1967）。人们对自己母语中的音节具有天然的分辨能力，能够利用语感，通过发音和听辨，来区分母语中的音节。这使人们认为"音节是自然感觉到的最小语音单位"（黄伯荣、廖序东，1979），"音节是语音中最自然的结构单位"（叶蜚声、徐通锵，1997）。所谓自然，就是单凭语感，不学就会。因此，语言学者应尊重母语者的自然语感。

一般人对非母语的语言缺乏语感，因此可能会出现音节划分错误。例如，汉语母语者对于英语中含有复辅音的音节（如 script）往往误认为是多音节；而英语母语者会自然地认为这只是一个音节。以往的研究多是从音节本身考虑，关注如何判定音节，怎样划分音节。前者着眼于语音性质，后者重在内部结构，都取得了不少进展。音节的语言学定义聚焦于音节的组合，即把音节放在语言系统中进行考察。

这里所定义的音节，应该属于语言的基础音系，也就是基本音节，其中不包括语言中那些少数的派生成分、边际成分和借用成分。例如，从音段结构的角度来看，汉语的儿化、英语的第三人称形态变化{s}等特定的语素音位，是派生成分。它们是个别的而不是普遍的，是受限的而不是自由的，既不能独立存在，也不能自由组合。边际成分就是语言中的感叹词、拟声词等，发音常常具有广谱性，所以一般不进入基础音系。借用成分主要是尚未驯化的音译外来词。这些都需要分别另案分析，如，对于借用成分就有借词音系学专门考察。

语音学家寻求适用于所有的音节而又能把所有非音节排除在外的属性或模式——通常是某种听感的响度，或者涉及空气动力学，或者涉及发音生理的特点①。音节的语言学定义提供了一致的标准，使人们能够在实际话语中看到因语速加快而产生的弱化脱落现象，以及因语速缓慢而得以充分表现的语音的目标值。如果单从语音方面定义，就可能因为话语的不同语体或不同语速造成音节缩减或重组而得出不同的结论。音节的语言学定义对于这些从语音学分析的不同结果保持了内在的一致性。

八、音节无所不在

音节是人们语言发音中的最小独立片段。所有的元音和成音节的辅音在发音时，都是默认为一个音节来发音的；所有不能成音节的辅音在发音时，一定要结合一个元音组成音节才能发出来。因此只要你是在正常发音，发出的就一定是音节或音节序列。

音节是进行语音分析的基础层级。在实际工作中，一般的语音分析都是以音节为缺省框架，也以音节为默认平台。元音和辅音的音段组合关系即音位配列规则都是在音节内部运作的。语言中韵律特征的基本负载单位就是音节。各种元音长、短的对立，辅音松、紧的区别，音调的升降高低，读音轻、重的差异，都是在音节中实现的，也只有在音节里才能比较。离开音节，这些概念就会失去立足之处，没有依据，没有意义。特定语言或方言中的音位分析以及共时和历时的音变考察都是在音节中进行的。应该充分认识音节在语言结构系统中的基础作用和重要意义。

事实上，以往有些学者对于音节的认识中包含了本文定义的最小语音结构单位的意义。如常见的语言学教材对音节的说明："音节是一个在

---

① 如果我们只考虑那些字正腔圆的谨慎话语，那么语音学定义就很可能会成功。假如我们能够找到这样一个适用于谨慎话语的语音学定义，怎样把它跟随意的话语联系起来呢？如果考虑到各种语体——包括快速语流，我们就会在音节问题上陷入困境。听话人和说话人都知道正式话语中一个词有几个音节，例如 university 有 5 个音节，即使在快速语流中这个词的音节减少了（发成 [jun vers di] 3 个音节），而说话人和听话人都会凭记忆还原为完整的 5 音节词。这样，语音学的音节定义就会失去作用，而语言学知识还保持为原有的音节数目。因此，注重语言学层面的音节定义是正确的。（Johnson 个人通信）

发音中不能间断的单位"（Hall，2006）；"音节是由一个或几个音素组成的最小的语音片断"（罗常培、王均，2002）。我们只是基于他们的认识，又向前走了一小步，加上"可以自由组合"的描述，使音节的语言学特征更为明确，更为严密。

语言学的语音学观念认为：只要你研究语音，就进入了语言系统；不论你是否意识到，是否承认它，你的研究都会受到语言系统的强烈影响，都是研究语言系统的行为的一部分。

以往的音节研究都是从音节本身来考虑，关注如何判定音节，怎样划分音节。前者着眼语音性质，后者重在内部结构，二者都取得了不少进展。本文所讲则是把音节放在语言系统中考察所得到的认识。音节的问题十分重要而且涉及广泛，我们这里的看法并不是最后的结论。

参考文献：

陈卫恒，2018，人类语言世界的四分法：单/双/三/X 音节语，《变音的奇妙世界》，第 11 期.

黄伯荣、廖序东，1979，《现代汉语》，兰州：甘肃人民出版社.

罗常培、王均，1981，《普通语音学纲要》，北京：商务印书馆.

石锋，2013，音义结合是任意的吗？——重读雅各布森评索绪尔任意论，《大江东去：王士元 80 岁庆寿文集》，香港：香港城市大学出版社。收入《秋叶集》，天津：南开大学出版社，1-20.

王洪君，2008，《汉语非线性音系学——汉语的音系格局与单字音》（增订版），北京：北京大学出版社.

徐通锵，1997，《语言论——语义型语言的结构原理和研究方法》，长春：东北师范大学出版社.

叶蜚声、徐通锵，1997，《语言学纲要》，北京：北京大学出版社.

赵元任，1975，汉语词的概念及其结构和节奏，《中国现代语言学的开拓和发展——赵元任语言学论文选》，北京：清华大学出版社.

朱晓农，2008，音节和音节学，《东方语言学》第 4 辑，142-164.

朱晓农，2018，《语句答问》，上海：学林出版社.

Abercrombie. 1967. *Elements of General Phonetics*. Edinburgh: Edinburgh University Press.

Anthony T., Arlotto. 1968. On Defining "Monosyllabism". *Journal of the American Oriental Society* 88 (3): 521-522.

Cholin, J. 2008. The mental syllabary in speech production: An integration of different approaches and domains. *Aphasiology*, 22 (11): 1127-1141.

Davis, Stuart. 2006. Syllable constituents. In Keith Brown (ed.). *Encyclopedia of Language and Linguistics* (2nd), Volume 12. Oxford: Elsevier. 326-328.

Saussure, Ferdinand de. 1916. *Cours de linguistique générale*.《普通语言学教程》, 高名凯, 译, 北京: 商务印书馆, 1980.

Hall, T. Alan. 2006. Syllable: Phonology. In Keith Brown (ed.). *Encyclopedia of Language and Linguistics* (2nd), Vol.12, Oxford: Elsevier. 329-332.

Harper, Douglas. 2015. "syllable". *Online Etymology Dictionary*. Retrieved, 2015-01-05.

Duanmu, San (端木三). 2011. The CVX theory of syllable structure. Charles Cairns and Eric.

Duanmu, San (端木三). 2008. *Syllable Structure: The Limits of Variation*. Oxford: Oxford University Press.

Krakow, R. A. 1989. *The articulatory organization of syllables: A kinematic analysis of labial and velar gestures*. University Microfilms.

Krakow, R. A. 1999. Physiological organization of syllables: a review. *Journal of Phonetics*, Vol.27: 23-54.

Ladefoged, Peter and Keith Johnson. 2011. *A course in phonetics* (6th edition). Boston: Wadsworth.

Ladefoged, Peter. 1995. *The Sounds of the World's Languages*. NJ: Wiley-Blackwell.

Saussure, Ferdinand de. 1878. *Mémoire sur le système primitif des voyelles dans les langues indo-européennes (Memoir on the Primitive System of Vowels in Indo-European Languages)*. Leipzig: Teubner.

Kahn, Daniel. 1976. Syllable-Based Generalizations in English Phonology. DS.

M.I.T.

Redford, M. A. 1999. *An Articulatory Basis for the Syllable*. Ph.D. dissertation, University of Texas, Austin.

Scherba, L. 1937. *Fonetika frantsuzkogo yazyka*. Phonetics of the French language.

Schiller, N. O. 1997. *The Role of the Syllable in Speech Production. Evidence From Lexical Statistics, Metalinguistics, Masked Priming, and Electromagnetic Midsagittal Articulography*. Ph.D. dissertation, Nijmegen University.

Stetson, Raymond H. 1928. *Motor Phonetics* (1st edn). Amsterdam: Springer.

Trask, R. L. 1996. *A Dictionary of Phonetics and Phonology*. New York: Routledge. 语音学和音系学词典，鲍怀翘等，译，北京：语文出版社，2000。

演化语言学思考——宏观史、中观史和微观史

石锋

近几十年来，演化语言学兴起。1996 年在爱丁堡召开第一届语言演化国际研讨会，简称为 EVOLANG（Evolution of Language），此后每隔一年开一次会，现在已经开过 11 届。中国语言学界在王士元先生倡导下，于 2009 年在广州举办了首次演化语言学会议，简称为 CIEL（Conference in Evolutionary Linguistics），每年一届，现在已经开过 9 届。很多语言学者开始关注语言演化问题。

一、什么是演化语言学？

对于演化语言学的意义，应该允许各人有自己的理解。我们根据王士元先生的有关论著和报告（Wang, 2016a），以及历次演化语言学会议的交流，再加上自己的领会和思考，写出不成熟的理解，请教于方家。

演化遗传学家杜布赞斯基（Dobzhansky, 1973）讲过："没有演化论的照耀，生物学里的一切都是暗淡的。"这句话同样可以用在语言学上，在演化观念照耀下研究人类的语言。"演化语言学其实就是语言学，是以演化论为基础的语言学。"[①] 演化语言学是以演化的理念来认识语言、研究语言。这不是一个独出心裁的异想，不是另立旗帜的学派，不是语言研究的又一个分支，而是一种语言研究的现代观念，是百川汇流的大海。

[①] 王士元，2013，《演化语言学的演化》，载王士元，《演化语言学论集》，北京：商务印书馆.

人是会说话的动物。语言的演化跟人类的演化密切相关。语言学与演化论的联系可以从几个片段谈起。达尔文（Darwin，1859）讲过："也许可以用语言为例来阐述分类的观点，如果我们有完好的人类谱系，人类种族的谱系排列就为全世界所说的各种语言提供了一个最好的分类。"达尔文还是我们所知最早记录和发表自己的子女心理和语言发展的学者[①]。最早用谱系树表示印欧系语言之间亲属关系的德国语言学家施莱赫尔（Schleicher，1861）自称是"达尔文之前的达尔文主义者"。即，他在达尔文之前就已经对语言演化做了研究。基因密码发现后，俄裔美国语言学家雅各布森很快认定"基因信息系统与语言沟通之间，竟存在令人惊讶的相似"（王士元，2006a）。

演化语言学并不是代替已有的语言学研究，而是把人类语言的已有研究成果用演化观念统合起来，开拓新的理念和方法，是过去语言研究的深化、拓展和更新。现有的各种语言实际研究的理论方法和研究成果，都可以在演化语言学中找到自己的适当位置。也就是把自己的研究跟语言演化有机联系起来。

演化语言学最重要的理念就是语言研究的三个时间尺度：宏观史、中观史、微观史（Wang，1978），反映出当代语言研究多个领域的广阔视野。下面分别加以说明。

二、宏观史的语言研究

宏观史的语言研究考虑的问题是语言的涌现、成熟、发展、衰亡。语言的演化是跟人类的生理演化（包括大脑的演化）和社会演化密切联系的。任何一个学科的建立，首先是对于研究对象的来龙去脉做出探究。这个学科的研究理念和研究方法就能够以此为基础建立起来。可是研究语言却很少考虑语言的来源，不去探究语言怎样产生，常常使人们对此感到奇怪。因为没有这种基础，关于人类语言各种猜测的理论就往往成为空中楼阁。

[①] 参见 Darwin, Charles. 1887. *Recollections of the Development of My Mind and Character*. 达尔文回忆录，毕黎，译注，北京：商务印书馆，1982.

涉及语言起源问题,属于人类的史前史,时间跨度要以万年、十万年计。考察人类历史有三个窗口:考古学、遗传学、语言学(Wang, 1998),还可以采用数学建模的方法模拟远古时期的语言产生情景。这里只讨论两个问题:语言起源的假说和约定俗成的实质。

对于语言的起源已有各种假说:手势说、摹声说、感叹说、吭唷说,等等,还有神授说。手势说认为在人类没有语言之前,可能是用手势来交流思想、传达信息的。后面的几种假说都是从有声语言来考虑的。对于人类语言中各种词语的发音,摹声说主张是模仿自然界的各种声音;感叹说则认为是从人类自身喜怒哀乐的声音转化而来;吭唷说又提出是从远古人群劳动时的集体呼叫声变化而来。恩格斯正确地提出劳动创造了人和人的语言:"一句话,这些正在形成中的人,已经到了彼此间有些什么非说不可的地步了。"[①]

从我们今天的语言表现看来,上述各种说法各自都有一定的道理。表情、手势、身势至今还是辅助说话的伴随现象,现代语言中的拟态词可能就是远古使用手势的残留,各种拟声词都是摹声说的证据,感叹词和语气助词是感叹说的证据,现在还可以听到各种劳动号子,更多的是体育比赛中啦啦队的那种集体呼喊,有着多种创新的可能。人类语言的词语发音可能存在多方面的来源。我们关心的是,在"彼此间有些什么非说不可的地步"之前,这些正在形成中的人有没有交际手段?能不能彼此交流?如果能够交流,又是用什么方式交流呢?

一般人们公认,人类起源于远古非洲南部的森林古猿,即南方古猿。南方古猿彼此间应该是可以交流的。所有的生物各自都有相互交流信息的独特方式。远古的猿类怎样交际已不可考,我们以今推古。从现代的"虎啸猿啼"可以推测远古的猿类也应该是用猿啼来彼此交流。如果人类的远祖是南方古猿演化而来,那么人类语言就应是远古的猿啼演化而成。即,"彼此间有些什么非说不可的地步"之前,并非一无所有,而是有猿啼交流的。随着漫长的人猿相揖的演化:直立行走、手脚分工、制造工

---

① 恩格斯,《劳动在从猿到人转变过程中的作用》,《马克思恩格斯全集》,第 20 卷,北京:人民出版社,1971。

具、火的使用、群体扩大，远古的猿啼经历了同样漫长的演化：韵律化、音节化、序列化、清晰化（Wang，2016b；Hurford，2014）。通过手势、摹声、感叹、吭唷等各种来源逐渐积累增加人言的成分，从量变到质变，达到语言涌现，实现了从猿啼到语言的演化，南方古猿也最终演化为会说话的动物——人。这样的演化过程较为符合逻辑，可以包容除神授说之外的各种已有假说，称为猿啼说。

对于人类语言词语中的意义和语音之间的关系，古希腊柏拉图（前427—前347）的《对话录》提出"规约论"；中国古代荀子（前313—前238）在《正名篇》中有"约定俗成"之说。二者意义相近，都是认为一个词的音义之间没有固定联系，只要大家相约一致，就不会发生误解。这里出现的问题是：在远古时期正在形成中的人，是怎样建立规约，怎样约定俗成呢？这里我们同样以今推古，还可以用数学模型来仿真模拟远古的情形进行实验。

如今网络上不断出现各种新词新语和新用法。一个词表现力强，被网民们使用得越来越多，它就会被热炒而流行起来；若是表现力差，使用得越来越少，它就会销声匿迹被淘汰。如果把这个过程视作网民们在用手（敲键盘）投票进行选择，那么远古时期原始语言中的词语就可以设想为原始人群中用嘴投票做出的选择。起初可能各自用不同的声音代表同一个事物，它们在群体中的遭遇会不一样：使用得越来越多的发音就成为约定俗成的词语，而说得越来越少的发音就消失湮灭了。经过建模仿真实验，这个用嘴投票实现发音一致的过程，在几十人的群体中很快就可以达到（王士元、柯津云，2001）。

这里约定俗成的过程就是用嘴投票达到发音一致的过程。这显然不是可以自由任意的事情，而是一种择优选取、优胜劣汰的选择过程。每个个体的选择可能只是出自很简单的理由：容易发音；自己喜欢听；容易引起注意，等等。约定俗成就是这些理据的竞争，理据占优的留存下来。生物演化是物竞天择；而语言演化是语竞人择。我们今天语言中的语音系统、词汇范畴、语法规则，都是同样历经了约定俗成的过程，作为理据竞争的优胜者留存下来。

人类创造了语言，语言成就了人类；语言学就是一定意义上的人学。人类语言的宏观史把语言的演变作为生物过程和文化过程的结合（王士元，2013a），从不同学科角度进行探索。语言的宏观史是语言学者建立语言观的基础。语言宏观史的探索可以让人们摒弃各种神授论和先天论的歧途误区，使语言研究走向实证化的科学道路。

三、中观尺度的语言研究

中观史的语言研究侧重于语言的历时方面，大体相当于一般传统上历史语言学和语言类型学的范畴。语言中观史的时间跨度大约以百年、千年计。多是利用已有文献的记录，使用比较的方法和拟构的方法对不同语言或同一语言的不同时期做出考察，找出它们之间的相互关系和各种共性与个性的表现，以及语音、语法、词汇、语义等发展变化的趋势，内部分类的条件与组合的规则，等等。这是现在语言学界多数学者熟悉活跃的领域，已经有大量成熟的研究成果。

王士元提出语言是一种复杂适应系统（Complex Adaptive System，即 CAS）[①]。拉波夫认为语言系统是异质有序的状态。我们常常发现语言中的各种规则总是离不开或多或少的例外现象，以致使人们得出这样的认识：语言中唯一没有例外的规则就是，语言中的规则都有例外。这是因为语言是一个处在不断变化中的系统。这里需要讨论两个问题：一是语言演变的纵向传递和横向传递；二是语言变化的规则性和扩散性。

讲到语言演化，人们多是想到语言的纵向传递，想到表示语言亲属关系的谱系树。其实这是一种片面的认识。人类语言的发展不只有纵向传递，还有更多的横向传递；不仅有语言的分化，也有语言的合并；不仅有谱系树的表现，也有波浪型表现。从个人语言来看也是如此，一个人的语言不仅有来自父母的影响，还有大量来自其他亲友、学校、社区、媒体等方面的影响。这是语言传递与基因传递的不同之处：基因只有纵向传递，没有横向传递，且有排他性。在群体语言中，同一语言社群的

[①] 王士元，2006，《语言是一个复杂适应系统》，《清华大学学报》（哲学社会科学版），第 21 卷（2006）6：5-13。收入王士元，《演化语言学论集》，北京：商务印书馆，2013。

成员对于儿童语言的影响都可以视为纵向传递；横向传递主要是来自社群外的影响，包括邻近的或强势的或权威的语言或方言，而且往往是双向的相互影响①。

语言的纵向传递遵循语言分化的轨迹，反映亲属语言之间的谱系关系。这有点儿像是生物学的界、门、纲、目、科、属、种的划分。施莱赫尔画出最早的印欧语言谱系树。语言由语系分化为不同语族，又分化为不同语支，再分化成不同语言。通过语言谱系树可以看出不同语言之间的关系远近。例如：英语、德语和丹麦语都在印欧语系日耳曼语族，而跟属于罗曼语族的法语关系较远。

施莱赫尔的学生施密特（Schmidt，1872）提出印欧语言传递的波浪说，认为原始印欧语存在许多方言分歧，这些语言成分从中心区向四周传递，好像一颗石子投入水池产生波浪扩散开来，造成新的语种。印欧系各语言之间没有明确的边界，从一种语言逐渐地过渡到另一种语言。这是一种横向传递的模型。现在方言地理学的很多研究都可以作为波浪说的例证，各地的一些"语言联盟"现象也可以作为波浪说的表现。当前语言学界关注的语言接触研究，就是深入考察这种横向传递的动因和表现。语言的纵向传递与横向传递之间不是水火不容，而是并存互动的。不同语言可以有纵向传递的关系，也可以同时有横向传递的关系，能够把两种关系都表现出来的就是网络图②。

曾晓渝认为语言之间的关系不仅有树形，还有网状。可以概括为四种基本模式：

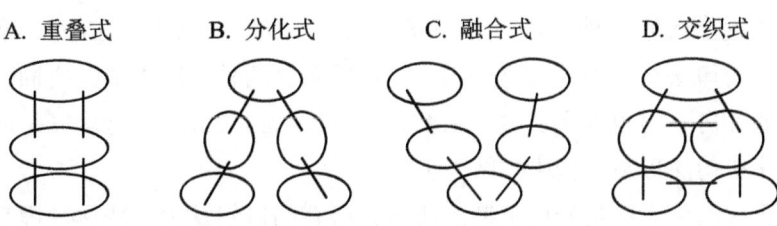

A. 重叠式　　B. 分化式　　C. 融合式　　D. 交织式

---

① 得益于与刘丹青私人通信。
② 见 Wang & Minett. 2005. Vertical and Horizontal Transmission in Language Evolution. *Transactions of the Philological Society* 103.2: 121-146. 中译文：《语言演变中的横向传递与纵向传递》，载王士元，《演化语言学论集》，北京：商务印书馆，2013。

这四种基本模式不是截然分立的，就更大范围的若干语言关系看，它们往往反映的是全景中局部性的关系状况，而就语系、语族或语支诸语言之间的关系而言，则很可能是这几种基本模式的层叠交错，从而构成更为错综复杂的语言关系（曾晓渝，2008）。

19世纪后期的新语法学派有两个重要主张：一是语音演变规律没有例外；二是把例外归入类推变化或方言借用。当时法国方言地理学家吉列龙（Gileron）就有相对立的"每一个词都有自己的历史"的说法。到20世纪后期，王士元（Wang，1969）提出词汇扩散理论。他以汉语方言的资料为依据，发现语音变化通过在词汇中扩散而实现，语音是突变的，词汇是渐变的。

表面上似乎词汇扩散论跟新语法学派互相对立，实际上正是词汇扩散论解决了新语法学派不能解决的问题。词汇扩散论没有否定音变的规则性，并且关注音变的全过程；新语法学派却因历史局限，只看到音变结果而看不到音变过程。新语法学派认为是规则例外而归入类推的变化，词汇扩散论却视为音变过程的常态，并且类推变化也是一种词汇扩散现象。这样看来，与其说是二者之间有争议，不如说词汇扩散论是新语法学派的深化和更新。

词汇扩散的核心是扩散，扩散的原理还可以从更广阔的视角来理解：如果语音变化可以在词汇中扩散，那么词形的变化就可能会在句法中扩散，句法的变化就可能会在语义中扩散，语义的变化就可能会在语用中扩散。

通过上海附近地区的几个吴语方言中的词汇型变调和后词汇型变调在不同句法结构中的共时分布，可以看到这两种不同类型的构词性变调沿着各自不同的方向扩散（见表一，据Zhang，2008）。这可算是词汇性变化在句法形态结构中扩散。

语言演化史就是变化扩散的历史。所有的自然发生的变化过程都是以扩散方式实现。其实社会发展也是一种扩散，是人的扩散以及人的生活方式和劳动方式的扩散。

表一　不同类型构词性变调在句法结构中的实现分布（据 Zhang，2008 修改）

类型	方言	主谓	动宾	数量	并列	动补	量词重叠	名词重叠	动词重叠	动趋	动代	名量
词汇型变调	旧崇明话	+	+	+	+	−	−	−	−	−	−	−
	新崇明话	+	+	+	+	+	+	+	+	+	−	−
	南汇	+	+	+	+	+	+	+	+	+	+	−
	莘庄	+	+	+	+	+	+	+	+	+	+	+
后词汇型变调	旧崇明话	−	−	−	−	(+)	(+)	(+)	(+)	(+)	(+)	(+)
	新崇明话	−	−	−	−	+	+	+	+	+	+	+
	南汇	−	−	−	−	+	+	+	+	+	+	+
	莘庄	−	−	−	−	+	+	+	+	+	+	+

四、微观尺度的语言研究

微观史的语言研究主要是利用我们能够直接取得的第一手资料去探索语言的奥秘。语言微观史的时间跨度一般是几年到几十年，在不同代际之间或一代之内划分出不同年龄段进行考察。如：语言的地域变体、社会变体、个人变体，语言中语音、语法、语义、语用之间的关联，母语习得中的儿童语言，二语习得中的中介语，标准语和方言的相互影响，双语双方言现象，各种病理语言，等等。这样看来，语言的微观史似乎是侧重于语言的共时方面，其实共时的表现中就包含着历时演化的痕迹和未来发展的征兆。所以微观史的研究同样需要具有演化的观念。

语言微观史的研究有重要意义：第一，我们可以把日常生活中的实际语言作为资料来源，有广阔的空间去思考设计和实践操作如何取得直接证据；第二，我们可以直接观察到眼前正在发生的演化现象，看语言变化是怎样发生发展，也即我们是怎样生活在语言变化之中。拉波夫特别关注考察那些正在进行中的变化，这也是微观史研究中使人很感兴趣的一个方面。这里举出我们的两个研究实例，一个是汉语儿童的元音习得顺序问题；另一个就是天津话正在进行的声调变化问题。

儿童语言习得跟语言演化关系密切，雅各布森（Jakobson，1941）最早论及这个问题。世界上已经有很多研究儿童语言习得的成果，近年来汉语的儿童语言研究大有进展。温宝莹（2007，2008）对于40名1—5岁幼儿汉语普通话元音的发音进行录音听辨，并结合实验分析元音正确率和发音表现，得到儿童习得普通话7个基础元音的顺序为：

a＞i＞ɔ＞u＞ʅ＞ɿ＞y（＞表示早于）

从中可以看到：儿童习得元音的过程就是建立系统的过程。元音的高低是第一维度的区分；元音的前后是第二维度；圆唇度是系统的第三维度；舌尖发音和舌面发音的区分，是另一个维度。儿童元音发音的错误并不是个体的偶然失误，而是多数儿童对于这个元音在特定阶段的发音倾向。元音习得次序反映发音难易程度和接触的频次多少。这跟人类语音的普遍性密切相关。对于儿童语音发展顺序的研究，也会对语音共性的研究有重要意义。

天津话的声调变化复杂多样、扑朔迷离，违背各种已有的规则，曾引起学界关注，称为"天津变调之谜"。王萍（2004，2009）通过调查200余名天津人，录音听辨并实验分析，发现这是一个进行中的变化，即天津话原来两字组变调的四条规则已经有了新变化，出现了正在扩散中的四条新规则。天津话的声调就处于这新、旧规则的交错重叠之中。把这200多人分为7个年龄组进行统计处理，得到图一、图二。

从图一可以看到，天津声调处于不断变化之中，没有一条规则覆盖100％的人或100％的词。随着年龄的降低，使用新规则发音的词语明显增加。天津话声调的新变化使原来天津话的同质成分中加入了普通话的异质成分，出现对向音变：前三幅图的规则是朝向标准语的变化，第四幅图的规则是背离标准语的变化。在图二显示出这两种变化在语体方面的表现截然不同。特别是第一幅跟第四幅对比显著：前者是书面语词领先，后者是口语词领先。这表明：变化的方向相反，词语扩散的先后次序也不一样。

在音变的词汇扩散中有两个层面：一是逐词的变化；一是逐人的变化。二者在音变过程中相互交织，彼此包容，浑然一体。同时，人群都是聚居在一定的地域和社区，因此还应该有地域和社区的层级。讲到人就会有族群、性别、职业、阶层等差别；讲到词就会有语体、词频、雅俗、褒贬等差别。这样还可以做出进一步的深入考察，使进行中的语言变化显示出更多的细节。

语言的宏观史好像用望远镜瞭望语言，中观史就像是用眼睛注视语言，微观史好像用显微镜观察语言。宏观史是跟中观史的发展过程相联系的，中观史又是微观史发展的结果。三者都是研究相同的对象，彼此相联，相互支撑，具有内在的统一性。

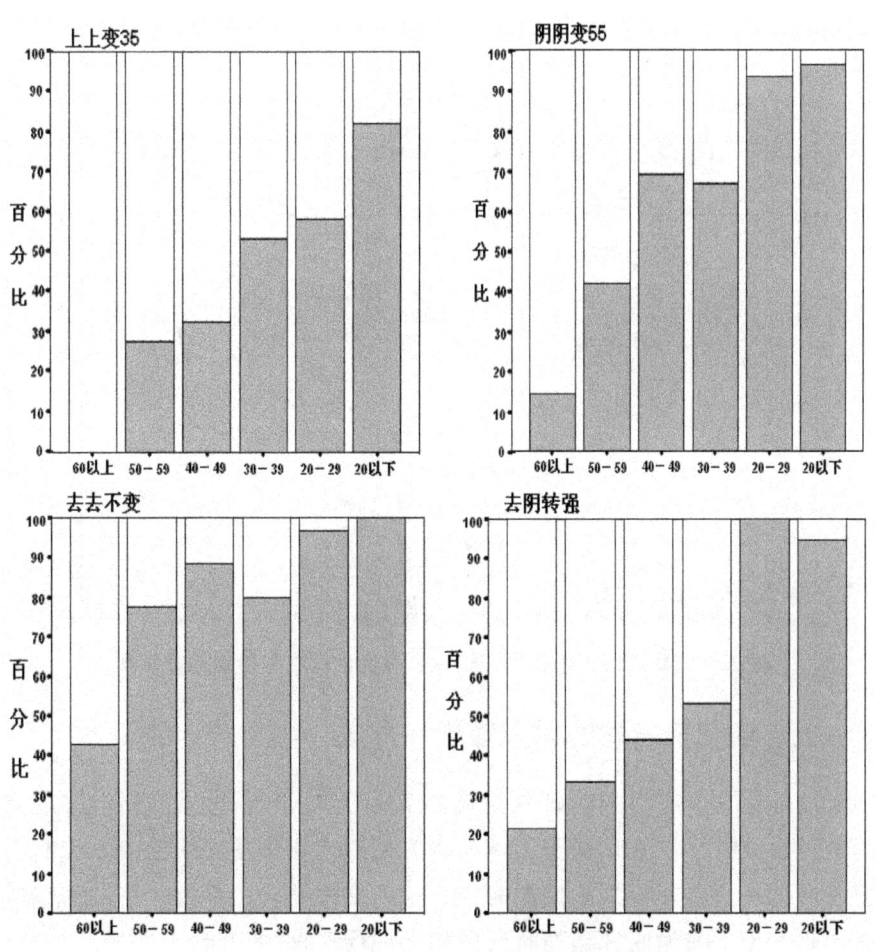

图一　使用新规则发音的词语按年龄组的分布图

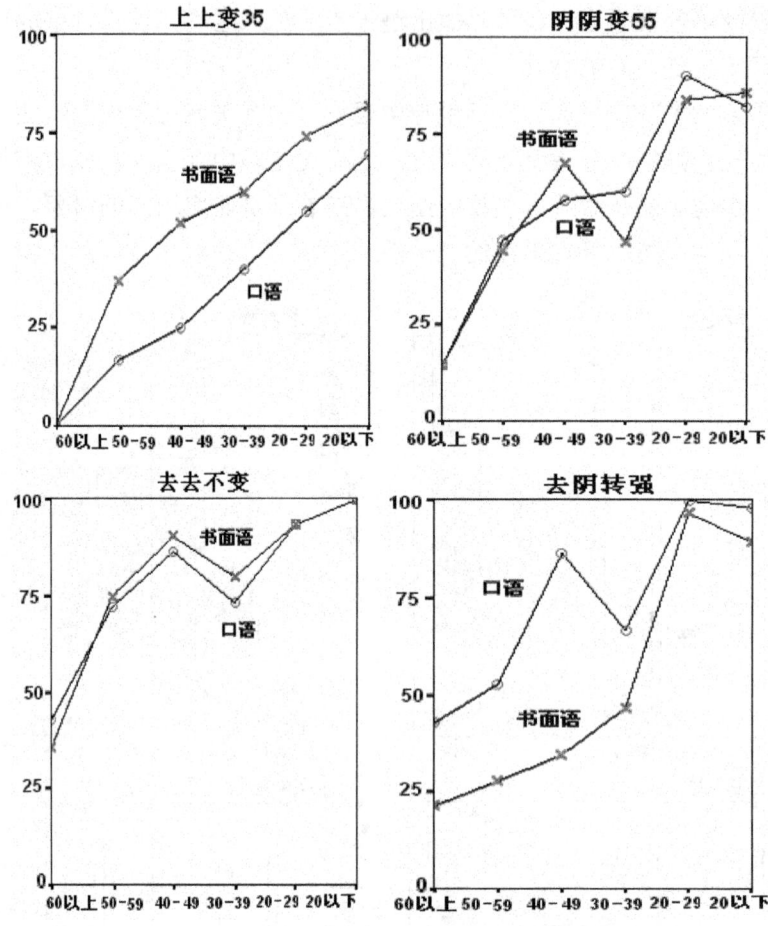

图二 使用新规则发音的口语词和书面语词按年龄组的分布图

五、演化语言学的研究理念和方法

演化语言学有广阔的研究领域，需要汇集人类科技发展所能够利用的各种研究方法。多学科跨领域的研究是现代科学发展的趋势。我们需要发展传统语言学行之有效的研究方法，文理结合，不拘一格，跨越学科界限，使语言学研究跟随时代，插上现代科技的翅膀。

基本的研究方法是实证方法：调查访谈、对照比较、田野工作、实验分析、心理测试、大样本、数据库、数理统计、仿真建模直至各种脑成像技术。涉及的学科领域包括实验语言学、心理语言学、社会语言学、历史语言学、病理语言学、考古人类学、遗传学、生物演化理论、动物行为学、认知神经科学、计算机科学（包括机器学习以及人工智能）。这里需要对认知神经科学和机器学习算法做一些说明。

意大利科学家里佐拉蒂 1996 年发现猴子大脑中的镜像神经元，随后的系列研究证实人类大脑有更多种类的镜像神经元，并且人脑的镜像神经元中心位于语言中心布洛卡区[①]。科学家认为人类的观察模仿和认知学习都基于镜像神经元的功能。人的意识、思维、情感、文化，都是客观外界的拷贝。人类语言也是如此，人类先天具有的不是语言能力而是模仿学习能力。镜像原理应该是解开语言之谜的钥匙。

拉波夫（2001）发现儿童习得不同方言中的变异形式是跟概率匹配直接联系的。实际上，概率匹配在儿童语言习得过程中应该是起到重要作用的，儿童学习语言跟母语刺激的频率有直接联系[②]。在这个意义上，机器学习的程序正是在模仿儿童学语的真实过程，所应用的原理也是各种概率匹配的计算。这对语言学应有重要启示：很多所谓语言学的规则，不过是以概率表现的分布趋势。量子科学认为：基本的现实世界在深层次上是由概率决定的。

六、演化语言学前景

演化语言学回溯历史，立足于现状，着眼于未来。这是传统语言学在现代的必然发展，是语言学在当代科学技术基础上的升华。演化语言学并不排斥已有的各家各派语言学研究，只是把语言研究建立在语言事实之上，经过实证检验，具备演化观念。因此，每一位语言学者的研究都跟演化语言学相联系。

演化语言学的研究对象，是在真实的社会中，由真实的人所说的真

[①] 参见 Iacoboni, Marco. 2008. *Mirroring People: The New Science of How We Connect with Others*. 天生爱学样：发现镜像神经元，亚科波尼，著，洪兰，译，台北：远流出版社，2009.

[②] 对此我曾与同行有过讨论。参见李宇明《儿童语言的发展》，武汉：华中师范大学出版社，1995.

实的语言，即交际中的群体和个体所使用的具体真实的语言。因此，它不问一句话是否合语法，只问这句话是否有人说。研究语言必然涉及使用语言的人和这个人生活的世界，这就是把语言学建立在现实世界的坚实基础上，成为多平面的多维立体的研究；跟实际的语言生活、语言学习、语言康复、语言工程、人工智能紧密相连，使语言学走出象牙之塔，使语言学家走出空谈书斋，到社会中去，到田野中去，到实验室去。在社会中研究语言，在生活中研究语言，在交际中研究语言。

演化语言学是美好的理念，又是当代的现实，更是长远的目标。就学科而言，它需要各学科各领域，包括自然科学的相关领域，打破学科界限，协同一致，共同探索人类语言的奥秘。就学者而言，它需要广阔的学术视野、博大宽容的胸怀、团队合作的精神，提倡开放式研究。语言学者应习惯于跟不同学科领域的同行交流合作，学习新的观念和新的方法，做出新的成果，促进演化语言学不断前进。

参考文献：

Darwin, Charles. 1859. *On the Origin of Species by Means of Natural Selection, or the Preservation of Favored Races in the Struggle for Life*. 物种起源，周建人、叶笃庄、方宗熙，译，北京：商务印书馆，1995.

Darwin, Charles. 1887. *Recollections of the Development of My Mind and Character*，达尔文回忆录，毕黎，译注，北京：商务印书馆，1982.

Dobzhansky, Theodosius. 1973. Nothing in biology makes sense except in the light of evolution. *The American Biology Teacher* 35.3 (March 1973): 125-129.

Hurford, James. 2014. *The Origin of Language*. Oxford: Oxford University Press.

Iacoboni, Marco. 2008. *Mirroring People: The New Science of How We Connect with Others*. 天生爱学样：发现镜像神经元，亚科波尼，著，洪兰，译，台北：远流出版社，2009.

Jakobson, Roman. 1941. *Kindersprache, Aphasie, und allgemeine Lautgesetze*. Uppsala: Almqvist & Wiksell. Allan. R. Keiler, trans. 1968. *Child Language, Aphasia, and Phonological Universals*. The Hague: Mouton.

Labov, William. 2001. *Principles of Language Change: Social Factors*. NJ: Blackwell Publishing Ltd.

Wang, William S-Y. 1969 Competing sound changes as a cause if residue. *Language* 45: 9-25. 中译文：竞争性演变是残留原因,《王士元语言学论文集》, 北京：商务印书馆, 2002.

Wang, William S-Y. 1978. *The three scales of diachrony*. In B. B. Kachru (ed.). *Linguistics in the Seventies: Direction and Prospects. Department of Linguistics*, University of Illinois. 63-75. 中译文：语言历时研究的三种尺度, 王士元,《语言的探索》, 北京：北京语言大学出版社, 2000.

Wang, William S-Y. 1998. Three windows on the past. In Victor Mair (ed.). *The Bronze Age and Early Iron Age Peoples of Eastern Central Asia*. University of Pennsylvania Museum. 1-27. 中译文：观察历史的三个窗口,《王士元语言学论文集》, 北京：商务印书馆, 2002.

Wang, William S-Y. 2016a. Foreword: What is evolutionary linguistics? In Ik-sang Eom and Zhang Weijia(ed). *Language Evolution and Changes in Chinese, Journal of Chinese Linguistics Monograph Series*, No. 26.

Wang, William S-Y. 2016b Four phase transitions in language evolution. In Ik-sang Eom and Zhang Weijia(ed). *Language Evolution and Changes in Chinese, Journal of Chinese Linguistics Monograph Series*, No. 26.

Wang, William S-Y. & J. W. Minett. 2005. Vertical and Horizontal Transmission in Language Evolution. *Transactions of the Philological Society* 103.2: 121-146. 中译文：语言演变中的横向传递与纵向传递, 王士元,《演化语言学论集》, 北京：商务印书馆, 2013.

Zhang Hongming. 2008. On language change: a case study of morphosyntactic diffusion. *Language and Linguistics, Monograph Series*, Number W-8: 243-260, Academic Sinica, Taipei. 语言演变——基于形态句法扩散的实例研究, 温宝莹、郭嘉, 译,《南开语言学刊》, 2009 年第 1 期, 1-14.

李宇明, 1995,《儿童语言的发展》, 武汉：华中师范大学出版社.

施莱赫尔（August Schleicher）, 1861,《印度日耳曼语言比较语法纲要》, 转引自汤姆森，著，《十九世纪末以前的语言学史》，黄振华，译，北京：世界图书出版公司，2009.

施密特（J. Schmidt），1872，《印欧语言的亲属关系》，转引自汤姆森，著，《十九世纪末以前的语言学史》，黄振华，译，北京：世界图书出版公司，2009.

石锋、王萍，2004，天津话声调的新变化，《乐在其中》，天津：南开大学出版社，176-191.

石锋、温宝莹，2007，汉语普通话儿童的元音发展，《中国语文》，第5期，444-454.

王萍、石锋，2009，天津话声调新变化的再考察，《汉藏语学报》，第3期，154-165.

王士元、柯津云，2001，语言的起源及建模仿真初探，《中国语文》，第3期，又见《王士元语言学论文集》，北京：商务印书馆，2002.

王士元，2001，孟德尔和琼斯：道不同不相为谋？《科学中国人》，第11期，28-31.

王士元，2006a，索绪尔与雅各布森：现代语言学历史略谈，《四分溪论学集——李远哲先生七十寿辰论文集》，台北：允晨文化实业公司.

王士元，2006b，语言是一个复杂适应系统，《清华大学学报》(哲学社会科学版)，第21卷（2006）6: 5-13。收入王士元《演化语言学论集》，北京：商务印书馆，2013.

王士元，2013a，谁是中国人？《科学中国人》，第12期，38-43.

王士元，2013b，演化语言学的演化，王士元，《演化语言学论集》，北京：商务印书馆.

温宝莹，2008，《汉语普通话的元音习得》，天津：南开大学出版社.

曾晓渝，2008，语言接触理论与汉藏语言接触研究，《当代语言学理论和汉语研究》，北京：商务印书馆，487-496.

实验语言学十题

石锋

我把这些年教课时讲的一些内容、脑子里想的一些事情,梳理成十方面,叫作"实验语言学十题"。

一、历史的回顾

回顾语言学的历史,实际上最早是从"语文学"到"语言学"。我多年前曾经给《不列颠语言学大百科全书》写过一个词条,是介绍世界非常有名的语言学家扬雄。为什么扬雄这么重要呢?因为他在2000多年以前,就用类似现代的方法调查语言了。扬雄是西汉末年的人,他当时在首都长安,那里有士兵、商人还有读书人。他白天拿着素帛,就是蚕丝做的没有染色的帛,到街上去问南来北往的人,头怎么说啊,天怎么说啊,房子怎么说啊。把他们的说法都记下来,再把他们的家乡,是关东还是秦晋,是北方还是南方,也都记录下来。每天回到家里就把这些记录的内容写在木简上。那个时候的书都是用竹简或是木简,写上字之后,用绳子编起来。他用好多年才做成了一本书《輶轩使者绝代语释别国方言》,这是世界上第一部用语言调查的方法做出来的语言记录。罗常培先生在《方言校笺及通检·序》里面讲道:"它是开始以人民口里的活语言作对象而不以文字记载的语言作对象的",是"中国语言史上一部'悬日月不刊'的奇书"。然而它有如夜空当中一闪即逝的闪电,以后就黑暗了,没有人再继续他的事业。直到1000多年之后的明代,有一位学者陈第,提出"时有古今,地有南北,字有更革,音有转移,亦势所必至",发现实际的语言都是变化的。

这个语文学其实就是语言学的初级阶段,在外国也一样,语文学的出现都是为了读古代的经典文献,一直到历史比较语言学的建立。在此之前还有很多词源学的考释,为历史比较打下基础。历史比较语言学到 19 世纪走向顶峰,最后有"新语法学派";然后就有索绪尔,有了结构主义语言学,后来又有乔姆斯基。有人学语言学只从乔姆斯基开始,不知道他的老师就是结构主义的代表学者,他是脱胎于结构主义的,与后者一脉相承,并且把抽象的形式分析推向极致,也就是极端。索绪尔有一句非常重要的话叫"为语言而研究语言"。语言学研究的对象不是言语而是语言。说出来的话就是言语,在脑子里面的就是语言。没说出来你们怎么研究,所以实际上就是一种抽象的内省式研究。

讲到语言研究的对象,我想到中国的一位非常有名的语言学家王维贤先生,原来杭州大学的教授,他把逻辑和语法结合在一起,很有创新意识。关于语言研究的对象,王维贤先生在三个年代有三种不同的说法。值得我们深思。

他在 1962 年讲:"言语是语言学所要分析的具体事物,是语言学研究的素材,这是毫无疑问的。但是语言学不能以'言语'作为自己的研究对象。"(王维贤《言语三论》,1962)他说言语是"素材",是"要分析的具体事物",明明就是研究对象,但他不敢说是"研究对象"。为什么啊?因为索绪尔说了,言语不是语言学研究的对象,他不敢违背。这是禁区,不能碰的。

30 年后,他又说:"索绪尔规定语言学的对象是'语言',如果这个'语言'是言语交际中使用的语言符号系统,而这个符号系统又不仅仅指从言语活动中抽离出来的、纯粹静止的、脱离实际交际的系统,那么这句话是正确的。"(王维贤《语言的三个平面与句法的三个平面》,1993)这表示增加了诸多"如果"做限制条件之后,索绪尔才是正确的。实际上索绪尔根本就没讲什么条件。这时王先生已经鼓起勇气给索绪尔提附加条件,但是还不敢公开唱反调,是在戴着镣铐跳舞。

又过了十几年,他终于勇敢地讲出来:"按照索绪尔的观点,言语同语言不同，并认为语言才是语言学研究的唯一对象。实际上言语才是语言学研究的真实的客观对象。只能解释抽象的语言的语言学是不完整的。"（王维贤《认知、交际与句法》，2005）这时候他已经80多岁了。

2008年我到浙江大学讲学，还去他家看望。王先生是2009年去世的。将近走到生命的尽头，经过50年，他才勇敢说出自己的话："实际上言语才是语言学研究的真实的客观对象。"这本来是一个常识问题。这就是我们老一代语言学家的经历！他们的思想就像戴着无形的枷锁。我们要开放学术，百花齐放，决不能再给现在的青年戴上枷锁。

近几十年来，情况有了变化，从形式语言学和功能语言学到认知语言学，现今又有演化语言学兴起。有很多人开始接受实验语言学，这是很重要的事情。实验语言学有新的理念和方法。过去你可以足不出户写出文章，实验语言学需要你走出书斋，到社会中去，到田野中去，到实验室去，把语言事实描写出来，否则就一事无成。

二、实验语言学的历程

我们所做的实验语言学研究从20世纪80年代开始持续到现在。最早是声学实验，研究声调格局，后来是元音格局、辅音格局、语调格局，一路下来，到今天有30年了。我们还在做语调分析。实验语言学不仅是声学实验，还有听觉实验，声调的听觉、元音的听觉、辅音的听觉、语调的听觉，我们刚刚开始做了一些。实验语言学还要有生理分析，怎样发音，如何说话，这个方面我们做得很少，听觉接着要做生理。物理、心理、生理，语音的这三个方面是相互联系的，这也是语言的三个方面。总体上它们应该是彼此对应的，又因为各自的特性而有所不同。从几个方面的实验研究应该得到同一幅图画。在这个过程中会使我们更加认清语言的本质，语言的机制，探索语言的奥秘。

实验语言学是怎样发展起来的呢？首先是实验语音学，对语音进行实验，就是用实验的办法来研究语音。语音比较好办，一发出来就有声波。我们有录音，立刻复制，进行实验分析。所以拉波夫讲：录音技术和电子计算机的出现，使语言学的研究发生了革命性变化。如果没有录音技术，很多语言的资料我们都保存不下来。文字的记录只是它的一部分信息，只有用语音保留下来的资料才是完整的。罗常培讲："解决积疑，可资实验以补听官之缺；举凡声韵现象，皆可据生理物理讲明。从兹致力，庶几实事求是，信而有征矣。"（1956）耳听为虚，眼见为实。吴宗济先生的书房就起名为：补听缺斋。把耳听变为眼见，信而有征，这是语音实验的基本意义。

第二阶段就是实验音系学。欧哈拉（Ohala，1991）讲：语音学和音系学本来是一家，后来分道扬镳了。语音学越来越具体，音系学越来越抽象。现在要让它们复婚，成为总合音系学。拉得福吉德叫语言学的语音学，美国还有实验音系学，都是同样的思路。实验音系学明确提出，用实验方法来研究语音系统。一般做音系学的人是不搞实验的，那些个个规则是脑子里想出来的，很聪明的。我们是笨办法，用实验的方法，把语音系统用实验数据和统计图形表现出来，把看不见摸不到的语音系统变成可以观察的格局图形，便于更全面更深入地发现其中的特征和规律。实验语音学使我们看到一个个语音；实验音系学使我们看到一个个语音系统。看就是观察，观察是科学发现的基本途径。

最后到达实验语言学阶段。语言学可以用实验来做吗？不单可以做，而且应该做，必须做。我们研究声调、元音、辅音，这还是语音的问题，但是研究语调已经超出语音范畴了。语音系统具有两重性，一个是有多少元音，多少辅音，几个声调，这种是聚合的系统性。还有组合的系统性。这里说的组合不仅是音段组合为音节，在语素、单词、短语、句子、句群等各个层级都有语音组合的系统性。不仅要研究音段的共时发音，还要研究韵律的分布模式，也就是韵律格局，音高（调域比）、时长（时长比）、音量（音量比），三要素缺一不可。所以解决聚合的系统性只是序幕，真正的内容在后面。语音要跟语义、语法、语用结合起来。

实际上语调已经属于语义问题、语法问题。一个句子的音高怎样、时长多少、音量如何，跟它的句法形式、语义表达、焦点位置都是直接联系在一起的。如果只是从语音方面来研究语调，很难得到有意义的结果。我们在研究语调的时候就认识到，语音、语义、语法相互联系，不能分割。用实验来研究陈述句、否定句、疑问句、命令句、感叹句、焦点句,已经初见成效。

我们还用眼动追踪分析测试人们对于歧义句的理解;测量脑电位的变化来研究人们对于名词动词的分类认知机制。还有儿童语言的实验,二语习得的实验,语言变异的实验。实验的方法是普遍适用的,将来会越来越多。

三、语言学的基本问题

100多年以前,索绪尔曾说:"直到今天,普通语言学的基本问题还有待于解决。"他当时已经意识到普通语言学的基本问题——最初级的问题——还没有解决。到底是什么问题?他没有说。就让我们来说吧。

我非常幸运——我的硕士导师胡明扬先生和博士导师邢公畹先生都是非常有思想、有创新精神、有独立见解的学者。我跟他们也学会了不去人云亦云,不去随大流。胡先生搞了一辈子语言理论,也是在晚年的一篇文章中讲道:"长期以来,各种语法理论、语法体系和语法分析方法只有主观评价,而缺乏客观的验证。"这句话非常重要。所谓长期以来,是从什么时候开始的呢?是从有语言学到现在。所有的这些理论、这些体系都是主观评价,缺少客观验证。所以语言学的基本问题也是认识论的基本问题。就是物质和精神的关系,谁是第一性的,谁是第二性的?语言学不是玄学。语言学是经验科学、实证科学、实验科学。这是个常识问题。

鉴于索绪尔100年前所讲的话和前些年胡明扬先生的重要论断,我认为我们的语言学,不仅是国内的语言学,也包括国外的语言学,需要思想解放,需要回归常识。这不是我的创见,108岁的周有光先生早就说了回归常识。现在各式各样的专家常常缺乏对科学原理、客观事实的最起码的敬畏。他们写的东西、讲的东西,往往背离普通的常识。就像皇帝的新衣,小孩子都能看穿,成年人反倒迷信盲从。对正在成长的本科生和研究生来说,建立起对于自然规律、对于客观事实、对于科学原理的敬畏,是非常重要的。不要唯书唯上唯名家,就是没有你自己。要保留自己的辨别力和常识感。

  有一个最重要的原则：遇到任何事情，首先要问：它是原生性的还是后设性的？它是始发的还是继发的？这是最初始的问题，像小学一年级入学第一课，是最起码的分辨。很多误解、很多弯路都是从这第一步就走偏了，以后就沿着错误的道路走下去。我们如果对任何事情都问这个问题，把原生性和后设性认清了，至少保证你关键的第一步不会走错。

四、任意性和理据性

  任意性和理据性吵了好长时间，好像是个禁区，基本上是任意性一统天下。我在外出讲学期间，听说有一位本科生因为对任意性表示了一点怀疑，考试竟得了零分。有很多大学是这样，有的老师只许讲任意性，不准讲理据性。索绪尔可不是这样的。只准讲任意性的人其实并不懂索绪尔。

  我们既讲任意性又讲理据性。理据性就要摆事实讲道理。我摆的什么事实？我用索绪尔《普通语言学教程》里面的原话，四句话。在商务印书馆的中文译本第 103 页："这个原则支配着整个语言的语言学，……这个原则是头等重要的。"他开始说任意性是头等重要的；到 111 页："在这一方面，语言不是完全任意的，而且里面有相对的道理。"刚刚翻过 8 页，他的口气就变了。再翻过 70 多页，到第 183 页又变了："即使在最有利的情况下，论证性也永远不是绝对的。"他又承认论证性。到第 184 页，最重要的一句话："事实上，整个语言系统都是以符号任意性的不合理原则为基础的。"我怀疑印错了，又找到另外的译本，干脆就是"符号任意性的荒谬原则"。这是说，你要研究语言系统，必须把语言符号的任意性作为不合理的、荒谬的，你才能建立语言系统。这四句话是白纸黑字，谁都可以在书上查到的。

  我这里不讲这四句话内容如何，而是讲怎样看待这四句话。这本书不是索绪尔自己写的，是他去世之后，他的两个学生，巴伊和薛施蔼，把听课笔记和他的讲课提纲收集起来，梳理整合成为这本书。他的这两位学生也是很有名的语言学家。像我这样普通的老师都看出书里面有矛盾,他的学生看不出来吗?既然看出来了,为什么不为尊者讳,还原封不动印出来?我曾经在香港报告时讲到,这说明了索绪尔教育出来的学生真正具有科学精神,一种对事实的敬畏。他们要给世人一个真实的索绪尔,而不是人造的索绪尔。我由此对索绪尔怀有由衷的深深敬意。

让我们再回归常识。如果一本书开头和结尾的内容相互矛盾,那么,是开头代表作者的意思还是结尾代表作者的意思?应该是结尾最重要。开始他可能有些想法,后来经过思索、经过论证、经过反复,最后的结论才是他的定案。索绪尔定案的想法是什么?请看这本书最重要的一句话:"事实上,整个语言系统都是以符号任意性的不合理原则为基础的。"这是他的最终结论,还有什么怀疑吗?

从刚才列举的这四句话,我们可以看到,事实上索绪尔是矛盾的。一切先驱者的思想都是矛盾的。先驱者都要经过反复探究,经过上下求索,才找到正确的道路。所以,索绪尔的矛盾是正常的,可以理解的。其实我们每个人也是矛盾的,头脑里有两个自己在打仗,一个好的自己,一个坏的自己;一个勤劳的自己,一个懒惰的自己。一个说:"快好好学习吧!"另一个说:"再玩儿一会儿吧。"哪个是你呢?最后赢的那个就是真的你。

最后我们要问一句,世上这么多的语言学家,又教出这么多的学生,他们每天读书思考、调查研究,讲的课程,写的论著,都是什么内容?是语言的任意性还是语言的理据性?其实都是语言的理据性,因为语言的任意性无须研究。

五、社会性和系统性

语言的特征,书上写了很多,八条、十条,根本上就是两条。语言的本质特征就是社会性和系统性。我们先讲第一个问题。社会性和系统性哪个是第一位的?哪个是第二位的?毫无疑问,社会性是原生的特征,系统性是后设的特征。很多人把关系弄颠倒,把社会性作为附属的性质,实际上没有人、没有社会就不可能有语言,就好像没有母亲就不会有小孩。有人对语言社会性不以为然,觉得谁要是讲语言社会性就是档次低,不入流，没水平。实际上他们并不了解语言社会性的丰富内涵正是涉及语言的本质。

拉波夫把语言社会性研究到极致。每种语言都是在社会中产生，在社会中发展，在社会中演化，社会中消亡。每个人在社会中习得语言，在社会中使用语言，在社会中失去语言。语言伴随人的出现而出现，也伴随人的演化而演化，伴随人的接触而互通。研究活的语言离不开社会，离不开人。脱离了人和社会的语言没有生命，是死的语言。语言的意义和价值只有在社会交际中才能表现出来。语言社会性的重要程度，怎样强调都不会过分。

语言的系统性是后设特征，是不是系统性就不重要呢？当然重要。系统性伴随社会性，可这个系统不是我们通常理解的静态的、简单的系统。人类语言是一种复杂适应系统，这种复杂适应系统"兼具简单性与复杂性、规律性与随机性、有序与无序的混合性"。任何活的语言都是"异质有序"的，语言中的变化以扩散方式实现。语言变化规则就是以概率表现出来的发展趋向。因此，语言的系统性就是这种复杂适应系统的特性。这正是目前科学研究的前沿领域，将对现有科学理论，甚至哲学思想形成重要冲击。我们的精力关注到什么地方？当然要放在前沿问题上。

第二个问题，社会性和系统性是否相互矛盾？二者是不是可以统一起来？前面的说明实际上已经预示了答案。如果我们所说的是动态的复杂的系统，而不是静态的单纯的系统，那么，不仅语言是复杂适应系统，社会同样是复杂适应系统。这样的社会性和系统性不会相互矛盾，而是会统一起来的。

六、本位论和本体论

在语言研究当中，常有"×本位"的说法，有句本位、有短语本位、有词本位，还有字本位。这几种说法都有具体的代表学者。句本位，最早是黎锦熙先生；后来的短语本位是朱德熙先生；词本位，马建忠先生《马氏文通》里的虚字实字就是虚词实词。后来很多人都主张词本位；字本位是徐通锵先生。还有一种小句本位，是邢福义先生。那么它们之间可不可以统一起来啊？实际上我以前讲过，所有的这些本位都是学者个人的本位，不是语言学整体的本位。

什么叫个人的本位？因为语言的系统很大，一个人精力有限，每个人的切入点不同，所以各人的收获也不同。张三的兴趣点是句子，他的句子研究得好；李四关注的是单字，他的字研究就很好。学界并没有一个统一的，定于一尊的本位。本位说只是个人的想法，显示个人的专长。完全可以把各种不同的本位统一起来。就好像盲人摸象，有的摸到象鼻子，有的摸到象耳朵，有的摸到象尾巴，有的摸到象腿。把他们摸的东西放在一起就是一只象，要是分开就不是象了。每一种本位对应一个层级，把所有的本位合在一起就是语言的系统。但是如果一定要大家都去搞字本位，或者都去搞句本位，那语言就不成系统了。语言系统中的层级都很重要，一个都不能少。语言是多层级的，语言研究应该是多本位的，百花齐放。

下面再看本体说。现在一般都喜欢说"本体研究"，不太喜欢说"非本体研究"。好像正规军和杂牌军，非本体就是非主流，低人一头。"本体"到底有多大范围也不一定：文字学经常被排除在语言学之外，语音学的地位也岌岌可危。我曾经花费好多年的努力期图在语言学中留住语音学的位置。哪个是本体，哪个是非本体，由谁来宣判呢？谁都可以是法官。把自己做的内容称为本体，把别人做的内容称为非本体。于是，社会语言学是非本体，实验语言学是非本体，演化语言学是非本体，计算语言学是非本体……非我族类者都是非本体。难怪拉波夫不喜欢人们称他为社会语言学家。他觉得如果把自己做的研究叫作社会语言学，就好像还可以存在一种脱离社会的语言学。在他看来，社会是语言产生的母体，是语言赖以生存的基础。离开了社会，就无法研究语言，不存在离开社会的语言学。如果拉波夫来评判，一定把社会语言学归为本体，脱离社会的语言学都会成为非本体。

本体说其实跟本位说一样，也是人们自己的想法。人们往往自觉不自觉地想让客观世界符合自己的思想，而不是自己去认识客观世界。五彩缤纷的学术世界需要百家争鸣，只有一种声音是不正常的，也是危险的。我们应该适应在不同声音中工作,在各种意见的交锋辩难中进行研究,这样才能够碰撞出思想的火花,打开新的交流互补的合作渠道,可以产生新的学术生长点。

科学分类的各种学科都是人为划分的。天下大事,合久必分,分久必合。现代科学趋势就是多学科的整合创新。王士元先生有个很恰当的比喻:"不同学科之间的边界犹如画在沙滩上的线条,随着每一次先进知识的波涛到来,这边界就会发生变化,甚至完全消失。人类的知识,特别是研究语言的知识,应该是彼此相连的,并且最终是相互贯通的。"(王士元,2002)语言学是多学科交融的领域,语言学者应该把眼界放开。这样我们就可以知道,本体的说法反映了一种封闭的观念。因此,我的建议是,把本位作为个人研究的关注点,把本体看作个人视角所及的范围为宜。

七、实验作为检验语言理论的标准

20世纪80年代,中国社会曾有一场关于真理标准的大讨论。"实践是检验真理的唯一标准。"本来很多理论家早就讲过。可是经过10年"文化大革命"以后,很多人早把这句话忘在脑后。所以胡耀邦再次提出这个"真理标准"问题,人们好像重新发现了真理,简直就像欧洲文艺复兴时代人们得到启蒙一样。现在的语言学有着相同的情况。美国著名的语言学家伯林格说过:"没有哪一个科学领域像语言学那样存在着如此之多的谬误,不仅存在着,而且还继续被当作真理传授着。"这是一个真正的语言学家经过多年亲身体验讲出的真知灼见。

前面讲到,"长期以来,各种语法理论、语法体系和语法分析方法只有主观评价,而缺乏客观的验证"(胡明扬)。这里既有问题的原因,又有解决的途径。没有经过客观验证的不是理论,只是假说。那么多的语言"理论"都应改叫语言"假说"。经过客观验证,证实的叫理论,证伪的叫谬论。怎样进行客观验证呢?用社会实践和科学实验。只有在社会实践和科学实验中,才能发现语言的规律和奥秘,才能检验、修正和发展人们对于语言的认识。社会实践和科学实验是检验语言学理论的重要标准。科学实验包括物理、心理、生理的实验,大脑和神经的实验,以及各种计算机仿真建模的实验。

社会实践和科学实验中,首要的是对于客观世界,对于语言事实的敬畏和尊重。胡明扬先生文章中采用的北京话例句,全部都亲自跟北京本地人逐条核对过的。这就是充分尊重母语者的语感。有的人使用自己生造出来的例句,却是人们日常从来不说的;有的人认为不合语法的例子,反而人们平常都是那样说。这第一步就有如此大的差别,可想而知,后面的分析、结论会有怎样的偏离。所谓失之毫厘谬以千里,就是这个道理。

另外,从实践和实验中得到的结论具有量化的基础,是可重复的。我们为普通话审音工作专门在北京做了500人调查,看看一个字不同的读音各占多少百分比。我的学生们又在天津照猫画虎做了类似的调查,结果是惊人的一致,有的字音的百分比到个位都是一样的。可重复性是科学研究的重要特性,就像物理学和化学实验中的实验可多次重复一样。可重复就是可检验。不能检验的结论不是科学结论。只靠凭空想象,那是玄学,不是科学。这样看来,语言学还是一门很初步的、很不成熟的学科,积存着大量假说,有待于实践和实验来检验。我们应该为促进语言学的科学化多做努力。

八、语言与大脑

美国国家科学基金会和美国商务部在21世纪开始时请70位一流科学家研究,预测哪些学科是新世纪中的带头学科。题为《聚合四大科技,提高人类能力》的480页研究报告认为:纳米技术、生物技术、信息技术、认知科学将是21世纪最前沿的领域,蕴藏着巨大潜力。"可能会再次改变我们的物种,其深远意义可以媲美人类首次学会口头语言","可能成为人类伟大变革的推进器"。其中跟语言有关的是信息和认知。信息是电脑,认知就是人脑。可见脑科学的重要性。欧美、日本都大量投入,促进对大脑的研究进展。我们也是同样。王士元先生在北京大学讲课的内容已经出版为一本书:《语言演化与大脑》,网上还有他当时以及后来讲课的视频。希望大家好好关注。

我在南开大学和北京语言大学都给研究生讲了多次"语言与大脑"课程，在美国明德大学也开课讲过两次，学生们热情还很高。我们要更新知识系统，跟学生一起学习新的领域和前沿信息。大脑的研究是最前沿的，跟每个人都密切相关。如：它涉及大脑两半球的构造、左大脑的语言区、镜像神经元的发现、事件相关电位（ERP）、功能性脑成像（fMRI）等。其实学生比我们敏感好学，他们常常比我看得多，讲得好，我只是比他们想得多一点儿。我跟大脑的研究有偶然的联系：20年前，我的第一位博士生就是研究失语症病人语言的韵律表现，前两年我有一位博士生的毕业论文是用脑电 ERP 研究汉语动词和名词的认知特征。

我们提出实验语言学的研究，有人问我：语音可以实验，那词汇、语义和语法，怎么实验呢？前面已经讲过语调研究、韵律格局就是语法语义问题。我们要把语音跟语义、语法、语用结合起来，通过实验使语言学插上现代科技的翅膀。近年来，我们已经高兴地看到，不仅在欧美，而且在中国香港、台湾和内地都有做音系和语法的学者开始重视采用实验的方法。随着文理结合新人的出现和科学技术的发展，会有越来越多的人采用实验方法研究语义、语法和语用，会有越来越多新的描写语言的研究成果。

现在互联网、大数据发展很快。清华大学一位朋友讲：把一个人网上发的微博放在一起，统计其中词语的频率，就可以得到他的知识体系、感情取向、兴趣所在，分析得很清楚。阿尔法狗为什么能打败围棋冠军，阿尔法零又为什么能打败阿尔法狗？现在又有阿尔法星打败"星际争霸"职业选手。这就是数据的用处。我曾多次讲过：传统语言学是卡片之学，现代语言学是数据之学。

九、语言是综合能力

人有 7 种能力：语言表达能力、数学逻辑能力、音乐能力、空间关系能力、身体运动能力、人际交往能力、自我省思能力。其中语言表达能力是核心能力。言为心声，言如其人。语言是思想的外化。

现在有语言器官、语言基因的模糊说法。要注意这应该都是复数的，用英语词后面要加"s"。语言不是一个器官的事情，是多器官参与的。说话不是光用嘴，而是口、鼻、咽、肺提供气流，耳进行反馈和接收，加上大脑指挥，包括了感觉、运动、循环，需要调动全身的多种器官一起参与。跟多器官相对应的是有多种涉及语言的基因。前些年有报道说英国有个 K 家族的 FoxP2 基因有缺陷，所以三代人都不会讲话。实际上，这个基因负责舌头的快速运动。人们每一秒钟可以讲 7—10 个音节，舌头动作要非常快。舌头动作慢了当然就不能说话了。以上是从个人角度讲的语言能力。语言能力是人的认知能力的核心。语言改变人类，语言决定人生，语言对命运有巨大影响。中外成功人士语言能力大都很强，语言优势可以助力人生成功。

李宇明教授讲国家的语言能力，这个确实更为重要。中国的国家语言能力亟待提高。我的一位日本学生在东京的一家国际语言中心，该机构为即将奔赴世界各国的派出人员提供 120 多种语言的教学培训，以后还准备增加到 150 种。美国更是把语言学习列为国家安全战略。我每年到美国明德大学讲学，那里有十几种不同语言的沉浸式强化教学。那里的学生就有安全部、外交部的人员，学完立刻就要奉命出国。曼德拉讲："如果用一个人听得懂的语言和他交谈，触动的是他的思维；如果用一个人的母语和他交谈，触动的则是他的心灵。"语言是软实力，也是硬实力。我们应该有一个中国的明德。这是中国语言学人为国出力的机会。

十、语言研究的应用前景

有人看不起应用语言学，看不起病理语言学。这是忘记了根本。语言研究从应用中产生，为应用服务。其实理论研究，科学发现，大多是源于应用。发现大脑中负责说话的布洛卡区的，就是法国医生布洛卡；发现大脑中负责语言理解的威尔尼克区的，就是德国的医生威尔尼克。雅各布森就是到幼儿园去调查儿童语言，到医院去调查失语症病人的表现，写出了《儿童语言、失语症和语音普遍现象》。坐在屋子里什么也发现不了。

据网上统计，世界上最有影响的 40 家语言学刊物，以理论语言学研究为主的只有 2—3 家，其余都是以应用语言学研究为主，占 90% 以上。我们这里应用语言学刊物很少。《中国社会科学》杂志社汇集全国几十位学者研讨语言学理念与方法，认为现在语言学研究有两大趋势：一，语言学向社会实践、科学实验靠拢，不断地和社会实践和科学实验结合在一起，这个趋势越来越明显；二，语言学越来越成为多学科、多领域、跨学科、跨领域的研究，不像文科理科划分那么清楚。

微信上有一篇文章讲，信息技术在教育领域的应用有三个阶段：工具与技术的改变；教学模式的改变；最终可能是学校形态的改变。学校和老师都有危机感了。有人已经在盘点过去已经消失的职业，预测未来将要消失的职业。时代有时很无情。人无远虑必有近忧。所以我们要想到几十年之后人类怎样生活、学习和工作，几十年以后语言研究会是怎样的面貌。无论如何，实验研究应该是具有生命力的基本方法。

其实这就联系到语言学基本问题：理论和实际、思维和存在，到底谁决定谁。100 年前，索绪尔说语言学的基本问题还有待解决。现在我们仍然要说：语言学的基本问题迫切地需要很好的解决。这将决定语言学的学科命运，也会决定每一个语言学者、教师和学生的个人命运。不可等闲视之。

做本科生或研究生的老师，要有一个重要的底线：不要误人子弟，不要误人父兄。学生正当青春年华来跟你学习，是要奠定人生的基础，你不能教他们落后的无用的东西徒费时光。这是当老师对学生应负的最起码的责任，这份工作很沉重也很严肃。我们不要脱离社会实际。为什么有人说学语言学的难找工作？那些远离社会的人，社会也会远离他。我们实验语言学则大不相同，因为实验语言学从事的是朝阳的事业。应当勇敢冲破束缚自己头脑的旧观念的枷锁，做实验入门并不难，比打电子游戏还容易。俗话说，艺多不压身。民谚也讲，早起的鸟儿有虫吃。

马克思说过："最先朝气蓬勃地投入新生活的人，他们的命运是令人羡慕的。"实验语言学就是这样的新的学术生活，我们从 1986 年以来，年复一年地举办实验语言学研修班，近两年来开始组织网上直播的实验语言学报告，就是希望能有更多的老师和学生来从事实验语言学，跟我们一起投入新的学术生活，一起满怀信心，迎接未来。

参考文献：

博林格（Bolinger），1993，《语言要略》，方立等，译）北京：外语教学与研究出版社.

罗常培，1956，《汉语音韵学导论》，北京：中华书局.

欧哈拉（Ohala），1991，语音学和音系学的总合，第12届国际语音科学会议开幕报告，石锋，译，《国外语言学》，1992年第2期.

索绪尔（Saussure），1980，《普通语言学教程》，高名凯，译，北京：商务印书馆.

王维贤，2007，《王维贤语言学论文集》，北京：商务印书馆.（本文所引王维贤文章，皆已收入此书）

王士元，2002，《王士元语言学论文集》，北京：商务印书馆.

汉语音节十问

石锋

一、音节的定义是什么？

音节是语言中构建话语的基本单位。音节分析是语言分析的基本问题。人们从生理、声学、听觉等角度做过很多探索，提出了呼气说、肌动说、响度说。其中响度说（响度序列）影响最大。音节不仅是一个语音学单位，更是一个语言学单位。它具有心理、物理、生理的属性，更有语言学的属性。因此我们不仅需要有心理、物理、生理方面的音节定义，更需要有一个基于语言学角度的音节定义。

音节的语言学定义：音节是语言中能够自由组合的最小的音段结构单位。

音节的这个语言学定义可以跟语素和词的定义相互对比。语素：语言中最小的音义结合体。词：能够独立运用的最小的语言单位。

音节的语言学定义中，"最小的"表明定义以最小为基准，大道至简，最小就是初始，初始最简。语素和词也是各自范畴领域中的最小者。

"音段结构单位"包括两个意思：（1）音节是音段组成的。即音节只包括元音和辅音而不考虑韵律。音节可以负载韵律特征，但不包括韵律特征。（2）结构单位"即有层级，有联系，有规则。音位配列规则就是音节内部成分的配置规则。

"自由组合"的意义最重要。语素不能"独立运用"，表明它的独立性不如词。词的"独立运用"又不如音节的"自由组合"。词的独立并不是自由，音节才是充分的自由。

一切语言单位都是语音单位。语素、词、短语等语言单位都具有二重性，既是语法单位，又是音节序列，因此也都存在音节组合是否自由的问题。

语素、词、短语等，在相互组合时会受到不同因素的不同程度的制约。从词法到句法，从语义到语用。可是在语音方面，人们从来不需要考虑在音节序列的内部和外部组合方面有什么制约，因为它是自由的。因此，这种情况已经使人们对此达到习焉不察的地步，以为这是理所当然的。其实，这里有一个普适性的音节自由组合原理：音节在语言各层级单位中的自由组合程度是最大的，音节的组合具有最大限度的自由。

音节的语言学定义并不排斥从其他角度提出的音节定义。它们之间的关系是相容的，互补的。

二、语音分析的基本单位是什么？

对于语音分析的基本单位，目前至少有三种意见：(1) 区别特征，(2) 音位，(3) 音节。这有点儿类似于语法分析的本位说：字本位（语素）（徐通锵）、词本位（马建忠）、短语本位（朱德熙）、句本位（黎锦熙、邢福义）。还有双本位、多本位等各种意见。

那么它们之间可不可以统一起来啊？我以前曾多次讲过，所有的这些本位都是学者个人的本位，不是语言学界整体的本位。语言的系统很大，学者个人的精力有限，各有自己的切入点。张三的兴趣是句子，在句子上收获大。李四关注的是单字，在单字中成果多。学界并没有一个统一的，定于一尊的本位。本位说只是个人的想法，显示个人的专长。完全可以使不同的本位和平共处，相互补充，而不是互相排斥。

语音分析可以基于区别特征，也可以基于音位，还可以基于音节，以及不同的音节序列。每一种基本单位对应一个层级，把所有的层级合在一起就是语言的系统。语言系统中的每一个层级都很重要，一个都不能少。每一个层级都需要有人来研究。如果一定要大家都去研究其中的一个层级，那语言研究就失去平衡，我们对语言的认识就可能限于片面。

语言是多层级的，语言研究应该是多本位的，百花齐放。

同时很有可能同一学者，在这个阶段研究音位，在下一个阶段研究音节；也可能另一学者开始研究区别特征，后来研究音位。这都是相容的，而不应是相斥的。例如，我就是一开始研究苏州话浊音声母中区别特征与声学特征的关系，这是以特征为基础；后来又考察连读变调中调位性变调和非调位性变调，调位就是声调音位；现在来集中讨论音节问题。所以基本单位并不是固定不变的。我们要坚持的一个总的原则：在学术上不能只有一种声音，不能唯我独尊。

我目前的想法是倾向于把音节作为基本单位。同时我也会包容和理解其他观点。已经有很多学者注意到音节的重要作用。阿贝克罗比（Abercrombie，1967）提出把音节作为语言中的基本语音单位。阿罗托（Arlotto，1968）把世界语言分为"音节定向"与"语素定向"或"单词定向"加以对比。赵元任（1975）认为在中国人观念里"字"是中心主题。徐通锵（1997）系统阐述了字本位语法观，这里的字就是单音节语素，语音上就是带调音节。端木三（Duanmu，2008）写出专论音节的著作《音节结构》。朱晓农（2008）把以音节为基本单位的音系学称为音节学。陈卫恒（2018）发明语素–音节分类法，依据跟语素对应的音节数把人类语言划分为单音节语、双音节语、三音节语和 X 音节语四种类型。

音节是一种自然发音单位。所有的元音和成音节的辅音都是以音节形式发音的。所有不能成音节的辅音在发音时，一定要跟元音组成音节才能正常发音。因此，自然发音，也就是没受过语音训练的一般人的正常发音，一定是音节或音节序列。

语言学家实际的语音分析都是以音节为缺省框架，以音节为默认平台。音位配列规则都是基于音节，在音节内部运作。韵律特征的负载单位至少是音节。元音长、短，辅音松、紧的区别，音调的升降高低，读音轻、重，都是在音节中实现的。否则就会失去依据，没有意义。

三、语音连续统是什么？

自然界和人类社会到处都是连续统。连续统的条件是其中的各个成分共有同一个维度，可以在这个维度上进行量化排序。连续统的特征就是两端清晰，中间模糊。连续统两端之间可以划分出若干等级范畴。其中的每个范畴，中间清晰，边界模糊。

人类语言中同样充满连续统：实词-虚词是连续统；名词-动词是连续统，等等。在语音方面，从清声到喉塞的不同发声类型是连续统：清声（常态）—耳语—气声—浊声（常态）—紧喉—喉塞。如果采用声门肌电测试声门开商，清声接近1，气声约0.7以上，一般常态浊声为0.5，紧喉约0.3以下，喉塞接近0。从鼻音到口音也是连续统：鼻音—鼻音弱化—鼻化—鼻化减弱—口音。我们采用鼻音计测量鼻化度，鼻音约80%以上，口音约40%以下。在80%和40%之间，依次是鼻音弱化、鼻化、鼻化减弱。

元音和辅音最显著的区别在于发音时声腔是否受到阻碍。其实，阻碍的有和无这种区分本身，就存在着阻碍大小的程度等级。我们把阻碍程度作为元音和辅音共同具有的维度，形成语音连续统。

0%	20%	40%	50%	60%	80%	100%
低元音	中元音	高元音		通音	擦音	塞音
圆唇	圆唇	圆唇		全通音	清浊	清浊
不圆唇	不圆唇	不圆唇		鼻通音	送气	送气
前	前	前		边通音	塞擦音	
央	央	央		r通音		闪音变体
后	后	后		颤音变体		

图一　元音-辅音连续统

这是一种语音的理想化描述：阻碍程度为0，是全部打开；阻碍程度为100%，是完全堵塞。中间的20%、40%、60%、80%，都是主观设定的等级范畴。如果把阻碍程度50%作为元音与辅音的界限，小于50%是元音；大于50%是辅音。发音阻碍程度为0的是低元音；20%是中元音；40%是高元音；60%是通音；80%是擦音；100%是塞音。元音和辅音两个端点的低元音和塞音之间，是很清晰的；中间50%两侧的高元音和通音如半元音之间，界限模糊。

通音的英语是 approximant，"近似"的意思，跟谁近似呢？跟元音近似。在哪方面近似呢？在结构和功能两个方面近似：结构上，具有共振峰结构；功能上，具有音节性，可以自成音节。很多语言和方言中，都有通音自成音节的情况。通音的类别有四种：鼻通音是口腔关闭，鼻腔开通；边通音是舌尖两侧开通；r 通音是舌尖翘起而不堵塞；全通音即半元音。

颤音一般是跟边通音或 r 通音互为变体。法语有小舌颤音，俄语有舌尖颤音，如果不会发这些音，就可以发 r 通音代替。一些少数民族语言有颤音，跟 r 通音是变体。闪音一般不作独立音位，只作为舌尖辅音的快速或弱化变体。

元音有二合元音、三合元音，辅音也同样有二合辅音、三合辅音。二合辅音：塞擦音是塞音擦音叠合在一起，送气擦音是擦音和送气叠合到一起。送气塞音比较常见，是塞音和送气叠合到一起，送气是喉擦音。三合辅音：送气塞擦音包括三种音姿，即，塞音+同部位擦音+喉擦音。

塞擦音为什么是一个音位，而不是复辅音？我考虑有三条：①从发声类型上，塞擦音的塞和擦是清浊同类，或者都是清音，或者都是浊音，而复辅音中的成分则不一定。②从发音方法，即声腔阻碍连续统上，塞擦相邻且顺序，这样才有可能塞擦叠合，塞音为摩擦除阻；复辅音则或不相邻或为逆序。③从发音部位上可能是最为重要的，塞音擦音部位相同，塞擦同位只需单一音姿。而复辅音则不同位，需要两个或多个明显不同的音姿。

为什么喉擦音 h 带有元音性？这涉及协同发音的条件问题。一个音节的声母和韵母理论上可以同时启动，然而是否真的能够同时启动，要看具体条件是否允许。首辅音后接元音在允许条件下，会尽量局部提前启动。发音动作之间不影响，发音才能够协同，主要是看发音部位是否冲突。舌尖辅音和后元音就不能同时启动。舌面后辅音和前元音也不能同时启动。舌头不能同时又到前面又到后面，只能干完一个，再干另一个。

唇和喉正是在声腔的两端。唇辅音发音不影响舌头的动作，元音舌位可以同时启动，预做准备。这个 h 音更是如此。只是喉部摩擦，整个口腔完全自由，一点儿也不影响元音的发音动作。所以，h 音的擦音能量集中区跟后接元音共振峰是一致的,也就是具有元音色彩。我们测量元音时,常选零声母和双唇辅音,还可以选喉擦音,以减少辅音对元音的影响。如:皮特森和巴尼(Peterson & Barney,1952)著名的英语元音实验,选词都是 hvd 结构,如 heed/hoed,等等。

四、音节和语素有怎样的关系?

　　语言单位都是音义结合体。所谓音义结合,在意义方面是以概念为基本单位,在语音方面是以音节为基本单位。音节是语音和语义结合的联结点,构成最小的音义结合体——语素。音义结合的初始单位是语素。前面已经讲到,人类语言中语素跟音节数目的对应有四种:单音节语、双音节语、三音节语和×音节语(陈卫恒,2019)。

　　这里要注意的是,汉语语素的单音节性很容易使人把语素和音节相混淆。二者只是貌似,其实不是等同的。区别在两个方面:一是音节没有意义,而语素有意义。二是音节不包括声调,所以英语词中就有重读音节和非重读音节;汉语的语素字音称为带调的音节。下面很多内容就是讨论汉语音节的表现。

　　讲到音义结合自然会联想到语言的演化。若问人类语言之前是什么,人的语言之前应该是猿啼。我曾有文章即提出猿啼说作为人类语言的起源(石锋,2018)。那么,语言有没有前音节时代?再问,先有元音还是先有辅音?音节之前应该是韵律音流。如果同意音节之前是韵律音流,那么韵律肯定是依附于元音,或称为原始元音或类元音构成的音流,否则不可能存在。

　　把元音称为母音,把辅音称为子音的说法,很有道理,体现出前人的智慧。音段这个词本义是切分,这也反映了前人的智慧。即只有元音(类元音)很难分出音节,不能区分出更多的类别。于是就用各种辅音把连续的元音切分为一段一段的成分。所以有学者说过:辅音不过是元音开始或结束的方式。音段不是独立存在的,而是以音节中的构成成分而存在的。音段化就是音节化。有了音节,是人类语言产生过程中的飞跃。从猿怎样到人的过程,同时也就是从猿啼怎样到人语的过程。

王士元(2014)把人类语言演化的分为四种相变：双足直立；象征作用；音段系列；文字发明。他认为，"早期的人属一定是采用手势和韵律相结合的方式进行沟通的"。"使语言表达力得到大幅增强的是语音音段的引入，……很可能是现代智人在非洲出现后不久发生的。"这里所说的音段引入，其实就是音节化。

韵律化—音节化—词汇化—句法化。韵律化至多有几十种区别项，音节化可以有几百上千种区别项，词汇化能有上万的区别项，句法化就达到无限量。从有限区分项一步一步实现无限区分项，与人类社会发展同步，满足了人类交际发展的需要。从韵律化到句法化，都是为传递信息表达意义的用途作为驱动力。其中每一个阶段都是跟前后阶段部分叠合的，而不是截然划分开的。

五、什么是汉语音节的时间格？

汉语是典型的以单音节跟语素相对应的语言，具有典型的单音节性。解析汉语音节的表现，应该具有一定的普遍意义。在分析一个语言的音节结构时，是以基础音系为考察对象的。首先要明确基础音系跟派生音和边际音的区别，这是不同的层级（王洪君，2008）。如，汉语普通话的儿化韵就是派生音；助词、叹词、语气词的发音属于边际音。它们只是涉及局部的或个别的情况，需要分别另行加以说明，不能进入基础音系，否则会使基础音系发生混杂。

汉语音节结构非常整齐，有很强的规则性，这是汉语的突出特点之一。首先分为声母和韵母两部分，韵母又分为韵头、韵腹、韵尾三部分。声母跟韵母是在同一层级，而跟韵头、韵腹、韵尾不在同一层级。不过它们可以按照时间顺序成为四个时间格（王洪君，2008）：声母、韵头、韵腹、韵尾。这样构成一个完整的音节。下面就是把汉语音节分为四个时间格的图示：

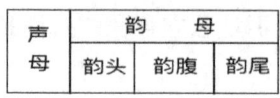

图二　汉语音节结构

首先来看韵母的三个时间格。韵母的结构为：韵头—韵腹—韵尾。韵头又称为介音。韵腹是韵母的核心，又称为主要元音或核心元音。这充分说明了韵腹在韵母中，以至在音节中的核心作用。汉语音节的韵母中，如果没有韵头，它的时间格并不删除，而是由韵腹向前扩展来填充；如果没有韵尾，它的时间格同样保留，由韵腹向后扩展来填充。即，在韵头或韵尾缺失的时候，它们的时间格还是保留不变的。韵腹能够增加相应时长来补充它们的时间空位。因此，韵母的三个时间格总是完整无缺的。

很多汉语方言保留入声的塞音韵尾。它们只有闭塞段而不除阻发音，因此人们听到的入声字音是短促的。在这里要注意，塞音韵尾不同于无韵尾。若是无韵尾，可以由韵腹延长，填充韵尾的时间空位；塞音韵尾闭塞持阻的无声段却是不可填充，不可删除，要计入韵母时长中（石锋，1995）。因此，不能说入声音节的时长比其他音节短。正是因为入声字音的时长包括了塞音韵尾的无声段，所以才有入声短促的听觉印象。如果只是短，就成为轻声，而不是入声了。

从表面看来，汉语音节的韵母只有韵腹是不可缺少的，韵头和韵尾都是可以缺失的。实际上，韵头和韵尾的时间格一直是保留的，韵母时长的完整性是始终如一的。否则，音节的时长就会有很大的差异，而实际上并不是这样。

六、汉语零声母是真是假？

现在来看声母的时间格。一般声母的时间格为一个辅音音位占据。如果在声母的位置上没有辅音音位，声母的时间格同样要保留，既不会删除，也不可填充。占据这个声母时间格的就是零声母。零声母不是可有可无的，而是必有的音节成分。汉语普通话 22 个声母，其中就包括零声母。零声母不是虚构的，而是实有的。零声母确实是汉语中的客观存在。

赵元任在《中国话的文法》一书的语音部分曾经讲道："这个零声母，大部分的人发音时，都有一点像辅音似的闭塞，或者发成无摩擦的舌根或小舌部位的浊通音。这就是为什么'棉袄'mian ao 里的 n 跟 ao 不像英文的 ran out 可以连读的缘故。"（赵元任，1968）

这里为零声母做了两点说明：

（1）汉语的零声母并非真的什么音都没有，而是有非音位的辅音成分。具体说，就是在没有/i、u、y/韵头的开口呼韵母前面的零声母，开头多有轻微的喉塞音[ʔ]或者浊喉擦音[ɦ]；韵头为/i/的齐齿呼韵母，韵头为/u/的合口呼韵母，韵头为/y/的撮口呼韵母，前面的零声母，开头分别带有浊通音[j]、[w]、[ɥ]。

（2）汉语的零声母不同于英语单词以元音开头的情况。在前面的音节以辅音结尾的时候，汉语不能连读，不发生音节重组。如："棉袄" mian-ao 里的 n 跟 ao 不连读，"翻案" fan-an 不读成"发难" fa-nan。英语在这种情况下就可以连读。如：ran out，an apple 都可以连起来读成 ran_out，an_apple。所以英语不同于汉语。英语没有零声母，这样就会出现音节重组（resyllabification）。汉语一般不发生音节重组，原因就是有零声母。这是汉语音节完整性的重要表现。

汉语的语气词"啊"有音节重组现象，如在"天""好"后面可以读成："天哪""好哇"。这是因为前面已经讲过的，语气词属于边际音，不进入基础音系。边际音不受基础音系时间格规则的限制，可以没有零声母，发音比较自由。

关于音节重组问题，依据重组成分涉及的范围，可以分为词内重组（worker, player）和词际重组（an apple, run out）；依据重组成分运作过程，可以分为拷贝式单音节重组（runner, run out）和转移式双音节重组（get up, worker）。另外，let's 跟 let him→letim 构成词际的删除式重组。前者为元音删除，重组结果为后音节只剩辅音尾附在前音节之后，使前音节辅音尾增加成分。后者为辅音删除，前音节辅音尾转移，与后音节首辅音删除后的成分组成新音节。这已经不是纯粹的音节重组，而是语音脱落造成的音节重组。汉语的"啊"(a)音变属于拷贝式单音节重组。

七、声化韵还是韵化声？

在一些汉语方言中，有的辅音自成音节，加上声调就成为语素和词。如，苏州话的[ŋ]（鱼）、[m̩]（无），杭州话的[l]（伢"儿"），广州话的[ŋ]（吴）、山西文水话的[n̩]（你）。一般自成音节的多是鼻通音[m]、[n]、[ŋ]或边通音[l]等，称为声化韵。可以理解为是声母性质的韵母，或是声母转化为韵母。声化韵在音节时间格上的表现：在韵母缺位的情况下，由声母向后扩展延长，填充韵母的全部三个时间格。这样，声化韵的音节也是四个时间格一个不少。因此，声化韵的名称很切合实际。

为什么没有按照零声母的名称类推，称为零韵母呢？因为它们二者并不同类。其运作过程不一样。零声母是在声母时间格内有非音位辅音成分的发音，因而声母时间格保留不变，不可填充。所以，零声母是一个有确定时间格的非辅音音位。声化韵则是声母扩展延长，填充了韵母的三个时间格，即韵母完全缺失，由声母转化为韵母。声化韵的音节是由通音性的声母占据全部音节的四个时间格。四个时间格完整无缺，音节齐整性不变。

英语 sudden 中的[dn]和 little 中的[tl]，都应该作为一个音节。其中的 n 和 l 是音节性辅音。但是这不是声化韵，因为音节的首辅音和后接成音节辅音都不同。汉语单独一个辅音占据全部音节的四个时间格，并成为一个语素和词。这是很值得关注的语音和语义、语法结合的实例，也是一个单音节性特点。

由此可见，汉语音节中声母和韵母之间有单向蕴含关系：没有韵母，声母可以扩展填充为声化韵；没有辅音声母，韵母却不能去填充，也不可删除，要保留一个零声母作为位置固定的非辅音音位，同时保留零声母的时间格。语言中有很多实例表现为单向蕴含关系，或称非可逆性，也就是不对称性。这应该是人类语言的普遍现象，很重要。

除元音之外，所有能构成音节的成分都具有元音性或音节性，即通音这一大类的成员。用实验语言学术语：所有能成音节的成分都具有共振峰结构。这句话应该是跨语言适用的。当然，具有元音性不一定就有音节性，具有音节性不是一定会去成音节，而只是为这种可能性提供了条件。

八、元音-辅音与声母-韵母有什么区别？

初学者往往把元音和辅音的概念跟声母和韵母相混。其实这是两种性质不同的分类，内涵和外延也各不一样。元音和辅音是普适的语音分类，依据的是客观的生理发音、听觉感知和物理表现的性质。其中特别重要的指标是发音时声腔的阻碍程度。这些内容在前面已经做了初步的说明。

声母和韵母是源于汉语音韵的术语。从上面的讨论中可以知道：声母和韵母的分类是以元音和辅音分类为基础的上位概念。即在语音本身的客观性质之上又增加了两个条件：(1) 在音节内部的结构框架中定义；(2) 依据语音在音节中的位次定义。声母就是音节开首的辅音音位，包括音节开首的非音位辅音成分。韵母就是音节中在声母后面的元音和辅音结构，包括韵头、韵腹、韵尾。

一种语言中的辅音并不是都可以做声母，在汉语普通话里有22个辅音音位，其中有一个/ŋ/不能做声母，其他辅音都可以做声母。普通话的22个声母是其余的21个辅音加上零声母。其他语言和方言中还有复辅音声母，即两个或三个辅音连缀构成声母。所以声母并不等于辅音。这一点是很重要的。

韵母就可以等同于元音吗？更不行。一般情况下，韵头是前滑音，韵腹是主元音，韵尾是后滑音或尾辅音。有时候，韵头、韵腹、韵尾都是同一个元音。个别情况，有声母、韵头、韵腹、韵尾都是同一个通音类辅音。所以韵母跟元音的概念相差更远。可以这样说：韵母的核心通常是元音来充当的，称为韵核，即核心元音。

韵母中韵腹和韵尾合起来成为押韵的韵，有人称为韵基。似乎是舶来品，其实具有汉语传统的根基。《广韵》有多达206韵，可是分为16韵摄就已经把不同的介音合并起来了。以后从作诗的"平水韵"106韵，到作曲的《中原音韵》19韵部，写诗作曲的押韵一直在简化。作为北方戏曲通用的京剧十三辙的押韵，如发花、梭波、怀来、由求、言前，等等，已经基本都成为只看韵腹加韵尾了。

声母和韵母有位次制约，时间格就是一种结构制约框架。它们的位置都是严格规定，不可改变的。元音和辅音则没有这种制约，位置可以自由。所以，零声母和声化韵可以有；而*零辅音、*辅化元却不可以有。

英语不是单音节跟语素对应的语言，不具有典型的单音节性。英语没有零声母，可以讲辅音开首或元音开首。英语没有声化韵，可以讲成音节辅音或音节性辅音。

同时，汉语的韵母内部的韵腹和韵尾的时长互补；声母和韵母之间的时长互补；声母内部的时长互补（如塞音送气段和闭塞段的互补）。（石锋，1990）如广州话有长短元音/a/为韵腹的音节中，不论韵尾是元音还是辅音，都会跟韵腹的时长相互补偿。所以虽然韵腹/a/的时长相差较大，可是整个音节的时长相差并不那么大。这些规则性和齐整性都是英语中没有的现象。

九、声调覆盖音节还是覆盖韵母？

汉语是声调语言，以音节性的声调模式区分意义。这里又有一个声调跟音节的基本关系问题。声调是覆盖全部音节，还是只覆盖韵母？声调只覆盖韵母的说法，是不完整的。应该是声调覆盖全部音节，不是只覆盖韵母（见图三）。即，音节是负载韵律特征的最小单位。

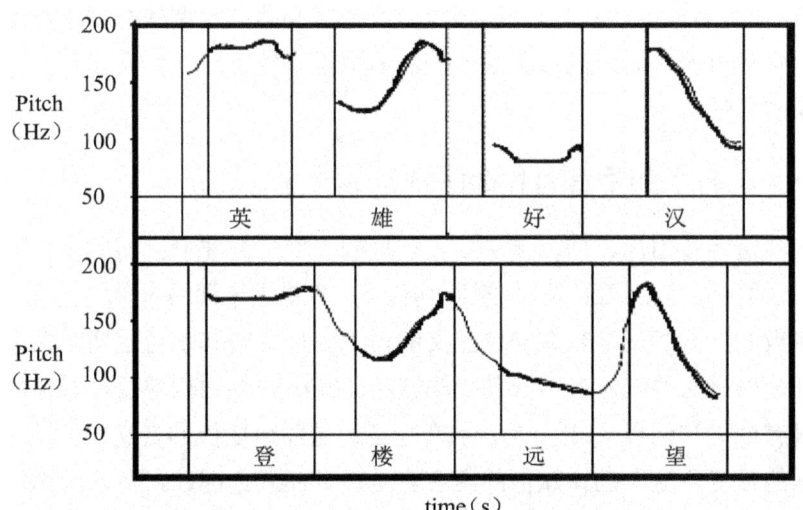

图三 声调覆盖音节的图示（上：中间段为清声母；下：中间段为浊声母）

在单字调发音表现中，声调曲线常常会有弯头和降尾，其中弯头主要出现在浊音声母，是声带从自然状态向调型段的过渡；降尾是发音结束时声带振动的惯性从调型段回归自然状态的轨迹。在连续话语中间，就没有这种降尾段了，只有过渡段和调型段。在话语音流中，相邻声调之间需要过渡衔接，没有过渡段的声带调整就不会产生调型段的特征。这样，过渡段也应包括在声调之中。

实验显示，声母部分是对应声调的过渡段，韵母部分对应声调的调型段。如果声母是浊辅音如通音或零声母，可以得出声调曲线中跟声母对应的弯头。如果声母是清辅音，声调曲线中跟声母对应处就出现一段空白，尽管看不到过渡段的曲线，声带仍然在调整声门状态和紧张程度，以便在韵母中发出声调的调型段。

这样就有实际操作问题需要解决：通常的声调测量计算只是根据是否有曲线来决定取舍。其实这并不公平。因为浊音声母的过渡段有对应的声调曲线，而清音声母的过渡段没有对应的声调曲线。在测量声调曲线的时候，为了数据的公平，无论声母清浊，都把跟韵母对应的那部分声调曲线作为调型段，按照一致的客观依据进行测量。这样可以避免主观判断的偏差，也能够保证韵腹作为音节核心凸显声调的特征。这不是韵母负载声调，而是韵母负载声调的调型段。声母对于声调同样有不可缺少的贡献。

十、音节和字音有什么区别？

汉语字音由声、韵、调构成。这里的"字"并非书上写的字，而是口中说的字。从汉语音位系统的角度，"字"就是带调的音节。汉语中绝大多数的字同时又是带有一定意义的语素。把音节和字音这两个概念区分开是很有必要的。音节只包括辅音和元音组成的结构单位，音节的结构只有声母和韵母（如图二）。字音则是经过韵律赋值的音义结合体——语素的发音，这个韵律赋值的内容就是声调模式。因此，字音的结构就是声调覆盖下的声母和韵母（如图四），也就是负载着声调的音节。

同样，认为汉语的字音除了"韵腹+声调"，其他成分都可以不要，这是一种片面的看法，没有考虑到汉语字音结构的完整性和稳固性。汉语的字音为：声母—韵母—声调。三者缺一不可。实际上，声母和韵母的术语最初就是源于汉语音韵学对字音结构的解析，后来应用于音节结构的分析。因为汉语的语素跟单音节对应，人们往往会把音节和语素混淆起来，误把汉语字音的"声、韵、调"称为汉语的音节结构。

	声	调	
声母	韵母		
	韵头	韵基	
		韵腹	韵尾

图四 汉语字音的结构

当然，各种语言的音节分析中，都可以仿照汉语采用声母、韵母的划分作为普适性研究的方式。只是需要注意，声母不等于辅音，韵母不等于元音，音节不等于字音。它们的依据是不一样的。各种语言音节完整性程度也是不一样的。在声母和韵母的一般意义上，在比元音和辅音更高的抽象层级中，探索各种语言的音节类型的表现，将会很有意义。

结论：汉语音节时间格原理

本文的前半部分讨论了有关音节的具有普遍性的四个主要问题，以及一些相关联的论题。这些讨论不仅可以用于汉语的语音分析，也可以用于其他语言的语音分析。后半部分的六个问题主要集中于汉语音节的时间格分析。在已有的汉语音节四个时间格论述的基础上，本文提出了汉语音节时间格原理，以及两个下位的原理：声母时间格原理和韵母时间格原理。

汉语音节时间格原理：按照时间顺序为声母、韵头、韵腹、韵尾四个时间格（王洪君，2008）。占据各时间格的元音或辅音可以因缺失而改变，而四个时间格保留不变，完整无缺。

声母的时间格原理：声母的时间格既不可删除，也不可填充。不论占据声母时间格的是辅音音位，还是零声母，都是如此。

韵母的时间格原理：韵母的韵头、韵腹、韵尾三个时间格都不可删除，而可填充。如果没有韵头和/或韵尾，它们的时间格由韵腹加长扩展来填充。若是韵母全部缺失，通音声母可以延长填充韵母的三个时间格，成为声化韵。保持韵母的三个时间格完整无缺。

汉语音节时长趋向一致，我们有实验数据证明。选择零声母和 zh 声母加上相同的"韵腹、韵头＋韵腹、韵腹＋韵尾、韵头＋韵腹＋韵尾"四种结构的阴平调字音，在负载句中发音并测量时长。(石锋等 2008)初步结果如下：

zh 声母组跟零声母组平均时长相差 22 毫秒。320ms－298ms＝22 毫秒。

不同韵母音节平均时长：a＝286ms；ua＝308ms；an＝308ms；uan＝334ms。

其中 ua（韵头＋韵腹）、an（韵腹＋韵尾）等长。它们跟 a（韵腹）相差 22 毫秒，跟 uan（韵头＋韵腹＋韵尾）相差 26 毫秒。

这是很客观的结果：多一个音素就增加 20 多毫秒。这是一个发音动作的用时。每个时间格应该占时 70 毫秒以上（70×4）。增加动作的 20 毫秒在听感上一般不能分辨，要超过 50 毫秒以上才能分辨出来。这就是说，韵母被填充所减少的发音动作的时间一般不能分辨，而时间格保留不变是听感一致的印象。

这从具体的微观角度证实了汉语是以音节时长为导向的。汉语是音节时长趋同，英语是音步时长趋同。这是汉语跟英语音节类型的区别。把汉语作为世界语言中典型的单音节语言，这就是我们所得到的单音节类型特征的表现。

尾声

学人既入语言学之门，就要认识到语言学是经验科学。语言学需要基于语言事实的实证研究。语言实验是实证研究中的首选项。只有通过实地调查，亲身实验，才能真正认识语言。所以，语言调查是语言学者的基本功，语言实验是语言学者的必修课。实践出真知，实践是检验真理的标准。我们的目标是，积累第一手资料，增加研究实力。调查实验什么？汉语普通话和方言、民族语言、中介语、外国语言。第二手资料也需要，但是经不起提问，需要核实。

当前我们非常需要端正对汉语研究的态度，防止两种倾向：（1）孤立进行汉语研究，认为汉语是最完美的语言；（2）排斥贬低汉语研究，空谈跨语言研究。二者的根源一样，都是没有认识到汉语是世界语言中的典型成员，把汉语跟世界语言割裂开来。汉语因悠久的历史文献和富多彩的方言宝库弥足珍贵，我们至今对汉语了解得还很不够。越是民族的，越有国际性。汉语研究已经、正在并将来更要对国际语言学理论做出重要贡献。

我们是近水楼台，岂能舍近求远。一屋不扫，何以扫天下？连近在咫尺的汉语都不认真研究，何谈去研究世界语言。光是坐在屋子里做不出真正的语言学研究。空谈玄学，误人误己。语言学研究需要脚踏实地，走向社会，走向田野，走向实验室。

参考文献：

陈卫恒，2018，人类语言世界的四分法：单/双/三/X音节语，《变音的奇妙世界》，第11期.

石锋，2013，音义结合是任意的吗？——重读雅各布森评索绪尔任意论，《大江东去：王士元80岁庆寿文集》，香港：香港城市大学出版社. 收入《秋叶集》，天津：南开大学出版社，1-20.

石锋，2018，演化语言学的宏观史、中观史和微观史，《南开学报》（哲学社会科学版）第4期，65-71.

石锋、梁磊、孙雪，2008，汉语的音节/字音问题，《金秋集——刘叔新先生南开执教50周年纪念文集》，天津：南开大学出版社.

石锋，1995，关于音节内部时长关系的几个问题，《中国语言学报》，第6期，48-61.

王洪君，2008，《汉语非线性音系学——汉语的音系格局与单字音》（增订版），北京：北京大学出版社.

王士元，2014，语言及人类的祖先（英文），《语言学论丛》，第2期，1-28, 360.

徐通锵，1997，《语言论——语义型语言的结构原理和研究方法》，长春：东北师范大学出版社.

赵元任，1975，汉语词的概念及其结构和节奏，《中国现代语言学的开拓和发展——赵元任语言学论文选》，北京：清华大学出版社.

赵元任，1968，《中国话的文法》，丁邦新，译，香港：香港中文大学出版社.

朱晓农，2008，音节和音节学，《东方语言学》，第4辑，142-164.

Abercrombie. 1967. *Elements of General Phonetics*. Edinburgh: Edinburgh University Press.

Anthony T. Arlotto. 1968. On Defining "Monosyllabism". *Journal of the American Oriental Society*, Vol.88, No.3, 521-522.

Duanmu, San (端木三). 2008. *Syllable Structure: The Limits of Variation*. Oxford: Oxford University Press.

Ladefoged, Peter and Keith Johnson. 2011. *A course in phonetics* (6th edition), Boston: Wadsworth.

Peterson, G. E. and Barney, H. L. 1952. Control methods used in a study of the vowels, J. A. S. A., 24: 175-184.

Saussure, Ferdinand de. 1916. *Cours de linguistique générale*.《普通语言学教程》，高名凯，译，北京：商务印书馆，1980.

Trask, R. L. 1996. *A Dictionary of Phonetics and Phonology*. New York: Routledge.《语音学和音系学词典》，鲍怀翘等，译，北京：语文出版社，2000.

北京话儿化韵十题

石锋

北京话的儿化韵好像是一个谜,引起很多人的注意,却是众说纷纭,莫衷一是。这里来讨论与儿化韵有关的十个问题,聊作一家之言。

一、儿化韵的性质

儿化韵是北京话基础音系的一个口语派生子系统。我们在考察北京话基础音系的基础上,可以对儿化韵问题做一些初步的说明。

儿化是一种词汇-语音现象。"这是唯一的非音节性词尾。"(赵元任,1968)儿化韵由儿尾词发展而成,即词缀"-儿"的字音与词根末字音发生合音变化①。在这种合音变化中,词缀"-儿"与前接字音合二为一,由两个音节合为一个音节;词根字音韵母的结构和成分发生变化,产生出一系列带有儿音色彩的卷舌韵尾的新韵母,即儿化韵。这充分说明儿化韵是一种派生音而不是基础音。在分析基础音系的时候,儿化韵应排除在外,即不能以儿化韵的表现作为分析论证的依据。这是我们总结王洪君(1999)的论述得出的基础音系原理:基础音系的分析不包括派生音和边际音②成分。

赵元任(1968)把儿化韵归入形态音位,同时指出这会"相当复杂"。

---

① 赵元任认为"-儿"的语源有三个:1. 里,如这儿、那儿;2. 日,如今儿、明儿;3. 儿,即指小词缀。
② 边际音指语气词、感叹词和拟声词的发音。这些词不作为语句中的主要成分,并且发音一般都不稳定。(王洪君,1999)

霍凯特（1950）和李思敬（1986）分别做过具体的分析，确实不容易解决。因为形态音位一般是用于语法背景下的语音现象（马丁内，1988）。如英语的复数形态音位{s}，在不同条件下分别表现为[-s, -z, -iz]。形态音位对这种语法-语音现象是简化方案。儿化韵则是词汇-语音现象。照样办理，反而复杂化。

儿尾词很多都带有儿化韵，具有小而可爱的语义色彩。很多汉语方言中都有跟北京儿化韵类似的词汇-语音现象，一般把这种合音现象叫作小称变韵。例如，吴语的儿字音是鼻音，那里的小称变韵就带有鼻化或鼻音韵尾。我们知道语法化过程常常是语义的虚化伴随着语音的相应弱化。儿化词由此可以看作一种跟语法化过程类似的词汇化的语音表现。

二、r–声母和–r 韵尾

我们已经知道儿化韵就是带有卷舌韵尾的新韵母，可以表示为-r 韵尾。这正好能够跟 r-声母的发音做比较。二者在音节中的位置是一头一尾，遥相对应。并且对于-r 声母的认定跟儿化韵的情形类似，也都是众口不一，说法各异。

高本汉《中国音韵学研究》（1915—1926）认为北京话的 r-声母是舌尖-前硬腭擦音，和声母 sh"相当的浊音"[ʐ]。这有很多中国学者接受，各种教材、论著一般都标为[ʐ]。赵元任《中国话的文法》（1968）则标为[ɹ]，和[l]同归浊持续音。朱晓农（1982）认为是舌尖后半元音，建议标为[ɻ]。王力（1983）同意赵元任的处理，采用朱晓农建议的音标[ɻ]，称为浊通音。像 r 声母这样引起众多讨论的问题，并不多见。

我们曾对普通话 r 声母的音值做过几次声学分析，在腭位图上看，发音部位有舌尖对后齿龈、前硬腭、中硬腭等；在语图上看，孤立单音有一定摩擦，连续发音是通音，快速语流有闪音。存在着多种变体。（廖荣蓉、石锋，1987；冉启斌、石锋，2008）像 r-声母这样具有多个变体的音位，应该以哪一个变体为主，选择哪一个变体作为代表呢？

这里我们根据以往的研究提出一个本音原理：在同一音位的各个变体中，一般是在连续语流中的变体表现出这个音位的本质。这也可以用于声调、长短、轻重等超音段音位。依据本音原理选择变体，我们把 r-声母在连续语流中表现的通音变体作为本音，跟半元音、鼻通音、边通音共成四种，包括在通音大类之中。这涵盖了赵元任、王力、朱晓农的见解。普通话上声定为低平调，同样是依据语流中的变体。吴语浊塞音声母和英语浊塞音都是在孤立开首发音时没有浊音，之所以把它们定为浊音，也是依据在连续语流中都是带浊音的变体。

为什么我们要在讲儿化韵的时候来讲 r-声母呢？这里我们仿照赵元任"听写倒英文"的方法，把"泥人儿"的"人儿"和"刀刃儿"的"刃儿"录音后分别逆向播放，结果很有意思："人儿"倒放听为"刃儿"，"刃儿"倒放听为"人儿"，二者可以互换。这清楚地证实了上一节讲的，儿化韵是卷舌韵尾，并且这个卷舌韵尾和 r-声母一样，是 r 通音，跟半元音是一类。这个倒放听音实验很简单，有电脑的、发音清楚的人都可以做。

三、声母–韵母跟元音–辅音的关系补充

我在《汉语音节十问》中讲到元音–辅音与声母–韵母的区别，指出这是两种性质不同的分类，内涵和外延也各不一样。元音和辅音是普适的语音分类，依据的是客观的生理发音、听觉感知和物理表现的性质。其中特别重要的指标是发音时声腔的阻碍程度。声母和韵母的分类是以元音和辅音为基础，增加了两个条件：（1）置于音节结构的框架中；（2）依据在音节中的位次而定义。声母和韵母有结构和位次的制约，它们的位置都是规定不变的。元音和辅音则没有这种制约，它们不以结构中的位次定义，因而位置是自由的。

除了元音–辅音与声母–韵母的区别，这里要补充讲到二者之间的联系。特别是在汉语中，这种联系更为密切，可以概括为一条汉语字音原理：汉语字音的声母都具有辅音性；韵母都具有元音性。下面来具体讨论。

声母的辅音性比较好说，做声母的都是辅音音位，零声母虽然不是辅音音位，也是喉塞音、喉擦音、半元音等辅音成分所构成。韵母的元

音性就不那么好说。韵头、韵腹都是元音，这没有问题。韵尾却是有辅音的，普通话有鼻音韵尾，方言里还有塞音韵尾，这里讲的儿化韵还有r通音韵尾。元音韵尾肯定有元音性，这里专讲辅音韵尾的元音性。

不论是通音、擦音、塞音，都有成阻、持阻、除阻三个发音阶段。辅音性集中表现在除阻段。作为韵尾的鼻音、塞音、r通音，无一例外地失去了除阻段。在语流中，鼻音韵尾转为鼻化音，r通音保留翘舌动作，塞音韵尾失去爆破，只有闭塞段。这可以是韵尾辅音的元音性——向元音靠近的表现。

英语中也有类似的元音化现象。例如，词尾的边通音-l都发为暗l，也即失去除阻。再如词尾-r发生元音化（vocalization）。所谓元音间的变化，也就是连续语流中的表现。一般多是通音发生元音化，因为具有共振峰结构，跟元音相近，便于向元音靠拢。不过英语有两点跟汉语不一样：一是词尾通音的元音化并不彻底，遇到后面是元音开头的词，马上恢复除阻，回到本来面目，进行音节重组。二是英语的词尾塞音仍然保留除阻，这也是跟汉语不同的一个重要之处。

由此得出一个通音的位次原理：通音在音节开首表现为辅音性，在音节末尾表现为元音性。这里的通音至少可以有鼻音、边音、r音。这也适用于汉语中的声化韵：同一个通音，在声母位置具有辅音性，到韵母位置就具有元音性。

四、从拼合型到融合型

李思敬（1986）最早提出儿化韵的发音有拼合型与化合型两种构音方式，并且不断地变韵母拼合型发音为韵尾化合型发音。除了一些具体细节上的出入，他讲的基本正确。拼合型发音是翘舌动作接续在韵腹元音之后；化合型发音是翘舌动作与韵腹元音同时开始，我们习惯称为融合型。各举例如下：

韵母拼合型　　（金）橘儿　[tɕy+ər→tɕyər]
韵尾融合型　　（眼）珠儿　[tʂu+ər→tʂuʳ]

根据对播音员发音的X光录像观察的结果（鲍怀翘等2014），证实了儿化韵确有两种发音类型。但是结论为两种发音类型"并不因音而异，而是因人而异"，需要补充为：既因音而异，又因人而异。这样就完全了。因人而异不用多说，下面解释一下我加上的这个"因音而异"。

儿化韵卷舌韵尾的发音动作是舌尖上翘，如果舌面前部太高，舌尖会翘不起来。所以，前元音趋向于拼合型发音，舌面前移发音，舌尖随后上翘，接续儿化，如"小鸡儿"；后元音趋向于融合型发音，舌面后部抬起，舌尖同时上翘，共时儿化，如"露珠儿"。低元音就比较自由，舌尖上翘，可先可后，舌位也会随着抬高一点儿，成为[ɐ]。后元音和低元音跟舌尖上翘的发音动作不冲突，也就是赵元任讲过的"相容"。相容是协同发音的前提条件。

当然，这两种类型的区分并不是绝对的，是一种优势选择的趋势。应该是，所有的儿化韵开始时都是拼合型，然后从拼合型发展到融合型，过程中有快有慢，有多有少，并且不一定所有的拼合型都能够变为融合型。儿化韵发音上的这种扩散趋势可以表示如下：

拼合型—有先有后（因音而异）—有多有少（因人而异）—融合型

五、语音连续统跟语素连续统

儿化韵是词汇-语音现象。这是一种合音变化。既是合音，就会有分有合。从儿尾音到合音的儿化韵"有分有合"就是从单独的儿音词缀，到与词根合二为一，也没有一条截然分开的界限，如："健儿、徒儿、娃儿、蝉儿"是分而不合；"孩儿、花儿、兔儿"是可分可合；"棍儿、馅儿、尖儿、官儿"是合而不分。如果把这种趋势做出量化分析，很可能是一种儿化度的序列。我们可以从儿化韵的语音分合方面得出一个连续统：

儿尾音→分而不合→可分可合→合而不分→儿化韵

同时，从儿尾词的语素义方面，也有多种表现。"儿"原来是儿童、儿子的意思，成为指小词缀。"从语意说来，指小词尾'儿'起初是'小'的意思，慢慢地说话人指他认为小的东西，最后变成无义，只表示文法功能上的改变，而不一定改变原来词根的意思。"（赵元任，1968）如：

"球儿、盆儿"是小的意思;"官儿、玩儿"是轻松的口气或态度;"天儿、信儿"是各种意义的延展。这样,从词汇语义方面,也应该是一个连续统:

儿童义→指小义→轻松义→延伸义

当然,词汇语义的连续统反映一种总体趋势,不是严格的规则。如果按照语音的增量推论原理(石锋,2017):一个语言成分负载的意义或功能的增多表现为语音充盈度的增量;而一个语言成分的语音充盈度的增量反映出所负载的意义或功能的增加。反则反是。上面的两个连续统属于反则反是的负增量的情况。

我们可以看到,语音上"分而不合"的多是还没脱离"儿童义";语音上"可分可合"跟语素上的"指小义"相对应;那些具有"轻松义"和"延伸义"的儿尾词,在语音上多是"合而不分"的。至于合音之后儿化韵的发展,语义方面的趋势就要让位给"因音而异"和"因人而异"的趋势了。以上儿尾词的语音连续统跟语义连续统之间的相互对应,证明了语音增量原理的适用性。

六、儿化韵的声学表现

采用声学实验分析儿化韵的研究并不多。王理嘉、贺宁基(1985)利用声位图分析儿化韵的韵尾收拢区,把北京儿化韵分为 ar、ər、ur、ɛr 四类,给我们很大启示。我们基于王、贺的研究,参照李思敬的析音成果,又进行了北京儿化韵的声学分析(石锋,2001)。

我们对全部儿化韵发音样品和对应的单字音样品都作出语图和声位图。儿化韵是整个韵母的动态过程。不同类型的儿化韵,在语图上表现为第三共振峰频率轨迹的高低升降的区别;在声位图上表现为儿尾分布区(即韵尾收拢区)、舌位动程的差异。经过对照分析,把儿化韵分为三类:拼合型、融合型、鼻化型。鼻化型中,有的与拼合型共现,有的与融合型共现。所以实际还是两大类:拼合型和融合型。实验结果证明了李思敬的发现。李思敬不攻语音专业,却能提出两种类型,析音如此,实为难得。

拼合型儿化韵有ər、ar、er 三个。发音时,主要元音后接翘舌韵尾,舌位和声腔都有较大变化。在语图上表现为 F3 频率曲线明显下降，标示舌尖上翘的动程（见图一 a）。在声位图上表现为结尾有程度不同的反向弯尾（见图二 a）。拼合型儿化韵的儿尾分布区在元音三角形的中央，ər 在中央偏上，ar 在中央偏下，er 则居中（见图三）。

融合型儿化韵有 uʳ、ɤʳ 两个。它们的主要元音都是后元音，舌后抬高和舌尖上翘共时发音，发音过程中舌位和声腔变化较小。在语图上，F3 频率轨迹大幅度平行下移，表明主要元音跟卷舌韵尾融为一体（见图一 b）。在声位图上表现为结尾是向下的直尾，而不是弯尾（见图二 b）。融合型儿化韵的儿尾区在元音三角形的后部，uʳ 在后部中区，ɤʳ 在后部偏下（见图三）。

鼻化型儿化韵有 ãr、ə̃r、ũʳ 三类。其中拼合型为 ãr、ə̃r；融合型是 ũʳ。鼻音尾的鼻化不妨碍口腔发音，可以跟舌尖上翘共现，所以儿尾区跟对应的非鼻化韵尾相近（见图四）。

图三中，er 的儿尾区分布在 ər 的儿尾区内，ar 和 ɤʳ 的儿尾区也有部分重合。这表明，ər 和 er 以及 ar 和 ɤʳ 这两对儿化韵有时发生混淆或合并，是有接近的声学表现的原因。

儿化韵的发音在变化发展中，不同说话人的儿化韵发音也会有差异。以上仅以中年北京男性的发音做出实验分析。向上溯源，即是老派或早期；向下推演，即是新派或晚期。

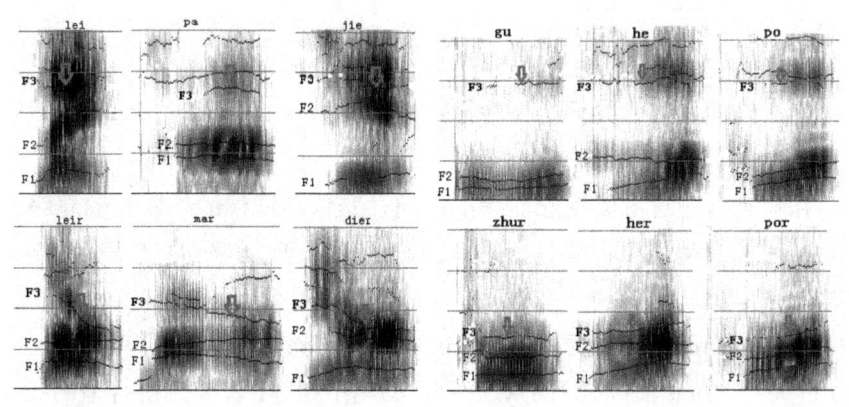

图一 a　拼合型儿化韵的语图举例　　图一 b　融合型儿化韵的语图举例

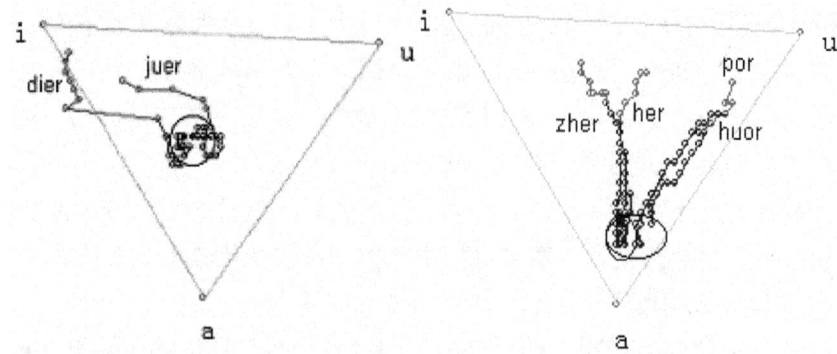

图二 a 拼合型儿化韵的声位图举例　　图二 b 融合型儿化韵的声位图举例

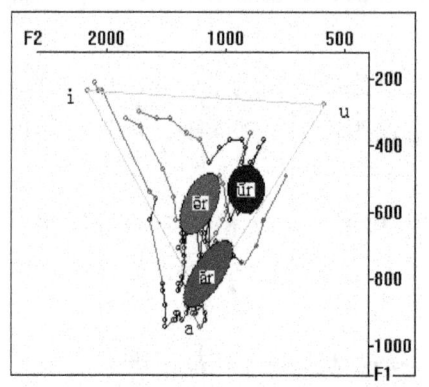 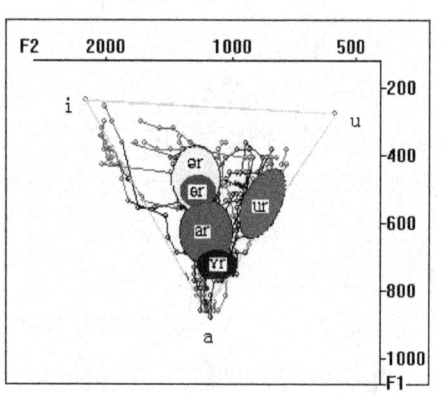

图三　拼合型及融合型儿化韵的儿尾区　　图四　鼻化型儿化韵的儿尾区

七、儿化韵合音规则

北京话儿化韵的分合类别已经有很多学者论及，有老派、新派之分，有早期、晚期之别。共同的见解是：北京话的基础音系跟儿化韵的派生子系统之间具有规则性的分合对应关系。

儿化韵合音过程的增删取舍的改造，是依据词根的韵腹和韵尾跟儿化的卷舌发音是否相容而进行的。因此，我们可以根据韵腹元音和韵尾成分，来考虑儿化韵的合音规则。

作为单韵母的基础元音有/ɿ, i, u, y, a, ɤ/。/ɿ/包括[ɿ]和[ʅ]两个舌尖元音。舌尖元音/ɿ/和前高元音/i, y/跟卷舌韵尾不相容，替换为拼合型的/ər/：/ɿ/变为/ər/，/i, y/分别保留为韵头，成为/iər, yər/。低元音/a/后接卷舌韵尾成为拼合型的/ar/。后高元音/u/跟卷舌韵尾共时发音成为融合型的/uʳ/。后半高元音/ɤ/跟卷舌韵尾共时发音成为融合型的/ɤʳ/。

两个基础元音/a, ɤ/带韵头组成复韵母/ia, ua, iɤ, yɤ, uɤ/。其中的/a/跟单韵母一样变为/ar/，加韵头成为拼合型的/iar, uar/。/ɤ/在这里有前后两个变体，前元音[e]后接卷舌韵尾为/er/，加韵头成为拼合型的/ier, yer/；后元音[ɤ]跟卷舌韵尾共时发音为/ɤʳ/，加韵头成为融合型的/uɤʳ/。

以上两种不带韵尾的儿化韵可以概括如下：

/i/换为/ər/；/i, y/后加/ər/为/iər, yər/；/a, ia, ua/后接/r/为/ar, iar, uar/；/iɤ, yɤ/后加/r/为/ier, yer/；/u/融入/r/为/uʳ/；/ɤ, uɤ/融入/r/为/ɤʳ, uɤʳ/。

带元音韵尾的复韵母有/ai, əi, uai, uəi, au, əu, iau, iəu/，其中，前高元音韵尾/-i/跟卷舌韵尾不相容，替换为卷舌韵尾/-r/，成为拼合型的/ar, ər, uar, uər/。后高元音韵尾/-u/跟卷舌韵尾共时发音，构成融合型韵尾/-uʳ/，组成融合型的/auʳ, əuʳ, iauʳ, iəuʳ/。/uʳ/是一个稳定的单元音性成分，既可以独立做儿化韵母，也可以作为儿化韵尾。在儿化韵中增加/-uʳ/韵尾，符合发音的实际，也使儿化韵还保持原有的音节结构。

在鼻韵母/an, ian, uan, yan, ən, iən, uən, yən, aŋ, iaŋ, uaŋ, əŋ, iəŋ, uəŋ, yəŋ/中，前鼻音韵尾/-n/跟卷舌韵尾不相容，替换为/-r/韵尾，保留原韵头和韵腹，成为拼合型的/ar, iar, uar, yar, ər, iər, uər, yər/。后鼻音韵尾/-ŋ/只保留鼻化特征，前移到韵腹上，使韵腹成为鼻化元音，后加卷舌韵尾，成为/ãr, iãr, uãr, ə̃r, iə̃r/。只有/uəŋ, yəŋ/表现不同：零声母的/uəŋ/按上面的程序变为/uə̃r/；非零声母的/uəŋ/把韵尾的鼻化特征前移到韵头，儿化为/ũʳ/，这又影响/yəŋ/儿化为/iũʳ/。这属于特别情况。

以上两种带韵尾的儿化韵可以概括如下：

/ai, an, ian, uai, uan, yan/中，韵尾/-i, -n/换为/r/，得到/ar, iar, uar, yar/；

/əi, ən, iən, uəi, uən, yən/中，韵尾/-i, -n/换为/r/，得到/ər, iər, uər, yər/；

/au, əu, iau, iəu/变为/uʳ/，成为/auʳ, əuʳ, iauʳ, iəuʳ/；

/aŋ, iaŋ, uaŋ, əŋ, iəŋ, uəŋ/中，韵尾/-ŋ/变鼻化，为/ãr, iãr, uãr, ə̃r, iə̃r uə̃r/。

非零声母的/uəŋ/和/yəŋ/，特别儿化为/ũʳ/和/iũʳ/。下文将有补充说明。

八、音位变体的音位化

首先提出音位变体的音位化原理：在基础音系中的一些音位变体，到派生音中可能会成为独立的音位。这通常发生在与变化的成分密切相关的成分中。儿化韵中的情况就是如此。下面是两个实例。

基础元音/a, ɤ/及其组成的复韵母/ia, ua, iɤ, yɤ, uɤ/在儿化合音以后，分别产生两个拼合型儿化韵/ar/和/ər/。其中/ar/的实际发音为[ɐr]，跟"二"相同。在基础音系中，/ɤ/音位具有两个变体[ɐr]（如"二"）和[ər]（如"儿、耳"），分别出现在去声和其他声调中。在儿化韵中，它们发生音位化，成为两个独立的音位。这基本符合儿化韵有[ar]和[ər]两个复韵母的观点（李思敬，1986）。

基础音系的中元音音位/ɤ/有三个变体[e, ə, ɤ]，分别出现在不同语境中。在儿化韵中，变体发生音位化，一分为三，分别成为三个独立的儿化韵：拼合型的/er/和/ər/，融合型的/ɤʳ/。学界曾经对普通话音系有几个中元音发生争议。其中的一个重要证据就是儿化韵中的分化。其实儿化韵是派生音，跟基础音系不在同一层级，应该分别处理，否则就不成为系统了。

基础音系有36个韵母，儿化合音之后合并为25个儿化韵母。派生出来的儿化韵所有韵母一律都是卷舌韵尾，改变了基础音系的中元音三个音位变体之间互补出现的关系。为避免过多的同音现象，中元音的变体发生音位化，起到补偿作用，保持系统的平衡。因此，韵腹的变体音位化是韵尾合并的产物。

九、韵母/uəŋ/的特别表现

在后鼻音韵母的儿化合音中，只有/uəŋ/产生两个儿化韵：零声母的/uə̃r/和非零声母的/ũʳ/。前者如"瓮儿"；后者如"空儿"（没空儿）。它的特别之处在于，其他韵母都是一对一或多对一的合并趋势下，它却是一对多的分化。这又使/yəŋ/的儿化类推为/iũʳ/。由此我们可以推测，汉语拼音把/uəŋ/韵母的标音分为零声母的 ueng 和非零声母的 ong，以及把/yəŋ/韵母标音为 iong，很可能是依据它们在儿化韵中的发音，而不是它们在基础音系中的发音。

为什么同一个韵母会因声母不同而派生出两个儿化韵母呢？说来话长。这里需要重温汉语音节的时间格原理（石锋，待刊）：汉语音节分为声母、韵头、韵腹、韵尾四个时间格。占据各时间格的成分可以缺失，而四个时间格始终保持完整无缺。这里的四个时间格应该看作一个时长极限，即每音节四个成分。

在基础音系中，零声母/uəŋ/的音节中，是三个音段的发音动作，零声母跟韵头的动作一致。非零声母/uəŋ/的音节有四个音段的发音动作，达到了音节成分的极限。

到儿化韵中，情况发生变化：零声母/uəŋ/的鼻音韵尾保留为鼻化特征，并不删除，再加上卷舌韵尾，成为/uə̃ʳ/，一个音节有四个发音动作，达到极限。而非零声母的/uəŋ/本来已经到了极限，如果再加上卷舌韵尾，一个音节将有五个发音动作，超出极限，怎么办？于是把鼻化特征再前移，到韵头/u-/，正好已经有融合型的/uʳ/，再加上鼻化，成为/ũʳ/，一个音节还是四个动作，没有超出极限。韵母/yəŋ/照此类推，儿化为/ỹʳ/，又记为/iũʳ/（y=i+u）。

接下来要问：韵母/uaŋ/为什么没有两个儿化韵呢？这就涉及元音 a 的最大相容原理：低元音 a 的发音跟前后音段有最大程度的相容。这里特别涉及鼻化发音的相容。表一列出 7 个基础元音的内在鼻化度平均值。低元音 a 最大，即跟鼻化动作最相容；后元音 u 和 ɤ 最小，即跟鼻化最不相容。/uəŋ/中的两个元音都是最不相容的。不相容就会增加鼻化动作难度，费时费力。相容就会减少发音难度，省时省力。尤其在极限位置上，一费一省，一增一减，效果放大，结局不同，应该是顺理成章的事情。

表一　普通话元音的内在鼻化度

元音	a	i	u	ɤ	y	ɿ	ʅ
平均N值	29	25	9	7	19	11	11
标准差	6.7	10.3	4.3	2.0	8.3	4.9	6.1

十、儿化韵要不要规范？

作为审音委员会的成员，本应积极主张儿化韵规范。可是我却主张对儿化韵的规范要慎重，即，不要轻易规范。因为儿化韵是词汇-语音现象，跟异形字的书写分歧和异读词的读音分歧，完全是不同性质的问题。

其实对异读词的语音规范，我都主张采取柔性原则：因势利导而不硬性规定。以提出建议读音为宜。儿尾词到儿化韵的全部过程，完全没有语音条件，没有语法条件。这里面有多少、有哪些可以进入普通话，并没有客观的标准和确定的界限。我们在讨论异读词问题的时候，曾经先后做过几次500人的实际调查，得到的读音分歧程度的数据基本一致。做到心中有数，才好发表意见。

儿化韵曾经是大量出现在北京日常口语会话中的现象，目前在青年人中的发展趋势是在逐渐减少。哪个词儿化，哪个词不儿化，只是根据词汇语义的个案举例，并且还有个人的说话习惯。所谓约定俗成，其实就是依靠大众，用嘴投票。说话写字，本就是大众的事情，这个大众不仅包括北京人，也要考虑全国各地说普通话的人群。

如果人为规范了标准，就要考试扣分，播音扣钱，影响入学，影响就业。不慎重怎么行？所以不宜轻易规范。倒是可以考虑做一个儿尾词的最小词表。把儿化或不儿化就会使得词义混淆的少数个别情况，即儿化和不儿化的最小区别词对，列成一张表，如：白面-白面儿，头-头儿，词-词儿，等等，便于方言区和外国人学习汉语时了解掌握。儿化韵是这样，轻声词也应该是这样。

参考文献：

鲍怀翘、林茂灿，2014，《实验语音学概要》（增订版），北京：北京大学出版社.

霍凯特，1950，北京话形态音素学，孟琮，译，《国外语言学》，1980 年，第 5、6 期.

高本汉，1940，《中国音韵学研究》，赵元任、李方桂、罗常培，译，北京：商务印书馆.

李思敬，1986，《汉语"儿"音史研究》，北京：商务印书馆.

廖荣蓉、石锋，1987，汉语普通话 r 声母音质的实验研究，《语言研究》，总 13 期.

马丁内，1988，《普通语言学纲要》，罗慎仪等，译，北京：国际文化出版公司.

冉启斌、石锋，2008，北京话 r 声母的变体及音位的聚合程度，《中国音韵学》，南京：南京大学出版社.

石锋，2003，北京话儿化韵的声学表现，《南开语言学刊》，第 2 期.

石锋，2017，语调研究是实验语言学的奠基石，《实验语言学》，第 6 卷 1 号.

宋元嘉，1965，评哈忒门和霍凯特对北京语音的分析，《中国语文》，第 3 期.

王洪君，1999，《汉语非线性音系学——汉语的音系格局与单字音》，北京：北京大学出版社.

王理嘉、贺宁基，1985，北京话儿化韵的听辨实验和声学分析，林焘、王理嘉等《北京语音实验录》，北京：北京大学出版社.

王力，1979，现代汉语语音分析中的几个问题，《中国语文》，第 4 期.

王力，1983，再论日母的音值——兼论普通话声母表，《中国语文》，第 1 期.

薛凤生，1986，《北京音系解析》，北京：北京语言学院出版社.

赵元任，1968，《中国话的文法》，丁邦新，译，香港：香港中文大学出版社.

朱晓农，1982，关于普通话"日"母的音值，《中国语文通讯》，第 3 期.

附录：25个儿化韵母对应举例（括号内为基础音系韵母来源）

拼合型

  1. ar（a/ai/an）树杈儿、小孩儿、伙伴儿
    iar（ia/ian）月牙儿、河沿儿
    uar（ua/uai/uan）花儿、冰块儿、升官儿
    yar（yan）春卷儿
  2. ər（ï/əi/ən）树枝儿、小辈儿、花盆儿
    iər（i/iən）家底儿、脚印儿
    uər（uəi/uən）鼓槌儿、嘴唇儿
    yər（y/yən）小曲儿、合群儿
  3. ãr（aŋ）腊肠儿
    uãr（uaŋ）借光儿
    iãr（iaŋ）小羊儿、有亮儿
  4. ə̃r（əŋ）蜜蜂儿
    iə̃r（iəŋ）门铃儿
    uə̃r（uəŋ）瓮儿
  5. ier（ie）半截儿
    yer（ye）满月儿

融合型

  6. ɤʳ（ɤ）方格儿
    uɤʳ（uɤ）干活儿、窝脖儿
  7. uʳ（u）小鼓儿
    auʳ（au）饭勺儿
    iauʳ（iau）小鸟儿
    əuʳ（əu）叭狗儿
    iəuʳ（iəu）短袖儿
  8. ũʳ（oŋ）没空儿
    iũʳ（yoŋ）小熊儿

普通话异读词调查的初步分析[①]

冉启斌　石锋

这次普通话审音工作增加了对于人民群众实际语言生活中的读音状况的调查，这是很有必要的。进行语言实际调查是审音工作的一个重要基础。对异读词的审音要多方面兼顾，既要考虑到社会的读音现状，也要考虑语言的发展规律，还有词语的音义关系和发音原理等因素的作用。在多数情况下它们是一致的，在少数不一致的情况下，审音工作就是如何在各个因素的影响中，按照审音原则选取最佳的平衡点。

南开大学团队荣幸地担任了这次异读词读音状况的社会调查工作，这里我们就调查的有关情况做初步报告。

一

2011 年 10 月，新的普通话审音委员会成立并组建了审音研究课题组。受课题组委托，南开大学团队进行了较大规模的问卷调查。问卷调查表以《普通话异读词审音表》（1985 年 12 月修订，后简称"审音表"）为基础，挑选了其中比较常用的 577 个异读词，涉及多音字 171 个（其中统读 17 个，非统读 154 个）；并增加了 28 个审音表上没有列出、但人们实际生活中出现异读频率较高的字。原《审音表》中的常用轻声词、儿化词（如胳膊）未选；一些专名（地名、人名、植物名等，如蚌埠）

[①] 感谢南开大学文学院、汉语言文化学院的有关博士和硕士研究生及部分本科生参与调查工作。感谢王敏媛、颜季凌、栾奕、田童、王学瑞、李雨珊等同学对调查结果的初步统计和梳理。本文通讯作者为石锋。

未选；一些生僻字（如薹）未选；一些已经不存在异读的词（如谷雨、谷子）未选。问卷调查表初稿曾经在课题组人员中征求意见。最终确定的问卷调查表以选择题的形式呈现，并配有详细的答题说明。

调查团队组织了约 30 人的队伍，于 2012 年 3—5 月前往北京进行调查。调查对象主要为在北京出生、长大的居民。为了保证调查的信度，使调查人群的性别、年龄、文化程度等背景的比例相对均衡，调查团队采取了随机分层抽样的方法。由调查组成员分别前往北京的校园、办公楼、街道、公园、公司等不同场所，向不同年龄层、不同职业的人群发放调查表。在调查过程中，调查组成员向调查对象讲明调查目的、答题方法等，被调查者根据自己平时的说话习惯从选项中选择出读音。如果不知道读音，则在该词上划"×"。如认为选项中没有合适的答案，则将自己认为正确的读音写在调查表上。对于年龄较大的被调查人，调查者逐词读出来，进行询问并记录他们的发音。调查完毕之后所有被调查者均获得小礼品作为酬谢。

调查团队共调查到 530 名北京居民，最终回收的有效问卷为 502 份。对于回收的所有有效问卷先经过整理归类，然后进行电脑录入。每份问卷都设 2 人进行数据录入，其中 1 人负责输入，1 人负责核查校对，保证输入的调查数据准确真实。

二

下面简要报告这次调查中被调查者的基本情况。

502 名被调查者的性别和年龄段分布状况见表一。从性别比例来看，参与本次调查的男性为 47%；女性为 53%，女性略多于男性；男女比例大致平衡。从年龄段分布上来看，20～59 岁的中青年是被调查者的主体（合计占 84.4%）；其中中年群体（40～49 岁）最多，占到全部被调查者的 1/4（25.1%）；20 岁以下的青少年约占 10%（9.6%）；60 岁以上的老年被调查者较少（6%）。这种年龄分布与各年龄段在一般社会活动中的分布是相一致的。

表一 502名被调查者的性别、年龄分布百分比

性别	年龄							合计
	<20岁	20～29岁	30～39岁	40～49岁	50～59岁	60～69岁	≥70岁	
男	2.8%	11.0%	9.4%	11.4%	8.6%	3.2%	0.8%	47.0%
女	6.8%	10.4%	10.8%	13.7%	9.4%	1.4%	0.6%	53.0%
合计	9.6%	21.3%	20.1%	25.1%	17.9%	4.6%	1.4%	100%

被调查者的文化程度分布状况见表二。表中数据显示，无学历者极少（0.2%，事实上只有1人）；小学文化程度者也很少（1.6%）；中学文化程度者不到1/5（18.1%）；大学专科者比中学文化程度者略低（14.7%）。大学本科文化程度的被调查者最多，占到一半以上（56.4%）；研究生学历的被调查者不足10%（9%）。当前我国的大学教育已经比较普及，被调查者的文化程度分布与这种情形是相适应的。被调查者的文化程度大致符合当前的社会的状况，并对较高文化程度有所倾斜。

表二 502名被调查者的文化程度分布

文化程度	无学历	小学	中学	大学专科	大学本科	研究生
人数	1	8	91	74	283	45
百分比	0.2%	1.6%	18.1%	14.7%	56.4%	9.0%

被调查者的语言背景分布信息见表三。其中被调查者父母均为北京人的占大部分（69.1%）；父母一方为北京人的超过10%（12%）；父母双方均非北京人的接近20%（18.9%）。按胡明扬（1981）的看法，依据家庭语言环境对于使用语言的影响，人群分类为：父母双方都是北京人、本人也在北京长大的为老北京人；父母双方或一方不是北京人、本人在北京长大的是新北京人。按照这种划分，这次调查中约70%的被调查者为老北京人，30%的被调查者为新北京人。

表三 502名被调查者的语言背景分布

语言背景	父母均为北京人	父母一方为北京人	父母双方均非北京人
人数	347	60	95
百分比	69.1%	12.0%	18.9%

对于502名被调查者的数据，项目组详细计算了每个词语的读音正确率。对读音正确与否的判断以《审音表》为标准，《审音表》没有收录的以《现代汉语词典》（第6版）为标准。读音正确率的计算方法为：

某个词语的读音正确率＝选择正确读音的人数÷所有被调查者人数（502）×100%

项目组按照正确率对所有577个词语进行了排序。表四简要给出了577个词语的读音正确率分布概要。

表四　577个词语的正确率分布

正确率（%）	≥90	80～90	70～80	60～70	50～60	40～50	30～40	20～30	10～20	＜10
词语个数	166	89	70	46	35	41	40	37	34	19
百分比	28.8%	15.4%	12.1%	8%	6.1%	7.1%	6.9%	6.4%	5.9%	3.3%

从表四可以看到，读音正确率在90%以上的词语比例最高，占近30%（28.8%），正确率在80%～90%之间的其次（15.4%）。正确率在10%～20%之间的词语比较少（5.9%），10%以下的最少（3.3%）。表中数据库明确体现出这样的趋势：正确率较高的词语较多；正确率较低的词语较少。这实际上表明人们对异读词的实际读音总体上与《审音表》的正音（也包括《现代汉语词典》的注音）是保持一致的，以往审音确定的读音已经为普通话使用者广泛接受。这也是过去历次审音工作成果的体现，反映出审音规范化工作取得了明显的成效。

三

2012年的北京调查之后，南开大学团队的部分同学还使用完全相同的问卷调查表在天津进行了100人的调查。调查团队原来以为天津普通话的读音可能会和北京存在很大不同，但是调查分析的数据显示二者非常接近。这可以称为这次总调查的尾声。实际上，南开大学团队曾于2005年承担了国家语委的科研项目"普通话审音研究及审音库的建设"（BZ2005-02），并于2008年在北京组织过一次同样性质的调查。那次调查选取了215个异读词，调查总人数为504人（石锋、施向东，2012）。那可以算作是这次总调查的预演。

2005年的北京调查和2012年的天津调查，其统计分析结果与2012年的北京总调查结果基本一致，甚至有些百分比在个位数上都相同（详细情况另行报告）。这一方面说明2012年北京总调查的结果是可靠的，另一方面也表明普通话读音统一规范的普及性非常高，已经超出了地区的界限。

从统计分析上看，这3次调查有一些共同表现，即年龄、文化程度、性别等因素对异读词读音的选择均有影响，其中年龄因素影响最大，文化程度次之，性别因素影响最小。具体来看：（1）年龄因素与异读词读音的正确率成反比，即年龄越大正确率越低，年龄越小正确率越高。这也就是说，老年一代的规范读音普及程度低一些，而年轻一代的规范读音普及程度更高。这反映了语音规范是随时间逐渐加强的。（2）文化程度与异读词读音的正确率成正比，即文化程度越高正确率越高，文化程度越低正确率越低；（3）在性别因素上，总体来说女性的正确率比男性高（具体情况再专文详细说明）。

根据读音正确率，研究团队建议读音正确率在80%以上的可以不再列入待审字范围。80%以上的正确率表明社会的接受程度已经非常高，可以认为已经达到"约定俗成"的程度。正确率低于80%的需要进行审音，其中正确率低于20%的异读字，表明原来的审音结果几乎没有得到社会的认可，可能需要对原来的读音进行修改。

（天津地区正确率为70.69%，北京地区的正确率为70.23%，比天津地区低约0.46%。其中，13.7%左右的词汇在两地区调查中的正确率比例是相似的，相差小于等于1%）

四

2012年的北京调查是这次审音工作中的"读音调查统计数据"的来源；其详细情况将分专题另行报告，这里举几个例子来看看调查人们的实际读音对于审音工作的重要意义。《审音表》（1985）中很多读音的取舍理由人们并不了解，徐世荣《普通话异读词审音表释例》（1997）对此进行了说明。而在这次的审音工作中，人民群众的实际读音调查是审音工作的重要依据。

1. 关于"伯"的读音

"伯"在《审音表》中有两个读音：在"伯伯""老伯"中读 bó；在"大伯子（丈夫的哥哥）"中读 bǎi。但是调查结果却显示"大伯子"读为"大 bǎi 子"并不常见（只有 16.95％的被调查者这样读），最常见的读音是《审音表》中没有列出的音 bāi，高达 79.29％的被调查者读为"大 bāi 子"（另有 3.77％的被调查读为"大 bó 子"）。可见原来的审音规定没有被多数群众接受。这次通过鉴定的《普通话异读词审音表》（2016 年修订版）已经删掉了"大伯子"中"bǎi"的读音，改为"bāi"。

2. 关于"芥"的读音

"芥"字在《审音表》中有 jiè 和 gài 两个读音：在"芥菜（一般的芥菜）""芥末"中读 jiè；在"芥菜（也作'盖菜'）""芥蓝菜"中读 gài。除了少数能够区分"芥菜（一般的芥菜）"和"芥菜（也作'盖菜'）""芥蓝菜"的方言区之外，一般的普通话使用者恐怕很难分辨这些名称的所指，更难使用不同的读音去区别它们。调查数据证实了这一点，"芥菜"中 82.99％的人读"jiè 菜"，"芥蓝"中 78.84％的人读"jiè 蓝"，使用 gài 这一读音的只在 20％左右或以下。结合人民群众的实际读音，"芥"字应该统读为 jiè（这次通过鉴定的 2016 年修订版《普通话异读词审音表》已经删掉了 gài 的读音，统读为 jiè）。

3. 关于"纪"的读音

按《审音表》规定，"纪"作姓时读"jǐ"；除此以外都读"jì"。这种规定在人们的实际使用中情况如何呢？我们在调查表中以清代名人"纪晓岚"为例来调查人们对"纪"作姓时的实际读音情况。调查数据显示，只有 10.02％的被调查者读为"jǐ 晓岚"；89.78％的被调查者都读为"jì 晓岚"。可以看出《审音表》的规定在人们的实际读音中没有得到很好的推行。人们都知道"纪"有"jì"的读音，但是几乎 90％的人不了解它作姓时应该读另一个音。对于这种情况，审音应该考虑到社会中的实际读音，从符合人们读音的角度出发做出规范。（这次通过鉴定的 2016 年修订版《普通话异读词审音表》已经统读为"jì"，同时注明"纪姓旧读 jǐ"）。

4. 关于"荨"的读音

按《审音表》规定，"荨"在"荨麻"中读"qián"，并注明为"文读音（文）"；在"荨麻疹"中却读"xún"，并标明为"白读音（语）"。这种读音的区分比较特别，两种读音的区别也不容易把握。人们的实际读音又是怎样的呢？调查数据显示，在"荨麻"中，只有 23.34％的人读"qián"；另外 76.66％的人都读"xún"；而在"荨麻疹"中，高达 93.75％的被调查者读"xún"，另外 6.25％的被调查者读"qián"。虽然调查中还有少部分人读"qián"，但事实上大多数人并没有明确的"文读音"与"口语音"的差别，均将"荨"读为"xún"。总之调查数据显示，将"荨"分出两种区别，而这两种区别出现的环境又十分相似，这种划分必要性并不大。结合人们的实际读音，这个字应该统读为"xún"（这次通过鉴定的 2016 年修订版《普通话异读词审音表》已经统读为"xún"）。

5. 关于"血"的读音

"血"字《审音表》中的读音比较复杂："xuè"为文读音，用于复音词及成语，如"贫血""心血""呕心沥血""血泪史""狗血喷头"等；"xiě"为白读音，"口语多单用，如'流了点儿血'及几个口语常用词，如'鸡血''血晕''血块子'等"。按照《审音表》的这一规则，"流血"应该读"xiě"，"流血牺牲"应该读"xuè"，这样"流血"和"流血牺牲"两个近似的搭配就有两种读音；按照规则，"血债要用血来还"中前一个"血"应该读"xuè"，后一个"血"应该读"xiě"，这样一个句子中两个相同的"血"字要用不同的读音来读。语言使用中人们的实际读音又是怎样的呢？调查数据显示，"血"的读音除"xuè""xiě"之外还有"xuě"，事实上这个"xuě"还是使用最广泛的读音。在"血压""心血""贫血""吐血"等词语中，"xuě"的综合使用比例最高（44.70％）；"xuè"其次（33.12％）；"xiě"最少（22.18％）。按照调查中人们的实际读音，"血"字要么应该增加 1 个新的读音，要么应该修改原来的读音。实际上增加

1个读音"血"字就会产生3种读法,这会使读音的区别变得更加复杂;比较合适的办法是因势利导,修改及合并原来的读音(这次通过鉴定的2016年修订版《普通话异读词审音表》已经统读为"xuě",同时注明"口语单用也读 xiě")。

五

在这次审音工作过程中,中国传媒大学团队还做了有声传媒读音调查。审音委员会秘书处也在网上展开三批次异读词调查,开设的"你来定音"专栏得到数以万计网民的响应。这些都对我们了解普通话异读词的读音现状起到了重要的补充作用。

审音工作是关系到社会语言生活的大事,直接涉及广大人民群众的语言生活,包括基础教育、辞书编纂、广播影视及公共服务等诸多领域。审音工作需要从历史和现实的角度把基本事实搞清楚,需要了解普通话异读词的使用现状。语言事实是审音工作的基础,只有在弄清语言事实的基础上综合运用多种审音原则才能把审音工作做好。

异读词的社会调查是一项新的工作,尽管我们前后完成了3次较大规模的调查工作,其中有两次调查人数超过500人,我们认为还需要不断地完善。例如,调查样本将来还可以适当扩大;这几次调查都是纸质问卷的形式,将来可以采取网络调查等更多的形式。作为认识社会语言生活的一种重要的基本方式,我们希望把这种调查常规化,平时随时注意收集,每到一定时期集中进行一次。这样使我们的语言规范工作跟社会读音的发展紧密、互相促进。

参考文献:

胡明扬,1981,北京话社会调查,《北京话初探》,北京:商务印书馆,1987年.

普通话审音委员会,1986,《普通话异读词审音表(1985年12月修订)》,北京:文字改革出版社.

石锋、施向东,2012,普通话审音工作的初步研究和体会,《南开语言学刊》第1期(总第19期),北京:商务印书馆.

徐世荣，1997，《普通话异读词审音表释例》，北京：语文出版社.

中国社会科学院语言研究所，2005，《现代汉语词典》（第5版），北京：商务印书馆.

中国社会科学院语言研究所，2012，《现代汉语词典》（第6版），北京：商务印书馆.

语言学：从卡片之学到数据之学

石锋

现代语言学的研究理念和研究方法正在发生重要的变化：从经验科学转到实证科学，从定性研究到定量研究，从发现、描写语言现象和事实到对这些现象和事实进行解释和探源，从静态研究到动态研究，从单一领域到多领域的结合（从语言学内部各单个领域的研究到语言学内部各领域的结合），从单一学科到多学科的合作（从语言学这个单一学科的研究到语言学与社会学、心理学、物理学、考古学、遗传学以及信息科学等多学科的合作）。在现代社会中，科学飞速发展，文理分家已经远远落后了。所以，很多创新的理论和应用的成果都建立在学科交叉的节点上，这些节点就是新的学术生长点。

现代语言学的研究方法是从卡片之学转变到数据之学。卡片之学代表传统语言学的优良方法。卡片的内容包括：第一，所有看过的参考文献摘录、笔记。第二，语言调查的资料记录。比如在一种方言中，这个字音读什么，那个字音读什么，一个字音一张卡片，一个例句一张卡片。所以，一套卡片就代表一种语言或方言的系统。第三，卡片记录自己的学习心得和思考的收获。所以，传统的语言学有一句话：语言学是卡片之学。这种说法代表了语言学的"朴学"精神。今天，我们仍需要发扬这种"朴学"精神，现在做得还远远不够。从卡片之学转向数据之学的过程中，卡片之学是基础。绝不能有了数据之学，就认为可以抛开卡片之学。只有在卡片之学的基础上，我们才能建立和转向数据之学。数据之学不排斥、不否定卡片之学，而是在卡片之学基础上的提升和进步。

数据之学是量化分析。它使研究实证化、系统化、科学化，甚至将来自动化，使我们做到"心中有数"。"心中有数"有两个意义，字面意义和实际意义。字面意义是心里要有数目的概念，实际意义是要对事物有大体的、全局的把握。这两个意义是一致的。只要心中有了数目，我们就能够把握全局。

我们知道，有了现象才能获得印象，有了印象才能最终得到真相。现象和印象都不一定是真相。有了真相，有了事实，才能获得理论。现象不能直接产生理论，印象也不能直接产生理论，只有真相才能产生理论。这就是我们经常说的那句话——实事求是。

数据之学涉及三个大的方面：

1. 我们需要什么样的数据？哪些数据可以作为研究对象？

事实上，我们的研究对象很广泛：古代、现代的语言现象，语音、语法、词汇、语义的研究，生理、心理、物理的研究，不同方言、语言的研究，儿童语言习得、第二语言习得、语言接触研究等。语言接触现象很普遍，第二语言习得是方向确定的语言接触。这些都是我们研究的对象。

2. 怎样取得数据？用哪些工具？用什么作为武器？

比如说使用仪器、问卷、调查、记音、查考文献等都是取得数据的方法。不过，方法不断地在进步、发展。使用的仪器、工具不一样，取得数据的途径不一样，这方面有很多可以进一步发挥的余地，空间很大。比如说，取得多少数据、多大的样本，问卷是发 10 份还是发 100 份、500 份；调查什么样的人，找人发音应该找多少个，找什么地方的人，找年轻人还是找老年人，发什么样的音，这些都有很多可以由自己来设计、确定的空间。怎样取得数据直接影响到最后数据的处理。我们往往在最后处理数据的时候，才感到前面的某个步骤或程序有缺陷。有时候这种缺陷可以补救，有时候不能补救。所以，在怎样取得数据这个问题上，需要我们仔细周密地进行思考。我以前讲过，这个过程如同我们在纸上练兵，要把全部过程都推演一番，就像作战演习一样；一般都是先做小型的实验后，再做大规模的调查。

3. 如何处理数据？如何驾驭数据？尤其是面对数据越来越多的大样本的情况下。

我们要利用归一化的处理方法。但实际上，我们应当脑子清楚，归一化不是目的。归一化的方法有十几种，哪种最好？各有优劣之处。我们不能迷失方向，迷失自我，不能掉进去出不来。要清楚我们的方向、我们的目的，归一化就是为了获得格局。归一化是量化分析的第一步，后面还有很多的步骤。归一化就是把最大值和最小值之间的跨度看作百分之百，看作单位1。

归一化之后就是相对化，相对化是在归一化基础上，将所有最大值、最小值中间的数据都转化为百分数，就是把所有数据的名数去掉，变成无量纲的数据。相对化之后就是范畴化。在语言学中，不同单位（音位、词类、句法结构、语义特征）都有各自的分布范围，这种分布范围表现为数据分布的范畴。归一化和相对化之后，要把不同范畴的分布范围、分布界限找出来。

不同范畴之间的关系不是线性的、平面的，而是立体的，具有层级性。语言是一个系统，系统的特点是层级性。不同范畴在不同平面、层级上才能更清楚地显示出各自有规律的关系。这种有规律的关系就是系统。只有层级化之后，才能得到系统——格局。

格局化和系统化是一致的，系统是隐性的，格局是显性的，格局是可见的系统。经过量化分析一系列的过程，得到语言的格局，这才是我们最后的目的。衡量一种方法、做法是不是有效、有优越性，就是看它能不能使我们简捷地、便利地得到语言的格局，进而发现语言的特征和规律。

需要什么样的数据、怎样取得数据、如何处理数据，这些都是现代语言研究面临的重要课题。在语言学研究中需要充分利用数据。数据就是客观事实，数据就是实践经验。实践是我们认识的来源、理论的根基、检验的标准。我们应该提高对于语言数据的认识和理解，增强处理和分析语言数据的能力，从而在更为坚实的客观事实基础上进行语言学理论的探索。

量化与格局：实验语言学的方向

石锋　梁磊

语言是交际工具，活的语言就是实际交际中正在使用的语言。要像记者抓拍新闻镜头一样，"抓住"活的语言进行研究。

活语言中的语音研究

在中国，研究活的语言是有传统的。最早的是西汉末年的扬雄（公元前53—公元18）。他的《方言》记录了2000年前人们口中讲的语言。然而，扬雄之后就再没有人记录这种活语言了。直到明代的陈第（1541—1617）在《毛诗古音考》中提出"时有古今，地有南北，字有更革，音有转移，亦势所必至"。

在语言学理论中，一直有关于语言和言语的讨论。索绪尔虽然要划分语言和言语，但他并非完全反对分析言语，只是强调要进行理论分析。一讲到语音就被认为是言语的东西，排斥在语言研究之外，这是曲解了他的想法。当今的语言研究中，不少学者论述语言的句法平面、语义平面和语用平面，很少有讲到语音平面的。实际上，语音是语言中最基础的平面。语音有二重性。语音中各类成分自成体系，语音又是句法、语义和语用的物质外壳，包含着句法、语义、语用各方面的内容，所有句法、语义和语用的成分都要通过语音表现出来。目前，语音研究在观念、方法、语料、成果等方面都有很大的提升空间，应将语音研究的中心转到语言学方向。

语言格局"动""静"相联

一般说来,语言的共时表现是静态的,语言的历时表现是变化的。实际上,共时中有过去演化的痕迹和将来发展的征兆,历时变化是不同时期共时表现的层级叠接。在共时状态中,孤立的语言单位是静态的,连续的语言表现是动态的。语音格局的分析始于单字音,然后到双字、三字、四字、句子等,慢慢地从"静"变成了"动"。孤立和连续,两者是互相关联的,是一个递渐变化的连续统。

在实际语言调查中,农村和都市的语言又呈现为一种静态与动态的关系:如果农村的语言是静态的,那么都市的语言就是动态的。个体和群体的语言也应如此:个人的表现是稳定的,群体的分布是变动的。每一个人的表现都是既有共性又有个性。从总体上考察,每个人的语言都自成系统。同一种语言或方言的个人语言系统具有对应一致性。个人语言具有一定的代表性。所以实际语言的调查又常常叫作语言的田野调查。现代方言学与社会语言学相结合,重在分析都市语言的各种变异,采用大样本取样调查方法。

上述的多种"动""静"意义之间也是相互联系的。静态和动态实际上都是相对的。在一个层次当中的"静",到另一个层次当中就可能成为"动";在这个层次当中的"动",到那个层次当中就可能成为"静"。这是相对和绝对的关系。语音格局和语言格局的分析方法也是从"静"到"动"。共时与历时,孤立与连续也都不是绝对的。无论"动""静",都是在语言格局中运动的、变化的,且是有规律的。

研究数据的格局化和曲线化

布龙菲尔德和霍凯特都认为,语音的变化、语言的变化只有在结束后才能看到结果,在变化进行过程中是不能发现的。这种观念受制于当时研究范式的历史局限,因而是片面的。既然是以动态的语言作为对象,我们的研究也要"动"起来。

为了研究动态的语言,拉波夫提出语言变异,王士元提出词汇扩散,利用语音实验结合抽样统计，证明了语言变化的过程是可以发现、可以研究的。这些理论方法和研究成果拓展了动态语言的认识视野，深化了研究实践。

语音格局是量化的、可见的语音系统。元音格局、辅音格局、声调格局相对来说还是静态的分析。比较典型的动态表现是韵律和语调的研究。韵律格局和语调格局的关键是要解决语调结构和韵律层级的问题。决定韵律结构的相关条件有语音、语义、句法、语用、情感等。韵律和语调研究的范围越大、内容越深入，动态的表现就越突出、越明显。研究处在静态的、孤立的样本的时候也许只涉及语音，但随着研究范围的扩大，涉及的词汇、句法、语义、语用都应包括进来，格局会呈现出多维性。要善于在动态的、多维的变化中把握规律。在实际的语言交际中，语音的表现是多方面的。过去主要是研究语音格局在物理声学方面的表现，另外还有在生理发音和心理听辨方面的表现。结合语言认知的过程进一步探索人类语言和大脑的彼此依存和相互关联，揭开人类语言的奥秘，是一个广阔的领域，要走很长的路。

语言研究需要统计学方法，关键是要注意区分统计学和语言学之间的差异。理论统计上的显著性与现实中的音位区分并非完全对应。理论上的统计检验都是按同一个标准进行计算。实际上，在具体的语言中，不同音位之间的声学距离并不都是平等的，如果用一样的标准去衡量差异的显著与否，那结果肯定不一样，而且也不准确。那么，在语言研究当中，在语言实验数据处理当中，实验的差异显著性与非显著性应该如何解决？在找到适当的解决方法之前，我们至少要对统计检验中的一律平等的显著性计算结果要有一个清醒的认识和灵活的态度。

语言研究中的数据可以格局化、曲线化。特别是动态语言，实验得出的数据都可以做成曲线，以便于分析观察。曲线即动态的格局，可以最直观地表现对象动态变化的特点和规律。将数据曲线化是研究语言动态变化的捷径，曲线化与格局化相辅相成。

我们要用系统的观念、量化的方法来进行语言学研究，从实验语音学到实验音系学，再到实验语言学。实验语言学提倡采用实验的方法进行语言学研究。语言实验是要得到语言数据，中心问题是分析处理语言数据。现在我们已经有各种语音格局的研究范式、语言数据量化分析的程序、桌上语音工作室的软件工具，可以分析各种语言材料。通过精心设计的实验，得到语言数据，分析语言规律。

(《中国社会科学报》2011.10.18 第 15 版)

语言学应提倡开放式的研究

石锋

我们要提倡开放式的研究。其实自然科学，理工科早就是这样的。门捷列夫的化学元素周期表，其中的空格，好多空格，后来的化学家不断发现，填补了空格。遗传学也是这样的，数学更是如此。这就是一个集体性的事业，不管你是哪个国家的、哪个地区的、多大年龄，只要你参加了这个事业，就能为人类科学的发展做出贡献。

社会科学、人文科学也要这样，提倡开放式研究。中国古代的音韵学也是这样的，例如清朝时的古音分部：顾炎武 10 部、江永 13 部、段玉裁 17 部、戴震 25 部、王念孙和江有诰各分 21 部，大体完成了古韵分部。一个人做出了自己的成就，同时又为别人进一步的研究做好基础，我就觉得这是非常有意义的。语言学要提倡这种开放式研究。一是前仆后继，继承创新；二是齐心合力，众人拾柴。

一、从获取研究材料说起

我们取得语言材料有四种途径：内省、文献、调查和实验。

最早在语法研究中用内省的方法。内省的方法就是语言学家想出来一些例子，什么可以用什么不可以用。他自己可以做判断，然后根据自己的判断，自己的例子，他就可以做出很多文章。内省的方法是主观的，以语言学家的个人语感为依据的，容易产生争议。

文献的搜集和梳理包括前人的历史文献和同行的已有论著。在音韵学方面做得很好。不管是作为研究材料或是方法和理论的借鉴，文献都是非常重要的。所以不能轻视文献，文献属于第二手资料。

我们的材料还可以来自调查，分为田野调查和问卷调查。调查得到的是第一手资料。语言地理学的材料都是田野调查的结果，田野调查是语言学的基本功。我上学时是老师带我去调查苏州方言，我当老师又带学生调查西南的水语、畲语和瑶族语言。问卷或访谈调查主要在城市。一般都是人数比较多的大样本。我参加的有苏州话的500人调查，北京话的500人调查，天津话的200人调查。社会学多采用这种方法，早在西汉扬雄就"求问于各地孝廉与卫卒"，写出世上第一部记录方言的书。只有调查语言，你才能认识语言，才有对语言的发言权。

实验的方法就是用仪器实验取得数据进行分析。关键是怎样得出数据、分析数据，从数据中发现语言特征和规律。面对同样一批无序的数据，有人会束手无策，有人就看出门道，这需要语言学的功力。语言学实验跟纯粹的心理、物理实验不一样，需要文理结合，交叉合作。

现在信息时代又有数据库。网络生活改变了语言研究的方式。数据库可以聚集起很多的研究材料，但是做完后一定要开放，让大家都来使用。数据库本身不是创新成果。数据库的价值在于使用，用的人越多，价值越大。如果没人用，就没有价值。

我们过去讲过一个很重要的概念：传统语言学是卡片之学，现代语言学就是数据之学。比如我的导师邢公畹先生曾经有很多箱卡片，我也用过卡片，包括文献卡片和调查卡片。现在把卡片输入电脑，变成一个个数据表。调查和实验得到的都是数据，所以我们做的是数据之学。

社会发展史讲生产力的三个要素：生产者、生产对象和生产工具。代表生产力发展水平的是劳动工具。那么我们可以说，代表科学研究水平的是研究工具或研究手段。旧石器、新石器、再有青铜器，铁器，大机器，到现在电脑出来了。电脑的出现改变了人类生活，使很多行业发生了改变，也使语言研究发生重要变革。语言实验过去都是专门的语图仪，现在电脑软件就能做。从口耳之学、手眼之学、卡片之学到现在的数据之学。所以，从客观条件来说，新的研究工具，要求我们提升语言学的研究，改变语言学的研究方式。这个事实，谁先认识到，就会走在前面；谁后认识到，就会落在后面。

二、实验语言学兴起

当代语言学引进实验的方法。凡是科学都接受实验，凡是玄学都拒绝实验。实验语言学就是用实验方法做的语言研究。胡明扬老师早就说过：长期以来，对各种语法理论、语法体系和语法分析方法只有主观评价而缺乏客观的验证。实验是检验真理的标准。

实验多是从语音开始，单音、连读、语调，连读组就有结构和意义的因素，到语调更离不开语义、语法、语气。因此这都不只是语音问题。实验不光是做语音，也做语法语义。我的学生写博士论文，有呼吸曲线跟韵律曲线对应，有眼动测量解开歧义现象，有脑电位图看动词与名词区分。沈家煊老师对汉语词类的新研究很重要。我的学生用实验去验证。实验可以从易到难，学习仪器使用的过程是有限的。文科大学生用电脑学会声调实验一般只要一小时，学会元音实验用两个小时，学会辅音实验用三个小时，学会语调实验用四个小时。

这里要讲雅各布森和王士元。雅各布森是 20 世纪最有才华和最富想象力的语言学家。商务印书馆刚出版他的文集。他提倡开放的大语言学，把人类学引入语言学，使诗学和语言学结合，到医院里考察失语症，与声学家合作写文章。主张心理学家、物理学家、病理学家、遗传学家、社会学家都来搞语言学。他是跨学科、跨领域、跨学派、跨时代的开放式语言学研究的先驱。雅各布森的路是一条开放的路。

王士元的理念跟雅各布森一脉相承，从语言演化的高度，把考古学、遗传学跟语言学作为三个窗口，从广度和深度上开拓了语言研究的领域。他的跨学科视野集中表现在两个方面：一是最早把语言学和计算机结合起来，使得语言学插上了现代科技的翅膀；二是把人类在脑科学上的进展应用于语言演化研究，一直探索在语言研究的最前沿。

我们要走的就是开放的路。如果现在你还走封闭的路，那叫走回头路，走老路。你要想创新，走出一条中国语言学的新路。请走开放的路。

三、怎样开放？

开放式研究要有三个方面的开放：第一是参加人员的开放，第二是理论方法的开放，第三是眼界胸怀的开放。

第一是参加人员的开放。我们做研究要大圈子，不是小圈子。不管是学中文的、学外文的、学经济的、学计算机的，只要愿意搞语言学的，包括不同学校的，都请来参加我们的研究。来者都是客，我们都欢迎。因为语言学是集体性学术事业。现代科学是要合作式、交流式、团队式地进行研究。个体户式的小作坊里搞不出什么名堂。人越多越有人气，交流的内容、思想、观点越丰富，研究就越有成效。往往是初生牛犊不怕虎，越少受传统思想束缚的人越有创造性。新的理念、新的方法天然地青睐年轻人。所以我们鼓励年轻的学生老师走新的道路，用新的方法。

第二是理论方法的开放。学术者天下之公器。我们的理论方法从来不保密，包括实践的窍门。为什么我们每年10月份上课时间办语音班？因为研究生每年9月份入学，10月份正好开始教他们实验方法，一个星期学会。外面学校的老师和同学跟我们一起上课、一样上机实习，内外无别。我们鼓励南开大学以外的老师和同学超过南开。采取走出去教，请进来学，我们已经派了几批人到各地学校去教了。仪器没人用等于废铁，理论方法没有人用就会失去价值。

第三是眼界胸怀的开放，也是最重要的。开放需要胸怀，容不下别人你怎么开放？要提倡、鼓励学生去听别的老师的课。不同的学者研究的内容和风格有互补性，学生就像小蜜蜂，要在不同的老师那儿采花粉，采得百花才能得到蜂蜜。光在一朵上采怎么行？我的实验语音学就是到北京大学听课，到语言所听课，到声学所请教，吃百家饭长大的。现代科学最重要的特点就是合作。只有合作才能取得成功。

眼界的开放很重要。在语言学外部要跨学科，文、史、哲、社会、经济、法律，文科当中首先要打通；再要文理结合，把心理、生理、物理都结合起来。在语言学内部则要跨边界和跨领域，语音、语法、词汇，以及古代、现代都打开，都要去关心。学无止境，科学无禁区。不要给自己划禁区,不敢越雷池一步,也不要给别人划禁区,这是我的地盘,别人不得进入。开放就要打开禁区,开放就要破除迷信。

纵向的开放就要有继承性,横向的开放就要有集成性。我们要学会合作、学会交流、学会开放。在开放面前我们都要学习,学会学习。学习前辈学者,学习国外学者,学习同行学者,同时要在实践中学,在实验中学。使我们的思想能够真正地开放。

四、结论:从我开始,从现在开始

量子论创始人普朗克指出:"科学是内在的整体,它被分解为单独的部门不是取决于事物的本质,而是基于人类认识能力的局限性。实际上存在着从物理学到化学,通过生物学和人类学到社会学的链条,这是任何一处都不能被打断的链条。"

王士元讲过:"不同学科的边界犹如在沙滩上的线条,随着每一次先进知识的波涛到来,这边界就会发生变化,甚至完全消失。人类的知识,特别是研究语言的知识应该是彼此相连的,并且最终是相互贯通的。"所以各种学科的边界是人为划分的,像瞎子摸象一样的。跨学科的交叉点上是新的学术增长点。

语言学家的天职是解开语言之谜,揭开语言演化之谜。语言之谜也就是人类之谜。在这个意义上,研究语言就是研究人类自己。语言学就是人学。语言研究需要开放的理念、多元的方法。人类的进化就是开放的历史。科学发展到现代是开放的成果。

马克思说过:"最先朝气蓬勃地投入新生活的人,他们的命运是令人羡慕的。"开放式研究向每一个流派打开大门,向每一位学者伸出双手,欢迎大家加入时代的大潮。让我们从现在开始,从我开始,共同为科学的语言学大厦添砖加瓦。

《中国社会科学报》2013.5.13 第8版

语音学条目

石锋

　　语音学以人类语言的语音作为研究对象。语音学的范围包括生理方面的发音语音学，物理方面的声学语音学，心理方面的听觉语音学，近年来更进一步发展到大脑和神经系统跟发音和听觉的联系，并发展为神经语音学。

　　生理方面的发音语音学（articulatory phonetics）是语音学的基础。它关注人类发音器官的构造以及它们在发音中的作用。如声带的振动、口腔和鼻腔的共鸣、以及肺部呼吸的气流如何彼此协调合作，发出各种语音。

　　人类的发音器官分为喉部、喉下和喉上三个部分。喉下部分是左右两肺、气管和支气管组成，胸廓、横膈膜是发起呼吸动作的外围部分。发音的动力源主要是呼吸时所产生的呼出的气流。人们在平静时跟说话时的呼吸方式有所不同。平静的呼吸主要经鼻通道，每分钟16—20次，呼吸量约为500毫升，吸气与呼气比值为1∶1.2。说话时呼吸主要经口通道，每分钟8—10次，呼吸量约为1000—1500毫升，吸气与呼气比值为1∶5—1∶8。如果是唱歌，每分钟呼吸次数更少，呼吸量更大，吸气与呼气比值会达到1∶8—1∶12。

　　喉是专职的发音器官。喉部的甲状软骨、环状软骨和两块构状软骨形成喉室，其中连接甲状软骨跟构状软骨的两片甲构内肌就是声带肌。声带由肌肉、韧带和薄膜构成。两片声带之间形成声门。声门关闭，声带并拢的张力与肺部气流的压力达到均衡状态，气流间断性冲出使声带周期性开合颤动产生浊音。声门打开,气流在声腔受到阻碍而产生清音。不同的声门状态还可以产生气嗓音和紧喉音等发声类型。

喉上部分包括咽腔、口腔和鼻腔,主要起调节语音的共鸣作用。口腔的作用最为重要。由于唇的开合、圆展,舌的伸缩、升降,使声腔形状变化而产生不同的语音。鼻腔是骨质的空腔,由软腭和小舌的抬起或下垂使鼻腔通道关闭或打开,发出口音或鼻音、鼻化音。其中,舌在发音中的作用是非常重要的。

物理方面的声学语音学(acoustic phonetics)考察语音的各种物理特性,如在时间和振幅二维的波形图、频率和振幅二维的频谱图、时间、频率和振幅三维的语图中可以具体测量音高、时长、音量和音质的各种表现。对于语音的鼻音化程度、声带的振动频率和振动的变化以及波动也能够通过声学测试考察它们的影响。

心理方面的听觉语音学(auditory phonetics)研究各种语音的听觉区域和听感特性。测试不同语音的听觉边界的状态以及影响听觉边界的各种语言学内部和外部的因素。言语的声波在说者口中发出,传播到听者的耳朵里。声压的变化作用于听者的听觉器官,并产生神经冲动传到大脑而辨别和理解。说话人在说话时,语音也同时传到自己的听觉器官而起反馈监听作用。人们的听觉反馈有两个通道:一个是通过耳朵收听外部空气传播的声音;另一个是通过骨传导感知内部发音器官的共鸣。

人类的语音不是一个个孤立分散的发音的缀合,而是相互依存彼此联系的层级性的发音序列的集合。同时语音又离不开社会环境和个人语言习惯,研究语音不能离开特定的语言,我们所讲的语音学也就是语言学的语音学。语音学属于语言学的重要分支。因此,只要是研究语音,就一定会受到语音系统的制约,只能在语音框架中分析。在语言的各个子系统中,语音系统具有双重的意义。一方面,一个特定语言中的各种语音成分自成系统,分层聚合;另一方面,语音使语言中其他子系统的内容具有物化表现,作为基础平面,有序组合。

人类的语音可以分为音质成分和超音质成分。超音质成分又叫作韵律成分。音质成分是以音段为基础的,有元音和辅音两类。一般认为,元音和辅音的区分是发音时声腔有没有阻碍，而阻碍是有程度差别的。在发音动作和听感印象的基础上，可以对此用一种理想化的描述：发音阻碍程度为100%的完全堵塞，是塞音；阻碍程度为80%，打开缝隙，是擦音；阻碍程度为60%，稍有开通，是通音；阻碍程度为40%，开通较大，为高元音；阻碍程度为20%，开通更大，是中元音；阻碍程度为0的完全打开，是低元音。如果把阻碍程度为50%作为元音与辅音的界限，就可以看到，它们之间并没有截然分开的空白地带。在通音一类里面成员众多，有边通音：舌尖堵塞，两侧开通；r通音：舌尖翘起而不堵塞；全通音：即半元音。鼻音其实就是鼻通音：口部关闭，鼻腔打开。这样把它们归纳在一个统一的框架里面，成为一个连续统，有利于表现语言的系统性。

超音质成分或者韵律成分，有三个要素组成：音高、时长、音量。音高是发音时声带振动的频率；音量是发音时付出的能量；时长是发音持续的时间。这三者密切关联，但却并不同步。实际上，音质成分不是独立的。每一个音段的发音除了有音质的表现，还会有各自的音高、时长、音量的表现。只是音质特征是以音段为基础，而韵律特征则是以音节为基础的。即元音和辅音的共时发音，长短、强弱，音调的升降高低，都是首先在音节中表现的。离开音节，它们就失去立足之处，没有意义。

人们常说语音是语言的物质外壳，如果语言是人类交流信息的载体，那么语音就是人类语言的物化载体。语音学也因此成为语言学中物质性最强的领域。现代语音研究多是采用实验的方法，这是语言学各领域中最为重视实证研究的分支。

量子语音学条目

鲍怀翘　石锋

史蒂文斯（Stevens）认为在语音的声学属性和发音属性之间具有一种量子特性。区别特征的存在理据在于从发音生理到物理声学和从物理声学到听觉感知之间的范畴性的映射关系，而声学参数对发音器官在某一定范围内的变化相对不敏感，这种发音参数、声学参数和感知范畴之间的非线性关系被定义为语音的量子关系，是形成区别语音的声学和发音属性的主要因素。

如图一所示，在理想状态下连续改变某个发音参数，会导致声学参数的变化，声学参数的变化表现出非线性的特点。在 I 区和 III 区内，发音参数的变化并未导致声学参数的突然改变，即声学参数保持相对稳定，这种状态称之为平台（plateau）。而在 II 区内，发音参数的变化导致声学参数的急剧改变，这种状态称之为"不连续"（discontinuity）。对区别特征来说，可以把 I 区内相对稳定的发音和声学属性看作[-F]特征，即某特征的赋值为负；把 III 区内的发音和声学属性看作[+F]特征，即某特征的赋值为正。

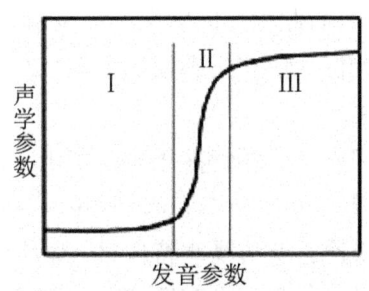

图一　假想的发音器官——声学的关系

史蒂文斯提出的语音的量子特性反映的正是在语音产生和感知过程中，存在于发音、声学和感知三者之间的非线性的范畴性对应关系及其与区别特征的内在联系（Stevens，1972、1989；Stevens and Keyser，2010）。语音研究从孤立的语音单元过渡到自然的连续语句，这是语音研究发展的结果，也是语音通信工程的需要。同一个语音单元在不同的语音环境下，声学表现会受到各种因素的影响，因而表现出各种不同的声学形态或语音变体，可是听话人却能准确地理解说话人所要传达的意思，也就是说听话人从声学信号中捕捉到了正确的语言学信息。这种语音变异性在语音产生的过程中无处不在，它的出现受到语音环境等多种因素的影响。对语音从产生到感知这一过程的深入研究是理解语音变异性的重要环节。

量子关系与区别相对应，主要有下面两条物理原则。第一是声道共鸣腔存在声学耦合现象。一般来说，量子效应的产生跟声道传输函数上的零点的运动有关。传输函数上零点的出现通常是声道出现分支引起的。除元音以外，塞擦音、鼻音、边音、翘舌音等发音部位的特征都受到声学耦合现象的影响，发音部位的变动必然引起声学参数的变化。它们都跟特定的发音部位有关，因此统称为器官限定特征。第二是发音器官按照空气动力学原理生成的气流和波动跟柔性的声腔壁发生相互作用。这导致产生不同类型的声源，如准周期性脉冲，湍流噪音或瞬音。声源的位置可以是在喉部或是声腔某处的收紧点。与此相关的区别特征包括[紧声带][松声带][延续性][响音性]和[粗糙性]等。它们不限定于某个发音器官，统称为器官独立特征（Halle，1992）。

当辅音收紧点尺寸大于声门平均面积时，声源特性相对不变化，在声门上收紧处可观察到小的气流扰动，或根本不会出现扰动噪声。当收紧程度更狭窄时，收紧点就会出现扰动噪声。此时噪声特性对收紧点面积大小保持相对不灵敏。当辅音内破裂时，收紧点上声源特性和扰动噪声振幅会突然改变。辅音闭塞的内破裂和释放产生不连续的瞬音。

区别特征作为现代音系学理论的基石，同样有明确的语音学基础。区别特征背后所反映的是在语音产生和语音感知过程中从发音生理到物理声学再到心理感知的范畴性的量子关系。正是由于这种关系的存在，听话人才有可能从连续的声学信号中提取出离散的语言学单元，从而理解说话人的意思。语音感知不同于一般的声音感知，语音自身的系统性为听话人提供了一个框架，这个框架所包含的语音知识是听话人和说话人共享的，否则言语交际就不能实现。听话人对声学信号的解析和判断不仅跟声学信号中包含的信息有关，也跟听话人产生的期待有关，这种期待是语音系统的产物。因此，语音理解模型不能脱离对语音系统的分析（Stevens，1989）。史蒂文斯不仅主张辅音有范畴性，而且元音也有范畴性，这一主张有别于当前多数学者认为元音具有连续感知的特点。根据最近的实验分析结果可以得出：辅音一般是离散性范畴；元音一般是连续性范畴。在汉语声调方面，以调型区分的声调范畴之间是稳态边界；以调阶区分的声调范畴之间是动态边界。离散性范畴多具有稳态边界；连续性范畴多具有动态边界（冉启斌等，2014；荣蓉等，2015；刘掌才等，2016）。

依据中国社会科学院语言研究所20世纪60年代初完成的五位发音人的X光片得出真实的发音器官参数，完成了关于发音—声学转换的系列计算实验（鲍怀翘，1984）。在实验中进行了类似史蒂文斯均匀声管模型计算中改变前后腔长度的研究，即收紧点沿声道长度前后移动。但从得到的各共振峰频率走向来看，与史蒂文斯的结果是很不相同的。同时还计算了改变前、后腔面积、改变唇形面积和改变声管总长度等发音参数得到共振峰频率的变化数据，整体看来，各共振峰的变化的斜率是不同的。由于时间轴上选点较粗，因此没有发现明显的平稳段。当然这两种实验虽然都是由面积函数求共振峰（自然频率）参数，但是目的在于探究声腔各参数变化与共振峰变化之关系，也就是收紧点（舌位）前后移动、前、后腔体积改变（近似舌位高低）和双唇开度大小对共振峰的影响，找出它们之间的总体趋势。参见图二。

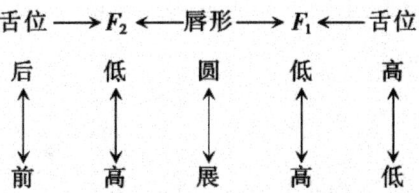

图二　舌位与前两个共振峰之间的关系

建立发音—声学模型的前提条件是控制一个发音参数，使其他参数保持恒定。如把舌位形成的不同程度的声腔收紧或狭缝作为发音参数的时候，声门的打开程度、声带的紧张度、声门下压力、声腔壁的紧张度、通过声门的气流流量速度等因素都尽量保持恒定。在这种条件下进行实际测量往往非常困难，因此确定这种发音—声学关系一般通过模拟建模的办法。

有些学者在对立的稳定性讨论中指出，在连续语流中常常不可能得到声学特性的稳定段。当这个音一进入语流中（音节、词和短语）就会产生音变甚至脱落，所赋值该音段（或音位）的区别特征及其包含的声学—发音特性也将随之消失其意义，例如：辅音的弱化使塞音变成连续音，持续的清擦音变成响音，特别在重读音节之后的位置上。此外，很多同化现象使声学特性改变了原有范围，发音精确度会相当宽松，因而得不到理想预期的声学结果。史蒂文斯认为语音信号特性常常存在多余度，定义一个词的常规形式并没有列出全部声学特性。并且当一个词放在一定的语境中，多余度还会增加，很多因素都会参与发音补偿，所以某些变化不会干扰这个词的认定。并且"这个问题讨论的中心是研究通向词汇的模型，这已超出了语音量子理论的范围"。

为了补偿语音量子理论的局限性，史蒂文斯和基瑟（Stevens & Keyser）在2010年的文章中，针对在语流中音变问题，提出了"增强"和"叠接"的概念。其实他们所举实例和解释用"协同发音"的理论来阐述更能说明问题。但无论如何，史蒂文斯对VCV语音串的分析，包括喉—声腔收紧联动的说明，无疑是很有意义的；其中语音发音生理和声学分析相结合的研究方法也是语音研究必须遵循的道路。只有深入分析语音生理特征，才能正确理解语音的声学现象，这是语音量子理论对语音学研究的最大启示。

参考文献：

Henderson, J. B. 1984. Velopharyngeal function in oral and nasal vowel: across-language study. unpublished doctorial dissertation, University of Connecticut.

Jakobson, R., Fant, G., & Halle, M. 1963. Preliminaries to speech analysis. Cambridge MA: MIT press.

Stevens, K. N. & Keyser, S. J. 2010. Quantal theory, enhancement and overlap, Journal of Phonetics 38, 10-19.

Stevens, K. N. 1989. On the quantal nature of speech, J. of phonetics, 17, 3-43.

Stevens, K. N. 1989. Response to commentaries, J. of phonetics, 17, 145-157.

鲍怀翘，1984，声道截面函数和元音共振峰计算，《应用声学学术讨论会文集》，重庆；又见"声积函数和共振峰频率的初步报告"，中国社会科学院语言研究所《语音研究报告》光盘版.

鲍怀翘，2015，再谈语音量子理论，《中国语音学报》第5期.

鲍怀翘、林茂灿，2014，《实验语音学概要》增订版，北京：北京大学出版社，107-113.

李智强，2014，区别特征理论的语音学基础，《中国语音学报》第4辑，北京：商务印书馆.

刘掌才、秦鹏、石锋，2016，汉语普通话基础元音的听感格局初探，《南开语言学刊》第1期（总27期），1-13.

冉启斌、刘晨宁、石锋，2014，汉语普通话塞音送气/不送气的听辨范畴，《南开语言学刊》第2期（总24期），32-39.

荣蓉、王萍、梁磊、石锋，2015，汉语普通话声调的听觉感知格局，《南开语言学刊》第1期（总25期），10-24.

音质与音色

石锋

音质和音色这两个术语在语音研究中一直相沿习用，但意义多有混淆。对于语音的物理特性，有的书上用音质来对应音高、音长、音强；有的是用音色来对应；有的则是既有音质，也有音色，二者自由替换。看来学者一般默认音质与音色词义相同。我们认为应该对这两个术语和概念进行区分，避免一义多词的现象。

音质和音色都是指语音的音段特征，然而二者意义偏重各有不同。音质偏重共性的内容，是一个音区别于其他音的内在属性和本质特征，属于语言系统内部的成分，重在"质"。"国际音标"表中的元音、辅音都是从音质角度进行确定的。以汉语普通话为例，"搭"和"巴"是辅音声母不同；"大"和"地"是元音韵母不同；还有低元音音位/a/具有[a]、[A]、[ɑ]、[æ]等变体，这都是从音质角度的区分。人们常说的"字正腔圆"，其中"字正"属于语音特征，"腔圆"属于韵律特征。一般来说音质属于语言的内部特征。

音色则偏重个性的表现，是一个音在本质特征之外的伴随特征、附加色彩，属于语言系统外部的成分，重在"色"。我们听到某人说话，可以凭声音判断出说话的人是张三还是李四，这其中就有音色的作用。不同发音人（如男女老少）、不同发音状态（如清亮或嘶哑）以及不同的情感流露等，都可能使一个音带上独特的色彩。因此音色在表现情感和认定说话人方面具有重要作用，值得研究。音色一般属于语言外部的特征。

有声语言包含了多种信息，可以从两个层面分析。音质和音色分别属于不同层面，都具有重要意义。区分音色和音质的含义，使它们各司其职，有利于语音研究的深入和拓展。

自序与跋

《韵律格局——语音跟语义、语法、语用的结合》序言

这本《韵律格局——语音跟语义、语法、语用的结合》是"格局系列"的第四本书。前三本书依次是：《语音格局——语音学和音系学的交汇点》（2008），《语调格局——实验语言学的奠基石》（2013），《听感格局——汉语语音听感特征初探》（2019）。随着对语音格局进行实验分析的工作不断拓展，我们对于语言中格局的表现和作用的认识和理解也在逐渐加深。

基于语音实验的格局分析，最早是应用在汉语声调的研究中。后来又在汉语元音、辅音、语调，以及听感实验中，取得了初步的成果。其实语调格局分析已经进入了语义和语法的领域。韵律格局的分析则是在语调格局研究的基础上，更为自觉地把语音平面跟语义、语法、语用三个平面结合在一起，集中考察不同类型焦点的各种表现，更加深入地探索韵律三要素在语言交际中互动的机制。

从初次寻求在迷茫中发现的惊奇，到后来持续多番不断验证的喜悦，逐渐形成了语言格局的确定信念：格局在语言中是普遍存在的。越是原初的表现，越具有共通性和普遍性。反之亦然。韵律特征比音段特征似乎具有更为广泛的共通性。虽然对话者之间的语言不通，却可以根据韵律特征（＋表情、手势）的共通模式，知道对方是善意还是敌意，是高兴还是悲伤。

什么是格局？格局是系统的分布模式，格局是可见的系统。索绪尔曾讲过系统；特鲁别兹科依曾写成《音位学原理》；萨丕尔曾讲过格局；乔姆斯基和哈勒曾写出《英语语音格局》。只要研究语音，就必然进入格

局系统，受到语音格局即语音系统的制约。我们的格局参考他们的见解，又有两个新特点：基于实验的量化分析；可视化模式便于观察。

语言格局基于实验的量化分析，可以有效避免主观的设想和臆断，免于陷入那种似是而非的、既不能证实也不能证伪的怪圈。语言学是经验科学，应该以实证为基础，进行事实的调查和科学的实验。如果说，过去因为有些主观和客观的条件不具备，而没能去做事实的调查和科学的实验，那么，现在已经万事俱备，需要尽最大努力去做。田野（现场）调查是语言学者的基本功；科学实验是语言学者的必修课。这对于青年学者尤其重要。因为，10年、20年、30年之后，语言学的面貌会日新月异。缺失这个基本功，没学这门必修课，一定会落伍。

语言格局的可视化模式便于观察，观察是科学研究的基本方法。人类视觉和听觉获取的信息是最丰富的，也是最直接的。有声语言造成听感印象，经过实验分析得到量化数据和视觉模式。这样就如业师邢公畹先生所讲："不但能见到一般人所能共同见到的，而且由于利用了语音实验仪器，还能见到一般人所不能见到的；而最重要的是能想到一般人所想不到的。"这样就便于发现语言的特征和规律，形成新的见解和观念。

一般学者都认为，语言交际是编码和解码的过程，却往往忽略了其中一个重要的环节。编码和解码都是在大脑中解决的。问题在于编码人和解码人并不是同一个人。这个语码怎样从编码人传递到解码人？怎样确认编码人所编的码，就是解码人所解的码？人们往往对此习焉不察，觉得理所当然。其实此中大有文章。这就是语音学要解决的任务。从编码人的发音，通过空气媒质的传递，到解码人的接收。在这个过程中，确认语言代码同一性的方式是模式匹配。格局就是模式。编码人和解码人之所以心有灵犀一点通，就是有着语音格局的模式匹配。

吴宗济先生对格局的确认方式曾做过通俗具体的解释说明：人与人之间的对话，正如古语所说："言出于我口，入于尔耳。"尽管言者所说的每个音节和声调并不那么"到位"或规范，但由于人的听觉系统可以对听到的语音进行加工处理，通过大脑的分析、记忆、比较等功能的综合处理，只要听来的语音"框架"不差，语境相近，就能被理解。这个"框架"就称为"格局"。

我们曾经多次确认语言中的有声原理：因为人类语言是有声的，即语言中的一切内容（结构、语义、功能、语用、情感）都是通过语音表现出来的；同时通过语音来接收并获得理解，所以对话语音流进行适当的语音分析，应该能够得到相对应的有序模式。应该是一个普遍的公理和常识。这个"有序模式"才是语音研究的意义所在，体现出语音研究在语言交际过程中的价值。

一个语法范畴的建立，一定要有形式和意义的对应，这应该就是有声原理之下的重要表现之一。语言中的语音和语义相互对应。在语句中，没有无意义的语音成分出现，也没有无语音表现的意义存在。语用学所谓的言外之意，都是要有语言学之外的语境背景和共有知识作为条件的。

广义的韵律格局可以在两个方面跟语法结合起来：形态构词、语句产出。在语素构词层级，利用韵律特征来构词或构形，这就是韵律形态。韵律形态在各种语言中是普遍存在的。韵律赋值在语素构词中是必选成分。语素和单词只是在韵律赋值的同时，才具有了意义。所以韵律赋值是语素和单词的点睛之笔。韵律赋值包括音高、时长、音量三种韵律特征，在不同的语言中各有侧重。

在语句产出层级，利用韵律特征来完成语句并表达信息。短语成句时，韵律特征同样是必选的完句成分，不可或缺。这表现在两个方面：一是在语句中各个单词、短语和句末的边界调可以划分出结构单位；二是语句焦点的韵律凸显表现出语义信息。所以韵律特征是语句生成的灵魂所在，生命之源。这些都可以作为韵律成句的实验研究内容。

语调韵律是语言学王冠上的钻石，是语言学者的终极诱惑。我们为此准备并探索了几十年，现在刚刚开始步入正途。这本《韵律格局——语音跟语义、语法、语用的结合》且作为重新出发的集结号，愿大家继续努力前行，去探寻求索解开人类语言的奥秘。

石锋
2019年9月1日于南开静寓

注：石锋所著《韵律格局——语音跟语义、语法、语用的结合》，将由商务印书馆于2021年出版。

《普通话语音实验录》序言

石锋

这本《普通话语音实验录》的全部工作经过近五年的努力,先后有30多位教师和研究生分工协作,相互配合,平行推进,现在终于有了初步结果可以呈献给学界和社会。回顾我们的工作,有三点感想,分述如下。

一、规模性的实验工作

语言学是经验科学。现代语言学者要到社会中去,到田野中去,到实验室去。这关乎学术理念,又关乎研究方法。实验分析是当代语言学方法的重要基础。本书的工作是这样一种规模性的实验工作。

只看实验语料的取样规模,一是涵盖广,分别在北京、广州、上海录制当地发音人的普通话语音,再加上外国学生的汉语发音资料;二是人数多,每类发音人都有100多位,总数达到400余人;三是种类全,包括读词表、读语句、读短文和自述谈话四种语体,这都作为实验分析提取声学参数的基本依据。这种规模性取样可以得到可靠的统计性结果,能够客观反映当代汉语的语音实际。

语音实验测试得到的具体数据当然不能直接作为声学参数。确定声学参数应基于语音格局的分析,找出数据归一化的敏感指标:声调的T值,元音的V值,塞音的VOT值和闭塞时长,擦音的谱重心和分散度,鼻音的鼻化度,语调的起伏度(或调域比)、时长比、音量比等参数。这些参数计算方法简单便捷,能够实现语际和人际间可重复、可比较、可统计的科学化进程。从书中的内容可以看到，基于这种规模性取样的各种语音实验分析结果，充分证实了上述参数的有效性和可靠性，初步建立起普通话语音标准的客观基础。

二、普通话语音标准的意义

普通话语音标准本身涉及两个问题。一是标准在哪里？二是标准是什么？首先来看标准在何处的问题。普通话以北京语音为标准音，可是北京胡同和大院的语音差异是很大的，所以还要再具体化才行。英语标准音 Received Pronunciation（RP）又被称为皇室口音、BBC 发音或牛津英语，公认为是居住在伦敦和英国东南部受过教育的人讲的话。俄语标准音同样有"受过教育"的限定语。各国语言的标准音应该都有这种共识。我们的发音人主要是大学生、研究生和青年教师这样接受过高等教育的人群，这应该是普通话标准音的重要基础群体。

语音标准应该是在大众中客观存在的，而不是小众主观决定的。语言是说出来的话，而不是可以说的话。没有说出来的话，别人不会知道。可以说的话是一种主观臆测，不同的人可以有不同的结论。说出来的话是客观事实，面对客观事实，应该不会有争议。其实这是一个常识，是人照着书去说话，还是书记录人的说话？有人往往把关系颠倒。好像颠倒已为常态。看一看明人陈第：时有古今，地有南北，字有更革，音有转移，亦势所必至。例如近年的普通话异读词审音工作增加了大样本读音调查，这不仅是方法改进，更是观念革新。调查就是了解认识这种趋势。我们应该尊重这种大势所趋，要有敬畏感。是因势利导，还是逆流而动，决定工作的最终成败。

语音标准是什么呢？不只是一个个元音辅音、声母韵母的发音，也不仅是一个个音节，一个个单词的发音，而是实际说话的连续语句的发音。音段和音节的发音正确，只是最初级的水平或者不完全的标准。韵律是超音段的，也是超音节的，还是超词语的。至少要到语句的层级，才是实际语言交际的基本单位。因此我们做了语调格局和韵律格局的实验研究，就是要观察和理解实际语流中的韵律表现。

实际语言交际都是以连续语音进行产出和听辨的。如何认识和处理孤立语音跟连续语音之间的关系，既是语言观念问题，又是研究方法问题。我们的方向是：向自然话语的实验研究进军（吴宗济语）。在具体实施中总是要先易后难，从研究孤立语音开始，向连续语音逐步扩展；基于实验室语音的研究，向自然话语的实验努力靠近。为此我们在设计实验发音表和实验任务过程中，尽量接近实际的语言交际状态。例如，注重对连读组和语句的声学与感知分析，实验任务采用真词判断，被试人不需语言学知识就能完成。这种方法类似拉波夫的隐蔽调查法，可以避免调查者悖论，得到接近自然真实的语言状态。

三、语音格局和语音参数

我们从最初的工作开始，一直把语音格局的研究跟语音参数的提取紧密联系在一起，这是非常有道理的。语音格局是一种观念，又是一种方法。在语言系统层级的基础上，通过实验测算和统计做图，把隐性的系统转化为显性的格局，能够直接进行观察。使语言分析成为可计量、可验证、可统计和可图示的研究。

参数是研究对象的变量，也就是特征值，还可以叫敏感指标。语音格局是要做图的，做二维图、三维图就要选取两三个参数。这些参数多是在数据归一化处理之后计算的百分比数值，可以显示出研究对象的有序分布和最大区别。这样的相对数据便于在语际和人际间实现可比性和可统计性，使语言研究实现量化分析。显然，语音格局的研究与语音参数的分析是一致的，只是呈现的方式有不同：语音参数是以数据表的方式，而语音格局是以统计图的方式。

本书实验研究存在缺点和不足：（1）目前我们还是限于实验室录音取样，采用自然语言取样需要有更高水平的实验方法来分析处理语音的动态变化，这是我们正在尽力探索要解决的瓶颈问题。（2）适当注意说话人的社会背景方面的选择，以便从实验数据中离析各种因素的影响，还要注意标准参数的动态变化和滚动研究。（3）对于语音生理方面的参数也要注意提取，语音的声学表现、听感特征都跟生理机制密切联系，语音格局也要有生理格局才算完整。这还需要继续努力。

最后要感谢参与本书实验工作的各位老师和同学！成绩是大家的努力，缺点是我个人的局限。希望我们能够在以后的研究中克服缺点，认清方向，不断前进。

石锋
2019 年 9 月 8 日于南开静寓

注：本书是国家社会科学基金重大项目《普通话语音标准声学和感知参数数据库建设》后期成果的精简汇集。项目的前期成果分别汇集在以下著作中：《汉语语音习得研究》（温宝莹、邓丹、石锋，2016），《实验语言学初探》（石锋、夏全胜、于秒、张锦玉，2017），《汉语功能语调研究》（石锋、王萍，2017），《鼻音研究》（时秀娟，2017），《汉语语音实验探索》（王萍，2018），《洋腔洋调实验录》（上、下：石林、阎锦婷，2019），《听觉格局——汉语语音感知特征初探》（石锋，2019），《韵律格局——语音跟语义、语法、语用的结合》（石锋，将出版）。还有几篇参与重大项目研究的博士论文正在出版编辑中。本书将由中国社会科学出版社于 2021 年出版。

《汉语功能语调研究》序言

语调是语言学家永远的诱惑。这是我多年研究语调的深切体会，也是回顾学术历程的真实写照。我最初写的关于语调研究的文章是于1995年写成的《三种不同语速中的汉语语调分析》，到如今已经有21年。从2008年我们投入重兵集中进行语调的实验研究也已经有8年了。就在我开始动笔写这篇序言的此刻，心中仍然对语调充满着好奇迷恋的探索欲望。

我在《语调格局——实验语言学的奠基石》一书的总结中，曾讲到那本书的内容集中在基本语气陈述句的分析，这是当时的研究进度。这本《汉语功能语调研究》选择我们团队随后的研究成果：以各类语气语调为中心，在语调研究的深度和广度上继续探索的情况。实际上这就是《语调格局——实验语言学的奠基石》的续集。

在《语调格局——实验语言学的奠基石》序言中曾列出当时参加语调实验工作的30多位教师和研究生。现在这个名单需要加长了，人数已经达到50多位。我们的语调实验研究经过这么长的时间，动员这么大的力量，写出了上百篇学位（博士、硕士）和非学位的论文，在理念方法和总体认识上有哪些收获呢？总体上看，可以从以下三个方面来考虑：（1）语调格局理念的拓展；（2）焦点表现是语调的核心问题；（3）语调分析的三个法宝。

语调格局理念的拓展最为重要。包括三个方向：从单一的音高实验到涵盖时长和音强的多因素分析；从单一的语音研究到语音、语法、语义等多领域的结合；从平面的语调格局到立体的语调韵律层级体系。

先说从单一因素的音高实验到涵盖时长和音强的多因素分析。我们开始是从音高来考虑语调格局问题的，认为语调格局就是语句调型曲线的起伏格式及其表现的各词调域的宽窄和相互之间的位置关系。因为当时还没有考虑对时长和音强进行量化分析的方法。现在我们有充分的依据把时长和音强包括进来：语调格局就是语句的音高、时长、音强的交互作用的表现模式，即语句中各词和短语的调域宽窄以及相对时长和相对音强的动态变化与相互影响。

以此为基础，我们可以对语调做出更为完整而简单的表述：语调就是在人们的话语音流中，以音高的起伏程度表现的调域的高低宽窄与时长的增减和音量的强弱共同构成的有序变化。实际上在情感强烈的语句中还会有音质的改变，这里暂不涉及。我们在分析句子语调的时候，可以分别从音高、时长、音强三个角度，做出三个量化图形。对比这样三个图形（即三组实验数据），往往可以发现它们之间存在一定的相关性，从而把语调的共性和个性研究引向深入。

再讲从单一领域的语音研究到语音、语法、语义等多领域的结合。人们常常把语调作为语音问题，其实不然。语调的用处有：标示韵律单位，传递信息内容，表达说话语气，体现语用效果，传达情绪和情感。当然这都是在句法形式中的词义组合基础上以韵律特征来表现的。语调涉及了语音、语法、语义，包括语用的内容，要把这些结合起来分析才有意义。例如，表达语气，语调并不是唯一的方式，还有实词、虚词、句式、语境等都可以表达语气。它们或互补，或叠加，共同表现语气意义，这是很重要的一个原则。同一类语气的句子往往会有共同的句法特征。如疑问句多有疑问词或特定的句法形式；祈使句的主语不论是否出现，都是第二人称；感叹句一般都有某些极量程度副词。修辞语用等方面也是影响语调表现的重要因素。语调研究要把语言学各个领域打通，如果只是从语音上去考虑，很可能只会得出片面的结果。

从平面的语调格局表现到立体的语调韵律层级体系的转变是跟语言系统的立体性和多面性相关联的。语句是语言系统中的一个层级。语言系统各个层级的语音韵律特征相互联系，句调的表现有下位的单字音、词、短语的贡献；而单句语调又对上位的复句、句群的语调表现做出贡献。以下就是汉语的语调层级体系的图示①见图一：

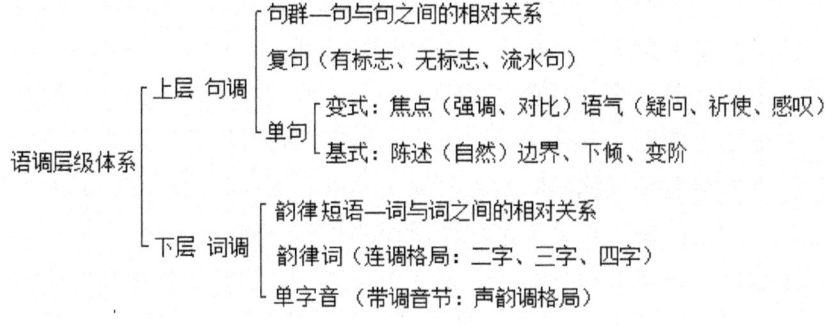

图一　汉语语调层级体系

这种直观的形式便于我们观察和理解语调层级体系的构成。首先是分为上层句调和下层词调。单字音②，即带调音节是基础。其中的声、韵、调格局的实验分析可以参见《语音格局——语音学与音系学的交汇点》一书③。我们以前做的元音格局、辅音格局和声调格局，实际上在为语调格局的大厦打地基。词调包括短语，句调加上句群。句调的基式是自然焦点陈述句。里面包括边界调、下倾和变阶。变式包括语义焦点，还有疑问、祈使和感叹等功能语气。《语调格局》主要是对单句中的基式语调的实验分析，还是语调格局理念的初期认识和实践。本书的内容是集中在变式语调的探索研究，已经逐步尝试语调格局理念在上述三个方面的拓展。

我们在分析中越来越清楚地认识到，语调的中心问题是焦点。西方学者把句调分为调冠、调头、调核、调尾，其实调核就是焦点。就像一个音节的音核是主要元音，不过焦点是动态的。西方学者的边界调定义包括了单位界限、语句重音和语气。我们用实验方法量化区分出边界调

---

① 石锋、王萍，2014，汉语韵律层级系统刍议，《南开语言学刊》第 1 期，1-12.
② 王洪君，1999，《汉语非线性音系学》，北京：北京大学出版社.
③ 石锋，2008，《语音格局——语音学与音系学的交汇点》，北京：商务印书馆.

和焦点调[①]，焦点调就是语义焦点的表现。语气实际上也是一种语气焦点，或者叫语气调。例如，边界前的词末字时长比平均时长超出 10%—15%；如果恰好那个词位于语义焦点，就会再增加 10%—15%；如果这个焦点又具有语气功能，就会再增加 10%—15%。若是将来进一步分析情感语调，可能这个增量还会继续，可以称为情感焦点或情感调。还要考虑修辞语用方面对韵律表现的影响。所以，分析不同种类的焦点的表现状态和认识它们的内在联系是未来语调研究的核心问题。

工欲善其事必先利其器。认识和理念的形成与发展离不开方法的改进与更新。我们把沈炯学长的声调音域和吴宗济先生的语调单元相结合，计算语句单位的调域起伏度，分析语调的音高；计算句中各字音的时长跟平均时长的比值称为停延率，分析语调的时长；计算句中各字音的能量（即幅度积）跟平均能量的比值称为音量比，分析语调的音强。这样我们就有了三个法宝：起伏度、停延率、音量比。语句的音高、时长、音量都可以得出量化的指标进行比较和观察，还可做相关计算，进行韵律匹配[②]。新工具和新方法的使用往往对研究进展有决定性作用。

有人糊涂地认为现在已经有了语调格局的观念和方法，再用它们进行研究就不是创新。其实，语调格局的理念和方法只是武器和工具，打开了探索和发现语调特征和规律的通路。需要有更多的学者使用这种武器和工具深入研究，揭示语调的奥秘。我们的工作才刚刚开始，尚未展开。等待我们去解决的，有不同结构和语义下的句调特征，实现句子的语调预测，从设计语句到自然语句，句群语调的类型及其构造，以及各种情感语调的韵律表现，等等，广阔天地，任重道远。

这本书中的分析都是初步的探索，有些还很不成熟。希望得到同行专家的批评指教。语调研究对于认识和理解人类有声语言有重大意义，既联系到语音、语义、语法，又涉及心理、物理、生理，还可以从语言的产出和接收的脑机制方面来考察。我们鼓励青年一代的语言学人能够

---

① 石锋、王萍，2014，边界调和焦点调，*Journal of Chinese Linguistics*（《中国语言学报》），42.1：93-108.

② 石林、温宝莹、谢郴伟，2015，汉语普通话语调的韵律匹配，《南开语言学刊》第 2 期，17-25.

在这方面做出努力，探索人类语言的奥秘。

是为序。

石锋

2016 年 11 月 19 日于南开静寓

《汉语功能语调研究》后记

原来以为写完序言，这本书的任务就可以结束了。校稿工作从去年 12 月到今年 3 月初，终于完成。于是又有了这篇后记，记下在校改中发现的情况、想到的问题，作为检讨，希望有益于今后的实验研究，也算是有头有尾，善始善终。

我很羡慕很多学者的论著文章几十年不用修改，还可以对语言事实的认识理解有所助益。看看我自己几十年来的论文，也有可以不用修改的，可也有些是需要修改的。不用修改的当然很好，有些基础理念和基本方法是要坚持的。需要修改的其实也很好，除旧布新，说明研究在进步，认识在更新，其中也包括理念和方法的更新。人不能总是停留在原地不动。

基于上述想法，有些文章在收入本书时做了一定的修改，尤其是自己学生的一些文章，有的已经改动很多。修改，即是删去一些内容，增加一些内容，改换一些内容。删去是为了不想让别人再重复我们走过的弯路；增加是为了使读者便于了解分享我们最新的收获；改换也是为了相同的目的。

下面列出一些关于文章写作的具体事项，如语言简洁、数据准确、图表清晰、信息充分等。细节决定成败，以往已有不少教训，记录下来警示自己，也希望跟我的各位学生共勉。

语言简洁关系到思路表达得清晰明白，增加可读性。人家都看不懂，谁给你发表呢？写文章是给别人看的，不是给自己看的。因此要对读者友善，想尽各种办法让读者看明白，而不是自说自话，让别人不明就里，如坠云雾。这就要有研究背景的介绍、专用术语的解释、数据图表的说明，然后才有你的研究发现和分析结论。要特别注意不能有光头图表，即在小节标题之下，没有任何文字说明就立刻出现一个图表，这是对读者非常不友善的表现。我常常告诉学生，写完文章，先自己朗读，看能不能读下去；再读给同学听，看能不能听得懂。记得当年《语音学探微》(1990)付印的时候，北京大学出版社责任编辑胡双宝老师曾讲过："你的文章我能看懂。"我至今不忘。

数据准确是文章的基础。当代语言学就是数据之学，实验语言学研究尤其以数据为生命线。数据准确基于实验设计科学合理，原始测算严谨周密，统计数据多次检查。我自己常常在检查中发现和改正数据的错误。一个实验的数据至少要检查2—3遍后，再进行下面的分析。不论是否在文章中出现，实验的原始数据应全部完整保留备查。标准化或归一化得到的相对数据，要有原始数据的总数或平均数，即在说明中给出计算的基数。为语言实验采集的原始记录（包括语音和图像）和最初测得的原始数据都是非常宝贵的资料。是实验分析结论的基本证据，具有做出深入再研究的重要价值，应该长期保存。

图表是否清晰往往在形式上表现出实验文章的水平。图表设计应简明规范，突出要讨论的主题。数据的适当排列和图形的适当设计，会使人容易发现其中内在的特征和规律。每个图表要有编号和简单明确的标题，跟图表分列。同时标明图表中数据的单位，尽量采用国际通用的单位，如语音时长用毫秒而不是用秒。对于图表中所有的符号和缩写都要在说明中加以解释。图形力求完整美观、清晰度高。其中的数字和文字不能过大或过小，应跟图形的大小相适宜。读者通常会先看到你的图表而对你的文章有一个先入为主的印象。

信息充分是文章的基本要求。应该在文中提供足够的研究细节，使你的实验具有可重复性，即别人在相同条件下可以用同样的实验得出同样的结果。文中使用的数学公式一般作为单独一行列出，并在后面加点线标出排序编号。如果使用的不是通用的缩写符号或术语，必须在它第一次出现时做出解释。对于引用的内容一定要标明来源出处，这涉及学术规范，不可轻心。最后是参考文献的格式和排列要符合学术刊物的要求。正文中引用的所有文献都要列入文末的参考文献中，同时，在文末的参考文献中列出的文献都是已经在正文中引用出现的。

　　以上各项是我们提出的基本要求，其实在这本书中并没有完全做到。我越来越深刻地感到过去教学中在这方面没有特别加以强调，没有尽到为师的责任。我曾在《语音丛稿》(1994)后记中写道："语言实验是一门遗憾的学问。"这次也是同样留下了一些遗憾，希望以后可以做得更好。

　　我要在此感谢王萍老师和本书中其他各位老师和同学为语调研究付出的辛勤努力。我还要特别感谢李炜编辑的耐心和宽容，感谢陈维昌主任的积极支持与张健总编的远见和决策，使这本书能够顺利问世。

石锋
记于 2017 年 3 月 8 日

《听感格局——汉语语音感知特征初探》序言

我们在《语音格局——语音学与音系学的交汇点》(2008)和《语调格局——实验语言学的奠基石》(2013)之后,"格局系列"的又一本书将要付梓,照例在前面向读者做些说明。这次要稍微长一点儿。

一、缘起

我们对听觉实验的探索性工作实际上最早是 2000 年,从测试粤语的长短 a 开始。一篇是香港话长短 a 听辨(石锋、刘艺,2001),一篇是广州话长短 a 听辨(石锋、麦耘,2003)。有字有词有句子,它不是简单的时长决定或者音质决定,而是时长和音质在不同语境下的互动作用。这给我留下了深刻的印象,引起我对听觉研究的浓厚兴趣。

早年间还看过王士元先生测试北京话第三声的变调(1967),利用 130 对"上声+上声"和"阳平+上声"的成对词语来测试北京话的上声变调。比如"有井"和"油井","骑马"和"起码",北京人发音,让人来听辨,正确率在 49.2%—54.2%,包括发音人自己也听不出来。在 50%上下浮动,这就意味着是闭眼瞎蒙的结果。我曾经给学生举过例子,如果有一个试卷是 100 道选择题,选择对一道就给 1 分,错了就不给分。完全不会的人去做,一般会得 50 分左右。得 100 分的难度跟得零分的难度是一样的。所以听辨结果是 50%左右,说明"阳平+上声"和"上声+上声"听起来是相同的,也就是,"上上相连"前字变成阳平。实际上人们说话中,"上声+上声"和"阳平+上声"是有细微差别的,在听辨中把它范畴化了。

后来还有林焘、王士元(1984)的声调合成实验:"掰的"改变"的"的音高,就听为"摆的";"鲜鸡"改变"鸡"的音高,就听为"险机"。

这证明相邻字音的音高变化会改变声调的感知范畴。联系到美国拉吉福吉德（Ladefoged）和布罗德本特（Broadbent，1957）把英语的 bit, bet, bat, but 这些词放在一个负载句里，改变负载句中的元音共振峰，这几个词就会听为不同的结果。证明了邻接元音的音质变化会影响元音的感知范畴。说明声调和元音的听辨都具有相对性，需要参照物。这都是听感测试的经典实例，给我们极大的启示，使我们对听感测试总是跃跃欲试。

我们全面开始听觉实验是在 2010 年。当时在语音声学格局方面出了《语音格局——语音学和音系学的交汇点》和《实验音系学探索》（2009）两本书，在语调方面完成了陈述句、疑问句、焦点句的分析，《语调格局——实验语言学的奠基石》和《语音平面实验录》（2012）也成书待印，我们终于可以有力量转向听觉。先头部队是一位博士生带领三位硕士生。以后逐年增加，三年后超过 20 人，五年后达到 40 余人。我们研究语调共投入超过 50 人，研究听觉力量超过 40 人。做一个格局就要这样投入三四十人，花上三五年时间。

当时我们团队所有人分为两个方向：功能语调和听觉实验。我们采用梯队型，前赴后继，前面梯队毕业了，后面补上。大兵团作战，双线出击，分工合作，平行推进。前进路上的小碉堡用硕士论文除掉，遇到大炮楼用博士论文解决。每位同学的论文工作具有双重意义：既为个人完成学业获得学位，又为整个团队继续前进打下基础、铺平道路。结果就完成了《汉语功能语调研究》（2017）和这本《听感格局——汉语语音感知特征初探》。

二、目标

孔子讲过："天何言哉？四时行焉，百物生焉。"即：天虽然不讲什么话，但是一年四季，草木枯荣，万物生息，自然规律要你自己去认识、去理解。这就是"无意识原理"：不管你是否知道、是否明白，客观世界的规律照样起作用。你认识了它起作用，你不认识它照样起作用。客观世界的发展和变化都是连续的，所有的边界都是人为的。人认识客观世界，就是给它划分范畴，划出来一个范畴就认识一个东西，划不出来就认识不到。所以客观世界的连续性和人类认知的范畴性是一对永远存在的矛盾，对立统一。

语言学就是经验科学、实验科学，不是玄学。要把语言学建立在实证基础上，谈何容易？拉波夫继承导师文莱奇的遗训，做了几十年的努力。我们要引入语音的证据，使语音平面跟三个平面会师。在这方面有三种人，第一种人拜在前人的脚下，这个前人也包括外国人。不少国人有崇洋媚外的恶习，见到洋人就顶礼膜拜。其实我们都出国多次，见怪不怪了。第二种人是踩在前人的脸上，拜在前人脚下的人往往脸一变就踩在前人脸上，就好像有人对领导奴颜婢膝，转脸立刻对下属横眉立目。这好像是两个人，实际是一个人。第三种人是踏在前人肩上，我们要做第三种人。尊重前人，又不迷信他们。经过实证检验，真正流传下来的是能够为社会造福、服务于人类发展的研究成果。

完整的语音格局应有三个方面：物理的、心理的和生理的格局。《语音格局》是讲语音物理方面的声学格局，我们做得时间最长，有30多年。《听感格局》就是讲心理方面，从2010年做到现在。生理方面的我们做了一点点，以后还要做。听觉格局的意义跟声学格局是类似的。所谓声学格局就是设想人们交际说话都有一个声学空间，每一个人讲同样的话，语音在声学空间的分布模式都是一致的，所以张三说话李四可以听懂，李四说话王五可以听懂，因为系统一致，格局相同。听觉格局也是如此，设想有一个听觉空间，每一个人听到同样的话，在这个听觉空间里面听到的语音分布的位置都是一致的，这样不同的人才能相互交流。当然设想不是空想，是有实验依据的，有实验证明的。

于是就产生一个问题：语音的声学格局与听觉格局之间是怎样的关系？这就涉及言语产生和言语感知的对应。在实际的交际中，往往是我们说话的时候，又都是听话者；而当我们听话的时候，又都是说话者。因此在言语分析中，一般的共识为言语产生和言语感知在总体上是对应的。从我们每个人同时作为说话者和听话者两方面来看，语音的声学格局与听觉格局之间的整体对应，表现出相同的结构，应该是不言而喻的。然而拉波夫发现语感和事实往往并不完全同步。有些进行中的音变，存在近似合并现象。不同语言背景的说话人在语感上有敏感度的差异。语音的生理发音和听觉辨识之间也有不完全同步的现象。

我们讲语音学与音系学的结合。音系就是音位系统，包括两个事情，一是音位，二是系统。音位表现在实际的语言交际中。所有的母语者都有音位系统，一般四五岁的小孩就学会语言，建立了音位系统。研究者要尊重母语者的语感，尊重母语者的音位系统。研究语音首先要考虑音位，同时要考虑系统。离开音位和系统去研究语音就是脱离实际，那你研究的就不是语音。语音都是成音位、成系统的。我们就是要用语音实验的方法来探讨音位的表现，弄清系统的构成。

什么是音位？音位就是语音范畴。什么是音位系统？音位系统就是音位分布模式，表现为语音格局。西方学者也做了很多听感测试，但是他们的目的似乎不同。一般只是做出判断，贴个标签，这是范畴性的，那是非范畴性的，然后得胜回朝。音位怎么能是非范畴性的？语言中的音位范畴是客观存在的，不是你说非范畴性它就不是范畴，没有音位了。你不承认范畴怎么研究语言？研究语言都要承认范畴，这一点很重要。所有语言中的音位都是范畴。音位的感知一定是范畴感知，不是范畴怎么区别意义？因此根本不用去证明音位是不是范畴。需要证明的是范畴的性质和边界的状态：范畴是连续型还是离散型，边界是动态的还是稳态的。我们的听觉格局就是对于语言中一个一个的音位得出数据，找出边界，在同一个空间中画出图形，得到它们的分布模式。只要是语言，就有格局在其中。实际上，自然界任何事物都有格局。

我们的听觉实验的目标就要追求这种格局，实现系统的可视化。实现可视化才能够进行观察，而任何科学研究都是源自观察。我们经过近20人的工作成果，初步得到汉语普通话声调的听觉格局。另外又经过10余人的工作成果，初步得到普通话元音的听觉格局。还有近10人的努力工作，分别得到普通话塞音的发音方法和发音部位的听感边界的系列数据，这就是语音学和音系学的结合。

语音格局不是做出来就完成任务，这只是刚刚开始起步。从不同角度对初步的结果进行修改和完善，深入和拓展的空间是很广阔的。语音格局研究的理念和方法，可以用在不同语言和不同方言。汉语的方言数百种，世界的语言几千种。语音格局的类型和共性，语音格局的发展和变化，无数的语言奥秘等待我们去进行实证研究和实验探索。万里长征，我们才只走出了第一步。

三、原则

我们做声学和做听辨的实验设计，首先要对所研究的语音内容有音系的理解、本质的认识。充分地查阅有关的历史文献和调查资料，掌握前人的研究成果，作为研究的基础。以前讲过的语音实验要和口耳之学结合起来，特别是对于语音本质的音系学分析是听辨和声学实验设计的重要基础。例如：普通话上声的本质是低平调，所谓"半上"其实是本调，单念时的高调尾不过是边界上的参照。基于这个认识可以把上声设计为低平调，就能够把它和其他调的界限找出来，如果把上声按照曲折的降升调来做，就得不到边界。再如，汉语普通话的基础元音，也就是能够做单韵母的元音，是 7 个，这也是透过现象看到的本质。这样才能够得到它的声学格局、听感格局。

再如：辅音分为塞音、擦音、通音三大类。塞音的发音方法主要考虑浊音起始时间（VOT）和闭塞时长（GAP）两个参数的相对关系，发音部位还要考虑音轨的高低和聚散。擦音主要考虑频谱中心位置和分散度的大小。塞擦音是塞音加擦音，送气音就是塞音加喉擦音。通音包括鼻音和非鼻音，鼻音本身是通音，发音时要把鼻腔通道打开，叫作鼻通音。非鼻音的通音包括边通音、r 通音、全通音。边通音就是边音 l，舌尖翘起顶在上颚，舌头两边开通。r 通音跟边通音类似，也是舌尖翘起来，不过不接触上颚，舌头上面还有通路。全通音又叫半元音，就是 i、u、y 做零声母开头的音。辅音的听辨需要在辅音本身的性质和邻接元音的过渡两方面进行，得出发音方法和发音部位的边界数据。

听辨测试的实验设计最直接的参照依据，就是已有的声学实验的数据。因为声学表现和听觉辨识总体上是相互对应的，有高度的一致性，这样说话人和听话人才能够交际。我们对普通话的声调、元音、辅音都做过一些声学实验，也有其他学者的实验报告，这些数据和结论就是我们重要的参考。普通话元音听觉格局的实验当中，没有双元音的测试，因为我们是研究核心元音。听辨实验要关注主要矛盾，解决系统问题。我们把元音分成不同级别来分别实验，根据基础元音也即一级元音的测试结果，再考虑做好二级、三级、四级元音的测试，就是有韵头或韵尾的情况。

我们实验设计的一个基本原则是在实验条件允许的范围里，优先选择接近实际语言交际的方案。人们实际发生的语言交际是我们做研究的出发点和最后的目的地。因此，一是尽量采用真词做刺激的材料，二是尽量使用双字组作为刺激语音进行测试，这是我们提倡的做法。

选择实验词对的具体条件应遵循"单一变项原则"。就是两个词的参照字声母韵母声调都一样，只有实验字的一项不一样。这一项就是你要研究的对象内容：要研究声调就把它们的声调选得不一样，如实验字在前的"烟花—眼花"，在后的"天仙—天险"；要研究声母就把它们声母选得不一样，如"排骨—白骨""淘宝—逃跑"；要研究元音就把元音选得不一样，如"误期—预期""公务—公寓"。单一变项原则在科学实验中是一个通用原则，在语言研究中有人还不很了解。有一种方法叫"比字"，好像有这种单一变项原则的意思。

四、方法

方法就是路径。听感分析的基本方法，可以分为声调的听感，元音的听感和辅音的听感。

声调的感知实验有两种方法：对角测试法和平行测试法。前者是借鉴王士元（1976）用"一"和"姨"做的阴平和阳平的系列刺激音进行听辨测试所做的扩展设计。对角线是二维，用于不同调型的声调之间的听感测试。后者是借鉴艾布拉姆森（Abramson，1979）研究泰语的三个平调的听辨测试所进行的扩展设计。平行线是一维，用于相同调型的声调之间的听感测试。

对角测试法（石锋，2012）设定人们有一个声调听觉空间，用对角线把这个空间分为两半。为便于叙述，规定开口在前的对角线为前对角线，开口在后的对角线为后对角线；开口在对角线以上的为上对角线，开口在对角线以下的为下对角线。这样就得到四种情况，见图一：

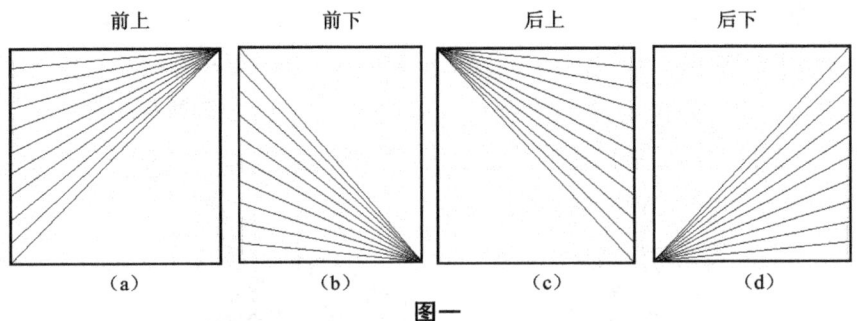

图一

利用前对角线连续统可以得到声调起点的感知边界，利用后对角线连续统可以得到声调终点的感知边界。不同对角线的连续统做出来的测试结果可以交错匹配，就能够得出每一个声调的起点和终点。然后分别连接各调的起点和终点就得到它们的范畴边界。所以我们测试得到的是边界的极值，不是中间值。利用对角测试法就这样得出声调系统各声调听觉范畴的空间分布，进而能够建立起这一声调系统的听觉格局。

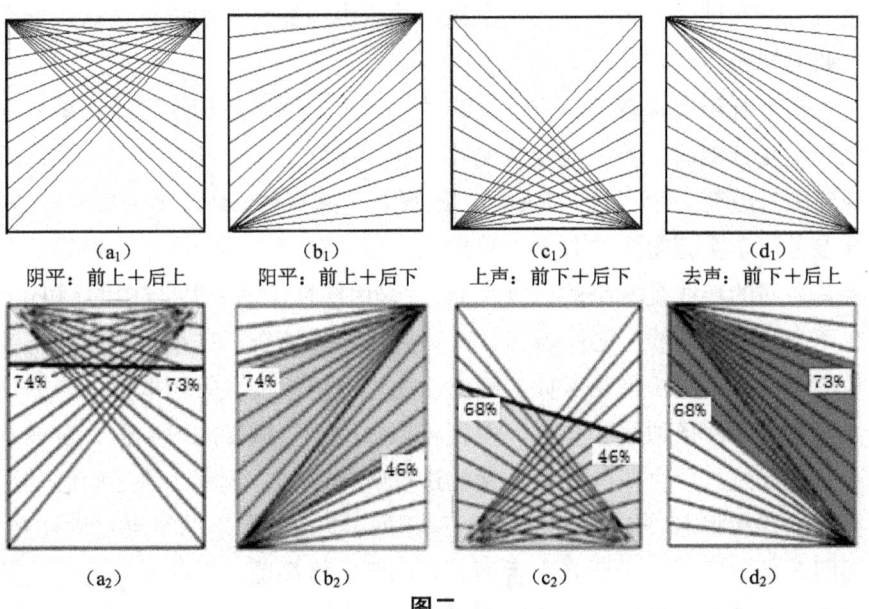

图二

平行测试法是用于调型相同的声调之间，例如高平调的阴平和低平调的上声。同一个声调跟不同声调之间的边界状态有时是不一样的。特别是调型相同的声调之间和调型不同的声调之间，边界状态往往不同。对于调型的区分采用对角线法；对于调阶的区分采用平行线法。普通话阴平和上声之间就是调阶的区分。调阶区分的声调之间具有动态的听觉边界，在前字和后字的不同位置上，边界移动将近 50%，如图三所示。

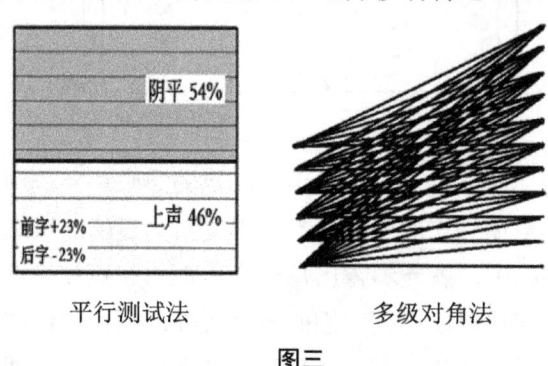

平行测试法　　多级对角法

图三

有时候可能在对角线连续统中得不到边界交点，只有边缘的界限。这就可以通过多级对角法或顶点移动法得出边界交点的位置。这是一个重要的补充方法。

元音听辨实验有两种方法，线性（一维）测试法和矩形（二维）测试法。元音测试主要是改变共振峰。线性法就是 F1、F2、F3 三个共振峰当中只改变一个，矩形法是同时改变两个共振峰。具体采用哪种方法，要参考声学实验得到的共振峰数据来决定。在声学元音图中，如果两个元音之间的连线是水平的或垂直的，就采用线性法（如图四 a 中的 i 和 u），在两个元音的连线上等距取点，合成刺激音连续统。如果两个元音连线是斜线，就采用矩形法（如 i 和 e），先沿着连线依次等距取点，再分别做出各点对两条边线的垂线，得到各点跟两个共振峰的对应值，合成刺激音连续统。用合成的元音连续统进行听辨测试，考察二者之间感知边界的位置和状态。有时也可以同时采用两种方法，得出的结果互相补充。图四 b 是普通话基础元音中舌面元音的听感格局图，图四 c 是普通话基础元音中舌尖元音的听感格局图。

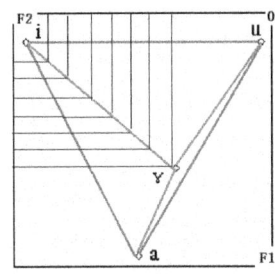 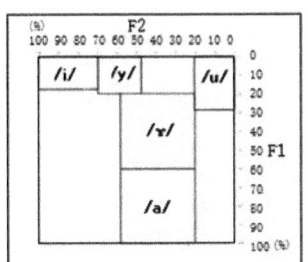 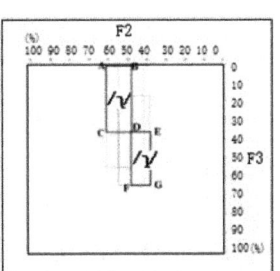

图四 a 矩形测试法　　图四 b 舌面元音听感格局（F1-F2）图四 c 舌尖元音听感格局（F2-F3）

辅音的听辨测试一般是采取线性（单一维度）方式，每次改变辅音的一个特征参量，得到在这个维度上的边界位置。不同特征的边界位置和状态各不一样，例如塞音 VOT 的时间长短和过渡音征的频率高低都是各自不同的，不能放在一起来实验，要分别做出线性语音连续统进行测试。

在元音和辅音的听觉测试中要注意的一个问题：用不同的声调发同样的元音和辅音，声学数据会有些微的差异。因此合成用于测听的元音和辅音连续统的具体数值也会有微小的差别。

五、程序

听感实验的准备工作很多，过程繁杂。需要有良好的素养、清晰的思路、周密的安排。首先是选择适当的试验词对，前面已经讲过选择的条件和方法。找这种词对是很困难的事情，要千方百计，上天入地。语言中的词那么多，茫茫大海，总能钓到几条鱼的，就看你是不是用心。好不容易找到几对，还要做词频和熟悉度检测。检查词频可以去查书或上网，熟悉度考察一般用五分量表或七分量表。看看词频是不是相接近，熟悉度是不是差不多。经过层层筛选，最后剩下可以用于实验测试的就很珍贵了。

我们一般是用 Cooledit 软件把实验词对录音，用 Mini Speech Lab 软件测量它们的声学数据，用 Praat 软件脚本制作用于测试的刺激音连续统。做连续统的方法前面也讲过了，如对角线、矩形法等。最后是用

E-Prime 软件编辑制作出实验程序文件。这些软件的使用方法都可以学会，并不难。

实验程序文件做好了之后先要自实验，就是你自己先听一遍，做一遍，看有什么问题，是不是可行。再做预实验，找三五个人、七八个人来测试一下，看看结果。根据预实验结果，可以调整程序安排，语音播放间隔，语音播放音量，屏幕显示界面等，为正式测试做好充分准备。包括提前去实验室调试播放设备，调试好就不要再变动。如果有变动就要再调试，保证万无一失，不可掉以轻心。

联系参加听辨实验的被试人，是一个重要环节。一般要 20 人左右或更多，最好是找非语言学和非心理学专业背景的被试人，男女人数平衡，同时还要考虑到这些因素，如听力正常、方言背景、汉语水平、右利手等。要事先说明根据占用时间和任务难度给予适当报酬。使被试态度认真端正，以心情平静的状态进入实验过程。实验中注意观察，保证被试反应正常，程序运行顺利。

实验任务是采用真词判断。也就是让被试判断听到的是"大衣"还是"大姨"，而不是让他选"阴平"或"阳平"；让他选"读书"还是"图书"，而不是问他"送气"或"不送气"。为什么一定要用这种二字组真词判断呢？有三条理由：第一条，更为接近语言交际的自然真实的状态。前面的实验原则已经讲过。没有哪个人说话时只听别人说的是什么声调，什么声母，都听的是哪个词，什么意思。这就是语言交际的真实状态。第二条，便于被试做出反应。被试一般没有学过语言学。你问他"阴平、阳平"，"送气、不送气"，是考他的语言学知识呢，还是看他听觉是否敏感呢？给被试造成疑惑，这样你得到的结果就会有出入。第三条，这种真词判别有点儿类似于拉波夫的快速隐蔽调查法。隐蔽不是把自己藏在门后，而是把研究目的藏起来，不让被调查人知道。所以我们这个真词判断是把我们实验的目的隐蔽起来，表面上是让他判断哪个词，实际上得到声调、元音、辅音的结果。拉波夫讲过的"观察者悖论"：要在被观察者不被观察的时候去观察，才能得到真实的结果。隐蔽调查法就是解决这个悖论的一个途径。

测试完成后就是提取数据，要注意剔除伪迹，去掉离群值。每个实验都有这样的情况。然后统计得出各项参数。这要用到 SPSS 软件或者是 Excel 软件进行统计和做图。做出来的数据统计结果应再做检验，以免出错。这当中每一步都很重要，直接关系到最后结果的成败。结果出来后就是分析论证的事情了。

六、前景

目前为止，声调的听觉格局初步有了一个大体的结果，还不能说是最后的定论。元音的听觉格局刚刚有一个基础元音的眉目，后面还有不同层级的元音听辨。辅音只做出塞音的听觉测试，才开了一个头，还有擦音、通音等。研究尚未成功，未来任重道远。这跟我们的声学格局的顺序差不多。先是把声调的声学格局做出来，再做出元音的声学格局。然后辅音就比较复杂，分为塞音格局、擦音格局，通音当中只做了鼻音跟非鼻音的鼻化度测试，以后要有整体的格局。

影响语音听觉边界有各种因素，其中语言学因素是主要的，非语言学因素是次要的。涉及语言学的因素可能有：字频词频、熟悉度、实验字前后位置、参照字的声调类别和声韵结构，不同的声母、韵母、声调的影响，以及语速等。语言学因素影响的程度往往比较大，动辄就是10%—20%，甚至有的达到30%—40%。非语言学因素可能有：按键位置左右、屏幕选项左右、刺激音先后次序、被试性别、环境噪音等。非语言学因素影响的程度常常比较小，一般在5%左右，不是显著性差异。在研究中还会不断出现新的问题，让我们不断去思考解决。

语言学权威数不胜数，语言学巨著汗牛充栋，初学者从哪里起步？如果说语言的田野调查是现代语言学工作者的基本功，不经过田野调查，就不了解语言的真实面貌和实际情况。那么，语言的实验研究就是当代语言学工作者的必修课，不经过语言实验，就不知道语言的存在状态和内部机制。

我们团队的做法是以实验研究为中心来带动语言学的学习。现在用语音软件进行初步的语言实验成本很小，门槛很低，难度小于电子游戏。

大学本科生做起来都游刃有余，更不要说研究生。因此，研究生一入学首先做实验，几天就学会，马上开始第一个实验。他自己在实践中就知道该看什么书，该听哪些课。一年级寒假之后就可以在研究生沙龙报告实验结果。

我们的沙龙报告不是报告写好的论文，而是实验结果和初步的分析思路。这是论文写作"想—说—写"过程中的重要步骤：在实验和测算过程中就会有初步的认识和分析解决问题的想法。在报告时把模糊的思路用语言表达出来，经过老师的讲评和同学们的讨论就会形成清晰的思路，有助于下一步的"写"。第一年写出论文就可以参加学术会议的交流。学生们从中得到收获，激起兴趣，会一发而不可收，积极主动地去做拓展实验。一般到写毕业论文的时候都会完成3—4个实验研究，有的甚至做了更多的实验，还愁论文写不出来吗？这样的学生去考博，导师都愿意要。这样的学生找工作，都会在面试中胜出。

这本《听觉格局——汉语语音感知特征初探》并不是我们的工作总结，只是记录了我和我的学生们在这条探索语言奥秘的道路上努力跋涉的足迹，立此存照，作为继续前进的起点。书中各篇文章都曾发表过，收入本书时有的做了适当改动。语音的听感格局是一个全新的研究课题，我们的探索中不可避免会存在着不足和问题。希望得到同行和读者的批评指正，使我们的工作不断进步。

用实验方法研究语言是一条有前途的道路，是一个很广阔的领域，尤其欢迎年轻人来一试身手，大展宏图。它会使语言学插上现代科技的翅膀，会让语言学者充满信心走向未来。老师不再担心误人子弟，学生学会应该怎样学习。还是马克思那句话："最先投入新生活的人，他们的命运是令人羡慕的。"能够用实验方法来研究语言，就是投入了新的学术生活，自有一番别样的人生体验。

努力吧！朋友们！

石锋
2018年3月13日于天津静寓

（参与听辨测试的师生：荣蓉、李幸河、薛鑫、陈曦丹、黄荣佼、曾炫、王大佐、李舒、刘叶、王秀秀、陈飞、葛佳登、秦鹏、鹿牧、耿爽爽、张濛、付瑜、胡泽颖、尹怡萍、谢郴伟、刘掌才、陈畅、张婧玮、谭力超、黄旭男、张昊、蔡晓露、王丫珍、丁云、杨荣志、魏芳、刘晨宁、嵇天雨、杨盼盼、田弘瑶佳、张高媛、黄靖雯、及转转、梁磊、冉启斌、时秀娟、温宝莹、王萍、石锋）

参考文献：

石锋、刘艺，2001，香港粤语长短元音的听辨实验，《东方语言与文化》，上海，96-107.

石锋、麦耘，2003，广州话长短元音的听辨实验，《中国语文研究》，第 2 期，50-60.

石锋，2008，《语音格局——语音学与音系学的交汇点》，北京：商务印书馆.

石锋，2009，《实验音系学探索》，北京：北京大学出版社.

石锋，2012，《语音平面实验录》，北京：北京语言大学出版社.

石锋，2013，《语调格局——实验语言学的奠基石》，北京：商务印书馆.

石锋，2017，《汉语功能语调研究》，北京：北京语言大学出版社.

石锋，2019，《听感格局——汉语语音感知特征初探》，北京：商务印书馆.

文中引用其他文献请见原书后"参考文献"。

《汉语语音习得研究》序言

　　这个书名《汉语语音习得研究》是一个简化的形式，实际上应该是《汉语作为第二语言的语音习得的实验研究》，比较啰唆绕嘴，于是就简化为现在的样子。这可不是随便删减，应该是有道理的。前面的"汉语语音习得"可以有两种理解，一是儿童对于汉语母语的语音习得，二是非母语者对于汉语语音的习得。本来人们最早是关注儿童语言，一讲习得就是指母语习得，后来又有了对于学习外族语的研究，一定要标上第二语言习得才行。近些年来，汉语走向世界，不断升温，这方面的研究也越来越多，规模好像超过儿童语言的研究。这样，就变为人们说起习得首先想到的是第二语言习得，反而是讲母语习得一定要加上儿童语言习得的标记才行，真是风水轮流转。

　　另外，书中都是基于语音实验得出的成果，书名却略去"实验"二字，其中也有道理。当年我读研究生的时候，用语音实验做研究的人寥寥无几，所以写篇文章都要加上"实验"二字标明。几十年来，语音研究的面貌已经完全更新了，现在用实验方法研究语音成为新常态。研究语音而不用实验的方法，已很难得到学界的接受。如此，书名的"实验"二字就成为可选的了，这跟上文"习得"的情形有些类似。从中可以窥见时代的演进、学术的发展。这种标记性的转移应该还有不少同类的实例，可以搜集起来做些考察。这样的考察将是跨领域的：社会、词汇、语义、语用等，需要平时留心、观察细致，确实很有意义的。

　　让我们从书名转到内容，其中有三个问题要弄清楚。一是第二语言习得研究什么？对二语习得的研究现在热起来，图书、刊物、文章，多得是。这里就应该明确，二语习得研究的基本语料就是中介语——学习者的语言。考察、描写和分析中介语,这是二语习得研究的基础。各种影响二语习得的内部因素和外部因素的作用,学习者的习得过程和教师的授课成败都在中介语的发展进程中表现出来。不论是认知的转向、社会的转向,还是概念的更新,离开对于中介语的考察、分析和评估,二语习得研究就会成为无源之水,无本之木,没有目标,迷失方向。我们这本书里的研究都是对于中介语语料取样所做的实验分析,得出数据结果,再跟学习者的母语影响、学习程度、学习环境相联系,并且对比汉语母语者的语音实验表现,从中探求特点和趋势,作为实验的收获。

二是研究汉语作为第二语言的习得有什么意义?我曾在一篇文章中讲过:一种语言只有达到相当程度的国际化,才有可能成为二语习得研究的对象。过去的二语习得研究成果多是以英语等西方语言的习得为对象获得的。近年来随着汉语国际传播的发展,汉语二语习得的研究如异军突起,渐成规模,这是大好事。在理论上,汉语二语习得研究既可以检验过去英语等西方语言的习得研究的结论,又可以在二语习得以及语言学的规律原理方面有新的发现,使人们对于二语习得的认识得到补充和完善。在实践中,汉语二语习得研究的成果能够直接应用于教师和学生,提高汉语教学的水平,促进汉语的传播。例如在汉语声调和汉字读写方面,已经有了可喜的进展。

三是汉语语音习得的目标是单字音还是连读音?中国的小学中学有语文课,大学有现代汉语、大学语文等,内容都是汉语。外国学生也有汉语课。这两种汉语课却大不一样,中国学生早已经会说会听汉语,上课主要解决读写问题;外国学生则从零开始,要学读写,更要学听说。一定要以此来设计我们的教学,以一个词、一个短语、一个句子为单位来训练发音,千万不要把单字音拿来反复练习。因为单字的声、韵、调,在连读时都有变化。外国学生最初的汉语教师的语音输入就像儿童学话的母亲一样,影响极大。如果整天输入单字音而不是自然话语的连读音,不教出洋腔洋调才怪。特别是声调的发音,一定要全力训练连读调,不要纠缠单字调。连读调比单字调好教,因为是自然话语。我曾经反复讲过,很多外国学生的洋腔洋调都是我们老师辛辛苦苦教出来的。

最后再说"一虚一实"两个事情。

"一虚"就是物质与精神、实践和认识的关系，貌似大而空，其实不然。例如比较各种教学模式的优劣应该以什么作为评价的标准，很多人忘记了教学模式是服务于学生的，评价的标准首先应该看学生是否喜欢以及实际对于学生的教学效果。如果只是局限在对应那种理论，符合什么原则而高谈阔论，难免本末颠倒，南辕北辙，跟实际教学不搭界。有相当多的老师和学生陷入为写文章而写文章，为发表而发表，不发表则灭亡的境地，迷失了研究的目标和方向。这是给学术研究规定数量指标，把精神产品跟物质产品等同起来进行误导的结果，危害极大。

"一实"就是文科生做实验的问题。在传统文科的中文系、外文系建立实验室，让文科生做语言实验，这是新事物，也是大方向。本书全部作者都是文科师生。我一向反对文理分科，毁掉我们一代青年。人类的知识是一个整体，相互关联，在左右大脑中彼此互补，分布平衡。文理分科导致学生大脑中的知识基础残缺不全，不可能建造起高楼大厦。好在目前已经有了迟到的改正。跨学科是当代科学发展的大趋势，语言研究正是在外部多学科、在内部跨领域的事情。语言习得研究更是多元化、多视角的研究。在不同学科领域的结合部，就是新的学术增长点。试看10年、20年之后的语言学和二语习得的研究，会是一番什么样的景象？为了避免误人子弟，我们不能只把自己熟悉的东西教给学生，而是要跟学生一起学习新的理念、新的方法，共同面对未来的世界。

以上各项，我在国内外报告和讲课时、在发表的文章中、在学术沙龙的评述和学位论文的指导等各种场合，都讲过很多，已属老生常谈。这次借着结集出版的机会，集中再讲，希望能够抛砖引玉，引起学界同仁的重视和回应。

这本书的研究内容就是实践我们以上想法的部分尝试，都是师生共同的初步习作，虽然有些已经发表，还是愿意遴选结集，以便得到方家和同仁的指教。

是为序。

石锋

2015 年 10 月 5 日

参考文献:

温宝莹、邓丹、石锋,2016,《汉语语音习得研究》,天津:南开大学出版社.

《什么是语音学？》序言

上学时老师讲到：语音是语言的物质外壳。当时觉得这说法有些新奇。经过这么多年实验语言学的教学和研究，我才对这句话有了更多的理解。世上没有任何一种正常人使用的语言可以离开语音而独立存在。语音负载着包括语言体系在内的人类的全部社会交际内容，从生理、心理、物理，到语义、语法、语用，再到语气、情绪、情感。不论是学习一种语言，还是研究一种语言，都要从语音开始。语音是人们认识和了解一种语言的客观依据，是人们学会一种语言的物质表现。古今中外，男女老幼，概莫能外，事实如此，只是有的人嘴上不承认而已。

学习一种语言，首先是学习这种语言的发音，所谓"哑巴外语"是一种残缺不全的语言学习的结果。研究一种语言不能脱离这种语言的语音，否则就是一种残缺的或空洞的语言研究。当然，这样的理解也要有反向的说明。学习一种语言不仅要学会发音，还要学会语音所负载的这种语言的全部系统，这才算是学好这种语言。研究一种语言不能只是限于语音，而是要着眼于语音跟语义语法之间的联系，否则也不能把语音研究好。

上面都是讲语音跟语言之间的联系，讲语音在语言中的作用。现在我们来讲人为什么会发出语音来呢？有的外国学者独出心裁，教黑猩猩说人话学不会，以此证明只是人有语言。我觉得这样不太公平，如果教鹦鹉说人话学会了，又该怎么说呢？再如果让人去学黑猩猩的兽语跟黑猩猩交际，结果又会如何呢？万类霜天竞自由。世上各种生物都有自己独特的交际形式，以保证物种的生存和繁衍，交际形式并非人类所专有。当然，人是一种高级动物，人的语言是一种高级交际形式。

其实人类最早的祖先是远古时期的森林古猿。人类会发出各种语音，是进化的结果。从森林古猿的猿啼，到现代人类的语音，这中间是几百万年的漫长历程，包括直立行走、制作石器、火的使用、脑的增扩、喉的下降。通过摹声、感叹、吭唷，加上手势等，总合各种方式得来的音义结合成分，不断地加入森林古猿的猿啼中。这样长年累月逐渐积累，从量变到质变，原来只有高低长短强弱之分的猿啼，后来就成为不同元音的变化，和用不同辅音隔开的音节组合。这种表达形式的演进，类似我们看到的儿童语言的发展：从单词句、电报句到多词句。在从猿到人的进化过程中，同时完成了从猿啼兽语到人类语言的演化。因此，人是会说话的动物。人类的历史就是不断走出蒙昧的历程。不乏有人推崇神授说及其变种，如天上掉下来的、突然变出来的等。不过这只是信仰，而不是科学。如果真是那样多好，用不到语言学家苦费力气。

一个学科应该是要首先弄清楚研究对象是什么，弄清楚研究对象的来龙去脉，这样才好结合实际，有的放矢地开展工作。语言学好像并不是这样。很多人并不关心"语言是从哪里来的"这个最重要的基本问题。因此语言学家有时不免造些空中楼阁，搞点儿天书鬼符，令人迷惑不解。我在前面讲的只是一些基于常识的假想，应该是可以接受的。其实在这方面已经有不同领域的探索研究。王士元先生发表了以概率论和仿真建模为工具的多种研究成果，最近又有关于语言的四个相变的论述。在考古和基因方面也陆续有中外学者的研究进展。希望有更多语言学家来关注参与，这应该是语言学的一个基本问题。

前言本来应该讲到语音学的内容，可是我想好像不需要在这里再画蛇添足，使各位读者倒掉胃口，因为这本书已经完全是讲《什么是语音学》了。这本书是在我提供资料的基础上，由梁磊老师编撰整理而成。希望能够帮助青年朋友认识语音学，并且更进一步去了解语言学。很多语言学家都是从语音学入门，进入语言学殿堂的。语言跟人类的生活是如此密切相关，认识和理解语言定会使我们生活的意义更为丰富。

我们在此真诚感谢许进兴编辑的美意和鼓励,感谢蒋浚浚编辑细致认真的工作。恳请读者和方家多加指正。

石锋

2015 年 4 月 1 日

《实验语言学初探》序言

实验语言学这个名称的英文对译是 exprimental linguistics。我最早是从荷兰莱顿大学文森特教授那里看到的。他名片上的头衔就是"实验语言学教授"。他来南开大学,我去莱顿大学,相见恨晚。我们交流最多的是关于语调的实验分析。他对于语调共性的研究给我很好的启示;我讲语调韵律层级的想法曾使他很感兴趣。现在他已经退休,莱顿大学的实验室由他过去的一位学生在主持。我这里跟学生们一起,年复一年,从实验语音学做到实验音系学,如今已经开始做实验语言学。有机会还想再去莱顿大学看望文森特教授,再到他家去师生聚餐,再一起侃大山。

让我们来看实验语音学、实验音系学和实验语言学这三者之间有什么关系。知道实验语音学的人多些。罗常培先生指明了语音实验的意义:"解决积疑,可资实验以补听官之缺;举凡声韵现象,皆可据生理物理讲明。从兹致力。庶几实事求是,信而有征矣。"(罗常培《汉语音韵学导论》)从口耳之学的发音听音、审音辨音,到采用实验方法的证明,这实在是一个革命性的飞跃。例如普通话三声的变调,吴语浊音声母的表现,粤语长短 a 的时长区别和音质差异等,用实验方法立刻分明,省去很多主观的争议。只凭耳朵听难免各执己见,加上眼睛看容易客观一致。真是"语言今可见,不待听斯聪。"(吴宗济《咏语图仪》)

1991 年在法国开国际语音科学大会,美国欧哈拉教授做开幕报告,说语音学跟音系学原本是一家,后来分离,越行越远,现在需要再复合为一家,成为总合音系学云云。当时我很赞同,把它译为中文发表。我们一直在朝这个方向努力。实验音系学是用语音实验的方法研究音系学,正是把语音学跟音系学结合起来。它们的结合部在哪里?我们的回答是

《语音格局——语音学和音系学的交汇点》。语音格局把抽象的语音系统具体化为语音范畴的分布统计图。格局就是可视化的系统，就是能够进行科学观察的对象。我们可以看到，实验音系学是以实验语音学为基础，更新了研究的理念，拓展了实验的领域，这同样是一种飞跃。《实验音系学探索》记录了我们走过的道路，其中有着成功的喜悦和失败的思考。从零散的原子式研究到系统性、成系列的研究，使我们大开眼界，看到各种图形画面，进入新的语言空间。

我们在汉语语调的实验分析中，深深体会到句法语义对于语音的重要作用。语调研究在语言学中是跨领域的，只从语音角度来看语调，是得不到语调本质的。我们在语调实验的同时，在句法语义等方面下了大工夫，阅读了很多文献。结果收获了《语调格局——实验语言学的奠基石》，又收获了《汉语功能语调研究》。从语调分析开始，应该是实验语言学的研究了。我们可以由此看到，实验语言学是以实验音系学为基础的，从分析语音系统到分析语言系统，从语音格局到语言格局，这又是一个飞跃。

人们常说，语法分析需要考虑句法、语义、语用三个平面，这是很好的观念。我觉得还应该加上语音平面，这个平面的影响所及，无所不在，像空气一样因太普通而被忽视，人们常常对语音平面的作用听而不闻，熟视无睹。为此我们出版了《语音平面实验录》，就是希望在研究语言其他平面的时候，不要忘记语音这个最基础的平面，同时在研究语音平面的时候，不要忘记这是语言巨系统中的组成部分，跟其他平面都是密切联系的。

实验语言学为各种语言学研究打下了坚实的科学基础，翱翔在海阔天空，展现出无限前景。从实验类别方面，语音格局不只是从物理角度的声学格局，还应有从心理角度的听觉格局（《听感格局——汉语语音感知特征初探》）和从生理角度的发音格局，再加上呼吸测试、眼动追踪，仿真建模以及脑科学的各种实验研究。真是十八般武器全有用武之地，多视角、全方位、跨学科地聚焦人类语言的各种表现，探索语言的奥秘。语言的奥秘其实就是人的奥秘，因为人是有语言的动物；语言的奥秘就是社会的奥秘，因为语言只在社会中生存。这一事业的重要意义怎样评价都不为过。

　　本书所收的内容就是我和我的学生们在实验语言学道路上起步的蹒跚足迹。虽然稚嫩，尽管青涩，但是向前，朝着一个方向，奔向一个目标。感谢在这条路上热情鼓励和帮助我们的王士元、彭刚、沈德立（已故）、白学军、闫国利、吕勇等各位老师和他们的学生们。感谢我的学生们在踏入一片陌生领域时的勇气和毅力，付出了艰辛的努力，收获了成功的欢乐。

　　语言学界的各位学子们，愿意跟我们一起走上实验语言学之路吗？这是一条苦在其中又乐在其中的道路，是一条通向未来之路，然而必定是一条成功之路。

　　是为序。

石锋
2015 年 10 月 7 日

《语言变化原理》中文版后记

拉波夫的巨著《语言变化原理》三卷本的相继出版，是具有划时代意义的重要语言学事件。拉波夫概括总结了他的团队几十年来长期不懈的研究，综合了实验语言学、历史语言学、城市方言学、社会语言学、认知语言学和计算语言学的理论和方法，探求语言变化的内部因素、社会因素、认知和文化因素。这是当代语言研究的集大成之作，范围之广、规模之巨、剖析之深、用功之细，史无前例，必将给当代及后世语言学者以革命性的影响。原著荣获享誉"语言学界诺贝尔奖"的美国语言学会布龙菲尔德奖。

中国学界很少有拉波夫原著的译文，为数不多的综述都只是把他称为社会语言学家。其实拉波夫提倡语言学作为经验科学，主张语言研究既要立足于语言内部，更要关注各种外部因素如何影响语言的演变，拨转了索绪尔以来的语言学方向。拉波夫研究语言是到田野中、到街区中、到实验室中，获取成百上千的样品数据做出统计分析。他借助庞大的资料库阐明语言是异质有序的大系统，这是一种全新的语言观和语言演化观。拉波夫为语言研究开拓了一个新方向，在这个方向上，语言的系统性和社会性完美整合，语言的共时研究和历时研究高度统一。

我一直想有机会翻译拉波夫的著作，让中国语言学人，特别是年轻学子认识这位伟大的语言学家的理论、方法和实践。感谢商务印书馆购得中文版权，使我这个愿望有可能得以实现。

然而真正动手开始，才发现难度远超出预想。翻译这样的巨著，需要雄厚的知识基础，熟练的翻译能力，充沛的精力和时间，而我对于这些都所缺甚多，实际上在某种程度上是在知其不可而为之。好在我有一个习惯：做事大家来，也就是开放式合作型的团队协作。以下就是这个译稿成文的简单过程。

最初，从 2010 年开始，我利用南开大学汉语言文化学院的研究生专业外语课程，请同学进行初译，在课上分别讲述书中内容并解决翻译术语和原理中的疑难问题。连续三年，每年一卷。其中参加第一卷初译的 20 人：程涵、宋燕、李幸河、张海云、银沛月、赵雅楠、薛融、贾蕊欣、牛彬、张寅平、魏艳、王磊、张盼盼、肖启迪、孟小淋、薛鑫、杜鑫、陈俊安、薛永婷、陈曦丹。参加第二卷初译 21 人：孙建敏、马丽芳、臧素洁、吴秀瀛、孙伟、张琦、毛文星、代书宇、孙颖、李缇缇、高丹、张立晓、周青、陈怡、李学志、张瀛月、魏维、田野、尹菲菲、杨晓椿、刘春华。参加第三卷初译 22 人：欧迎希、曾炫、宗原原、燕芳、王倩、王大佐、姬瑜、崔国芳、魏飞、曹锐、李舒、向金萍、刘晓敏、陶媛、闫晗、邹真真、李亚男、张晴、泮小敏、董倩倩、黄荣佼、王金凤。这样，到 2013 年，我们就有了三届研究生合作的初译稿。

然后，我请几位英语专业的教师在繁忙的教学之余，对初译稿进行全面细致的整理重译。郭嘉译第一卷，温宝莹译第二卷，于辉译第三卷。后来在第二卷和第三卷又分别加入了魏芳、苏珩骅两位老师。重译花费了较长的时间，投入了大量的精力。从 2014 年开始陆续完成了三卷的重译稿。

最终，由我负责把重译稿再对照原文逐句检查修改整合，尽量使译稿具有可读性。开始没有经验，第一卷先打印纸稿做出修改，再请十余位研究生把纸稿修改内容输入计算机。我们再核对电子版检查输入的情况。这样重复作业，费时费力。后面几章我直接用计算机在电子版上做出修改，速度反而更快些。到 2015 年赴美国明德大学讲学期间，最后完成第一卷《语言变化原理：内部因素》的核对修改，定稿付编。第二卷《语言变化原理：社会因素》照此办理，又在 2016 年于明德讲学时完成。第三卷《语言变化原理：认知和文化因素》译稿也将陆续完成，庶几当无问题。这可以算作交稿付印前的"三译"。

预计在 2019 年前，拉波夫《语言变化原理》三卷巨著的中译本将可以全部印刷出版。真可谓历经十载，批阅三番。前后有近 80 名研究生和 6 名教师参与翻译工作，算得上是大兵团协同作战。开放式合作型团队行动是我们的传统，其优势就在于可以梯队接续，完成大型任务。感谢上述各位同学和老师的辛勤工作和无私奉献。因水平能力所限，译稿中的缺点错误当然应由我来全部负责。

感谢拉波夫教授对我们工作的热心支持，他专门为中文版撰写了前言。感谢王士元先生慨允为这部巨著中文版撰写序言。这定会有助于中国学者更好地认识和理解拉波夫的语言学思想和研究方法，促进中国语言学的进步和发展。

"它山之石，可以攻玉。"这就是我们翻译这部巨著的目的。我们呼唤在中国出现这样的巨著。中国有着数千年悠久的历史文献，有着各种民族语言和汉语方言的丰富宝藏，再加上借鉴拉波夫等国外学者的理论方法，只要脚踏实地，执着坚持，几十年如一日，朝向一个目标，一定能够走出一条振兴中国语言学之路。我们所做的努力，就是为此增添一颗铺路的石子。

石锋
2015 年 8 月 8 日初稿
2016 年 8 月 10 日定稿
于美国佛蒙特州明德大学绿荫中

注：拉波夫著《语言变化原理：内部因素》（石锋、郭嘉，译）2019 年 3 月由商务印书馆出版；《语言变化原理：社会因素》（石锋、魏芳、温宝莹，译）及《语言变化原理：认知与文化因素》（石锋、于辉、苏珩骅，译）近期将由商务印书馆陆续出版。

附:《语言变化原理》中文版序言(威廉·拉波夫)

石锋 译

我很高兴石锋教授主持把《语言变化原理》译成中文出版。我希望这将有益于中国的语言演变的研究,使富有成果的汉藏系语言研究的悠久传统得到增强。

语言演变的普遍理论是以在纸上、羊皮纸或竹片上存留下来的文字材料为依据建立起来的。历史语言学家研究因偶发的历史事件而留存的文献残卷,已经在历史语音的构拟中取得了令人惊奇的成功。我怀着敬佩之意把他们的研究称为对不完善的资料进行最充分的利用。这套书则是希望说明,他们的结论可以用进行中的音变证据加以丰富并再现活力,这是基于记录日常生活中即兴语言的研究得到的。

我第一次到中国是在 1973 年参加美国语言学会访华团。这次交流之后出版了《中华人民共和国的语言和语言学》(W. Lehmann 主编,得克萨斯大学出版社,1975)。我那个团组中的学者们对于中国和中国语言学的了解都比我强得多。我们访问了很多城市,了解到当时为保护少数民族语言和推广普通话,制定出各种结合实际考虑周密的语言政策。我还从他们正式讲座的提要中学了一些汉语,并被夸奖学到"两条腿走路"的意思,我自己工作中也有相似的情况,这可以作为西方语言学中的一个实例。

当时,极为重视语言研究的社会意义。我记得曾听说有一个研究课题是要学生们采访上海港的工人,以便证明革命京剧《海港》中的语言的正确性。然而，由于当时条件限制，并没有像今天这样的方式进行的系统的语言学研究。

在本书中展示的研究工作有两个方面。一方面是显示了日常生活中语言变异的研究如何证实我们对语言总体是一个系统的理解。汉藏系语言的发展在很多方面反映出跟本书各卷中涉及的英语、西班牙语以及其他印欧语言研究得到的驱动力量是相互对应的。例如，省力原则使单词尾部信息量逐渐减少的效果是相同的。汉语的历史上有着大量跟这一过程相对应的重新调整现象。

另一方面，正在进行中的音变的社会分布让我们对于我们所生活的社会有更多的了解。用于在美国划分正在进行中音变的社会经济层级，当然不同于在中国的城市中随机样本的结构。但是我们仍然期望《语言变化原理》书中展现的年龄、性别、以及城市/农村的分析维度，会在汉语的社会语言学研究中有着同样的重要性。

在任何这种社会语言学的中心地带，我们都希望能够发现支配着本书各卷中所报告的研究工作的两个基本原理。

（1）方言口语的中心性。一种语言的历史就是在家庭和亲友间使用的方言口语的历史。它从父母传递给儿童，并随着儿童离开父母的影响而发生变化。

（2）观察者的悖论。为捕捉到一种方言口语的准确的记录，我们必须去观察人们在没有被观察的情况下是怎样讲话的。

这第二个原则突显出形式语言学与语言变异研究之间的区别，前者的语料局限于母语说话人的直觉，而后者则是要找出语言直觉跟日常生活实际说话的不匹配现象。当然，在大多数情况下，我们的直觉跟我们实际讲话是一致的，然而当二者不一致时，重要的问题就出现了。形式语言学抛弃人们在直觉下实际所说的话语，而社会语言学家却走上相反的道路。当研究中包含了系统性的语音变化时，这个问题的性质就变得更为清晰。在音变之初，说话人对于新的形式并没有察觉。随着变化的进行，他可能会有所察觉，但是会归入脱离实际的旧规范。于是，如果直接提问，得到的回答，只是显示出人们对于自己所讲的话所知甚少。

我很抱歉，这套书如此之长、内容之多以致我自己都不能够完全记住。然而我却希望本书各卷显示出的对日常生活中使用的语言所做的客观研究可以给大家带来较大的收获。

本书第一卷把这种研究方法用于探寻语言变化的内部制约因素。书中最后一节集中论述规则性的问题，以及词汇扩散理论的新见解，这是来源于王士元教授跟他的同事们开创性的研究工作。大量的讨论是分析汉语方言中逐字逐词的音变证据，例如，潮州话的声调变化或是上海话的元音合流。主要的努力是怎样将这些强有力的汉语方言的重要资料去跟新语法学派的规则性音变的观点相协调。

第二卷着眼于决定语音变化的社会因素，大多是报告集中在美国费城一个城市所做的全面研究，但同时也在探索性别和社会阶层制约影响语言变化的普遍原理。在最后一节提出了一种代际变化增量的抽象模式，描述音变怎样在父母传递给儿童的过程中发生。

第三卷先是论述认知因素与语言变化在跨方言的理解中的效应。主要的发现就是特定的音变确实受到理解方面的干预，甚至这就是音变背后的推动力，从而成为更为紧迫的需要研究的问题。随后的一系列章节展示一种语言演变的全部历史：从它的起始到最后的终结，进而提出一种方言分化的普遍模型。最后一节旨在解决历史语言学中另一个长期存在的谱系树模型与波浪式发展的模型之间的对立。书中讲到，谱系树模型是父母与儿童之间一系列不间断传递的结果，是儿童语言学习能力的结果，从而保持了系统的完整性。另一方面，波浪式模型被视为成人之间传播的结果，反映出老年人有限的语言学习能力。

因此，我在本书各卷中试图解决历史语言学领域中两个长期悬而未决的争议。我的基本立场是确认语言学作为语言科学的知识价值，并且认为如果一种观点被历代语言学家所坚持，那就必须建立在坚实的基础上。它把对立的意见联系起来，并在适当的范围里保持自己的见解。

威廉·拉波夫
2013 年 1 月 4 日

附：《语言变化原理》中文版序言（王士元）

石锋 译

这里我要介绍的"比尔"，当然是威廉·拉波夫，因为"威廉"这个名字经常简称为"比尔"。当我幼年在上海开始学英语的时候，就有了一个西方的名字"威廉"，这让很多朋友也叫我"比尔"。因此在 2012 年香港中文大学邀请我们两人举行一次公开的学术对话的时候，冯胜利教授亲切地把这次会议称为"双铃对谈"[①]。

石锋教授知道我跟比尔之间有着长期的友谊。现在比尔这非凡的三卷巨著《语言变化原理》[②]的中文译稿即将出版，这本身就是个艰巨浩大的工程，他请我为中国的读者们写一个序言。我觉得义不容辞，面对这部巨著，使我想到《诗经》中著名的诗句：高山仰止[③]。确实，用任何语言都难以形容比尔对于深化我们的语言学基本理论所做出的卓越贡献：什么是语言，以及语言与社会的多方面联系。所以我这里只是写出自己跟我们时代这位真正伟大的语言学家交往的片断印象。

实际上，我最初知道比尔是间接通过他的博士论文导师尤里尔·文莱奇教授，那时正在斯坦福大学的行为科学高级研究中心作客一年，离

[①] 冯胜利、叶彩燕，2014，《拉波夫与王士元对话：语音变化的前沿问题》（*A Dialogue on Sound Change Between William Labov and William S-Y. Wang*），北京：北京大学出版社."双铃对谈"是一种幽默的说法，实际上 Bill 和 bell 的元音发音是有差别的。

[②] Principles of Linguistic Change. Volume 1: Internal Factors, 1994. Principles of Linguistic Change. Volume 2: Social Factors, 2001. Principles of Linguistic Change. Volume 3: Cognitive and Cultural Factors, 2010.

[③] 出自《诗经·小雅·车辖》："高山仰止，景行行止。"

我所在的加州大学伯克利分校开车只需一个小时。我最感兴趣的是语言变化的原因和方式，是文莱奇、拉波夫、赫佐格的论文[①]给了我探索这个重要领域的指路灯。我们当时正在创建第一个汉语数据库——计算机中的词典（Dictionary on Computer，DOC）[②]，能够据以用实证和量化的方式研究语音的变化。

DOC 的早期研究成果是一个后来被称为"词汇扩散"的假说，关于一个音变是怎样通过逐次改变词汇中的若干词项而传播开来的[③]。基于北京大学刚刚完成的《汉语方音字汇》最初版本，我们能够借助计算机在 DOC 中搜索那些按照构拟的中古汉语规则变化的词项，以及那些以其他方式变化的词项。但是由于跟当时盛行的新语法学派的语音总是按规则变化的观念[④]相对立，这个假说最初的遭遇并不顺利。最好的情况是人们有礼貌的沉默，有时还受到讥讽，好像音变研究只能属于印欧语言学。

但是比尔清楚地理解我们正在为之绞尽脑汁的这个理论问题的复杂性。1977 年，我们在夏威夷合作讲授了暑期语言学院的一门课程：语言的生物和社会基础。这给我们一个宝贵的机会来系统深入地讨论语言学的各种基础问题。几年后，比尔慷慨地利用会长致辞[⑤]的场合，向美国语言学会从公平而宽广的视角对词汇扩散进行了评论。

他总结了当时人们对于音变的理解，认为有些音变，或许是辅音，

[①] Weinreich, Uriel, Labov, William, & Herzog, Marvin. 1968. Empirical foundations for a theory of language change. In W.Lehmann & Y.Malkiel (Eds.), *Directions for Historical Linguistics*. Texas: University of Texas Press, 95-188.

[②] Cheng, Chin-Chuan. 1994. DOC: Its Birth and Life. In M. Y. Chen & O. J. L. Tzeng (Eds.), *In Honor of William S-Y. Wang: Interdisciplinary Studies on Language and Language Change*. Taibei: Pyramid Press.（我们在计算机初始时代创建 DOC 的小组有郑锦全、陈渊泉、谢信一、柴谷方良，还有其他人。）

[③] Wang, W.S-Y. 1969. Competing changes as a cause of residue. *Language, 45*, 9-25.

[④] Verner, Karl. 1875. Eine.Ausnahme der ersten Lautverschiebung. *Zeitschrift ürvergleichende Sprachforschung auf dem Gebieteder Indogermanischen Sprachen*, 23 (2), 97-130. 这篇辉煌论著的英文译稿收入 Lehmann, W.P. (Ed.). 1967. *A Reader in Nineteenth-Century Historical Indo-European Linguistics*: Indiana University Press.

[⑤] Labov, William. 1981. Resolving the Neogrammarian Controversy. *Language, 57*, 267-308.

确实有可能以在词汇中逐渐进展的方式变化；而其他音变，如元音有着从起点到终点的语音连续统，就可能按照新语法学派的方案变化。还有可能是音变通过比尔首创的"变异规则"来实现，其中目标值以不断增加的概率出现，而不是以单个词项的方式出现。无论如何，语音变化，实际上是语言中的所有变化，都离不开说话人的年龄、性别以及很多其他生物的和社会的状况。这是我们从比尔的著作中得到的一个基本收获。对这些问题感兴趣而还没有完全弄懂的读者，不妨参阅脚注 1 所列的参考文献。

比尔在语言学众多方面都做出了里程碑式的贡献，远远超出单一的论题，构成了包括应该研究怎样的语言和应该怎样做语言研究的一个综合框架。当比尔在 1964 年完成他的博士论文的时候，语言学界"主要是那些花费大量的时间互相争论的固执己见的青年，……他们的资料大都是靠自己的头脑想出来的"[①]。比尔的做法与此形成鲜明对照，他倡导"一种以观察或实验为依据的经验语言学，基于人们实际说出的话语，采用实验室的实验技术进行测试"。

在随后的半个世纪中，他继续身体力行，把这种经验的和实验的双重方法扩展到研究美国社会的很多地区和多种族群，同时在实验室里做出详尽的分析。诸如语言接触、黑人英语、缺-r 的方言、以及音变的矫枉过正等论题，在他对于很多有趣的说话人的访谈中呈现出鲜活的情景。还有近似合并、元音高化等，在他制作的动画和视频中表现得栩栩如生。他使人想起好莱坞在电影"窈窕淑女"中以浪漫手法呈现的亨利·斯威特，他在伦敦街头录取东区考克尼方言元音的发音，在家中的实验室里用浪纹计把它们分析出来。斯威特是 19 世纪伟大的语言学家，也是比尔心目中的偶像之一。

石锋教授主持翻译的这三卷巨著现在已经可以提供给中国的学者。这是比尔几十年来著作的极有价值的总合。这三卷书的副标题分别是

---

① Labov, William. 1997. How I got into linguistics, and what I got out of it. *An essay addressed to undergraduate students, updated October 1*, 1997.

"内部因素""社会因素"和"认知与文化因素",这些不同方面的精辟论述见证了比尔博大精深的学识。

比尔的研究方法的基本主题就是,我们在语言研究中必须始终以说话人为中心。归根结底,语言的存在就因为是人创造了语言,并且一直不断地在使用它。离开说话人去研究语言,就会失去语言学的现实性和生命力。因此一个语言学家最为欣慰的就是他的专业知识能够直接促进改善人们的生活福祉。比尔在前页脚注(1997)的文献中讲述了他在1987年参与的一个庭审案件的经历。他使法官确信被告的说话方式表明他没有打过威胁电话,从而使他免于牢狱之灾。这个案例涉及的是波士顿口音和纽约市口音之间的语音差异。

在比尔之前,我在加州奥克兰曾遇到类似的法庭经历[1]。一个年轻的香港移民在被宣读他有米兰达权利[2]之后被捕入狱,却没有给他翻译。我在奥克兰监狱探望他几次之后,就在法庭上提出被告的英语之差不足以听懂法律赋予的米兰达权利的内容。法官于是让他自由了。这对我来说是一个非常令人兴奋的经历。语言分析的抽象工具可以用这种方式得到实际的应用。

现在《语言变化原理》已经有了全部的中文译本,我唯有希望众多的中国读者能够深入地思考这三卷书中包含的各种的精辟见解。借用艾萨克·牛顿的一句名言,它们就是语言学必须学会站上去的"巨人的肩膀",以使我们的学术能够更有成效地向前发展。

王士元

2017年1月于马鞍山

---

[1] Wang, William S-Y. 1980. Assessing linguistic incompetence. *Linguistic Reporter* May issue. Reprinted in Wang, W.S-Y. 1991. *Explorations in Language*. Pyramid Press.

[2] 米兰达权利。根据美国法律,警方在逮捕前必须告知嫌疑人的"米兰达权利",即他们有权保持沉默,得到代表律师的权利,并有权委任律师。

《秋叶集》后记

几年前就开始准备编这本《秋叶集》。秋叶的名字来自一首歌:"等到秋风起,秋叶落成堆……"在我 60 岁之前的几年,学生们就开始酝酿为我出版庆祝文集,被我叫停。一是认为成绩不大,二是觉得自己还小,不值得麻烦大家兴师动众。这里只是自己把过去零散的碎片收集一下,立此存照,也算留念。

回顾 60 多年来,每 10 年左右走过一个阶段,现在还在旅途中。第一段儿童时代:共和国的同龄人,出生在天津,到承德度过 7 载童年,在保定上到小学 3 年;第二段初经风雨:回到天津上小学、中学,其间经历"文化大革命",又是 10 年;第三段饱受磨练:下乡到北大荒 1969 年到 1978 年,1977 级的幸运儿,在哈尔滨师范大学 1 年,一共 10 年在黑龙江;第四段勤奋求学:到中国中国人民大学上研究生 3 年,在天津外语学院做对外汉语老师 3 年,调到南开大学两年后又攻读博士 3 年,这是 11 年;第五段流浪周游:1991 年开始先后到美国、英国、法国、中国香港地区短期交流开会,1995 年到香港做研究员两年半,又在日本当客座教授 4 年,不是海归而是海漂;第六段重返南开:任汉语言文化学院院长 10 年。第七段卸任回归在进行中,希望会比较平静。

个人的命运与国家前途紧密相联。家国情怀,匹夫之志。感谢父母养育之恩。父亲一介书生,正直谨慎;母亲家庭主妇,勤劳慈爱。二人合力齐心,千辛万苦,于风波浪里撑船转舵,使家庭之舟平安到港。我们兄妹三人各自事业家庭有成之后,父母分别于近九十高龄安详离去。我们心中充满感恩怀念之情。

感谢师友指教扶助。我本愚钝,今能跻身学界,多靠吃百家饭,全仗师友不弃。感谢国内的师友和国外的师友，感谢支持我的师友和反对我的师友。人说：出门靠朋友，确实如此。

感谢我的学生们，40多位博士和60多位硕士，以及本科班、讲习班的学生们，还有那黄埔三期的弟子们，如今已经成为校长、院长、教授、博导、硕导等栋梁之材。教学相长，我从学生那里学到很多，得到很多。跟学生们在一起，我就有活力，"发愤忘食，乐以忘忧，不知老之将至"。

最后应该感谢我的家人和我自己。老伴儿总是伴随我，儿子儿媳总是支持我，孙女总是我快乐的源泉。选择语言学事业，人生旅途方向明确，回首往事不会遗憾。几十年如一日，几十人成团队，为语言学做了一点儿事情。这本《秋叶集》是别样的途中小憩。天假以年，还可以再为语言学做一点儿事情。

本书内容先后请刘静、李亚男等几位同学帮忙收集整理，最后是邓文靖同学完成初稿校排交给出版社，又核对校样，费心费力。感谢陈洪友赠序，感谢洪明友题诗，感谢占鹏、克强鼎力支持，感谢尹建国主任精心策划，感谢纪益员编辑认真尽责，特别感谢谢芳周老师和照排中心的高效工作，使这本书能在很短时间内印出来。

石锋

2013年2月14日春节初五

为人作序

时秀娟《鼻音研究》序

秀娟老师的《鼻音研究》终于见到校样了。这距离她的第一部著作《汉语方言的元音格局》出版已经是将近 10 年。十年磨一剑，可见学术研究不是要快，而是要慢。然而时下有些浮躁的世风却正是与此背道而驰。我在课堂上常常讲到要有定力：咬定青山不放松，任尔东西南北风。而且这定力要长期坚持下去，就是要有毅力：面壁十年图破壁，埋头苦学修禅意。有了定力和毅力的基础，再加上活力：问渠哪得清如许？为有源头活水来。这三者都有了，就一定会成功。

秀娟 10 年前于南京师范大学文学院博士后出站，来到天津师范大学文学院主持实验室工作。实验室有很好的语音实验仪器，其中有一台鼻音计（Nasalmeter 6400）可以测量语音的鼻化度。我和学生们曾经去她那里现场考察实验情况，因为这正可以为我们的语音格局分析填补空白：鼻音和流音的实验对比。她随后就带领学生开始了数十种方言和各种语境下的鼻音与相关语音的对比研究，测量分析并积累了大量的鼻化度参量的数据，做出各种对比统计图表。使我们对于鼻音的认识更为拓展和深入，引起学界的关注。得到天津市社科基金及国家社科重大项目子课题的资助。这里结集出版的是她所完成的部分成果，其中很多内容已经公开发表，或者曾在国内外学术会议上报告。

人类语言中一般都有鼻音和口音的区分，有的语言中还有鼻化元音跟口元音的对立。鼻音可以在音节中作为首音或者尾音，有时候也能自成音节。鼻音与邻接音位的互相影响是语音的共时音变和历时音变的重要因素之一。因此，鼻音研究一直是语言学关注的对象。而像秀娟老师这样长时期、大规模、多方面地对鼻音进行集中深入的量化实验分析，得到如此丰硕的收获，确实是前所未有的。

说到鼻音的意义，涉及整个人类语音。一般认为，人类语音中元音和辅音的区分是发音有没有阻碍，而阻碍是有程度差别的。在发音动作和听感印象的基础上，为初学的理解与教学的方便，可以用一种理想化的假设对此进行描述：发音阻碍为 100%，完全堵塞，是塞音；阻碍为 80%，打开缝隙，是擦音；阻碍为 60%，稍有开通，是通音；阻碍为 40%，开通较大，为高元音；阻碍为 20%，开通更大，是中元音；阻碍为 0，完全打开，是低元音。如果把阻碍程度 50% 作为元音与辅音的界限，就可以看到，它们之间并没有截然分开的空白地带。在通音一类里面成员众多，有边通音：舌尖堵塞，两侧开通；r 通音：舌尖翘起而不堵塞；全通音：即国际音标通音（approximant）栏里面列出的半元音。鼻音其实就是鼻通音：口部关闭，鼻腔打开。这样把它们归纳在一个统一的框架里面，成为一个连续统，有利于显示语言的系统性。其中的详细内容，另有专文讨论。这里只是简单说明鼻音在人类语音中的位置。

秀娟老师的《鼻音研究》首先系统分析了普通话语音的鼻化度，得出鼻音与相关语音的对比格局。测算统计元音的内在鼻化度、复合鼻化度以及鼻音声母、鼻化元音和鼻音韵尾的鼻化度，得到口音、鼻化音、鼻音之间的临界值，做出了三者的静态分布模式。还考察了在连续语音中的动态变化，如：韵尾鼻音的弱化、鼻化及脱落的量化区分，协同发音中声母对元音鼻化度的影响，声调对鼻化度的作用，以及鼻化音的性别差异。其次，把研究普通话鼻音的方法应用在各种汉语方言的分析中，得出了方言与普通话的共性和特性，用通音声母的鼻化对比度划分方言中 /n-l/ 相混的不同类型。最后，把鼻音的对比格局应用在儿童语言和少数民族语言的分析中，并且探索了普通话鼻、边音声母和前、后鼻尾的感知特征。

在上述这些大量跟鼻音相关的具体特征和规律中，给我一种深刻的印象：人类语音中，鼻音和口音的区分实际上就是一个连续统。我们没有看到百分之百的鼻音和百分之百的口音，鼻音的鼻化度一般在 80% 以上，口音是在 40% 以下，在二者之间就是鼻化音的分布。鼻化度是一种客观的口鼻能量比的测量。鼻音是语言中重要的音位特征，是需要听感判定的。"鼻韵尾在许多情况下是会脱落的，这个时候，所谓鼻音音色就全部靠元音的鼻化来体现了"。（吴宗济语）问题来了：既然鼻音与鼻化音的界限以及口音与鼻化音之间的界限在动态变化中常常会发生偏移波动，那么鼻化度的表现跟音位听感区分之间的关系会有怎样的变化规律呢？希望秀娟老师能够在不久的将来告诉我初步的答案。

我曾多次告诫我的学生们：不想超越老师的学生不是好学生，不愿让学生超越的老师不是好老师；学生不能超越老师是学生的遗憾，老师教不出超越自己的学生是老师的失败。基于此，我总是以喜悦兴奋的心情祝贺他（她）们在学术研究中的成果，期待在朝向远方的行进中有更多的收获。

是为序。

石锋
2016年9月4日晨于南开静寓

注：时秀娟，天津师范大学文学院教授。所著《鼻音研究》由中国社会科学出版社于2019年出版。

阎锦婷《洋腔洋调实验录（下）》序

解决外国学生说汉语中的洋腔洋调是一个非常重要的实际问题，这是汉语的二语习得研究者和教师一致的共识。林焘等前辈学者很早曾提出这一问题。锦婷作为我在北京语言大学银龄学者任上招收的第一位博士生，就承担了这一重任。好在她的硕士论文是《汉语疑问句的实验研究》，对于语调分析并不陌生。于是，她埋头实验测算，细心分析对比，披阅三载，增删数次，终于成功通过博士论文答辩。

无独有偶，此前南开大学石林在导师张洪明教授指导下也做了洋腔洋调的实验研究。两篇博士论文，珠联璧合，相互补充，彼此验证，对于解决洋腔洋调问题，打下了很好的基础。欣蒙世界图书出版公司合为《洋腔洋调实验录》的书名出版，按照两篇博士论文时间前后和内容排序各为上下两册。因为石林的研究在前，做了陈述句的分析，作为上册；锦婷的研究在后，在陈述句的基础上又对疑问句做出实验分析，所以排在下册。

书稿付梓之际，照例要我写几句话。本来，明末清初的大学者顾炎武说："人之患在好为人序。"（《日知录》卷 19《书不当两序》）然而自己的学生则可以另当别论，所以看看我写过的序言，大多为两类：一是为自己的敝帚，二是为学生的新作。自己的学生跟自己的孩子一样，看到他们在学术上的发展，比我自己出书还要高兴，情不自禁写一点随感，作为褒奖和鼓励。不过他们以后再多出的书我就不能都写了。

我曾做过一些二语习得研究，并且在国内和国外都为研究生开过二语习得的课程。现在的二语习得研究我不很满意。因为有些是为研究而研究，已经钻到牛角尖儿里不能自拔。他们的误区主要有三个：脱离实际，脱离语言，脱离实证。实际上就是失去了研究的宗旨：为什么要研究二语习得？目的何在？不能只是为了发表几篇文章，出版几本著作，评个教授，当个权威，而是要为第二语言的学习者和教学者解决实际问题和理论问题。

研究脱离实际是学之大患，也是师之大患。二语习得本是应用性极强的研究领域，教师和学生有很多实际中的问题可以作为研究的题目。可是有些研究却不是从实际出发，而是从理论出发，脱离教师，脱离学生。从理论到理论，越搞越抽象，越搞越神秘，越搞越复杂。有哪个老师事先学会这些东西才去教第二语言的？有哪个学生是先学会这些东西才去学第二语言的？我很担心这样下去，误人子弟，误人父兄。

二语习得是以语言学习为基础多学科的应用语言学分支，不能抛开语言的基础。我一向主张以中介语（第二语言学习者的语言系统）作为二语习得研究的基本对象和资料来源。学习动机反映在哪里，文化冲突反映在哪里，情感因素反映在哪里，先天条件反映在哪里，环境影响反映在哪里，教学模式评价依据在哪里？这些都不能离开中介语作为有力的证据。然而，在有的研究中却是根本不用中介语的证据，而是依据是否符合某个"理论"作为标准来决定取舍。这未免有点儿本末倒置。

拉波夫致力于把语言研究建立在实证的基础上。二语习得作为应用语言学的重要分支，更应该以实证为基础。中央民族大学娄开阳老师为研究美国明德大学汉语教学模式（明德模式），在自己学院里专门用一个教学班实行明德模式来进行对照比较，得出多方面的成果。我赞赏这样从实践中得到的认识。实践、实证或者实验，都是可以重复进行的。摆事实才能讲道理，没有事实的道理不能令人信服。

拉波夫有两个观点很重要。一是语言和谐的普遍性。二是概率匹配的普遍性。这两条，如果被语言学界接受，目前的很多复杂的语言理论和语言模型会得到简化。实际上这不是他的观点，而是实际观测的语言事实，包括语言习得的事实。所以这其实不是接受不接受的问题，而是承认不承认的问题。只要做一些实际的调查和实验，谁都会发现语言和谐和概率匹配的现象。这两者也是相互之间有内在联系的。克拉申讲的母语习得和二语习得的沉默期,其实就是大脑对于外界各种语言输入进行概率匹配的过程。有人讲什么儿童的语言输入不充分,这完全是一种主观臆断。不是你跟他讲话才有输入,他所听到的任何人讲的话都是输入。实际上已经有专门的研究证实,三岁儿童在不同家庭已经有 1000 万到 4000 万词语的输入量。

大道至简。语言和谐与概率匹配正是人类大脑中的镜像神经元的作用和重复启动效应的结果。实验证实:镜像神经元可以使人不假思索地模仿他人的动作,而且在看到这些动作时,也能瞬间理解,而不需复杂的推理过程。重复启动效应表明,如果前面有一个相同词语更早呈现,大脑对于这个词的加工就会变得更快且更准确。和谐一致就是模仿。概率匹配就是重复。语言的各种机制包括语言接触、语言习得、语言变化,解释起来就不会那么复杂晦涩,神秘难懂。

现在来看锦婷的洋腔洋调研究,正是我上面所讲的二语习得实证研究中的实验分析。把几个国家不同母语背景的学生所说的汉语句子用实验方法做出分析,不仅看音高的表现,还注意时长和音强的特点。用来跟汉语为母语的中国学生的表现进行对照比较,得出符合实际的结论。这样既可以为二语习得的理论做出具有实证基础的贡献,又能够对于汉语作为第二语言的教学提供立足实际的参照。这样从实际出发的研究就是有意义的、有价值的。

锦婷的语调分析,包括石林的分析,因为用了新的方法,当然会有新的发现,因此书中创新之处很多。应该指出这里最为重要的创新意义:如此系统而精细的语调对比的实验分析,在此前的二语习得研究中,至少是我,还没有见过。今后的洋腔洋调研究,必将以此作为前进的基础。至于其中具体新的理论阐述和新的事实描述,相信读者在书中自然会看到,不需要我在此重复了。

最后我想对我们的学生们转述一段话,一位美国人工智能的权威学者说过:"每次我炒掉一位语言学家,言语识别系统就会提升一步。"随着科技发展,未来将被淘汰的专业和行业会越来越多,速度也会加快。凡是机器或者人工智能可以代替的能力,就是不值得花时间去训练的能力；凡是不能迁移到其他领域的能力，也是不重要的能力。而我们的语言实验就是值得花时间去训练的重要能力。我希望有越来越多的青年人来做语言实验，因为人工智能不会做语言实验。

是为序。

石锋

2018 年 2 月 23 日凌晨

注：阎锦婷，沧州师范学校教师，所著《洋腔洋调实验录》（下）和石林著《洋腔洋调实验录》（上），由世界图书出版公司（北京）于 2019 年出版。

附：石林《洋腔洋调实验录（上）》序（张洪明）

石林即将出版博士论文，嘱我撰写序言，作为导师，责无旁贷，而且愿意利用这个机会，把他郑重推荐给学界。

石林 2009 年投师于我门下，致力于研究外国人学习汉语时出现的洋腔洋调现象。从类型学角度，根据超音段特征的性质，我们可以把六千多种人类语言大致分成三类：重音语言（Stress Language），如英语、法语、俄语等；声调语言（Tonal Language），如汉语、泰语、班图语等；音调音高语言（Pitch-accentual Language），如日语、土耳其语、波斯语等。第二语言超音段特征的习得是二语教育中的一个难题，石林知难而进，其博士论文选题确定为英（重音语言）、日（音调音高语言）、泰（声调语言）三种语言的语调特点比较研究，以探讨不同语言类型背景者在超音段特征的习得中反映出的语言本质特点。

石林采用语音实验方法，从音高起伏度、时长停延率、强度音量比这三个方面系统考察了 4 名母语为汉语的发音人、12 名母语为美国英语的发音人、11 名母语为日语的发音人、10 名母语为泰语的发音人习得汉语语调的各项指标数据。以汉语母语者的指标参数作为参照系，在跟汉语母语者的对照比较中，对美、日、泰三类发音人习得汉语语调时出现的"洋腔洋调"进行量化描写，从中找出不同母语类型背景的汉语学习者所表现出的共性和个性。通过实验分析，该研究初步揭示出"洋腔洋调"的特征和原因，同时也加深了人们对汉语语调规律本质的理解。这项研究成果可以为不同母语的学生进行汉语语调的教学提供客观有益的参考，其具体贡献表现在以下几个方面：

第一，在语句调域层级，外国学生汉语语调习得中洋腔洋调的表现主要集中在字调域的层级上；在构成字调域的各个声调里，集中在上声的发音中，包括上声跟阳平的混淆和上声变调的偏误。

第二，借鉴已有的起伏度、停延率、音量比等测算统计作为语调数据的指标参数，同时从音高、音长和音强这三个方面对汉语母语者的语调发音进行实验分析。对同一样本的汉语语句进行实验测算，得到音高的句调域、词调域、字调域、时长停延率和强度音量比。用五项指标参数作为分析对比依据，用起伏度、停延率、音量比的指标做出量化分析和描写。

第三，选取母语为重音语言、音调音高语言、声调语言三种不同语言类型的三个国家学汉语的学生，录制大样本的汉语语句发音进行实验分析，同时从音高、音长、音强三方面进行系统分析、描写、对照。既有三类学生分别跟汉语母语者之间的比较，也有三类学生彼此之间的比较。

第四，通过实验研究和对照比较，使我们对汉语语调层级结构中的字调域、词调域、句调域各自的性质和作用，包括它们之间的相互联系，以及构成语句韵律成分的音高、音长、音强各自的表现和彼此之间的关联有了进一步理解和更深入的认识：语调是语言系统中一个重要的子系统，语调格局研究使语调系统的各种特征和关系成为可视化的数据和图形。

第五，这项研究从语调角度深化了二语习得里的中介语理论、母语迁移理论、语音学习模型的意义，同时在对实验数据量化分析的基础上又有新的发现，如：不仅可以在单项语音之间，也可以在不同语音类别之间和不同语言类型之间判别语音学习模型中相似、相混、相异的关系，而相异优于相混的规则在中、高级二语学习者的语调习得中也同样适用。

第六，本文首次提出韵律匹配方法，在实验基础上，将数据进行相关分析和检验，使语调各种特征的分析和说明都建立在客观的基础上，具有可比较、可计算、可重复、可检验的性质。

自然，这项研究仍有可提高之处。比如，对所选取的外国发音人各自的汉语学习程度未能进行有效的评估和分类。虽然对于各发音人学习汉语的年限进行了调查和记录，但从实验数据来看"洋腔洋调"的发生与否、程度如何，跟汉语学习时间长短并无必然联系。今后若条件允许，可以考虑以 HSK 的成绩为基准来区分不同阶段的学习者，并增大实验样本数，以求动态考证汉语学习者在不同阶段所表现出的语调误差的共性及特征。

另外，本文中的语音实验所选取的语料仅限于四个单一声调的陈述句，略显单薄。今后可把研究方向扩展到疑问句、感叹句等句式，甚至可以进一步考察外国学习者在篇章或自然语流中显示的语调特征。

但不管怎么说，这项研究对洋腔洋调的实验设计和量化分析的程序的全部过程，可作为一种研究的范式，用来研究世界上各种语言母语说话人的语调特征，以及为学习其他第二语言的语调偏差表现，为第二语言语调教学提供客观和科学的参考。

值此石林博士论文即将出版之际，写下上述随想，一是表达祝贺之意，二是希望读者诸君给予批评指正。

是为序。

张洪明
2018 年 10 月于北美威州麦迪逊市

王萍《汉语语音实验探索》序

我在读研究生的时候走上语言学的路。在语言实际调查的过程中，才从懵懂状态开始真正认识语言。在导师安排下，我们做了500人的北京话社会语言学调查，在苏州东山记录方言音系，又做了500人的苏州话社会语言学调查，硕士论文是苏州话浊塞音声母的实验分析。这一系列实际语言的调查分析给我留下了深刻印象：语言不是书上讲的那样抽象刻板、枯燥干瘪、神秘莫测，而是丰富多彩、鲜活生动、可听可记、可以实验考察的日常现象。到了读博士的时候，我更是多次从汉语方言和民族语言的田野调查与实验分析中受益匪浅，乐此不疲。

己所欲，施于人。我当了老师，总要带我的学生们去田野调查汉语方言和民族语言，更多的是教他们做各种语音实验。我想让学生们跟我一样体验从实践中认识语言和研究语言的乐趣。王萍在学生时期就分别做过200人的天津话专项调查和汉语声调与元音实验的统计分析。毕业后王萍同学成为王萍老师，还是继续不断进行语言调查和语音实验，特别是在汉语语调方面的实验研究颇有成效，已经进入这个领域的前沿，引起学界关注。现在，继《北京话声调和元音的实验与统计》（南开大学出版社，2009）之后，她的《汉语语音实验探索》又将付梓。我把这视为学生给老师最好的礼物和回报，照例又要在前面写几句话，顺便记下我近期的一些思考。

语言学的基本性质是什么？语言学是一门经验科学，需要实证的基础。语言在哪里？就在我们的口中、耳中、手中。当然人们还可以说语言归根结底是在心中，在脑中。可是不通过口、耳、手的表现，谁知道你在想什么，要说什么？研究语言必须依据语言事实。语言事实从哪里来?文献考察;现场调查(原来本是田野调查,因有很多调查访谈是在城市进行,故以此总括);实验分析。这样才能把我们的语言研究建立在客观实证的基础上。当然有人会提出还有内省的方法,也就是自己想出例词例句作为证据。尽管过去很多文章都是这样写出来的,我总觉得这有点儿循环论证之嫌:自己提出观点—自己想出例证—自己做出结论。当年业师胡明扬先生写文章,只要不是调查得到的实例,必须找北京本地人——核实,就是为了避免这种失误。拉波夫倾尽全部学术生涯,只是为了这一条:在客观实证的基础上建立语言学研究的理念和方法。他曾经用一系列实验证明,语言事实往往会跟主观直觉相矛盾的(参见《语言变化原理》一、二、三卷)。

　　语言实验和田野调查,这二者其实有异曲同工之妙。田野调查是语言学者的基本功,这几乎已经成为学界共识。让学生做语音实验就像带学生去田野调查一样,都是接触和认识语言的实际表现,并且因为采用了实验方法,可以看得更为清晰,更为深入。现在由于语音实验软件的普及,实验的成本大为降低,操作软件的难度大都不超过电子游戏。所以后来我的学生们入学后的第一件事就是学习怎样做实验,一般在一周内就能基本掌握,然后立即付诸实践,开始实验。在第一学期参加各门课程的同时,完成设计、采样、实验、测算并获取数据,放寒假时一边读书,一边分析数据,得到初步结论。再开学就可以在讨论会上报告实验结果了。我要求学生在学习期间不停止实验,即状态总是在"实验进行中",最好是毕业之后也要如此。一般的研究生同学在二年级中都会完成三至五项甚至更多的实验分析。到三年级写毕业论文时已经积累了资料和经验,胸有成竹了。在这方面,我很赞赏王萍老师,她不仅指导自己的研究生做语音实验,还给本科生讲语音学的课程,鼓励并指导他们做实验,以此完成学年论文和毕业论文。有的本科生因而萌生研究语言的兴趣,考上语言专业研究生。

　　我们努力在学语言学课程和专业的本科生、硕士生和博士生中推动语言实验的理念、方法和实践。其中有两个考虑:1. 语音实验应该作为现代语言学者的基本功,语言学的入门之径,语言研究的必由之路。学习基本功这种真本领绝不是先学各种理论再摆个花架子就过关，而是边做边学，动脑动手，学做结合，这跟练武功是一样的道理。亲身体会和认识语言的真实样貌，为语言研究奠定坚实的基础，这会使学生受益终生。2. 没有经过实践的学生上课学习是被动地听老师灌输知识；而在实验中的学生会遇到各种各样的问题，促使他不断思考和探索如何解决这些问题，因此他的学习是主动的寻求答案。边做边学才能够知道应该学什么，才能够分辨真假和优劣，才能够免于走弯路、费时间。这应该是对学生最大的爱护和关心。

现已进入当代语言学的时代，学术的发展已经随着信息技术的应用而大大提速。在这个背景下，语言实验完全可以跟语言的田野调查相媲美、相补充，甚至具有更为广阔的前景。语言实验就是显微镜和望远镜，使人们可以从更深更广的视角来观察语言。打下这样坚实基础的语言学人，在研究的道路上一定能脚踏实地、明确方向，做出实在的成绩。王萍老师应该就是其中的一员，她的这本书中很多从实验中得到的创新之处可以作为证明。

我有两个愿景：一是未来学界应该建立起这样的共识：语言实验是语言研究的常规方法，是语言学人不可或缺的基本功。二是我们的语言学课程应该向学生传授未来的知识，至少应该传授如何获取未来知识的基本观念和方法，使我们的学生在信息时代能够与人工智能一起工作，而不会落后于时代前进的步伐。

是为序。

石锋
2017 年 10 月 4 日凌晨
于天津南开静寓

注：王萍，南开大学文学院副教授，所著《汉语语音实验探索》由世界图书出版公司于 2018 年出版。

荣蓉《汉语普通话声调的听觉格局》序

接到荣蓉的微信消息，告诉我《汉语普通话声调的听觉格局》将要出版，这真是令人高兴的事情，我不禁回忆起当初和学生们一起探索听觉实验的日子。

一

我们从 20 世纪 80 年代开始的语音格局研究多是声学方面的分析，而语音格局还应该包括生理和心理方面的分析。荣蓉开始攻读博士学位的时候，我们正在考虑启动听感格局的分析，于是这个先锋开路的艰巨任务就落在她的肩上。记得是在 2010 年，我、梁磊老师和荣蓉一起到同济大学和上海交通大学去取经。同济大学有我指导的第一位博士梁洁教授，上海交通大学有跟我做博士后研究的杨小虎教授，都是对听觉实验很有经验的。我们专门请教并学习了听感实验的方法和有关软件的操作使用。回来之后首先开始了声调的听感测试。

我们安排荣蓉带领几位硕士生同学，分工合作，从预实验开始探索。李幸河做阴平/阳平的测试，薛鑫做阴平/去声的测试，陈曦丹做阴平/上声的测试。荣蓉除了帮助几位同学的实验之外，自己也做了阳平/上声的测试并考察时长和音高对于阴平/上声听辨的影响。后来李舒、王秀秀、王大佐等同学陆续加入，以后又有了跟雷琴音调的对比，再加上元音听辨和辅音听辨，先后共 40 多人用了七八年的时间才做出了一些眉目。

跟当年声学格局的探索从声调开始一样，听觉格局的探索也是从声调起步。大家互相协作，互帮互学，有问题就交流讨论，有困难就一起解决，在充满团队精神的合作气氛中，我们打通了一道道难关，声调听感实验取得一个个初步成果。在整个过程中，荣蓉付出了巨大的努力。她以勇于探索、坚持不懈的意志，团结互助、埋头苦干的精神，圆满完成了普通话声调的听觉格局的初步测试和分析，写出博士论文，顺利通过了论文答辩。初战告捷，这是听觉感知领域的重要创新成果，使我们在以后的听辨研究中增强了信心，后来又有了元音听辨、辅音听辨的初步成功。

二

我们的声调听觉实验参照和借鉴了已有的听觉实验的一般方法和原则，又增加了一些不同点。例如，基本的实验设计方法以对角测试法为主，以平行测试法为辅。基本的实验设计原则增加两条：一是要找出听感边界，得到听觉格局；二是要接近实际语言，考察连读声调。下面简要做些说明。

对角测试法是基于王士元的实验方法发展出来的。设定一个正方形为听觉空间，制作的刺激音在前对角线以上的音高连续统是为得出阴平/阳平的起点边界，在前对角线以下的音高连续统是为得出去声/上声的起点边界，在后对角线以上的音高连续统是为得出阴平/去声的终点边界，在后对角线以下的音高连续统是为得出阳平/上声的终点边界。平行测试法是借鉴艾布拉姆森的方法加以扩展，专为考察调型相同的高平调和低平调阴平/上声之间的动态边界情况。

已有的听觉感知实验多是依据孤立音节而做的，为了得出是否为"范畴性"感知的结论。我们的任务很明确：尊重母语者的语感，母语者的音位就是范畴，通过听感测试逐一找到母语者对于各个声调的听感边界，从而得出所有声调的听觉分布格局。为此我们需要尽量接近实际的语言交际状态，依据两字连读的声调感知，以便考察声调之间不同的边界状态，找出有哪些语言的和非语言的影响因素及其影响方向和影响程度。这样可以为语言演化、语言习得和语言变异的研究提供实证的依据。

三

在我们的探索过程中，克服了各种困难和障碍，实验中出现了一些意想不到的结果一时难以解释。有的难题甚至很长时间没有解开，例如在李幸河的第一个实验就出现了需要舍弃的异常值（见表一）：实验组其他词项的听感边界值都在 15 到 16 半音，"小汪-小王"却是 10.6 半音，差别太大。我们又请王秀秀补充测试两个同类的词项（见表二）："远方-远房"和"广播-广博"，结果前者与"小汪-小王"差不多，后者听感边界为 13 半音，说明有无鼻韵尾可能影响听辨，但还是有差距，其中肯定有着其他原因。我常常为此而困惑，苦思而不得其解。直到去年我在校对商务印书馆出版的《听感格局——汉语语音感知特征初探》书稿时，有机会把有关的实验都联系在一起，才开始解开这个谜底。

表一

出身-出神	16.1
流星-流行	16.5
小汪-小王	**10.6**
大虾-大侠	15.4

表二

| 远方-远房 | **10.4** |
| 广播-广博 | **13** |

首先是调阶区分的作用。在声调的听感边界中，调阶区分的声调边界比调型区分的声调边界具有更大的动态性。如高平调的阴平和低平调的上声之间的听感边界就是这样，在前字中提高到 69%，在后字中降低到 23%，边界移动将近 50%。正好"小汪"的前字是低平调的上声，后字是高平调的阴平。我们把参照字的上声设定到最低限上，就使后面的阴平听觉范围达到最大化，也就是听感边界降到最低，如图一所示。

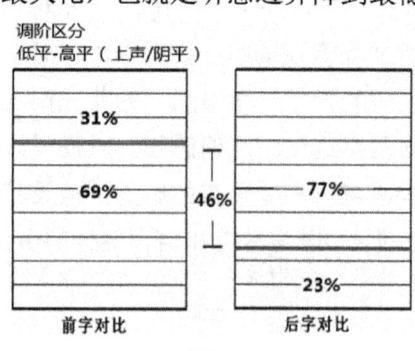

图一

其次是声调降阶的作用。在语流中本来就有音高下倾的影响，而前面的低调会使后面的声调进一步降低。前面的上声设为最低，就会强化人们对于后字阳平声调降低的预期，因此使得听感边界随之下降。

再次就是上面讲过的鼻音韵尾的影响。共鸣腔的变换更多地吸引了听感关注，弱化了对于音高上升的注意力。这也可能是更多判断为"小汪"的原因。这种鼻音韵尾的影响还需要不同声调组合的验证。

总之，这样看来，当初我们把"小汪-小王"的异常值排除在统计分析之外的决定还是有道理的。

四

荣蓉的《汉语普通话声调的听觉格局》的结论部分表明，发音和听感密切联系，相互影响。这里首先应该是生理发音决定心理听觉。听觉对发音又有反作用。我们已经知道，实际上从发音的开始到结束，全程都有语音的听觉反馈作用。也就是人们一边说话，一边在监听自己说得对不对，随时做出调整和改变。而且这种反馈不只是一个通道，而是两种反馈通道。一个通道是外部空气振动到耳朵收听的声音，再一个就是内部经过骨传导到耳蜗接收的声音。我们通常听自己说话的录音总感觉不像，原因就是录音的声音是一个通道，而自己说话时听到的是两个通道的效果。

由此可以进一步理解领会语音的定义：语音不是一般的声音，而是人的发音器官发出的，语言中的声音。我们不仅要以发音生理机制为基础，还要从发音产出和听觉感知两个方面来认识语音的特殊性。人的发音机制存在着一个基本的矛盾：人们对于平衡对称的心理追求跟发音器官非对称的生理构造的矛盾。这种矛盾具有多方面的表现，是语音变化和发展的内在动因，例如表现在发音的前后元音不平衡，声带振动的非周期性及其生理惯性等。人们的言语听觉也不是那么整齐划一的，如上面对于"小汪-小王"听感边界异常的说明。一方面是发音生理机制的决定因素，另一方面是言语听觉特征及其对于发音的反作用。我们在教学和研究中对这两方面都要充分加以考虑。

马克思《资本论》"跋"中有一段话:"研究必须充分地占有材料,分析它的各种发展形式,探寻这些形式的内在联系。只有这项工作完成以后,现实的运动才能适当地叙述出来。这一点一旦做到,材料的生命一旦观念地反映出来,呈现在我们面前的就好像是一个先验的结构了。"荣蓉的普通话声调听觉格局的研究正好是如此。做出听觉格局就是探寻内在的联系,而听觉格局完成以后,我们确实看到:呈现在我们面前的图形模式跟发音产出得到的声学格局几乎是一致对应的。

我们的实验语言学已经做了,正在做着,并且还将要做大量的实验。我们有那么多领域需要认识了解,实验就是见微知著。然而实验并不是我们的目的,只是我们认识语言的有效手段。通过实验认识语言事实、得出特征、发现趋势、总结原理、检验假设、形成观念,从而进一步去探索语言的奥秘,这就是我们的目标和方向。

30年前,我的导师邢公畹为我的第一本书《语音学探微》写的序言里有一句话我至今记得很清楚:"这些论文都有一些特点,即不但能见到一般人所能共同见到的,而且由于利用了语音实验仪器,还能见到一般人所不能见到的;而最重要的是他能想到一般人所想不到的,所以我很高兴为他这本书作序。"我在这里把这句话转送给荣蓉。祝她未来有更多的成绩!

石锋
2019年2月1日于南开静寓

注:荣蓉,天津外国语大学教师,所著《汉语普通话声调的听觉格局》由南开大学出版社于2019年出版。

刘掌才《汉语普通话基础元音的听感格局》序

掌才的博士论文经过修订，即将出版。书名为《汉语普通话基础元音的听感格局》。这好像是荣蓉的《汉语普通话声调的听觉格局》的续集，记录了我们在听感测试中，从茫然好奇到共同探索的足迹。在这里写下我的片断记忆和几缕随想，立此存照，为掌才序。

一

汉语声调的感知测试初获成果之际，汉语元音的听感测试同时在考虑之中。我通常是自己觉得有可能成功的题目，才放手让学生们去做；而对于没有把握的题目会很谨慎，只是先派尖兵去侦察试探。元音的听感测试就是先选出三位同学出发探索。黄荣佼在越南汉语教学实习之余，首先得出/i-y/之间的听感边界，初战成功，喜出望外。随后，鹿牧和耿爽爽也分别成功得到/y-u/和/i-u/的听感边界，于是信心大增。这样，元音的听感测试可以全面展开了。掌才此时正好入学读博，肩负起这个重任，帮助我安排协调同学们的元音听感测试工作。

后续加入这项工作的有丁云（后加入杨荣志）/i-y/、黄旭男/u-ə/、王丫珍（后加入魏芳）/i-ə/、蔡晓璐/i-a/、张昊/u-a/、陈畅/ŋ-ɣ/，掌才做出/a-ə/和/y-ə/的边界，并做了/y-u/和/i-u/的补充测试。最后由掌才把大家得到的测试结果和实验数据分门别类，综合整理，成为普通话基础元音的听感格局。这个工作难度巨大，无可借鉴。在此期间，我跟掌才多次详细讨论如何解决疑难困惑。从总体的方向和具体的计算，攻克一道道难关，最终获得成功。此中多少艰辛和喜悦，我和掌才都曾一起走过。

二

我们在感知实验中探索出一些新方法。对于声调采用对角测试法与平行测试法相结合,对元音采用矩形测试法与线性测试法相结合。经过初步试用,简单有效,操作容易。在给荣蓉的《汉语普通话声调的听觉格局》序言中已经说明了声调测试的对角法与平行法的具体内容。这里再对元音测试的矩形法与线性法做些说明。

元音的特性主要由共振峰 F_1、F_2 表征,必要时加上 F_3。听辨测试主要是改变共振峰。线性测试法只在一个维度上改变一个共振峰;矩形测试法要同时改变两个共振峰,是二维变化。在声学元音图中,如果两个元音之间的连线是垂直的,就改变 F_1;是水平的,就改变 F_2。如果是斜线,就采用矩形法同时改变 F_1 和 F_2。这其实就是把元音图看作直角坐标系,每个元音是坐标系中的一个点,F_1 和 F_2 分别是这个点在 Y 轴和 X 轴上的点坐标。先沿着两个元音的连线等距取点,得到各点的点坐标值(F_2, F_1),据此合成刺激音连续统,用于进行听辨测试。矩形法的两个维度,依据具体情况,也可以是改变 F_1 和 F_3,或是 F_2 和 F_3。

实验设计按照感知边界的极性原则:首先确定最大值、最小值,中间值就会分布其中。这些新方法在测试中得到检验,不断完善,成为规范性的程序化方法。这将会使不同研究者对于不同对象语言的测试数据具有直接可比性,从而大大提高彼此之间的参考价值,促进语言学的开放性研究。

三

一般认为,人类语言中有两大基本原理。一是最大区别原理:在同一层级的各个范畴分布,趋向于区别最大化。二是最小努力原理:语言中各个成分的产出和接收,趋向于用力最小化。目前看来,这第二个原理,最小努力原理,又称为省力原则,是应该讨论一番了。

许毅老师最近提出语言中有最大信息率原理(Xu, 2019)。他设计了很好的实验,得到有说服力的合理结果。我很赞同他的意见。人类的语言交际就是要传递信息。在现代社会，怎样用最少的时间传输更多的信息成为人们使用语言的趋势。这应该是理所当然，确定无疑的。所以，在最大信息率原理的后面，必然是最少用时原则：在保持信息清晰的条件下，尽量用最少的时间发出语码，完成传输。这个原则也很好理解，在任务不变的条件下，工作速度和完成时间成反比，速度越快，用时越少。这也应该是顺理成章，毫无疑义的。

如果最大信息率原理和最少用时原则的确立没有问题。那么我们就可以回到这个最小努力还是最大努力的问题了。同样的任务，用较长的时间完成，或者用较短的时间完成，哪个付出的努力更大呢？我们可以计算单位时间完成的工作量来做出比较。这是小学三年级的算术题，结果显而易见，是较短的时间完成任务付出的努力更大。那么用最少时间完成的，一定就应该是付出努力最大的了。由此，我们可以得出一个最大努力原理，即尽力原理：在语言交际中，人们尽最大努力发出语码，完成信息传输。这个最大努力（尽力）原理跟上面的最大信息率原理和最少用时原则是相互一致，彼此对应的。所谓最小努力（省力）原理，其实应该是最少用时原则的误解。说话发音所用的时间少了，付出的努力应该是更多，哪里会有更少的道理呢？用最大努力都难以达到要求，哪里还有省力的时间和空间，哪里还有偷懒的可能呢？然而，省力说早已流传很久，进入课堂，深入人心。发音懒惰也一直作为音变的重要原因之一写入了很多教科书。

纳尔森（Nelson et al., 1984）曾做过实验表明，一般人们发一个音节的最小生理极限值是 70x2＝140（毫秒）。发音到位临界值为 125 x2＝250（毫秒）。不过他的实验结论有问题。他认为人们发音都超过生理极限值，因此都会有力可省，所以他的实验支持省力说。其实应该是以发音到位的临界值为标准，即每秒 4 个音节。发音到位之后才谈得上省力，若是发音不到位还要省力，岂不是更不到位了？

一般人说汉语的语速（说话速度）是每秒 6—8 音节，普遍多于每秒 4 个音节。即，每个音节的发音时长通常都达不到临界值，发音由于时长不足而不到位，这是说话语流中的常态。在不到位状态下，是省力而更远离目标值呢，还是尽力去靠近目标值呢？当然应该是后者，说话人会尽最大努力靠近目标值，尽可能清晰地发出语码，传输信息。这也就是最大努力原理。

许毅（Xu, 2019）基于发音声学频谱的实验，也得到了同样的发音到位临界值 125 x2＝250（毫秒）。这里只是从言语发音方面得出的结论。我们还可以设计更多的实验来验证最大努力原理。毕竟最小努力原理已经风行多年。我们在用实验来证实最大信息率原理和最大努力原理的同时，还要对那些跟最小努力原理相关的一些论点做出澄清。很可能最小努力原理在其他一些领域中是可以成立的。

把基本视点从静态移向动态，从孤立单音移向连续语流，立足于实际的语言交际过程。这样的基本认识应该是新的研究方法和新的研究理念的基石。总的方向就是吴宗济先生指出的：向"自然话语"的实验研究进军。

在元音听感测试中已经有孤立语音和连续语音的分别。希望掌才和年轻的朋友们在"自然话语"的方向上努力探索，做出新的成绩。我会和你们在一起。

是为序。

石锋
2020 年 9 月 3 日

注：刘掌才，杭州电子科技大学教师，所著《汉语普通话基础元音的听感格局》交南开大学出版社，待出版。

参考文献：

Nelson, Winston L. Perkell, Joseph S. and Westbury John R.. 1984. Mandible movements during increasingly rapid articulations of single syllables: Preliminary observations, *The Journal of the Acoustical Society of America* 75, 945.

Xu, Y. and Promon, S.. 2019. Economy of effort or maximum rate of information? Exploring Basic Principles of Articulatory Dynamics. *Frontiers in Psychology* 10, 2469.

于秒《现代汉语句法歧义加工的眼动研究》序

在《普通语言学教程》中曾看到索绪尔的慨叹："直到今天，普通语言学的基本问题还有待于解决。"（索绪尔，1980：25）这个普通语言学的基本问题到底是什么问题呢？在索绪尔时代有待解决，到如今是否还有待解决呢？这个长期萦绕我心的问题，直到业师胡明扬先生一语道破，振聋发聩："长期以来，对各种语法理论、语法体系和语法分析方法只有主观评价而缺乏客观的验证。"这个基本问题应该是人类认识论的初始问题：人的正确认识是从哪里来的？要不要经受实践（和实验）的验证？因为没有经过验证的认识不能称为理论，只能叫作假设，所以有些所谓"理论语言学"的内容，实际上大部分应该叫作"假设语言学"。实践（和实验）是检验真理的唯一标准，在语言学领域应该同样适用。

多年来，我和同学们所从事的就是这种用实验的方法去发现语言奥秘和检验语言学假设的艰苦探索。于秒博士的这本书《现代汉语句法歧义加工的眼动研究》就是我们在近期新的努力和进展。这是在他的博士论文的基础上补充修订而成的。付梓出版，值得庆贺。

于秒 2008 年考入南开大学攻读博士学位，加入我们的团队。当时正值我们从声学研究转向心理研究，与天津师范大学心理与行为研究院合作，选派三名博士生分别进行大脑电位、言语呼吸和阅读眼动的研究。其中被选中进行眼动研究的就是于秒同学。天津师范大学心理与行为研究院的眼动研究在国内位居前列，实验技术已经非常成熟，研究成果界内瞩目。我鼓励于秒认真学习眼动仪的操作原理和使用方法，探索在语言认知方面用眼动仪进行研究。只有文科背景的于秒在心理学实验上遇到的困难之大可想而知，但他刻苦用功，知难而进。读博三年，频繁往返于两校之间，听课学习，实验设计，操作仪器，测算数据，统计分析，攻下了一道道难关。

在探索性的预实验中，我们选择了汉语歧义作为考察内容，初步的实验结果令人满意。于秒又先后做了歧义加工方面的几个实验，研究结果都有所发现，令人欣喜。然后于秒就在我们每周三的研究沙龙上做了实验报告，大家都觉得这条路可行，应该继续探索。于秒的成功使我增强了信心。我们最终确定了汉语句法歧义加工作为于秒博士论文的题目。功夫不负有心人，在天津师范大学的闫国利教授的热情帮助下，于秒在2011年顺利完成博士论文。

从于秒的博士论文可以看出，他的前期准备非常充足，阅读了国内外语言加工理解方面的大量文献并做了认真全面的梳理。从初期的问卷调查、例句编写到后期的眼动实验，严守规范，一丝不苟。实验结果扎实可靠，分析结论科学可信。闫国利教授对于论文也给予了较高的评价。

总体来说，于秒的研究有如下几个方面的优点。

首先是研究理念。我曾在《中国社会科学报》上撰文讲到，现代语言学的研究理念和研究方法正在发生重要的变化。从经验科学到实证科学，从定性研究到定量研究，从发现和描写语言现象、事实到对这些现象、事实进行解释和探源，从静态研究到动态研究，从单一领域到多领域的结合，从单一学科到多学科的合作。语言学界过去都是从个人语感出发来讨论语言问题，多的是主观抽象，缺少客观验证。有人曾问我：语法语义可以用实验来研究吗？于秒在本书中给予了肯定的回答。

于秒的研究就是将心理学和语言学结合起来的跨学科交叉研究，采用心理学研究中普遍使用的眼动仪，并且从心理语言学的角度，从普通人对语言的感知和理解来发现人们对汉语句法歧义的认识，特色鲜明。这在国内具有前沿性，既有重要的理论意义，也有积极的现实意义。

其次是选题方向。句法歧义加工问题，当前国内的相关研究成果并不多。这是心理语言学的一个热点问题，近年来在国外发展较快，形成了许多全新的理论，并成为研究语言理解的重要领域。于秒的研究以汉语句法歧义加工为切入点，在全面梳理国内外已有成果的基础上，探讨语义和语境等非句法信息对汉语句法歧义加工的影响。用来自汉语的实验证据来参与讨论：语言理解是模块化的还是相互作用的？歧义加工是系列建构还是并行建构？这使现有的语言加工理论得到了丰富和补充。

最后是研究内容。于秒选择了常见的三种不同类型的句法歧义例句进行实验。被试对这些实验句的歧义加工理解一定会有相同的表现和不同的表现，从中就得到人们对句法歧义加工的共性与差异，发现最一般的认知规律。于秒选择的研究内容自成一个小系列，通过分析和对比，就能发现一些有价值的结论。例如，书中提到在三种句法歧义类型的实验句理解建构过程中，被试对于两种意义的提取都具有倾向性。语义、语境在早期都影响了句法歧义的加工。系列建构还是并行建构，是与歧义类型和语境强度相联系的。这些都是经过对比分析得出的有意义、有价值的结论。

当然，本书的工作只是初步的探索。句法歧义加工与句法分析、语义分析密切相关，同时工作记忆、韵律特征等因素也必定对歧义加工产生一定的影响。这些不同的因素如何影响歧义加工？句法歧义加工认知的脑机制如何运作？进一步研究有着广阔的前景。

听说于秒于 2013 年已经晋升为副教授，又进入天津师范大学心理与行为研究院博士后流动站，并已获得教育部人文社科规划和中国博士后科学基金资助，继续进行句法歧义加工的研究。相信于秒有了这样的条件，会在未来做出更多的成果，取得更大的进步。作为老师，我感到由衷的欣慰与快乐。我们做的是朝阳的事业，我们的学生有着朝阳般的前途。

语言学的心理实验研究成果对于理解语言和认知语言至关重要。当代语言学呈现两大转向：一是转向社会实践（包括实验）；二是转向多学科合作。这是真正能够揭示语言奥秘的科学道路，也是语言学研究的必由之路。

索绪尔当年就认识到："事实上，整个语言系统都是以符号任意性的不合理原则（另译为荒谬原则）为基础的。"（索绪尔，1980：184）语言学家的职责就是探求语言理据。不知道理据，语言对于你就是任意的；

知道了理据，语言对于你就是可论证的。于是，在语言系统、语言规律、语言理据面前，任意性就成为不合理而荒谬的原则。事实就是如此。

如今，我们可以告慰索绪尔：普通语言学的基本问题已经正在解决中。

是为序。

石锋
2014 年 5 月 4 日写于南开园中

参考文献：

索绪尔，1980，《普通语言学教程》，高名凯，译，北京：商务印书馆．

注：于秒现为天津师范大学心理学部教授。于秒著《现代汉语句法歧义加工的眼动研究》由南开大学出版社于 2014 年出版。

黄彩玉《现代汉语多义结构的韵律特征》序

歧义现象，或者多义现象，是语言交际中的一种普遍现象。汉语因为缺少形态的变化，就有着更多的歧义现象。赵元任在20世纪50年代就注意到汉语中的歧义情况。研究歧义有两个方面：一是可能产生歧义的原因，除了词汇上有同音词、同形词，主要就是句法上的歧义结构，这已经有很多人做了不少的研究。二是人们消解歧义的方式，有语音的、词汇的、语法的、语用的以及交际情境的因素。同时，歧义成分或歧义结构的两种或多种不同意义在交际中是有倾向性的，它们的概率不同，地位不同。

我们从亲身体验就可以知道，虽然有很多可能产生歧义的结构，可是在实际交际中发生误解的情况却很少。这就是因为人们有着各种消解歧义的方式。在这些方式中，语音的方式虽然不是万能的，却是一定要有的，而其他方式在总体上则是可选的。我们注意到，人们常常要借助语音来消解歧义，可是对消解歧义的语音进行试验分析的却不多见。黄彩玉老师的专著《现代汉语多义结构的韵律特征》就为我们提供了这样的有益尝试。

我们一向主张语音研究是语言研究的重要组成部分，语音系统具有两重性：一，语音本身自成系统，语音内部各层级成分自成聚合性系统，以词语音节为界限。聚合性语音研究涉及的是一种语言或方言中的元音系统、辅音系统、韵律特征、音节配列、共时和历时的音变等。二，语音是语言的载体，是负载全部语言内容的组合性系统，以语句音流为对象。组合性语音研究系统以语句为基本单位，对于实际交际中的语句音流表现进行量化分析，探索其内在的有序格局。

我们分析前者的一个重要意义，就是为后者准备基础条件。前面的分析就是一个开场白。后面的分析研究才是言归正传：语音研究的真正的目标和方向——人们交际中的语言。人们平常说的语义、语法、语用三个平面研究之外还要加上语音平面。

对消解歧义的语音进行量化的试验分析，正是把语音跟语义、语法、语用结合起来的一个最佳前沿接口，一个可持续的操作平台。这在语言学的理念和方法上，都无疑具有重要的学术创新意义。彩玉老师从攻读博士学位开始，就致力于这个方向的研究和探索，并写出博士论文。此后又经过十余年坚持不懈的努力，终于有专著问世。真是可喜可贺！十年磨一剑，在学术上做出成绩，一般都是以10年为期，循序渐进。我们周围的很多人都是这样，我自己的亲身经历也是如此。

具体的语音实验分析都是以三条原理和一条推论为基础的。这三条原理是：（1）有声原理：语言中的一切内容都是通过语音表现出来，并通过语音来接收和获得理解的。（2）必选原理：焦点的表现有各种方式，其中语音是必有的，其他都是可选的，并通过语音来表达的。（3）对应原理：一个语言成分的语音充盈度跟它所负载的意义和功能相互对应。语音充盈度有四个因素，即量化的音高、时长、音量和音段特征的相对数据的大小。一条重要的差量推论：一个语言成分负载的意义或功能的增多表现为语音充盈度的叠加；而一个语言成分的语音充盈度的提升反映出所负载的意义或功能的增加。反则反是。这些就是我们对于话语音流进行韵律研究的理论依据。实际上这些应该都是常识，都是不证自明的公理。

书中通过声学和听辨实验，考察了以下几种结构：（一）"V 双+N 双"结构是动宾还是偏正，如"进口彩电"：（1）他修理进口彩电很拿手。（2）他忙着进口彩电没时间。（二）"VP+就完了"结构的三种意义：（1）大家别着急，我们说句话就完了。（2）那时候千万不能出声，我们说句话就完了。（3）这件事很好办，我们说句话就完了。（三甲）"都"字句语义多义：（1）汤都凉了，没有一碗是热的。（2）汤都凉了，快点喝。（3）汤都凉了，就更别说饭了。（三乙）"都"字句语用多义：（1）

衣服我们都买了，不论是什么款式的。（2）衣服我们都买了，鞋子一双也不要。（3）衣服我们都买了，不论是男生还是女生。"都"的语用多义还可以列出几种。（四）"了1"和"了2"对比：（1）我们今天打球。（2）我们今天打了球。（3）我们今天打球了。"了1"和"了2"不是严格的歧义问题，鉴于韵律表现对于这个语法和语义的热点是很好的例证，就一并收进书中。

实验分析程序包括听辨测试和声学分析。首先请发音人说出不同意义的语句，再请听音人对于这些语句按照意义进行分类筛选认定。声学分析需要在音高、时长和音强三要素的量化基础上，考察同一类意义的语句，看它们是否具有一致的分布特征和趋势。这就是把声学分析跟听辨测试相结合。接下来就要探讨跟句法、语义和语用三方面的不同意义相关联的声学参数的具体表现。这一般都会涉及语句焦点突显的不同位置和功能覆盖的不同辖域，即不同的韵律分布模式。这就是把语音分析跟语法、语义、语用分析相结合。通过这样两种结合的研究探索，一方面可以探讨语音韵律在歧义消解中的机制，寻求对于结构多义进行类化的一般特征；另一方面可以帮助我们为语法、语义、语用等方面已有的研究结论提供实证，进行检验或修正，以期改进具有普遍意义的原理和方法。

前面已经讲到，各种消解歧义的方式中，语音的方式是必有的，然而并不是万能的。语音方式有时是独有的，有时是共有的，有时只是附属的。我们知道，汉语的歧义结构不只是跟焦点重音等韵律表现有关，更是跟句法结构的语序特点有关，跟语用及情境有关。因此，并非所有的多义结构都可以只是通过语音韵律的改变来解决的。尽管如此，通过书中对几种结构的实验考察，除了一些具体的发现和结论之外，总体上可以有以下三个方面的收获。

首先，证明了语调格局和韵律格局的理念和方法在歧义结构的韵律分析中，是完全适用的。其次，验证了音高、时长、音强这三个韵律要素在歧义结构的焦点标记机制中，不是完全同步的，因此只分析音高是不完整的研究。最后，用量化方法证实了在语法化和词汇化过程中，有着语音的变化相互伴随。

彩玉老师知难而进,勇于实践,刻苦攻关,锐意创新,精神可嘉。书中展示的大量实验研究工作,都是在语言研究的学术道路上的初步探索,还有改进和完善的空间,还有继续前行的广阔天地。坚持到底,就是胜利。我们期待着听到彩玉老师传来更多的好消息。

是为序。

石锋

2019 年 7 月 8 日于美国明德绿荫中

注:黄彩玉为黑龙江大学文学院教授,所著《现代汉语多义结构的韵律特征》由中国社会科学出版社于 2020 年出版。

张琪、刘劲荣《民族语言与文化》序

劲荣是 2008 年在南开大学获得博士学位的，转眼已近 10 年了。我一直欣慰地关注着他和他们学院在学术上的不断进步和发展。在各民族汇聚的彩云之南，又是在云南民族大学的民族语言文化学院，劲荣有着得天独厚的丰富资源，再加上现代的理论方法和仪器设备，他的学术成果层出不穷，前景令人期待。这本张琪、刘劲荣主编的《民族语言与文化》论文集正是他们辛勤耕耘的又一结晶。

书中收录的是他们指导的云南民族大学研究生所撰写的调查研究民族语言文化的论文，虽然篇幅不长，但是内容充分，语料翔实，值得一看。书中特色略举如下：

一、选题多样。以语音、词汇、语法以及语言传习为切入点，采用不同视角解读各具民族特色的语言生活。既有《藏缅语重叠式结构初探》那样从宏观角度的分析，也有《少数民族大学社团文化在双语建设中的作用探析》这样对双语教育形式的考察。

二、导师和学生结合，透过表层的语言形式，联系人类学与社会学的民族习俗、宗教信仰等领域，探求其中渗透的文化精髓。如《从语义分析看乌撒彝族的婚姻制度》等。

三、关注濒危语言的调查研究，保护人类文化多样性。如《新平红星小组苦聪话使用现状与濒危原因分析》等。

四、文章语料多是通过田野调查搜集资料，进行论证分析，很少空谈理论。贴近实际的语言生活。虽然略显稚嫩，但是可以感觉到那泥土的清香。

看到这些民族语言文化研究的新成果，不禁回想起我自己调查民族语言的往事。1986年，我第一次踏上云贵高原，深入贵州、云南、广西进行历时6个月的田野调查。在荔波水语中记录到一种小舌鼻音时喜出望外，我曾写下"山遮新雨羞见客，寨遗古风笑迎人。最爱荔波榕树下，坐听皓首记新音。"今年在昆明的"演化语言学会议"中，当年我调查三都水语时所找的发音人的侄女已经是语言学的研究生了，她找到我，十分惊喜地说："你比我姑妈说的更和蔼可亲哦！"

后来我们还曾带研究生到过云南西双版纳以及广东、湖南等地。王士元先生有时还跟我们一起做田野调查。有一次我还陪王先生进了大瑶山。王先生多次讲到：在南开大学，我有一个好朋友叫石锋，他很熟悉国内少数民族的情况。我一有机会就来内地，跟着石锋去少数民族地区做研究。到香港后，我继续跟着北京大学的、南开大学的团队去做田野工作（王士元：我们应当让语言自然地演化，《文汇学人访谈录》12月8日）。跟王先生在一起，耳濡目染，从为人到治学，我学到很多，受益匪浅；尤其是他对于语言研究的专注执着，令人难忘。

美国学者拉波夫提倡在社会中研究语言，把语言学建立在实证的基础上。我是非常赞同的。语言在社会中产生，在社会中发展，在社会中变化，离开社会就不会有语言。离开社会的语言研究只是纸上谈兵、空中楼阁。我身体力行，并以此跟我的学生们共勉：到社会中去，到田野中去，到实验室去。劲荣和张琪的这本书正是研究社会中的语言得到的成果，希望以后会有更多更好的这样的成果，使语言学的花园百花齐放、争鲜斗艳。

是为序。

石锋

2017年12月31日于南开静寓

注：张琪，云南民族大学教师；刘劲荣，云南民族大学教授。二人主编的论文集《民族语言与文化》由德宏民族出版社于2017年出版。

田美华《平凡岁月》序

美华的回忆录《平凡岁月》要付印成书了。妇唱夫随，在书前写几句话自然成为我义不容辞的任务。原本以为是很轻松的事情，可是真的要开始，才知道这跟我以前写过的很多序言完全不一样，可能是当局者迷，提起笔来我百感交集，思绪万千，这序言真不是那么容易落笔的。

很多人都觉得，我们这一代人不那么幸运，反右运动，大炼钢铁，节粮度荒，"文化大革命"，上山下乡，还有很多人下岗……其实，我们这一代人又很幸运，和新中国一起长大，没有哀鸿遍野，没有炮火连天，能够上学工作，能够安居乐业。特别是赶上改革开放的好时机，有了施展才华的天地，可以尽兴拼搏一番。

回顾我们一路走过的曲折坎坷的历程，充满酸甜苦辣，令人感慨万分，其中最深刻的感触就是：我们这些共和国同龄人，人生的旅途大体上是与共和国同步的，在历史的洪流中漂泊沉浮，个人的前途与祖国的命运息息相关，紧密相连。

《平凡岁月》中所写的内容，我是第一读者，又不只是读者，还是共鸣者、熟悉者、参与者。其中依时间远近而有程度的不同，可以略分为三种情形：

从童年到小学的少年时期，那时我们在各自的家庭中，具体经历相互不同。然而因都是在相同的社会风气和时代背景之下，对那些熟悉的生活氛围引发同感，产生共鸣，所以自称为共鸣者。

在南开中学和北大荒下乡时期，我们是初中和高中的同学，又是一起下乡的荒友。美华的同学也是我的同学（尽管不同班），我的荒友也是美华的荒友。生活在同一群体当中，很多事情共同经历、彼此熟悉，因此可称为熟悉者。

到结婚成家之后的几十年中,我就成为共同生活的参与者了。如美华在书中讲到她的四次手术,我虽然每次都去尽力安慰家人,但实际心里是极为担忧和恐惧的,至今回想起来还心有余悸。在那八次搬家中我就曾有几次因外出开会和出国讲学而逃脱,一直深觉愧疚。

其实令人真正难忘的,是当我还处在社会最底层,人生最落魄的时候,美华能够看上我;她1972年回津上学,1976年已经成为天津市一家医院的大夫,竟肯下嫁当时还在北大荒的一个前途未卜的普通知青,同甘共苦,不离不弃。这足以使我由衷敬佩她的伟大和真诚。后来我的刻苦用功、努力奋斗,抛开那些豪言壮语,其实这才是最为重要的动力之源:咱不能亏了人家。

我在花甲之年曾回顾自己60年生涯,总结为10年一变:每10年左右境遇就有较大转变。如:北大荒干10年,辗转求学10年,漂泊海外10年,错当院长10年。这里又可以增加一个实例:我在1982年研究生毕业回津,距美华1972年回津上学正是在10年之后。10年是长是短?人生10年有几何?白云苍狗,不胜嘘唏。

《平凡岁月》就是这样真诚的人写真实的事。内容平易,文笔平实。书中的内容并无特别的选择取舍,而是随意挥洒,出于兴趣或出于记忆,有兴趣的才记得住。美华的记忆力极好并且有写日记的好习惯,对于重要活动所见所闻的细节描述,远胜于我。

言为心声,文如其人。读这本书就好像是坐在那里听美华讲述过去的故事,一件件一桩桩,娓娓道来。一开始她还有点儿担心,怕自己没有文学水平。我则极力鼓励她:这不是文学作品,是纪实作品。纪实作品的要求是:天然去雕饰,朴实无虚华。这一点美华做到了。从书中,我们会看到,一个普通的青涩的邻家女孩,为人妻,为人母,又为人祖母,怎样一步步在人生旅途中走来:上学下乡,工作奋斗,漫步红尘,遍游世界,笑看人生。因为不计较物质的得失宠辱,所以她在精神上是富足的,她的生活是幸福的。

有人说:忘记过去就意味着背叛。我没有那么高的认识,可至少觉得人不应该忘本。人而忘本，不知其可。所以我全力支持美华写出来，既可自娱又可娱人。一方面实现自己的志趣；另一方面为同辈人引发珍藏的回忆，让年轻人从中得到人生的感悟。

　　回忆录作为讲述历史的重要资料，一般都是名人大腕才够格写的。以往的历史记录中多是上层人物、社会精英，而绝少凡人小事，普通百姓的生活。美华的《平凡岁月》正是一个普通人真实经历的鲜活记录。这种"非名人回忆录"以普通民众的观察角度，增加了历史文化和社会知识的宽度和广度，打开了历史记录的新天地，这也可以算作本书的一种社会意义。

　　最后还要感谢已经撰写编辑出版多部图书的荒友于德宁同学，自愿承担本书义务责编工作，调整文字，安排图片，设计封面，选定版式，付出辛勤的汗水。所以这本书还凝结着我们深厚而真挚的友情。

石锋
2014 年 2 月 21 日

师友赐序

《语音格局——语音学与音系学的交汇点》序（吴宗济）

从古至今，中西双方对各自语言的语音所做的系统性分析与研究各有其方法与成果。中国方面较早的研究当属隋代的《切韵》和守温三十六字母，一直延至近代，凡治音学者多不离其宗。其价值在20世纪30年代已被罗常培先生评价为："考古功多而审音功浅"。西方则在19世纪初，涌现了捷克布拉格学派的音系学、英国琼斯的英语语音学、法国巴黎的国际语音学会的国际音标表，以至欧美声学家的语音声学分析，等等，使语音的分析研究达到前所未有的成就。从此中西交流，通过无数学人的努力，可以说也已达到前所未有的成就了。

人与人之间的对话，正如古语所说："言出于我口，入于尔耳"。尽管言者所说的每个音节和声调并不那么"到位"或规范，但由于人的听觉系统可以对听到的语音进行加工处理，通过大脑的分析、记忆、比较等等功能的综合处理，只要听来的语音"框架"不差，语境相近，就能被理解。这个"框架"就称为"格局"。

语音学的要求是分析的演绎，而音系学的要求是"框架"的归纳。演绎力求其巨细无遗，而归纳应做到言简意赅。当今的语音分析用各种仪器得到的数据，包括了一切到位的和协同的变体，已尽演绎之能事。但要归纳出一套合理的"框架"，却不那么容易。石锋教授的著作，包括多篇关于各种汉语方言和民族语言的调查分析成果，经过格局的计算，既有语音的演绎，更有音系的归纳，即以"语音格局"命名，此举在今日同类文献中是付出大量的劳动而有创新意义的。

本人在此道中亦曾经过半个多世纪的沉浸，深知其中甘苦，今日乐观其成,愿更进一言。过去的语音学者只从事"人际对话"的语音研究,今日已进入言语工程时代,语音学者已不得不参加"人—机对话"研究的队伍。作者如能在此基础上,在不久的将来为汉语语句多变的韵律梳理出"格局",更有望焉。是为序。

吴宗济
2007 年 2 月 17 日
于北京之补听缺斋

注:石锋编著《语音格局——语音学与音系学的交汇点》,由商务印书馆于 2008 年出版。

附：《关于语音格局的发言》（吴宗济）

赵元任先生发明的五度值是一个具有相对性质的值。石锋教授提出的格局非常好。什么是格局？譬如说，来了两个人，其中一个相貌堂堂，另一个却委靡不振，是几格呢？没有绝对值，但是大家都明白。第一个人是一个相貌堂堂的人。

各种事物都有一个尺度待分的绝对值，但是我们理解的是相对的，比如在大自然中，天气好了，好到什么程度呢？今天是 23 度还是 32 度？去数天上的云朵，说有 100 块是好的，200 块就是不好的？像这种事情是没法说的。你说它不对吧，不准确吧，可是它非常准确，今天万里无云，你要是找到一块云来了，它就不及格了。万里无云，大家知道，出去是不用带雨伞的。

我们一辈子都面对着相对的东西，比如房子，他的房子很好，有三间屋，按理说三间屋比两间屋好，可你到另外一家看，有两间屋，每间 15 平方米，而原来说的三间屋呢，每间只有 5 平方米。所以这种东西没法说。

今天我们来讲的格局是语音格局。哲学是相对的，有正有反，有前有后，有大有小，无一不是二分。可是二分也有人上当了。在 100 年前左右，英国人丹尼尔·琼斯（Daniel Jones）出版了一本《英语语音学》的书，他把元音分成一个三角的格：前高的 i、后高的 u、低的 a。到了汉语里，就有了 i、e、ɛ、a。原来说这是二分法，现在我们发一个 ə，它是不前不后，不高不低。那么二分是不是就绝对呢？有没有人反对呢？后来就有人反对二分法了，乔姆斯基（Chomsky）大致是用绝对来分的，他认为二分不够。今年年初去世的加州大学的语音学家拉迪福吉德（P.

Ladefoged）曾经写了一篇文章，认为应该有多分法，如果说 i、e、ɛ、a 是四格，但是加入一个松的[i]，那么四格就不够了。

在和他的讨论当中，我曾经告诉他，如果从哲学的角度来看的话，应该是：多分当中，每一格都是二分，上面是高元音，下面是低元音，这是二分。每个二分又可以多分。这个就没有底了。所以，我们可以不必这样去追究。

第一，格局现在又推广了，不光在声调方面，元音、辅音也有格局。格局的思想用来调查方言真是太好了。我发一个$[p^h]$，没有必要去追究这里面的送气到底喷出来了多少，指出送气就行了，就够了。石锋同志去调查过少数民族语言，那么复杂，里面有些音我们学都学不来。所以，这"格局"两个字我非常佩服。

第二，再讲一讲每个人自成系统的问题。系统的观念很重要，一个人的发音，静态是单人发音，今天发一个，明天发一个，你拿去做了语图再叠加，恐怕也重合不了。赵元任先生告诉我说，他调查方言的时候，有个发音人没睡醒就来发音了，他发的音和睡醒了时候的发音就不一样。不管怎么样，它这里有一个共同性，有一个容许度。

语音学不可不去测量，测量这个手段是要有的。但是测量完了，你不能死抠这个东西。当然，去测量 100 次、1000 次，然后再取平均，但这样的平均做法也危险。也许选的 10 次当中，有 5 个是语言环境不同的你就没法给它平均。

看实验好不好，你不可不精确，精确完了以后，还要认真考虑。比如普通话 i 有人量出它的 F1 为 300 赫兹，F2 为 2200 赫兹，如果另外一个人量出了 i 的 F2 为 2300 赫兹，那怎么办呢？其实这是没有关系的。有时候我们写书就不得不这样做。找一个人发音，测量他高元音的共振峰是多少，低元音的共振峰是多少，一一写出来，这也是可以的。

还有一件事情很有意思，我们曾经跟赵元任先生去调查湖北方言、湖南方言。中华人民共和国成立后，在我们调查过的湖南方言中的一个县里，有一个本地人写信给我说，你们写的方言和我们这里的方言就不一样。我就说,你去查查,我们调查的发音人,他住哪村,他的祖父说什么,父亲说什么,这些都得写出来,你是不是这样做的?他不是这个村,却说你记的音不对,这样死抠是不行的。如果湖南方言每个县都说得这么清楚还不够,还得每个村都要这么清楚那也不可能。

不过,我们调查方言时,多少要有这么一个概念,比如调查湖南方言、湖北方言,分几个点?这些点怎么分呢?比如江西靠浙江的地方说浙江话,靠湖南的地方说湖南话,你到底怎么选点,哪县哪县多半是由行政区来决定。

我曾经到过丹麦,丹麦在地理上是一个小国家,他们的语音研究所把一张地图分成100多个方格,他们不管行政区,一个方格大致对应30到50平方千米,每一个方格都去进行方言调查。这样,他们对所调查语言的情况就可以知道了,可以在图上画范围,画曲线就知道这个地方的方言接近北欧,那个地方的方言接近南欧,这个方法是非常好的。但在中国是不容易做到的。而且,我们现在调查方言,发音人的选择多少还要考虑年龄的大小和男女的性别。

从格局来说,多少多少东西成一个格局,一个格局里包含多少多少东西。比如声调是不是五度的问题,加州大学的麦迪森(Maddison)对世界的有声调语言进行过记录,记录了300多个语言,其中非洲话里的声调有三度的,有四度的,还有五度的,但是没有超过五度的。也就是说,在声调格局中,有五度我们就可以辨别语音的高低了,当然,说去声是53、52也行,54也行。所以说,五度值是非常高明的。少数民族语言里有六度,这是非常少见的,但是可能有,因为他们可以辨认。就像有的少数民族语言有浊音送气,比如有[b],还有[b^h],后来在民族所的记录材料中我发现有这样的音。汉语里只有清辅音有送气,比如[t]和[t^h]、[p]和[p^h]、[k]和[k^h]。世界这么大,可能有非常多的现象。不过从现在的情况来看,五度就够了。

格局的概念可以运用到很多方面,不光是在语言学里,人的品性也有格局,天气也有格局。我们非常佩服格局这个理念到处可以用,我祝贺你们的成功。

吴宗济
2009 年 10 月

《实验音系学探索》序(王士元)

The study of speech sounds has been called "the indispensable foundation" toward understanding the nature of language. While it is true that language has acquired other full forms of representation—written language with its graphs on and sign language with its facial and bodily movements—language probably could not have reached its present state of richness and intricacy without its phonetic beginnings. Written language and sign language essentially branched off from the indispensable foundation of speech.

Speech sounds are not just ordinary sounds; they are special in that they function in hierarchies of categories. Different languages evolve different systems of categories, and the same physical sound may be categorized in one way in one language, and be categorized in another way in another language. In other words we need to attend to the psychological properties of a sound in addition to its physical properties. Analyzing how sounds are variously categorized in the languages of the world is a central task of phonology.

Up to the 1960s, phonology used to be primarily a pencil/paper endeavor. You listen to the pronunciation of the native speaker of various languages, i.e., your informant, write it down, and try to detect interesting patterns of distribution and alternation the sounds exhibit. On the other hand, phonetics was a laboratory pursuit, typically focused on well-known languages, examining the physical properties of their sounds in minute detail.

The equipment gradually evolved from the kymograph of the 1930s, to the spectrograph of the 1950s, until the advent of the computer in the 1960s completely restructured the phonetics laboratory.

It was in an atmosphere of mutual neglect of phonetics and phonology when I established the "Phonology Laboratory" at the University of California at Berkeley in 1967, at about the same time that a "Phonetics Laboratory" was started at the University of California at Los Angeles. Many people thought it odd that these two words, phonology and laboratory, should be put together almost an oxymoron, since phonology was regarded as something formal and abstract, and not related to laboratory experiments.

I was of the conviction, on the other hand, that phonetics and phonology provide two complementary windows on the same puzzle: the nature of our ability to speak, including the phylogeny and ontogeny of this ability. Phonology can no more move away from the indispensable foundation than phonetics can ignore the patterns that speech sounds make. Each window allows us to ask some questions but neither window alone can lead to answers to all the questions for this puzzle.

To exemplify, suppose we wish to know if the 3rd tone in sandhi position in Putonghua joins the category of the 2nd tone, or if it becomes a 5th tone in its own right. This is not a phonetic question that can be answered by laboratory measurements, no matter how extensive. The problem was discussed early in the structuralist literature, under the label of "phonetic overlapping". Categorization is a psychological phenomenon; therefore it is a phonological question—a phonological question which requires native speaker subjects and controlled experimentation.

Professor Shi Feng apparently shares my conviction that phonology can also be an experimental science. This is shown in the titles of his books. In 1990, his *Yuyinxue Tanwei* deals essentially with traditional phonetics. His 2008 book, *Yuyin Geju*, has a subtitle which puts phonetics and phonology together, i.e., "yuyinxue yu yinxixue de jiaohuidian". In the present volume, the conviction is completely explicit, *Shiyan Yinxixue Tansuo*, where the term "experimental phonology" begins the title.

The present volume is valuable in many ways. The first chapter offers some general discussion of the methods and procedures of phonetic analysis.

The next chapters contain many valuable observations on tones and tone sandhi, especially as these are distributed in the northern dialects. The fourth chapter deals with obstruents, centering on the rare four-fold contrasts in the Shui language, and on the voiced obstruents in the Suzhou dialect.

I am particularly glad to see chapter five, which begins with a report on some very interesting results on children's acquisition of vowels in Putonghua. These empirical results should surely be introduced to the growing literature on language development. The next sections of this chapter discuss issues of language contact between Chinese and American English, and the effect this has on the sound systems of the speakers. Again, I hope the empirical results reported here will help inform researchers in the areas of sociolinguistics and historical linguistics.

All in all, then, this is a rewarding volume to go through, and Professor Shi is to be congratulated for his achievement. It arrives at an opportune time, when the study of speech sounds as a discipline, or speech to maturation. A tangible sign of this progress is the launching of the first domestic journal in this area, 中国语音学报.

Building upon the groundwork Professor Shi laid for us in this volume, one may hope that future work will go beyond in various ways. In addition to segments and tones, we must also venture into phonation, an important area recently explored innovatively by Professor Kong Jiangping of Peking University. Clearly modes of phonation must relate intimately with tonal phenomena. Eventually, speech sounds must be understood at their origin, at the level of neural commands—instructions to the larynx, to the respiratory muscles, as well as to the many muscles of the speech tract. I tried to give a preliminary flavor the neural perspective in my contribution to the inaugural issue of 中国语音学报. But this is an area about which preciously little is known at present.

　　Now that we know how to describe the sounds of speech, a next challenge is to explain them at their neural source. This is but one of the many exciting horizons we may look forward to!

William S.-Y. Wang

中文译文：

　　语音研究被称为理解自然语言的必需的基础。虽然语言已经有了其他充分的表现形式——用纸上的图形表示的书面语言、用面部和肢体动作表达的信号语言——但是如果没有语音作为起点，语言或许不会发展到如今这么丰富和复杂的状态。书面语言和信号语言原本就是从言语这个必不可少的根基上分支出去的。

　　言语中的声音并不是普通的声音，它们的独特之处作用于各种范畴的层级结构之中。不同的语言采用各自不同的范畴系统。物理性质相同的声音可能会在一种语言中被划归为一种范畴，而在另一种语言中却被划归为另一种范畴。换言之，我们在语音的物理性质之外，还需要关注它的心理学特征。分析语音如何形成世界上各种语言内多种多样的范畴系统，这是音系学研究的中心任务。

　　在20世纪60年代以前，音系学的工作主要是靠纸和笔来进行的。你要注意听各种语言的当地说话人，也就是发音合作人的发音，记录下来，并且从语音的表现中去尝试发现有意义的分布和变换的模式。另一方面，语音学则是一种实验室里的探求，典型的工作是集中在众所周知的语言中，考察它们的语音在细枝末节上的各种物理性质。实验使用的仪器逐步改变，从30年代的浪纹计到50年代的语图仪，直至60年代计算机的使用，使语音实验室的面貌彻底改观。

　　正是在语音学和音系学相互看不起的气氛中，我于1967年在加州大学伯克利分校建立了音系学实验室，大约在同时，一个语音学实验室在加州大学洛杉矶分校创建。很多人觉得很奇怪，把"音系学"和"实验室"这两个词放在一起，是一种自相矛盾的措辞，因为音系学过去被认为是形式上的以及抽象的东西，是跟实验没有关系的。

然而，我确信语音学和音系学能够为解开同一个难题提供互相补充的两个窗口。这个难题就是：我们的语言能力的自然属性，包括这种能力的群体发生和个体发生。音系学离不开语言这个必需的根基；同时语音学也不能忽视各种语音构成的范畴格局。每一个窗口都会为我们提出的一些问题做出回答，但是任何一个窗口都不能单独给出解开这个难题的所有问题的全部答案。

举例来说，假设我们要想知道处在变调位置上的普通话第3声调是合并到第2声调范畴中，还是变为一个独立的第5声调。这不是一个通过在实验室中测量数据就能够回答的语音学问题，无论怎样扩展测量的工作也无济于事。这个问题早期曾经在结构主义的文献里讨论过，冠之以"语音重叠"的标签。范畴化是一个心理学现象，因此它是一个音系学问题，需要当地说话人作为被试者在控制条件下进行听感实验。

石锋教授显然跟我一样，也确信音系学能够成为一门实验科学。这表现在他近年来出版的著作的名称上。1990年他出版的《语音学探微》，基本上是传统的语音学。2008年，他出版的《语音格局》有一个副标题，把语音学和音系学放在了一起，即"语音学与音系学的交汇点"。在本书中，这种信念也得到了明确清晰的表达，该书以实验音系学作为书名的开头：《实验音系学探索》。

书中的内容具有多方面的意义。第一章是对于语音分析的方法和程序的总体讨论。后面的章节（第二、第三章）包括了对于声调和连读变调的考察，特别是连读变调在北方方言中的分布特征。第四章是塞音的分析，集中分析了水语塞音中少见的四种发音方法的对立，以及苏州话里面的浊塞音声母的性质。

我特别喜欢读第五章的内容，开头是考察儿童习得普通话元音的过程得出的一些非常有意义的成果。这些实验的结论无疑会丰富正在增长的有关语言发展的研究。该章后面的内容讨论了汉语跟美国英语之间语言接触的问题以及这种接触对于说话人的语音系统造成的影响。我同样希望这里报告的实验成果将有助于在社会语言学和历史语言学领域的学者的研究工作。

总括起来，这是一部富有成果的著作，石锋教授的成绩值得祝贺。这部书的出版恰逢其时。语音研究作为一门学科，或者称为语音科学，在中国正在成熟。标志这个进步的一个现实符号，就是在这个领域国内第一家集刊——《中国语音学报》的创刊。

建立在石锋教授在本书中为我们展示的基础工作之上，人们可以期望未来的研究将会走向不同的道路。除了音段和声调的研究，我们还应该关注发声类型，这是近期北京大学孔江平教授创新性探索的一个重要领域。显然发声模式必定跟声调现象密切相关。最终，语音必定会在它们的本源中得到理解，也就是在神经主司的层次上对于喉部、呼吸肌肉以及声腔中的很多肌肉发出的指令。在写给《中国语音学报》创刊号的文章里面，我曾经尝试提过语言的神经方面的研究前景，但是目前这确实是一个我们知之甚少的领域。

现在我们已经知道了对语音如何进行描述，下一个挑战将是在神经源头上对它们做出解释。这只是我们可以期待的令人鼓舞的众多愿景之一。

王士元

（石锋 译）

参考文献：

Kong, Jiangping. 2007. *Laryngeal Dynamics and Physiological Model*, Beijing: Peking University Press.

王士元，2008，宏观语音学，《中国语音学报》（第 1 辑），北京：商务印书馆，1-9.

注：石锋著《实验音系学探索》由北京大学出版社于 2009 年出版。

《实验音系学探索》序（胡明扬）

　　石锋第一次站在我的面前，是 30 年前他从哈尔滨考到中国人民大学当语言学专业的研究生，质朴、谦虚，带有几分下乡知青的执着。那时他向我提出要学实验语音学。于是我带他叩开吴宗济先生的房门，把他和他的一位同学托付给老先生。此后他们就开始了勤奋求索的努力：到北京大学林焘先生组织的语音学课堂听讲；请语言所鲍怀翘先生定期授课；向声学所张家騄先生登门求教。后来他们的毕业论文顺利通过答辩，经我推荐发表在《语言研究》。

　　石锋毕业后回到天津工作，还时常到北京来家中看我，仍像当年做学生时一样，讲述工作学习、研究进展。我则是给予讲评，勉励进步，指点不足。以后石锋在南开大学建立语音学实验室，做民族语言的田野调查，师从邢公畹先生攻读博士学位，到香港跟王士元先生研究语言，在东京、名古屋等地教授汉语研究生，最后回南开从事对外汉语工作。如今石锋所在的南开语言学团队已经成为国内语言学的重镇之一。我看着石锋在学术道路上一步一步前进，逐步长大成熟，觉得非常欣慰。老师最大的快乐就是看到自己学生的成绩。

　　石锋的硕士论文里就包含有语音学与音系学结合的想法和做法。后来在吴宗济先生支持下，分析声调格局。近年来又有元音格局和辅音格局的分析成果。经过多年的探索实践，他明确了实验音系学的方向，找到了语音格局的道路。语音格局的思路在前辈学者和国外学者已有成果的基础上，增加了原创性的成分，可以说是一种语言学和语音学中的自主创新。

　　石锋是幸运的，前进路上得到众多的师友相助。石锋们是幸运的，学术生涯中欣逢太平盛世，政通人和。这是我们这一辈学人梦寐以求而未能得的。

我曾多次跟石锋讲过，要把汉语语调作为汉语语音研究的重要内容。如今吴宗济先生也讲到，希望他"在不久的将来为汉语语句多变的韵律梳理出'格局'"。看来，我和吴先生在这一点上是不约而同了。听说石锋现在已经在探索分析汉语语调格局的表现和规律，我期待得到他成功的消息。

是为序。

胡明扬

2008 年 8 月 4 日

《语音丛稿》序（吴宗济）

在今日信息时代，语音学的研究和应用日趋重要。无论是语言科学、语音教学、语病矫治以及言语工程等等方面，都迫切需要新的、以实验为手段的语音学。在20世纪初期，现代语音学处于萌芽时代，这方面的理论家和实验家，多是各干各的。随后到了言语工程兴起的年代，文、理双方从事语音的，又多各不相谋。在20世纪50年代虽有语言学大师雅各布森和工程师方特的合作，但还未成风气。到了20世纪80年代初的第十届国际语音科学会议上，方特做主题发言，指出当前的言语工程即使有第五代计算机，也难解决问题，还须有第五代语言学家来合作。他还呼吁院校中的文科和理工科学生互相学习对方知识，共同攻关，以免言语工程的这条"冲浪板"在洪流中"触礁"。自此以后，文理隔阂的情况有所改善。但语音处理中的许多难题仍未解决。直到10年后的90年代初，第十二届国际语音科学会议上，语音学家欧哈拉在主题报告中，深刻批评了语言学界自从布拉格学派创立音系学以来，就逐渐和语言学分手，甚至互相攻讦。他们所致力的都是同一目标，但却背道而驰。直至今日，他们应扪心自问，对于言语是什么结构和怎样工作的，真正了解多少？现在该是他们立即"复婚"的时候了。由此可见，语音学的当前所急，一是文、理合作，二是名、实相济，不如此，语音科学是得不到长足进展的。汉语的现代语音研究在我国起步较晚，但有了这些前车之鉴，相信是可以少走弯路的。在这方面，国内已有学人做了一定程度的努力了，而石锋、廖荣蓉两君，就是其中的突出者。

我国的实验语音学研究，在中华人民共和国成立10年左右才初具规模。中国科学院语言研究所在20世纪50年代末成立了实验室，并与声学研究所建立了交流关系,这是沟通文理双方对语音知识互相学习的先例。大专院校首先在这方面合作的是北京大学中文系。他们在1979—1980年度开设了实验语音学选修课程,我应聘承乏该课讲席。就学者除部分本校研究生,还酌收校外学员,石、廖两君就是此班的同学。他们都来自文科,学习这门新的边缘科学,克服了困难,做到了"三到",既要多读外文资料,又要动手多做实习,难得的是他们二位结业后仍是坚持干这行专业,各在其本校继续研究,教、研相长,同时建立了实验室。这为大专院校中文系从事实验语音学起了带头作用。在短短10年中,他们几乎每年都有一篇以上的论文发表,被国内外同行所认可。而且他们论著中,不乏对今古、中西的语音学说有所贯通发扬,符合上述的文、理与名、实合流的期望,可以说在这方面他们是赶上了时代的。

现在乐见石、廖两君以其历年成果,集选成书,并乞序于余。好为人作序昔贤所戒,但我谊属师友,自不敢辞。因忆及宋代大诗人陆游有《示友》一律,阐述治学之道,愿以为赠。诗云:

"道在虚中得,文从实处工。凌空一鹗上,赴海百川东。气骨真当勉,规模尽不同。人生易衰老,君等勿匆匆!"

石、廖二君的文章,有的很具独到见解,有的做出大量数据。课题每能知难而上,博采众长,集中解决一个争议,或给出一个可靠结论。他们除合作的文章外,并另有专论,各具"规模",可称无悖于放翁治学之道。不过,诚如本书《后记》所说,语音学和别的科学一样,是一门遗憾的科学,补缺决疑,都有待于来者;我不辞"衰老",仍愿多献新知,不吃老本,与二君共勉,锲而不舍,不要做"匆匆"的人生过客。是为序。

吴宗济于补听缺斋
时年八十有五
1993年11月

注:石锋、廖荣蓉著《语音丛稿》,由北京语言学院出版社于1994年出版。

《语音丛稿》序(鲍怀翘)

实验语音学是一门新兴的语言学科,利用近代医学、声学仪器和计算机,对语音的生理产生、物理特性和感知特性进行多角度的研究,揭示语音的本质特征。这些研究所得到的语音的客观、科学描写,在语言教学、言语通讯、语音合成和识别、口语自动翻译以及言语病理学等领域中有着广泛的用途,因此越来越为语言学和语音学界所注目。

在我国,已相继有一些大学和研究机构建立起一批语音实验室,配置了先进的仪器和计算机。在汉语和少数民族语言的实验研究中取得了可喜的进展,出版了具有较高水平的研究成果;在国际上也赢得了声誉。此外还自行培养出了一批博士生、硕士生。这批新生力量功底扎实,视野开阔,思想活跃。他们将成为我国21世纪的学科带头人。石锋和廖荣蓉两位同志就是这批新生力量中的佼佼者。

石锋和廖荣蓉是中国人民大学胡明扬教授的硕士研究生。他们二位凭着年轻人的敏锐感,对实验语音学产生了浓厚兴趣,经胡明扬教授的安排,于1980年春天开始由我来辅导他们学习。我认为对一个文科出身的人要进入实验语音学这个门,必须上三个台阶。第一个台阶是思想关,就是要克服畏难情绪。实验语音学是一门集语音学、医学、声学、数学、无线电和计算机科学的知识而形成的边缘性学科,这对文科出身的人来说无疑是有一定困难。然而这些困难并不是不可逾越的。在辅导教学中,我以自己为例,说明中文系的学生通过自己的努力是可以掌握这门学问的;同时在学习中以深入浅出、循序渐进、理论联系实际的方法,一步步帮助他们建立起必要的、基础性的概念和知识。通过一段时间的学习,他们很好地闯过了这一关,增强了信心和学习热情。第二个台阶是外语关，外语关指的是能独立地阅读外文（英语）文献。要读懂实验语音学方面的文献，不仅要有较好的英语功底，而且要掌握很多专有名词和术语。为此，我选用了两篇文献作为入门课本。第一篇是丹麦语音学家 E.菲歇尔-约恩苏写的《声学语音学的新技术对语言学的贡献》（"What can the techniques of acoustic phonetics contribute to linguistics?"），第二篇是瑞典皇家理工学院教授、著名言语声学家 G.方特写的《现代言语声学研究的仪器与方法》（"Modern instruments and methods for acoustic studies of speech"）。他们以这两篇文章为主线，大量阅读外文文献，提高了查找、阅读外文文献的能力，也为实验语音学的理论知识打下了坚实的基础。第三个台阶是实践，即动手做实验。他们在实地进行方言调查的基础上，用 7800 语图仪对苏州话的浊辅音和声调进行了系统的实验研究，并据此分别写出了硕士论文，得到了专家的好评。

当前在实验语音学研究中应把重点放在哪里？我仍以为是语音分析。首先是建立汉语普通话及各主要方言和少数民族语言的语音系统声学参数数据库，其次是动态地研究口语材料，建立起音段和超音段的协同发音规则。语音合成是一个偏重于应用的分支，我们研究合成的目的不同于应用开发单位，我们的目的仍在于分析（Speech Analysis by Synthesis）。只有这样，才能使实验语音学本身得到发展。

在汉语韵律特征研究方面目前虽然已做了不少工作，但对多音节词、节奏单元乃至句子的韵律特征研究仍不充分，在方法上也未能统一，得到的结果也不尽相同，因而大有统一研究方法的必要。比如要不要引导句，怎样发音，怎样进行测听实验，等等。只有对这些问题的看法和做法一致了，对于实验结果才有共同的评判标准。

本书汇集的大部分论文是在韵律特征方面的研究，无论从方法上还是结果上都有独到、创新之处，值得同行们借鉴和后来者学习。《语音丛稿》的出版是给实验语音学这一并不茂盛的园地中增添了一枝新葩，可喜可贺。愿两位作者在今后的研究中创造出更加绚丽的华章。

鲍怀翘

1993 年 11 月 8 日

《语音丛稿》序（张家騄）

石锋、廖荣蓉二位积多年研究所得，集论文而成专著。这是他们辛勤劳动的成果，也是对语音学界的贡献。出书之前他们要我写个序，我感到很高兴，可是又怕写不好。

一个序言或是为全书加点调料和装饰，可称为 dressing，以使其美味与增色；或是为读者导向（guiding），使书中内容易读好用。本书的内容都是作者多年深入研究的所得，新研究的专题主要是韵律特征或超音段特征方面。随着人机对话系统和各种语言机器（听写机、朗读机、翻译机等）的发展，韵律特征的研究越来越受到重视。对于汉语来说，虽然早在 20 世纪 80 年代初就已开始研究，但还没受到普遍的注意。所以，可以说，作者是在处女地上耕耘而有所收获的。他们的每项工作，都是构造未来大厦的基石，无须我再加任何装饰与美化。这片尚待开垦的处女地——汉语韵律特征研究，正需要更多的勇敢的探索者，来披荆斩棘开辟道路，完全不需要谁来做什么"导游"。我想，借此机会谈点儿有关作者和这本书的历史背景，有关书中内容的国内外情况并发表一点个人看法，也许还不无用处。

第二次世界大战以后，言语研究受到了普遍重视。大批通信工程方面的技术人员，以及声学、心理学、生理学方面的研究人员，投身于语音分析、合成、识别等方面的研究。语音学和实验语音学一下子变成了跨学科的新兴领域。它的研究内容、方法和手段，也变得越来越广，越来越新。我国也在 20 世纪 50 年代开始了有关汉语的多方面的研究。当时同属中国科学院的电子学研究所、语言学研究所和心理学研究所，相互之间有着良好的合作关系，得以从言语和听觉、声学特征和知觉特征等多方面来研究汉语。但限于当时的封闭环境与落后的技术条件,无法开展前沿性的工作。

1979年夏,应北京大学邀请,美国加州大学伯克利分校王士元(William S.-Y. Wang)教授来华讲学。在北京大学讲授了"实验语音学"并做了四次专题学术报告。讲课和报告内容还整理成专辑发表,对国内语音学界是个启迪。与此同时,语言所的吴宗济、林茂灿二先生和声学所的张家騄共同组团参加了第九届国际语音科学大会(1979,哥本哈根),会后还应方特(Fant)教授之邀访问了著名的瑞典皇家理工学院(KTH)的语言通信实验室。这是我国语音学家首次参加这个国际会议。从此总算与国际语音科学界接了轨,开始了一系列的沟通。

稍后,北京大学中文系林焘教授,在国内文科系中率先筹建语音学实验室,为培养新型的语音学专门人才,从1979年下半年开始开设研究生课程。本书作者便是当时听讲的第一批研究生。(他们每次都从中国人民大学赶到北京大学上课。)吴宗济教授和我应邀分别讲授实验语音学和言语声学。至今算来已经14年了。班上诸同学都很有成就。四人在国外继续学习和工作,仍在语音科学领域。沈炯和石锋二位则执教于北京大学和南开大学,为培养一代又一代新人做出了贡献。特别值得提及的是,石锋博士在南开先后组织了四次全国语音学暑期讲习班,共培训了200多人。参加者来自全国各地,除文科院校之外,还有从事言语信号处理的理工科的人。如果说,在20世纪50年代作为文科的语音学与数理工程、现代技术携手联姻,只是一股涓涓细流的话,那么现在它已成为一种汹涌澎湃的时代潮流。在这个语音科学发展的大趋势面前,我们是并不比别人落后的。

70年代末80年代初,言语工程,主要是自动言语识别,经历了一个低谷,在计算技术、电子技术和一些新数学方法,如快速傅氏变换(FFT)、线性预测编码(LPC)、倒频谱(cepstrum)等的支持下,又开始走向一个新高潮。美国国防部高级研究项目管理局(DARPA)支持一个为期10年的战略计算工程项目。其中,言语识别和言语理解占有重要位置。英国也有阿尔维(Alvey)计划,大力支持言语识别(听写机)的研究。1981年日本则提出了一个十分响亮诱人的口号——第五代计算机，它是以语言输入输出为特征的。一时间形成了一股新的热潮，即以追求建立实用系统为目标的言语工程研究。这一热潮大大推动了世界范围的言语科学研究和言语工程发展。许多国家纷纷设立国家项目来支持本国语言的言语工程研究。各种有关言语科学和言语工程的国际会议、期刊膨胀得非常快。一个年代（80年代）过去了。这种发展势头并没有减低。可是，原来最鼓舞人心的第五代计算机仍然没有实现。这就不能不让人们在卷入这股热潮当中时，要冷静地思索一下"为什么"了。

我个人认为，这种以实用目标为号召的新热潮，是如此迅猛和强大，它不可避免地带来了副作用。副作用之一是，一些项目用美丽动人的远景，有意无意地掩盖了人们对实现路程遥远和旅途坎坷的认识。也就是说，为达到这一目标，还需要长期艰苦的基础研究工作来修桥铺路。副作用之二，则是模糊了关键问题的所在。不论是科学研究和工程技术人员，还是研究项目的组织领导者，为了急于实现的实用目标，而把大部分注意力放在新技术、新器件和新算法上，从而忽视了要实现任何言语工程项目都必须要对本国语言的基本知识（语音的、语法的、语义的乃至语用的）有足够的认识。广而言之，语言作为人类的最重要的交际工具，作为传递信息进行思维的一种人类特殊的信号系统，各种语言之间的普遍规律是什么？每种语言的心理的、生理的和声学参量之间的对应关系如何？同一语种不同说话人之间，有没有某种形式的语音不变特征（常量）存在？什么是言语识别（主观的和客观的）的最佳基本单元？这些都还是远未解决的问题。当然我们不能等到这些问题都解决了，再去发展实用系统。也许有些问题在发展实用系统的过程中会解决得更快、更好。比如，近年来在言语识别中采用的语音学模型，所使用的基本语音单元，为适应连续言语协同发音的影响，就常比语音学中的语音要小得多。我们姑且称它们为亚语音或次语音。IBM言语识别系统的声学处理器使用的亚语音称为Fenone，卡内基·梅隆大学（CMU）进一步发展的识别单元叫Senone。这种由技术进步而产生的新概念，对促进语音学研究是很有好处的。

我要说的是，在发展实用系统的同时，断不可忘记基础研究。也就是说，当你赞赏一座大厦美丽的装修时，要想着它赖以建立的牢固的基础。日本科学家在总结第五代计算机没能实现的原因时，认为就是基础研究不够。当时项目承担单位主要是工业界，没有大学和研究单位的广泛支持。

今年夏天在伦敦大学学院办了一个语音学的暑期讲习班，我正好在那里。讲习班请了一些国际知名的专家做系列报告，同时也安排一些实验。参加的人竟有一百多，大大超出了主办单位的预计。其中不乏教授和资深的科学家。报告内容涉及语音、韵律、语义、语法以及分析、合成、识别等。这个专题的主讲人，就是另一个专题的听讲人。大家都积极追求知识更新。参加者除英国人以外有许多外国人，甚至有远在东方的日本人和韩国人。其间还遇到了两位来自美国的华人同行，她们都是本书作者廖荣蓉的朋友。由此可以看到，当前与言语科学和言语工程相关的领域是多么广，需要的基础知识更新得是多么快。掌握这些新的基础知识对于研究和教学人员以及工程技术人员，都是十分重要的。

著名语音学家、声学语音学的奠基人方特教授在第十届国际语音科学大会（荷兰）上做主旨报告时，就曾指出，我们对言语作为一种语言编码的认识还很贫乏；在言语工程中还会遇到许多知识壁垒。他说："我们需要的是第五代言语科学家，而不是第五代计算机。"石锋、廖荣蓉他们正是在第五代计算机时代成长起来的第五代言语科学家。他们能注意从前人的成果中汲取营养，同时在当代的发展中不断提高。他们既加强实验分析，又重视理论探索；既注意声学特征，又重视音系特征。可以说起到了一种承前启后的作用。让我们期待着他们更丰硕的成果。

张家騄
1993 年 10 月 20 日于北京

《语音学探微》序（邢公畹）

我们平常说话，用嘴去说，用耳朵去听，就可以说清楚、听清楚，用不着仪器来帮助。打电话等等是另外一些问题，比如电话是为了解决对话的人的"距离"问题而加进来的一个载体。语言是人类最常用的交流信息的工具，任何一种语言或者一个方言的"音"，我们都可以用耳朵分辨清楚（当然，作为一个语言学者的耳朵还须经过一定的审音训练），所以研究语音也不一定非用语音实验仪器不可。可是在语音理论研究上，利用语音实验仪器和不利用就不一样了。比如说，不送气清辅音[p]和送气清辅音[pʰ]，要是单独发，那是很难听见的。如果在这两个辅音后跟上一个元音[a]，那就可以听见了。[pa]是一个音节，[pʰa]也是一个音节；有不少音素，只有在组成音节的时候才能听见。那么，什么是音节呢？虽然音节是直觉上容易辨认出来的单位，可是要把它说清楚就很不容易。我们也可以从理论上这样说："音节是由一个或者几个音素组成的最小的语音片断。"但是在实际语言里音节是怎样划分出来的？也就是说，我们是怎样从一句话里听出这一个一个的音节来的呢？这是一个相当复杂的问题。比如说"漂白粉"的"漂"[pʰiau]，你怎么没有听成"皮袄"[pʰi-au]呢？"详细"的"详"[ɕiaŋ]，你怎么没有听成当"欧美各国"讲的"西洋"[ɕi-iaŋ]呢？"漂""详"都是一个音节，"皮袄""西洋"都是两个音节，这两个音节怎么能从一个音节里划分出来呢？反过来也一样，这一个音节怎么能由两个音节拼合起来呢？这里头有许多学说，我们且说这样三种：一个是奥地利学者斯托姆（J. Storm）所主张的"呼气说"，说一个音节就是用一次呼气力发出来的语音单位，比如说"漂"字是用一次呼气力；而说"皮袄"却是用了两次呼气力。他又说，呼气力最强的地方是音节中心，最弱的地方是音节的分界。这个学说的短处是：在言语里，辅音气流比元音强，比如刚才我们说的"漂"这个音节，辅音[pʰ]的气流很强，要是说这个音节的中心是[pʰ]，显然是跟我们的听感相矛盾的。而且"皮袄"只好算是一个音节。一个是丹麦语言学家叶斯柏森（O. Jespersen）所主张的"响度说"。他把音素按响亮度分成七级，[a]音最响，清塞音最轻。响度高峰就是音节中心。这个学说的短处是：语音中的响度是相对的，不完全受音素性质决定。比如刚才说的"皮袄"，按照叶斯柏森响度说，则只有一个响峰，可是却是两个音节。再一个是苏联的谢尔巴（Л. В. Щерба）所主张的"肌肉紧张说"，认为说话的时候发音器官的肌肉紧张程度是增减交替的，每一次肌肉紧张程度从增加到减少就造成一个音节，紧张度最强的音叫"成音节音"，处于渐强或渐弱阶段上的音叫"不成音节音"。一个语音连续体有几个"成音节音"，就有几个音节。这个说法很不错，但问题在于元音的紧张和辅音的紧张，情况是不一样的。还有，说肌肉紧张度，却又给不出数据，到底还是主观的、内省的东西。现在有了语音实验仪器，就可以把音节问题用可见图像计量地说出来。比方说，我们可以用语图仪和有关仪器，把呼气说、响度说、肌肉紧张说结合起来，对音节现象加以考察。语图仪主要是从声压变化来测量语音的，所以使用语音实验仪器就可以深入地、有说服力地说明一些语音理论上的问题。

不少人说，21世纪的新一代的计算机将采用声控系统，彻底抛弃字母编制的键盘。想用语音来控制电子计算机，首先就要用语音实验仪器对语音进行计量性的详细分析。又有人说，汉语将成为声控计算机的第一语言，因为汉语只有四百多个基本音节（这里应该把字调也计算进去，说作一千三百多个基本音节，因为声、韵、调不齐备，是不能成为汉语音节的。绝大部分的汉藏语也是这样），而英语的音节形式则多到一万以上；而且汉语的音节清晰，易于辨别，这就使汉语的音节成为最理想的电脑语言，比欧美语言都优越。这种看法虽然过于乐观，但对汉语以及绝大部分的汉藏语进行实验语音学的研究，对计算机声控问题不是没有意义的。

南开大学中文系的汉语侗傣语研究室下面增设了一个语音实验室，就是想利用现代语音仪器来研究汉语和侗傣语的各种共时状态，作汉语和侗傣语的类型上的比较。但是共时现象实际上是和历时现象统一着的。历时现象其实是共时现象的无限延伸。共时现象中就包含着过去遗留的因素和未来发展的因素。所以利用语音实验仪器对我们的历时研究有所帮助。

我们这个语音实验室是由石锋同志设计并管理的。石锋现在是侗傣语族语言与文学专业的博士研究生，对汉语方言和侗傣语族语言很感兴趣，进行过多次田野工作，并根据调查资料设计语音实验，进行分析，写成论文。现在他把近几年所写的有关语音学的实验分析和理论探讨的部分论文汇集在一起，作为天津市"七五"哲学社会科学规划重点项目——"言语声调和语调的声学分析"的初步成果。这些论文都有一些特点，即不但能见到一般人所能共同见到的，而且由于利用了语音实验仪器，还能见到一般人所不能见到的；而最重要的是他能想到一般人所想不到的，所以我很高兴为他这本书作序。

邢公畹
1989 年 11 月 22 日
于南开大学中文系汉语侗傣语研究室

注：石锋著《语音学探微》，由北京大学出版社于 1990 年出版。

《语音学探微》序（胡明扬）

现代语言学说到语言，首先指的是口头的有声语言。所以，较为全面的语言研究都离不开语音研究，甚至可以说语音研究是语言研究的基础。现代声学语音学则是语言科学领域中一门用现代科技成果和声学理论装备起来的发展较快的学科。使用越来越精密的仪器，现代声学语音学能够测定很多凭语言学家的耳朵难以觉察的声学特征，并据此提供有关的参数，从而在语音识别和人工合成方面做出了重大贡献。现代声学语音学以现代科学技术为支撑，在语言科学的各门分支学科中和自然科学的关系最密切，因而也可以说是最客观最科学的。

很多人对声学语音学肃然起敬，就因为深信现代声学语音学的实验数据是客观的、科学的。事实上也是如此，声学语音学提供的实验数据只要排除计算上的误差，的确是客观的、科学的。这也就是现代声学语音学的价值和对语言学的贡献。但是，实验数据本身还不等于结论，要做出和语言研究有关的结论，还要通过分析和解释，而分析和解释就不可避免地包含不少主观因素，同时还必须考虑到声学仪器的设计是以前人的语音理论为依据的，前人的理论未必绝对科学，更何况仪器的设计限于各种技术条件也未必能充分体现前人在语音研究领域中已经取得的成果。

应该承认声学仪器能捕捉的语音信息量和人的耳朵能捕捉的语音信息量之间存在着很大差距，并且声学仪器缺乏"语感"，不能有选择地捕捉在不同语言中有区别意义的声学特征。因此，在现代声学语音学的研究中不仅要充分发挥现代声学仪器的作用，而且还必须充分发挥语音学家的语言学素养，这样才能做出更符合语言实际的结论，更好地为语言学的发展做出贡献。例如，对现代吴语浊塞音的语音性质长期以来有争议，多数人认为是浊音，赵元任认为是清音浊流，近年来有人根据声学实验认定是清音。不信吧，这是客观的科学"结论"；信吧，不符合当地人的语感。据说，用声学仪器分析英语的浊塞音也是清音，这就更加匪夷所思了。如果确实如此，那么吴语区的人和操英语的人区分清音和浊音岂非完全是无中生有？汉语是一种声调语言，还可以硬说吴语的清浊是阴调和阳调造成的错觉；可是英语不是声调语言，又该怎样解释呢？这里肯定有问题，而问题出在哪儿呢？问题恐怕并不出在吴语区的人和操英语的人身上，而出在采用的声学实验方法和对实验数据的分析和解释上。

可以这样说，对实验的分析和解释如果跟使用这种语言的人的语感发生分歧，应该更多地尊重本族人和本地人的语感，更多地从语言系统的角度去考虑，因为这毕竟不是纯声学的研究，而是作为语言研究的一个组成部分的语音研究；应该设法改进现有的实验手段和方法，或者把声学数据和语音研究的结论适当区分开来，以便做进一步的探索。

石锋同志在现代语音学研究中很重视把语音研究和语言研究密切结合起来，很注意声学特征和音系特征之间的联系和区别，既从事语音实验，又进行理论探讨，取得了可喜的成果。希望他把已有的成果看作在语音研究方面的起点，再接再厉，为我国现代语音学研究和语言研究做出更多的贡献。

胡明扬
1989 年 12 月于北京

《汉语研究在海外》序（胡明扬）

国内语言学界和国外语言学界的联系，在最近几十年内，由于种种原因，不像三四十年代那样密切了。现在国内不少从事汉语研究的学者对国外语言学在 50 年代以后的动态了解得很少，这个时期国外的新理论、新方法在国内的汉语研究中也就很少得到反映。这种状况在 60 年代和 70 年代是可以理解的，因为那时候国内语言学界和国外语言学界很少交往，国外的书刊在国内也很不容易看到。从 70 年代末开始，国内外交往日益频繁，国外书刊在国内也比较容易看到，可是学术上的"闭关锁国"状态却依然如故，这就不大好理解了。

石锋一向很关心国外的学术动态，这次他编的这本集子《汉语研究在海外》，目的大概就是想介绍国外汉语研究在某些领域内的新理论、新方法和新观点、新成果。他选的几篇论文都富有代表性。王士元的"词汇扩散理论"可以说是唯一在国外得到承认的中国人提出来的理论，详细介绍是完全必要的。"词汇扩散理论"认为语音变化"并不是一下子在所有的词里都同时改变的，而是慢慢地、三三两两地先在一些词里改变，以后又在另一些词里改变"；"是以词汇上逐渐扩散的形式进行的"。这种现象是客观存在的，特别是在不同历史层次的读书音中间更为明显。

沙加尔关于汉语和南岛语同源的假设意义重大，并且非常引人入胜。他在论证中提出来的 223 个同源词也有一定的说服力，至少这样一种假设不能轻易否定。沙加尔认为汉语的原始音节中介音不是必要成分，其中一部分是插入的中缀，这种看法不仅符合汉语谐声字反映出来的特点，而且也符合藏文音节结构的特点，介音用下加字母来表示而不用基本字母来表示。他还认为汉字反映的词根相当于南岛语多音节词的最后一个音节，这样就可以找到不少汉语和南岛语的同源词。在汉藏语研究领域内，70年代初白保罗（Paul K. Benedict）关于壮侗语族和苗瑶语族与汉语没有同源关系而应划归澳泰语系的主张产生了强烈的冲击波，使传统的汉藏语学者极为不安。白保罗提出来的壮侗语和苗瑶语跟澳泰语系同源的一部分同源词是有说服力的，因为这是一些日常生活必需的基本词汇。当然，也可找到几百个汉语跟壮侗语和苗瑶语同源的同源词，但是要肯定这些不是"老借词"有一定困难，而且多数不是常用的基本词汇。不过最近邢公畹发表《汉台语比较研究中的深层对应》（《民族语文》，1993年第5期，4-9，50页），采用深层对应的方法，通过19个常用名词、动词和形容词，有力地论证了汉语和壮傣语支的同源关系，情况又有所变化。

沙加尔提出的假设对这两种对立的观点提供了一个解决办法。不过要证实这种假设还有很多工作要做。不同的观点，特别是尖锐对立的观点恰恰是学术进步的催化剂。"一统天下"往往是学术危机的信号。要不然怎么会把百家争鸣的春秋战国时代称为学术上的黄金时代呢！

岩田礼等的《苏州方言浊音发声的生理特征》是一篇不长的文章，主要用新的语音仪器光纤维镜和肌电测试的方法说明苏州方言中塞音的清浊对立是由相反的喉部状态造成的，从而为苏州方言塞音的清浊对立找到了生理学上的根据。吴语的浊塞音的确有点特别，赵元任认为是"清音浊流"，这种观点已为多数吴语区的语言学家认可。前些年有学者用语图仪分析吴语浊塞音，根据起始时间的数据，得出了吴语浊塞音是清音的结论，认为"浊"的语感是由低调造成的。这不算太新鲜。60年代曾有人用同样的实验方法证明英语的浊塞音在开头位置上也是清音！这的确让说吴语和说英语的人有点难堪，他们的语感全错了！石锋的《苏州话浊塞音的声学特征》（《语言研究》，1983年第3期，49-83页）严格区分音系学上的区别性特征和语音学上的声学特征，想通过这种办法来维护说吴语的人的面子，但是他当时使用的也是语图仪，事实上不可能有更新的突破。只有使用新的仪器，更能反映发声状态和人耳听感的仪器，才有可能得出新的结论。我当时曾经说过：不能不信仪器，但是也不能迷信仪器，因为仪器是人设计的，而且现在的仪器还远远不能和人的耳朵相比；应该相信本地人的语感，语音学家不应该根据现有仪器来否定本地人的语感，而应该设计更精密的仪器来测定本地人感觉到的差别在物理上和生理上的表现。

几篇访谈录内容是很丰富的，因为实际上是各位很有成就的学者的治学经验和体会，给人很多启发，而他们对国内语言学现状的意见尤其值得我们深思。

也许正因为在相当长的一段时间里我们对国外的情况了解得不多，也很少认真阅读国外的文献，所以会流行一种似是而非的观点，认为国外的语言学著作无非是拣一两个例子谈一套唬人的空头理论，而研究汉语的文章更不值一读，连例句都是错的。这种观点至少是很片面的，也是有害的。事实上这几十年国外语言学取得了重大进展，有很多新理论、新方法、新观点、新成果值得我们学习和借鉴，而没有任何理由认定我们比较熟悉的国外20世纪50年代和50年代以前的理论和方法代表了语言学的顶峰，以后的任何理论和方法都不值得学习和借鉴了。国外的汉语研究在这几十年内由于众多华裔学者的参与已经比过去深入多了，并且取得了不少令人瞩目的成果，理应引起我们的重视。

从这几篇访谈录来看，国外有成就的汉语学者倒是很好地继承了中国语言学的优良传统，功底深厚，学识渊博，学风严谨而又思路开阔。他们既熟悉中国语言学的传统，又了解国外语言学的新进展，他们不仅仅是语言学专家，同时又兼治文学、历史、考古、心理、生理等多种与语言学密切相关的学科，而正因为如此，才有可能在务实的基础上做出创新的贡献。这本来是中国老一辈语言学家的优良传统，但是近几十年来在国内这样的传统似乎中断了，现在是越来越"专"。但是，如果不是融会各种不同的学说，不是从跨学科的角度去另辟蹊径，恐怕要创新就很难了。另外，国外的汉语学者都很重视国内的学术动态，这从他们的参考文献所引的篇目可以看得出来。相反，国内学者却很少引证国外的文献，有的甚至从不引证校园以外学者的著作。这种学术上的"闭关锁国"现象长此下去会是什么一种前景！

石锋编的这本集子重点介绍了国外汉语学者的研究成果和治学经验，介绍了国外汉语研究的动态，我认为很值得一读。

胡明扬
1994 年 1 月 7 日于北京

注：石锋编《汉语研究在海外》由北京语言学院出版社于 1995 年出版。

《海外中国语言学》序（邢公畹）

本书编进了一系列报道最近的海外中国语言学的研究情况的文章，读者可以从中看到在不同的文化环境中，中国语言学研究是如何进行的，我们可以从中得到很好的借鉴。《诗经·鹤鸣》有两句诗说："它山之石，可以为错。""错"就是"砺石"。汉朝郑玄《注》道："它山喻异国。"《鹤鸣》诗又说："它山之石，可以攻玉。""攻"就是"磨砺，制作"。这几句诗，按照唐朝人的解释，就是"它山远国之石，取而得之，可以为错物之用。兴异国沉滞之贤，任而官之，可以理国之政。国家得贤，匡辅以成治；犹宝玉得石，错琢以成器，故须求之也。"后来"攻错"一词，用来比喻拿别人的长处，补救自己的短处。不管怎么解释，这里都说出了一种依存关系：一个是"所攻"，一个是"所以攻"。"所攻"是"宝玉"，"所以攻"是"它山之石"。中国是个多民族的国家，语种及其方言很丰富；又有久远的、丰富的古代文献，是一块语言学开发研究的"宝地"。国外语言学研究，成绩斐然，但对中国学术发展来说，毕竟是"所以攻"；而"所攻"毕竟是国内的语言学研究（这里并不是说"所以攻"都必须从海外来），所以出版这部书是有意义的。

"音系学"（Phonology）又称"音位学"，是研究某一特定语言的语音系统及这一系统中的语音功能的一门学科。"音系学"这个术语在当代用法中还包括对这一语言历史上语音演变的研究，也就是中国传统所称的"音韵学"。

音韵学的研究可以从汉朝算起，因为那时应劭、服虔等学者已经从民间的双反语、切脚语中悟出可以利用声韵切合之理以注字音的方法。魏晋以后，韵书越出越多，其中最有影响的是一千三百多年前所出的《切韵》，这部书是世界上最早的对语音系统做出全面分析归纳的一部书。到宋朝，又出现等韵图一类著作，在声母方面能根据发音部位和发音方法分出类来；在韵母方面能根据舌位唇形的不同，以及不同的韵尾形式分出类来，是一种早期的音系学分析。

中国近代音韵学研究有三大发展：第一，对语音演变从无知到有知，明朝陈第明确提出语音受"时"与"地"两个因素的作用在起着变化。第二，从对字音的音类分析发展为对音值（音素）的推求，清朝学者在对中古和上古的字音分类研究上做出了很大的成绩，而且有的音韵学家（如戴震）除把周秦古音分出部类外，还用影纽字做标目（比如用"阿"标歌韵），是希望能标出韵母的音素的，但由于汉字不是音素文字，做不到纯音素的描写。五四运动后，中国语言学研究受西欧汉学家著作的影响，开始用一种标音的符号把中古或上古字音的"类"标出它的"值"来。第三，从文字的读音研究发展为语言的音的研究，这个发展也是在五四运动以后，受欧美语言学影响的结果。

在国外，现代音系学研究开始于 19 世纪，波兰语言学家博杜恩·德·库尔德内（Baudouin de Courtenay J. N.）提出"音位"概念。20 世纪 30 年代，布拉格学派（Prague School）又加以发展，使松散的语音研究密切结合于具体的语言实际，从某一语言的音位入手探讨这一语言的语音系统的结构规律。1952 年，侨居美国的布拉格学派的雅各布森（Roman Jakobson）和瑞典的言语声学家方特（Carl Gunnar Michael Fant）、美国语言学家哈勒（Morris Halle）等人从语音的声学特征出发，参考语音的生理特性，提出语音的"区别性特征"即语音中能区别意义的最小对立体的理论，开创了音系学的新局面。20 世纪 60 年代末期，美国语言学家乔姆斯基（Noam Chomsky）和哈勒发展了区别性特征理论，建立"生成音系学"（Generative phonology）。生成派建立后跟美国结构主义音位学进行了十多年的辩难，终于在美国取得音系学的主流地位。结构主义音位学强调单位的切分、归纳与配列，重在孤立的、静态的描写，认为音位分析跟语法无关；生成音系学认为语音层中的音子（Phones）就是一丛丛的区别性特征，音位规则就是把这些音子直接与词汇层联系起来的纽带，从而认为语音分析要利用语法层的信息，寻找音系的生成规则及其普遍性与解释性。关于这一方面的情况，请读本书的《生成音系学的形成和发展》这篇文章。

1968年以后，是美国生成音系学的发展时期。这时候，乔姆斯基已经专攻句法，不再着力于音系学研究，而哈勒则在这方面继续领导。在哈勒的影响下，出现了许多音系学新理论，如"节律音系学""自主音段音系学""词汇音系学""短语音系学"等。

"短语音系学"这一名称，最早是由塞尔柯克·伊丽莎白（Selkirk Elizabeth O.）在她的博士论文《英语和法语的短语音系学》（*The Phrase Phonology of English and French*）中提出来的。短语音系学20世纪80年代中期以后形成高潮，而且其中有许多论文是以现代汉语方言为研究对象。本书《关于短语音系学研究中的若干问题》这篇文章介绍了这方面的情况。

在汉语"语音学"（Phonetics）方面，本书有《国外的汉语语音研究》这篇文章报道了汉语声调及其变体、汉语语调、汉语辅音、汉语元音在国外研究的情况。

现代语言学界对语言学应该研究的对象究竟是什么的问题进行了激烈的争论：研究语言应该以结构形式为主，还是以语法功能为主？乔姆斯基从形式出发，主张先讲抽象的词组结构和语符链；而20世纪60年代前后在欧洲和美国已经兴起好几种功能语法，都主张不能只从内部机制来研究语言，应当着眼于语言的外部机制同语言内部结构的关系。本书所收的《核心位移与生成句法的发展》一文是以语言中核心位移现象为例，来说明过去10年中生成句法的发展的。而另一篇文章《从"核心"问题—瞥形式主义和功能主义》却是用"核心"问题来说明形式主义和功能主义基本上是互补的。

《系统功能语法和汉语研究》这篇文章详细叙述了不同于乔姆斯基的"转换生成语法"的韩礼德（Michael Alexander Kirkwood Halliday）的系统功能语法学说，以及这一学说在汉语研究上的应用。《汉语句法分析的一个不同角度》和《言谈分析、功能主义及其在汉语研究中的应用》

两篇文章也是介绍功能语法学派的学说的。

"神经语言学"是研究大脑内与语言有关的神经机制如何起作用的学科,本书收了《神经语言学》这篇文章,介绍这门学科的研究内容和方法,特别是研究汉语的这一方面的情况。

"语音合成"研究人和计算机之间用口语语音对话的系统。本书所收《语音合成技术》一文详细介绍了这一技术的内容,特别是汉语语音合成的研究情况。

本书所收一系列文章报道了海外中国语言学研究的情况,虽然不全面,但都是作者们的亲见亲闻,值得注意。特别值得注意的是,科技发达的海外各国对语言学,包括中国语言学的研究如此重视,确是能发人深省的问题。

邢公畹

1992 年 4 月 18 日

于南开大学中文系汉语侗台语研究室

注:石锋编《海外中国语言学》,由语文出版社于 1994 年出版。

《秋叶集》序（陈洪）

　　石锋兄嘱我为他的自选集作序，我原已欣然从命，岂料看到文稿后，内心却不自禁地纠结起来。

　　石锋兄的文集定名为《秋叶集》，其意谓将近暮年，如秋叶之自然飘落。此说洒脱、通达，然却令我悚然心惊。我与石锋兄相识相交已有半个世纪。在南开中学读书时，我高他一个年级。当时，"恰同学少年，风华正茂"，我俩都不是学校中活跃的大红大紫人物，但都因读书较为出色而彼此知名。"文化大革命"后，读研究生，我是七八级，即"文化大革命"后第一批；他是七九级，与我相差仍是一个年级。所以他总以此和我开玩笑：这个世界上，只有你欺压了我一辈子。所以，在我的心目中、感觉里，石锋兄总是比我小，比我年轻，比我有活力。骤然听到他以"秋叶"自况，无怪乎要惊心了。

　　当然，心惊只是瞬间，很快就意识到自己同样也是早逾花甲了。石锋兄只是平静地陈述了一个事实而已。而身临迟暮，回首前尘，实在是人之常情。

　　石锋兄这个集子分为八个部分，如果再加概括的话，大致可分为两个大类：一类是学术方面。计有缅怀学界前辈吴宗济、林焘和恩师胡明扬、邢公畹的文章，对前辈王士元、丁邦新、梅祖麟的访谈记，为自己的学生作的序跋，以及有关语言的随笔散论。另一类是记游、忆旧等。他的著述多多，何以选了这些内容呢？细寻绎，这些文字有一个共同的特点，就是其中都有作者人生的足迹，有作者在人生各个阶段情感的印痕。

　　石锋兄是一个极好相处的人。豁达、随和，老者安之，少者怀之。

我和他一起两赴日本，又同行美国、加拿大和中国香港地区。每遇困顿、坎坷，他必锐身自任。说来也怪，只要他去出面，一切难题都能迎刃而解。想来这既与他较多的国外经历有关，也是他与人为善的处理问题方式起了作用。文集中处处流露着他对长者的尊敬，对同仁的友善，对晚辈的提携。可以说，这一片小小的"秋叶"，记录了一棵根深叶茂的大树在生命的年轮中蓄积的温暖的阳光。

当然，这些文字并非石锋兄学术建树的代表作。如前所说，在很大程度上，他选了这些内容，"予揣度之"，是着眼于其中映射出的心灵历程。虽然如此，滴水可以见月，他治学的一些特色还是可以窥见一二的。

石锋治学，一个突出的特点是眼界开阔，具有自觉的国际视野。记得一起出访美、加时，几乎每个所到学校都有他熟悉的同行。蒙特利尔、哈佛、哥伦比亚、麦迪逊、斯坦福等。不仅如此，他还连续多年，组织语言学和语音学讲习班，邀请海内外学术名家讲学。每期听课的都超过百人——来自全国各高校的中青年教师和研究生。文集中提到的王士元、丁邦新、吴宗济、林焘、胡明扬、邢公畹诸先生当时都是共襄盛举者。

他治学的第二个特点是不囿于传统，有很强的创新意识，特别是跨学科的意识。20世纪90年代初，他就与朱思俞先生一起开发语音实验软件，取代了昂贵的语图仪。当时，此项成果应是国际领先的，因为美国、日本等国家的高校纷纷来南开大学求购，记得半年多推广了三十多套。在工作中，他的创新意识也有强烈的表现。10年前，他到汉语言文化学院做院长后，大胆改革该院教学，一个重要的思路就是借鉴国外非母语教育的理念与方法。虽然阻力很大，但坚持几年，效果昭然，得到了多数教师的赞许与支持。如今汉语教学界都知道这个"南开模式"。

石锋治学的第三个特点是有合作精神。上述与计算机专家合作开发软件是一例，筹划、主持语言学讲习班又是一例。其他如多年来与美国威斯康星大学张洪明教授相互配合，两次把国际中国语言学学会年会拉到南开大学来举办；推动支持兄弟院校建设语音实验室，帮助指导青年教师进行语音实验等，都体现了他重视合作、善于合作的长处。人文学科的性质决定了学者中"自了汉"居多的现状，在这样的背景下，石锋的合作精神尤显难能。

  这些特点，与石锋共事者多有体会。不曾与他共事的学界朋友，读了这本文集，也必能感受一二。

  刘禹锡《秋词》诗云："自古逢秋悲寂寥，我言秋日胜春朝。晴空一鹤排云上，便引诗情到碧霄。"石锋兄之文集以"秋"命名，而披阅此集，深感他这"秋"的境界正如梦得所咏排云而上之"晴空一鹤"，生机勃勃，达观而淡定。故乐为之序，且乐与石兄分享这一份秋的愉悦、从容。

陈洪
2012 年春日

注：石锋著《秋叶集》，由南开大学出版社于 2013 年出版。

主持人语

《语言》(Lingua)"中国语言学专号"主持人语

石锋

这是国际语言学杂志第一次出版汉语语言学专号,为国际学术界更好地理解中国语言学提供了重要契机。中国语言学有着悠久的历史,近年来取得了许多发展。我很荣幸为这期专号做一个简短的介绍。

一、中国语言学源远流长

早在柏拉图时代,荀子(前313—前238)就把语言的产生归为"约定俗成",与柏拉图《对话录》的思想十分相似。在语文学时期也有一些里程碑式的作品。扬雄(前53—18)所撰《輶轩使者绝代语释别国方言》(简称《方言》),通过采集很多来往的各地语言的说话人而编成,包括了中国古代各地汉语和非汉语中的许多词语,是世界上方言地理研究的第一个记录。这种方法比现代的语言田野调查早了很多年。

《说文解字》是许慎(58—147)编纂的一部综合性词典。它除了描述9000多个汉字的形体、发音和意义外,还将全部汉字构形分为六类(或六书)一直流传至今:象形、指事、会意、形声、转注、假借。

中国语言传统的特点之一是编纂韵书:从《切韵》(601)到《广韵》(1008),再到《中原音韵》(1324)。许多学者根据这些韵书和相关资料所提供的信息,对汉语语音史进行了探索。

陈第(1541—1617)考察了中国古代第一部诗集《诗经》(前11世纪—前6世纪)的用韵,形成对语言变化的看法:"时有古今,地有南北,字有更革,音有转移,亦势所必至。"

特别是在清朝（1636—1912），在上古汉语的声母和韵部研究方面取得了很大的进展。由于各种努力大多集中于解释古代典籍的文字、发音和词义上，而不是在探究语言的本质上，所以我们把这种学术传统称为"语文学"或"前语言学"。

二、现代中国语言学的发展

20 世纪初左右，中国语言学在几个方面受到西方的影响。《马氏文通》（马建忠，1898）是我国第一部参考拉丁语法体系的汉语语法著作。

瑞典学者高本汉（Bernhard Karlgren，1889—1978）所著《中国音韵学研究》（1940），将现代语言方法论引入汉语音韵学研究。三位译者赵元任（1892—1982）、罗常培（1899—1958）、李方桂（1902—1987）都是现代中国语言学的先驱。

赵元任于 1918 年获得哈佛大学博士学位。他最早对汉语吴方言的调查《现代吴语的研究》（1928），开启了采用现代方法的语言研究。他发表了《音位标音法的多能性》（1934），解决了国际语言学界的一个争论问题。他的《中国话的文法》（1968）对现代汉语进行了详细的描述，至今仍是这个领域中的必读文献。赵元任同时出版了另一本书《语言与符号系统》（1968），从跨学科的角度研究语言的本质。

李方桂于 1928 年在芝加哥大学获得博士学位，在萨丕尔指导下对美洲一种印第安语言进行了最早的调查。他不断地从事中国非汉语的田野调查工作，并从各种调查资料中提炼出理论收获。他的主要贡献体现在三个方面：第一，对上古汉语音韵系统的构拟；第二，对汉藏语系语言的分类和对侗台语的比较研究；第三，对中国主要语言群体的历史和方言的研究（Li，1973）。

早在 20 世纪 60 年代，王士元和他的同事们就完成了第一部计算机的汉语方言词典。这是最早的汉语方言数据库。王士元以此为基础建立了他的词汇扩散理论（1969），这是影响国际学术界的一项重要创见。词汇扩散的本质是语音变化不仅是音类的变化，而且与词汇有互动关系。一个语音的变化，实际上是带有这个语音的词群中的词，逐个地随时间扩散的过程。词汇扩散为语言演化研究提供了一种创新的方法论和理论框架。王士元创办的《中国语言学报》(*JCL*) 是中国语言学领域的第一本国际刊物。他是国际中国语言学学会（IACL）的创会主席。

近年来，中国语言学取得了很大的进展。越来越多的论文在各种会议上报告或在国际期刊上发表。学者从心理语言学、神经语言学、社会语言学、应用语言学等多方面考察汉语方言和少数民族语言。因此，中国语言学确实具有了国际学术水平。

三、演化语言学

近几十年来，演化语言学取得了很大的进展。1996年在爱丁堡举行的第一次语言进化国际会议被称为"EVOLANG"，此后每隔一年举行一次，去年举行了第 11 次会议。在中国语言学界，在王士元的倡议下，演化语言学会议于 2009 年首次在广州召开，并被称为"CIEL"，至今已经举行了 9 次年会。许多语言学家已经开始关注语言演化的领域。

演化语言学探索深化、扩展和更新语言研究的思路和方法。各种语言研究的已有理论、方法和研究成果，都可以在演化语言学中找到自己的适当位置。演化语言学中最重要的概念是语言研究的三个时间尺度：宏观史、中观史和微观史（Wang, 1978）。这些时间尺度反映了当代语言学研究的广阔视野。以下分别加以说明。

语言研究在宏观历史层面关注语言的涌现、成熟、发展和衰亡。语言的演化与人类的生理（包括大脑）和社会演化密切相关。任何学科的建立，首先是探讨其研究对象的起源和发展。一个学科的研究理念和研究方法往往建立在这种起源和发展的基础上。然而，对语言的研究却很少考虑语言的起源或来历，而且极少有人去研究语言如何产生，这确实令人惊讶。没有这样的基础，人类语言的猜测往往是空中楼阁。

关于语言的起源，属于人类的史前史。时间尺度以 10000 年到 100000 年计算。研究人类历史有三个主要窗口：考古学、遗传学和语言学（Wang, 1998），还可以用数学模型来模拟古代语言的生成。人类创造了语言，语言又使人类变成现在的样子，因此语言学在某种意义上就是人学。语言宏观史把语言演变看作生物过程与文化过程的结合（Wang，2013），从不同角度进行了探索。语言宏观史是语言学习者建立整体语言观的基础。

中观史层面的语言研究主要集中在历时语言学方面，大致相当于历史语言学和语言类型学的研究。语言中观史的时间尺度在100年到1000年之间。这包括研究现有的文献记录；同一种语言或不同语言在不同时期的比较和重构，以查明它们之间的联系；语言的共性和个性；在语音、语法、词汇、语义方面的发展趋势，内部条件，外部因素，以及分类，等等。这是许多语言学家所熟悉的领域，已经有很多高质量的研究发现。

微观历史层面的语言研究主要是利用我们可以直接获得的第一手信息，来探索语言的奥秘。语言微观史的时间尺度通常是几年到几十年。不同的世代被划分为不同的年龄段，诸如语言中的区域方言、社会变体和个人变体，语音、语法、语义和语用之间的联系，儿童语言习得和第二语言习得，标准语和方言的互动，双语现象，病理语言研究等。微观历史层面的语言具有共时性。实际上，共时现象中既包含着历史发展的遗迹，也包含着未来趋势的征兆。

语言的宏观史就像用望远镜瞭望语言。中观史就像用自己的眼睛注视语言。微观史就像用显微镜观察语言。宏观史是跟中观史的发展过程相联系的，中观史又是微观史发展的结果。三者都是研究相同的对象，彼此相联，相互支撑，具有内在的统一性。这是传统语言学在现代发展的必然，是现代科学技术对语言学发展的贡献。演化语言学并不排除现有各派语言学研究，它只是以演化的观念，把语言研究置于语言事实的实证检验之上。因此，每一位语言学家的研究都与演化语言学有关联。

演化语言学是当代的现实，又是一个长期的目标。作为一门学科，它涵盖了广泛的学科领域，包括自然科学的相关领域，跨越了学科的界限，共同探索人类语言的奥秘。就学者而言，演化语言学需要有广阔的学术视野、博大宽容的胸怀、团队合作的精神和开放式的研究。语言学者应习惯于跟不同领域的同行交流与合作，学习新思想、新方法，从而促进演化语言学的发展。

四、这期特号的论文

这期专刊的五篇论文是对中国语言学的一瞥。下面是简短介绍。

杨梵宇和她的同事《汉语非流利性失语症患者治疗后神经通路的改变》一文，是对于旋律语调疗法（MIT）在语言病理和言语康复中的一个有趣发现。人们普遍认为旋律语调疗法是改善英语非流利性失语症患者言语产出的有效方法。作者不仅证明在汉语非流利性失语症患者中，旋律语调疗法比传统的语言疗法更能够促进言语产生的恢复，同时还发现这种疗法引起了大脑右半球已建立的背侧和腹侧语言流束中白质体积的变化。这给人以说声调语言的人具有右脑优势的感觉。

严翼相的论文《韩语汉字音韵尾 I 和古韩语汉字音的音节结构》是一篇关于语言接触的历史语言学研究。根据《三国史记》地名及相关的中韩古籍文献，作者认为，韩语汉字音系统开始形成的时候，古汉语的韵尾-t 在古韩语中还没有完全发展起来，所以古汉语的韵尾-t 应改为古韩语汉字音的韵尾-l。作者还提出，古韩语汉字音的音节结构在 8 世纪初期是（c）v，并逐渐转变为（c）v（c）。这澄清了以往关于汉语方言对韩汉字音韵尾影响的一些观点。

焦丽和许毅的《普通话耳语没有声调和语调的发音增强提示》一文进行了一系列实验，检验了在耳语语音中产生特殊提示以补偿基频缺失的假设。通过一个产出实验和三个感知实验表明，发声的和耳语的声调具有相似的识别模式。而声学分析中发现的频谱倾斜的差异不利于语调感知。这有助于我们更好地理解人类的语音。

凌碧君和梁洁的论文《上海话左右主导连读变调的性质——语速和焦点制约的证据》是对节奏和语法之间相互作用的一个考察。通过实验，对比焦点和语速影响下的双字组的基频、持续时间和强度模式。结果表明，[动词+名词]短语经历右主导的连读变调，而[形容词+名词]复合词经历左主导的连读变调。焦点是通过说话人对强度的直接控制来实现的，而语速则是通过说话人对持续时间的有意控制来实现的。

罗永现的《壮语的放置事件》一文探讨了广西壮语中放置事件的语

言编码。作者详细描述了放置动词 put/place "ɕo2" 在空间和运动语义域的句法语义映射。壮语放置事件的特点为个体放置动词的语义对比提供了依据。一方面，壮语似乎表现出卫星框架语言的一系列特征；另一方面，它也表现出动词框架语言的某些特点。研究结果揭示了图形与背景关系的跨语言的一般化，跟放置事件的句法结构模式是一致的。

尽管这五篇论文仅仅涉及历史语言学、句法语义类型学、实验语言学、语言病理学和言语康复等有限的领域，但我们希望读者能从中感受到中国语言学的活力和前景。

参考文献：

Chao, Yuenren. 1934. The nonuniqueness of phonemic solutions of phonetic systems, *Bulletin of the Institute of History and Philology, Academia Sinica* 4, 363-397.

Chao, Yuenren. 1968. *A Grammar of Spoken Chinese*, Berkley: University of California Press.

Li, Fangkuei. 1973. Languages and dialects of China, *Journal of Chinese Linguistics* 1: 1-13.

Wang, William S.-Y. 1978. The three scales of diachrony, *Linguistics in the Seventies: Directions and Prospects*, ed. by B. B. Kachru, 63-75. Department of Linguistics, University of Illinois.

Wang, William S.-Y. 1998. Three windows on the past, *The Bronze Age and Early Iron Age Peoples of Eastern Central Asia*, ed. by V. H. Mair, 508-534. Pennsylvania: University of Pennsylvania Museum Publications.

高本汉，1940，《中国音韵学研究》，赵元任、李方桂、罗常培，译，昆明：商务印书馆.

王士元，2013，语言演化的三个尺度，《科学中国人》第 1 期，16-20.

注：本文发表于《语言》（*Lingua*，Volume 218，January 2019）．石锋主编：中国语言学专号。这里是发表前的全文中译文。

《南开语言学刊》"韵律格局专题"主持人语

石锋

我们已经有"语音格局"和"语调格局",现在又有"韵律格局"。语调格局跟韵律格局有什么不同呢?语调格局是语句的音高、时长、音强三者交互作用的表现模式。韵律格局是在长期大量的语调实验分析的基础上,在"信息结构—焦点类型—韵律模式"的研究方向上的进一步探索。"人类话语中可以做出不同的分类:句法(常规、构式)、语义、语气、语用、情感等等,具有各种不同的信息结构,可以划分为有限的焦点类型,在语句中表现为相对应的韵律分布模式。"(石锋,2017)为便于进行韵律格局的研究,我们总结出三条基本原理:

原理 1 是有声原理:因为人类语言是有声的,即,语言中的一切内容(结构、语义、功能、语用、情感)都是通过语音表现出来的,同时通过语音来接收和获得理解,所以对于话语音流进行适当的语音分析,应该能够得到人际对应的有序模式。

原理 2 是必选原理:焦点的表现可以有词汇(含形态)、句法、修辞、语用、语音等各种方式,然而其中只有语音是必选的,其他都是可选的;并且所有其他的方式都是通过语音形式才能够表达出来的。

原理 3 是对应原理:一个语言成分的语音充盈度跟它所负载意义内容的实在程度和所传递的信息量相互对应。语音充盈度表现为跟音段发音的到位程度密切相关的、具有可比性的相对音高、相对时长和相对音量的测算数据。其中相对音高是用百分比表示的调域跨度,这通常是以上线或下线的升降进行调节的。

从原理 3 得到一个重要的变量推论：一个语言成分负载的意义或功能的增多表现为语音充盈度的增量叠加；而一个语言成分的语音充盈度的增量反映出所负载的意义或功能的增加。反之亦然。（石锋，2017）

这里的三篇文章是韵律格局研究的部分成果。其中阎锦婷、高晓天对比分析了汉语带"吗"疑问句跟语调疑问句的韵律分布的差异；谢郴伟比较了汉语主谓宾句、"把"字句和"被"字句不同的韵律分布模式和焦点类型的表现；秦鹏的研究为信息结构—焦点类型—韵律模式之间的联系提供了实验证据。希望得到学界的关注和批评。

参考文献：

石锋，2017，语调研究是实验语言学的奠基石——语调论坛总结报告，《实验语言学》第 6 卷第 1 号，19-25.

注：本文发表于《南开语言学刊》2017 年第 2 期。

《语言文字应用》专栏开头语

石锋

我们从 2013 年开始承担了国家社会科学基金重大项目"普通话语音标准声学和感知参数数据库建设"的工作。这是在总结全部已有的汉语语音研究成果的基础上，进一步进行系统提炼和扩充。我们特别注重较大样本的实验分析，考察不同背景下普通话的语音表现，力求全面深入地认识普通话语音的特征。这里的四篇文章分别报告了我们工作的进展情况。冉启斌研究了北京发音人的塞音格局，发现不送气音趋于稳态，送气音趋于动态；比较分析了男、女生的差异跟新、老北京人的差异。时秀娟等测试了普通话四个通音声母的鼻化度，其中鼻音和流音的分布范围有部分重叠；流音动态性较大，容易进入鼻化音范围。温宝莹等对比了广州普通话和北京普通话的元音分布模式，发现广州普通话元音普遍高化，并且在高低维上更为集中。王萍等分析了普通话语句的音高表现，得出字调域跨度在边界前扩展和下限在边界前降低，并且对比了陈述句和疑问句语调格局的差异。普通话语音标准声学和感知参数可以促进汉语语言学的科学化，为深化理论探索和开拓应用领域提供客观可靠的证据，具有重要的意义和广阔的前景。

注：本文发表于《语言文字应用》2017 年第 4 期。

第 19 届国际中国语言学会年会开幕式讲话

尊敬的李行德会长，
尊敬的来自世界各地从事中国语言学研究的朋友们，
尊敬的各位先生、女士们：

大家好！在国际中国语言学会第 19 届年会隆重开幕之际，我代表南开大学全体师生，热烈地欢迎你们！欢迎你们到中国来！欢迎你们到南开来！

在汉语加快走向世界之际，大家汇聚在汉语的故乡，召开这次年会，具有特别重要的意义。

人之初，既有言。语言的历史跟人类的历史几乎同样漫长。语言在人类生活中是最普通的现象，也是最神秘的现象。对于人类社会来说，人类的语言是人类社会进化的里程碑。有了语言，人类才走上文明发展之路。一种语言承载着一种文化。汉语传承的是灿烂的中华文化。华夏民族是世界上较早领悟到语言重要性的民族之一，《论语·子路》曰："一言而兴邦，一言而丧邦。"语言如此重要，那么，研究语言的语言学之重要自不待言。西儒多年前就指出：语言学是一门领先的学科（linguistics is a pilot science）。中国语言的研究跟中华文化的复兴密切相连。语言的和谐是社会和谐的重要内容。现代信息社会的飞速发展，不断给语言学家提出新问题，打开新领域。例如：虚拟世界的网络语言问题等。

对于个人来说，语言是各种能力中的核心能力。学校要培养学生的素质，提高学生的能力，语言教育是必不可少的。从很多教师的实际体会中反映出目前有一种母语能力下降的倾向。听说读写这几种语言能力，常常是提笔忘字，开口忘词。我们希望，语言的研究，特别是语言习得的研究可能会为我们解决这个问题提供参照。

大家知道,南开大学具有悠久历史。抗日时期,南开大学、北京大学和清华大学曾组成西南联大。南开的校训"允公允能,日新月异"就是南开精神的概括。南开为国家和民族培育出以周恩来总理为代表的大批著名的政治家、科学家、艺术家、教育家和杰出的学者。

南开大学一直就是中国语言学研究的重镇之一。在历史源流方面:南开的传统学科,早年有邢公畹、马汉麟、张清常等先驱学者在汉藏语言学、汉语语法学、汉语音韵学等方面奠定基础;现在我们的老师们继承发展了南开的传统优势学科,并且积极探索创新。特别要提到的是,我们把汉语、外语、民族语三方面整合为一体,成立语言研究所。这样使文学院、外语学院和汉语言文化学院的语言学力量互相合作、互相支持、互相交流、资源共享、共同发展,日益得到学界关注。

南开历来有国际视野,注重国际交流,有跟国外学界合作的传统。现在南开即将走过百年历程。学校新校区建设正在全面展开。南开大学在这样一个承前启后、继往开来的重要历史节点上,全校师生正在为全面提升南开的教育质量、研究水平而勤奋努力。这次盛会就像东风化雨,推进我们的各项工作不断前进。

汉语的根在中国。中国至今保存有历史久远的文献资料和复杂多样的方言和民族语言的宝库。中国语言成为一种无比丰富的语言学研究的资源,为国际语言学的理论发展做出越来越重要的贡献,越来越令人瞩目。

国际中国语言学会成立于1991年,今年正好是学会成立20年。学会的成立大大促进了海内外学者的交流,有力地推动了中国语言学的发展。中国语言学的面貌大为改观。中国渴望认识世界,同时也渴望世界认识中国。语言学的根本任务是探究人类语言的本质。中国语言学希望为世界语言学的研究做出贡献,同时也希望世界语言学了解中国语言学。令人鼓舞的是,在中国境内召开的国际中国语言学会年会为实现这个良好愿望提供了可能,并提供了一个可操作的平台。南开大学曾经在2004年成功地作为第13届年会的东道主,给国内外朋友们留下过美好的印象。今年南开又有幸再做第 19 届年会的东道主，这是国际语言学界对南开语言学人的高度信任，也是对南开语言学科的支持和促进。我们已经做好了充分准备，全力组织好会议的服务工作。愿来自世界各地的学者、各位新老朋友们能够再留下一个美好的回忆。

  祝大会圆满成功！

  祝大家愉快健康！

  谢谢各位！

石锋

2010 年 6 月

第 7 届演化语言学会议欢迎辞

尊敬的各位朋友：

有朋自远方来，不亦乐乎。热烈欢迎来参加第 7 届演化语言学国际研讨会。这个会议从 2009 年以来已经先后在广州、天津、上海、北京、香港、厦门成功举行，这次是南开大学又一次荣幸举办盛会。

从最远古的语言产生到最现代的大脑机制，都汇集为演化语言学的洪流。在这个方向上，语言的系统性和社会性完美整合，语言的共时研究和历时研究高度统一。语言学者的天职是解开语言之谜，揭开语言演化之谜。语言之谜也就是人类之谜。在这个意义上，研究语言也就是研究人类自己。

接下来的几天里，您将会参与一场酣畅淋漓的学术盛宴。在这里，您可以分享科学成果，开拓学术视野；您可以了解并关注语言学最新研究成果和进展；您可以满载开放、交流、合作的学术收获。

祝您在南开度过一段愉快的时光！

南开大学文学院

2015 年 6 月

在白建华校长荣退音乐会上的讲话

我们怀着依依不舍之情参加这个音乐会，以这样一种独特的形式欢送白建华校长荣退。白老师是明德中文学校历史上空前，也可能是绝后的传奇人物。24年教学历程，其中15年任校长，这在明德各语言学校中也是绝无仅有的。

白老师对中文学校的贡献巨大，有以下三方面：

1. 既坚持明德历史传统，又有重要创新发展。如：完善教师培训，增设本科2.5年级，创建硕士班，以及规划未来的博士生项目。这都使明德中文学校提高了办学层次，扩大了影响。

2. 在出色完成繁忙的教学组织管理工作之外，白老师坚持在教学第一线，身体力行，把教学实践和研究总结融合在一起。如亲自主持编成《对外汉语语言点教学150例》，全力支持编写出版《明德之路》，现在正下功夫研究明德中文学校的历史。这都为我们树立了很好的榜样。

3. 白老师待人真诚仁厚，具有宽广胸怀，团结了来自美国本土、中国大陆和台湾的众多优秀教师来到明德来精诚合作，大家团结工作像是一个大家庭。家长就是白老师，每一位老师都深深感受到温暖的关照。同时白老师的大爱之心教育和帮助了每一位明德的本科生和研究生，使他们不仅在这得到飞快的进步，也收获了师生友情，懂得了人生哲理，获得了自信。有这么多老师和同学用各种方式表达对白老师的敬意，充分显示出白老师人格的感人魅力。白老师培养出明德精神，白老师就是明德精神的代表。白老师的长期巨大贡献将留在明德中文学校的史册上。

我们今天音乐会的成功举办，要感谢中文学校办公室各位老师、各位年级主任，以及全体老师和全体研究生同学的支持、参与和协助！感谢远道而来的参加白老师荣退活动的各位朋友!

特别要感谢我们 2011 届毕业的研究生万敏老师带来这么多优美的歌声。

感谢各位上台演出的老师和同学!

最后,让我们祝白老师身体健康!精神愉快!常回明德看看!

石锋
2017 年 8 月

附:
白建华校长荣退音乐会节目单

策划:石锋、陈彤
导演:陈彤
主持人:李群虎、蔡佳殷
摄像:叶信鸿、陈天宇
音响:马克、韩颖、安毅
钢琴伴奏:徐旻
吉他伴奏:王可

1. 女生独唱:《青藏高原》 万敏
2. 女生小合唱:《想把我唱给你听》 高羽琪、何杉、王晶、蔡佳殷
3. 女生独唱:《吐鲁番的葡萄熟了》 万敏
4. 小合唱:《望春风》 姚瑜雯、杨玉笙、陈纹慧等
5. 女生独唱:《女人花》 万敏
6. 女生独唱:《英雄》 万敏
7. 女生独唱:《传奇》 刘芳
8. 女生独唱:《春暖花开》 刘芳
9. 女生独唱:《父亲的草原母亲的河》 万敏
10. 女生独唱:《小背篓》 万敏

11. 女生小合唱：《献给白老师的歌》 高羽琪、何杉、王晶、蔡佳殷
12. 女生独唱：《走天涯》 万敏
13. 朗诵：《我有话对你说》 黄丽娟
14. 大合唱：《感恩的心》 研究生师生
15. 李恺代表以往的老师们讲话
16. 石锋代表现在的老师们讲话
17. 李恺、石锋代表全体老师向白老师赠送纪念品
18. 白建华校长感言
19. 大合唱：《送别》 全体老师、研究生

纪要评语

石锋博士论文答辩纪要

石按：

为了澄清学术史上的一些谣传，我查阅并复制了三十多年前我的博士论文答辩会的有关资料。其中重要的是：导师邢公畹先生对论文的评语和对答辩人的学习情况的介绍，答辩会主席王均先生宣读的答辩会决议，各位答辩委员胡明扬、喻世长、刘叔新、宋玉柱、杨自翔对论文的评议讨论，各位论文评阅专家王均、林焘、喻世长、胡明扬对论文的审阅评语，各位同行评议专家吴宗济、马学良、王辅世、鲍怀翘、梁敏、张均如、罗美珍的评阅意见。

查阅中最使我惊喜的事情是答辩会的记录非常完整，出乎意料，竟然有34页之多。会上每位委员的发言，包括讨论中的插话，以及旁听人的感想，都一一照实记录。读来犹如身在会场，亲临其境。这真是要好好感谢兼任答辩秘书、教研室主任的杨自翔老师，感谢其以极端认真负责的精神，为我们如此完美地保存下这珍贵的回忆。

如今我的两位业师和以上前辈师长中有几位已经过世，读着他们的评语和发言，好像再次听到谆谆教诲，往事历历在目，使我深深感动，无限缅怀和思念。

我攻读博士的1987—1990年正是语音格局研究的初创时期，得到两位业师和学界各位师长的无私帮助、全力支持、热情鼓励和深切期待，我是很幸运的。三十多年之后再重温并回味这些如烟往事，我仍然心潮起伏、难以平静。我愿意跟学界朋友和我的学生们分享这珍贵的回忆。

评阅人意见综合

共有 4 位评阅人写了学术评语：王均研究员、林焘教授、喻世长研究员、胡明扬教授。现将评阅意见综合如下：

一、选题有意义，材料丰富可靠，论证清楚，论述开拓较为深广，逻辑性强，有一定创见。

二、肯定以下八点：T 值计算公式；关于语言的音位、音素、音子三个范畴；汉语侗台语是调型、调层语言；韵母中韵尾对主要元音的制约作用和补偿作用；闭塞音韵尾有不可填充性，因而入声调类在四声中具有独立地位；高调来源于清声母，低调来源于浊声母的语言分析和实验；关于送气声母在声调中的作用；汉语侗台语声调的几种对立方式。

三、证明汉语和侗台语属于声调语言的一个共同类型，有充分的说服力。

四、论文的意义：是汉语和侗台语声调研究的理论总结；对证实汉藏系语言中声调因声母清浊而分为阴阳两类这一规律的普遍性，对认识清浊差异在历史发展中转化为声调对立这一共同趋势有帮助；虽是类型学研究，但有助于汉语和侗台语发生学的研究。

五、可商讨的意见：

1. 论文开头说语言学分析为主，音韵学分析为辅，静态分析为主，动态分析为辅，过于简略。

2. 未涉及北京变调、轻声及语调的关系，似不太好。描写这些与侗台语不相称的方面，可以说明彼此发展阶段的不同，可以以异证同。

六、一致认为论文达到了博士论文水平。

整理人：杨自翔
1990 年 5 月 4 日

南开大学研究生毕业论文评阅人学术评语

本文试图通过分析汉语方言和侗台语方言声调格局的各种表现，说明汉语和侗台语属于共同的声调语言类型，从而为进一步讨论汉语和侗台语的亲缘关系打下良好的基础。作者通过对汉语北京、天津、广州、吴江话和侗语高坝、秀洞、启蒙话、水话中和话声调格局的描写和对比研究，达到了这一写作目的。

作者用实验语音学的方法，把上述诸方言点单字调录音资料用语图仪作出语图进行分析，求得音长音高等的数据，计算出 T 值（每个点都有好几份材料，并求出了各项数据的平均值），做了详细的描写和对比，又分别讨论了声调和声母以及和韵母的关系，特别是关于入声的问题等，以说明侗台语与汉语的声调的类型学共同特征。材料丰富可靠，立论清楚，文字流畅，逻辑性强，并有新意。例如把国内习用的五度标调法从 5 个点改为划分成 5 等份，关于 T 值的公式，关于"九声六调说"之不可行，关于塞音韵尾的不可填充性，关于汉语和侗台语声调的几种对立方式等，均甚精当。

作者知道关于汉语和侗台语的亲缘关系不是通过实验语音学能解决问题的，本文也没有涉及这个问题；但他有力地指出：全力否定汉语和侗台语亲缘关系的白保罗（P. Benedict）在他的《澳泰语：语言与文化》一书中却忽视声调的区别，这样割裂语言的音韵结构，在肢解残缺的材料上不可能有真正科学的新建树。这一论断是有力的。

评阅人：王钧
1990 年 4 月 2 日

南开大学研究生毕业论文评阅人学术评语

石锋同志《汉语和侗台语的声调格局》（摘要）以汉语中北京、天津、广州、吴江四个方言点和贵州高坝、秀洞、启蒙、水家四种侗台语的材料为根据，互相比较并借助语音实验进行分析，综论了汉语和侗台语的声调格局及其对声母、韵母的影响，对证实汉藏系语言中声调因声母的清浊而分为阴阳两类这一规律的普遍性，对认识清浊的差异在历史发展中转化为声调的对立这一共同趋势，都是非常有帮助的。

作者对高调来源于清声母，低调来源于浊声母的语音分析实验，对送气声母在声调中的作用，韵母中韵尾对主要元音的制约和补偿作用及入声在四声调类中的独立地位等论述都有自己独到的见解和充分的论据。论文最后总结为汉语和侗台语的声调格局具有共同的类型特征，属于共同的声调语言类型，也是有充分说服力的。

本论文选题有意义，论述开拓较为深广，有一定的创见，认为已经达到博士学位论文的要求。

评阅人：林焘
1990年4月10日

南开大学研究生毕业论文评阅人学术评语

《汉语和侗台语的声调格局》一文是国内外关于声调研究，特别是关于汉语和侗台语声调研究的理论总结，又是声调理论的卓有成果的探索，在坚实的材料基础上提出了很有价值的理论观点，因而是一篇有理论深度的不可多得的博士论文。

国内外的声调研究由于研究的语言不同，历来有调层说和调型说两种意见。研究非洲声调语言的语言学家大多数主张调层说，研究汉语和东南亚语言的语言学家大多主张调型说。石锋明确地把这两种学说综合起来，纳入一个更完整的声调理论体系是完全正确的。

声调作为一种语言符号的区别性韵律特征，实际上和音位并无二致。石锋把音位学理论全面适用于声调研究，区分了声调的声学特征、调值和有区别意义作用的调位，这对声调的深入研究是有价值的。

关于是否保留"入声"作为一个调类的论说很足以服人。以往单纯从共时描写的角度出发的人力主取消"入声"。石锋的论点严格区分而又辩证地联系共时研究和历时研究，说明作者有扎实的语言理论修养。

关于入声塞音韵尾和塞音清声母的静止时间应计入塞音韵尾和塞音清声母的总长度这一论点又是一个理论贡献，看来这里理所当然，实际上这是多年实际工作和理论探索的成果。

近年来不少人叹息中国语言学家力于描写，疏于理论。其实不然。中国语言学的传统是立足扎实的材料，不务空论，但绝非不说理论。石锋正是这样做的，假以时日，涓滴必成洪流。

评阅人：胡明扬
1990年4月3日

同行评议意见综合

共有 7 位评议专家：马学良教授、吴宗济研究员、鲍怀翘副研究员、梁敏研究员、张均如研究员、罗美珍副研究员、王辅世研究员。意见书共 6 份，现综合如下：

一、博采众家之长，论文涉猎广，证据确，条理明，方法有创新，足以论证汉语侗台语属于声调语言的一个共同类型。

二、肯定以下七点深刻、有创见：对吴江话和侗语声调的分析全面深刻；用T值规整调值；声调格局概念恰切；用带式曲线所做的北京话声调格局图；入声在声调系统中的独立地位，闭塞韵尾的不可填充性；调头、调尾的处理；侗台语和汉语是调层语言和调型语言的混合型。

三、不同看法和可探讨的问题有三点：

1. 元音气化，论文说是由于浊送气发音，这点应明确。元音气化与浊音送气不同。吴江方言与侗台语中元音气化是否源于古不送气浊音，似值得研究。

2. 对立应是二元对立，但调型是多元的，可称为对比，不是对立。

3. 在区分声调处理问题和感知问题上有待今后深入研究。如秀洞 3 调与 5 调、中和的 7c 和 8 调是声调差别还是声母韵母的差别，调值调型相同或相近分类的标准是什么，调层上的差别阈可多大，等等。

四、一致认为论文达到博士论文水平。马学良的意见未明确这样说，但全篇总的含义是同意的。

整理人：杨自翔
1990 年 5 月 4 日

博士学位论文同行评议意见表

评议人：吴宗济

根据石锋此文的详细摘要，提出评议如下：

第一章导论，指出研究范围、语音范畴，说明"声调格局"，五度值记调法的改进，概括了本文的目的和内容，说明分析声调所用的方法。按：语音的声调与元音辅音的属性迥然不同。在人类各语言中，元音辅音有若干共性因素，例如发音部位和发音方法虽各有特点和多寡不同，但总有若干相同或相近的可以比较异同和变异程度。可以用一种公认标准例如国际音标来衡量。声调则是语音的"附加成分"（赵元任先生语），在声调语言中，在某一说话人口中，各有不同的调域，其中可有高下、升降、平曲、舒促等变化。在各语言间的取舍各异、频率相殊的情况下，很难用一个标准去衡量。本文用"T值"归正调值，继承五度值记调法的长处而加以改进，可说是迄今为止对声调语言较为理想的标调方法。关于"声调格局"的概念，其认为一个语言或方言的声调都有其一定的"格局"。这个名称颇为恰切，可解释为规格和布局的总称。规格是声调的高低、升降等，布局是调型在调域内的分布等，可以说包括了声调模式和其相对关系，颇类地理学中"地貌"的意义。

第二、三章，汉语和侗台语的声调格局，汉语的举例不多，但已具备代表性。南北重要方言系统都大量可以窥见了。北京话用带式曲线作声调格局图，有其优点，可以相当于国际语音学家所用的语音变化"窗"图。近来他们已趋向于按音变范围做图，而不止于绝对数值，这样更能取得宏观定性的结果。各方言的声调模式，似皆可用此法做图。文中说到调头调尾可以不计，其实许多非生理发音关系的调头调尾，例如北京话的半上有211、11不等，此21部分常与识别信息无关，可以略而为低平调，方言中当不乏此类。如果在声调格局中把各调加以归正，只取核心（target）部分，则更便于比较。因此，调值图是语音的实际，而声调格局图可以直达音系的类型或"调貌"。侗台语的送气音与不送气异调，在泰语和壮语中有此现象，其中有元音气化现象，本文说由于"浊送气发音"，此点似应明确，因侗台语为无浊音送气不送气两套，今音又使不送气浊音清化时，可能使元音气化，与浊音送气不同（吴语中多此现象）。语音学中所谓"清音浊流"即指此。据李方桂先生《比较台语手册》，泰语及天保、剥隘等语，今送气可来源于古送气清音及古不送气浊音，现均归入送气清音，似此则吴江话及侗语中的元音气化，是否源于古不送气浊音，似值得研究。

第四章的入声问题，侗台语入声有长短，据李方桂分析，入声长调的元音为长元音及复元音，短调为短元音及单元音，此点在侗台语是否如此，若然则是有规律、有条件的分为长短。可以说是条件的变调了。

第五章声调对立的方式，有人分为两大类：调层与调型，按此不太严密，因据西方学者大量分析世界语言指出，凡有调型的语言，必然含有几个调层（平调）。调层语言居少数。汉语侗台语兼具二者是不成问题的。再，认为有对立方式，值得考虑，"对立"一词在音系学中已专指非此即彼的二元对立。调型是多元的，可以称为对比，而不是对立。

综观全文，涉猎广，用力勤，论据确，条理明，方法有创新，足以论证汉语与侗台语在声调方面是有共同类型的。再根据作者以往大量的著述，可以认为本文是达到博士学位论文水平的。

吴宗济
1999 年 4 月

博士学位论文同行评议意见表

评议人：鲍怀翘

本文借助语音实验方法研究了汉语几种方言和侗台语中几种语言的声调静态格局，方法是可靠的，测量数据和声调图型是可信的。

作者从类型学的角度，比较了声调的实验数据，得出侗台语和汉语之间同属于一个声调语言类型的结论是有理由的。（普通话/北京话无长短元音之分，又无塞音尾，因此在类型上看可能距离远一些。）

调型相同，基频相差又极微的声调靠什么来区分呢？如秀洞水语的3、5 调；论文第 7 页中的 7c 和 8 调。这些现象提出了一个问题，就是声调的处理问题和感知问题，前者在于弄清影响声调差别的多因素中主要因素是什么？是理清与声调的不同呢还是声母和韵母的差别？如吴江话中的 1 和 1'调是极其相似的（调型），调值上是相近的，由于送气而分成两类，这属于处理上的问题。调值、调型相同或相近，分类的标准又是什么？调层上的差别阈值又可多大？这是属于感知范畴的问题。以上这些问题，有待今后进行更深入的研究、探讨。

本文引用的一些概念（关于声调的），须作更精确的定义："超音质"

"超音段"是同指的吗;"自由度"术语是有特指的,不能随便使用;论文第 28 页上的数据并不能说明广州话长短元音韵在时长上"大体一样"了,因为 40 毫秒的差别是不小的。

作者在声调研究工作中做了大量的实验研究,在实证语音学领域中是一位成果较多的后起之秀,十分可喜。本人认为此文已达到博士学位论文的水平。

评议人:鲍怀翘
1990 年 4 月 15 日

石锋博士论文答辩会记录

1990 年 5 月 5 日

时间:上午 8 点 45 分开始至 12 点 10 分结束。记录人:杨自翔

地点:谊园 2 号楼四楼会议厅

出席人:南大学位委员会中文系分委副主任张学植;答辩委员会成员 7 人,有王均先生(主席)、喻世长、胡明扬、邢公畹、宋玉柱、刘叔新、杨自翔(系秘书);旁听人员 9 人(其中 3 位教师、6 位研究生);录音员田丽。

张学植宣布答辩委员会成员。

王均主席主持答辩委员会。

导师邢公畹介绍博士学位申请人石锋的情况:

一、石锋同志生于 1949 年 7 月 1 日。1968 年从天津南开中学毕业后到黑龙江农场参加工作,直到 1977 年考取黑龙江省哈尔滨师范大学中文系本科生,1979 年考取中国人民大学语文系语言专业硕士生,1982 年获硕士学位。之后在天津外国语学院和南开大学中文系任助教、讲师。1987 年考取侗傣语族语言文学专业博士研究生,在职学习,研究方向是汉语侗台语比较研究。

二、政治思想情况:

石锋同志思想上积极要求进步,坚持四项基本原则,作风正派,待人诚恳,尊敬师长,团结同志,工作中主动热情,有实干精神,学习上

认真刻苦努力,很有学术进取心。北京大学林焘教授在他为石锋同志所写的报考博士生推荐信中认为石锋同志是一位"很有前途的新一代语言工作者"。

三、学习成绩:

博士生入学考试成绩:外语(英语)合格,汉学知识 99 分,侗台语知识 99 分。

博士研究生课程成绩:第一外语(英语)83.5 分,第二外语(日语)合格,政治 78 分,音韵学 86 分,侗台语研究 80 分,语言调查方法 84 分,训诂学 62 分。

四、科研情况:

石锋同志是一个勤奋的语言学工作者,对田野调查和语言实验分析有浓厚的兴趣,曾经实地调查过汉语苏州方言、湖南方言、广州方言、安徽方言、贵州方言、北京话和天津话,以及侗语、水语、佯黄话、傈语等。他注意搜集那些具有理论价值的语言材料,并且努力探寻已有材料中的理论意义,其中有些已经分别整理成论文发表。他的硕士论文《苏州话浊塞音的声学特征》在《语言研究》刊物发表以后,获得天津市社会科学成果论文二等奖。至今已有 18 篇论文发表在《中国语文》《语言研究》《民族语文》等学术刊物上,有的并在美国和苏联发表,其中有几篇是与别人合作的,另外还有 7 篇论文已被《中国语言学报》《语言研究》等学术刊物采用,正在排印中。

石锋同志的一些论文受到国内外著名语言学者的好评,如北京大学林焘先生、中国社会科学院语言研究所吴宗济先生、美国加州大学伯克利分校王士元教授、圣地亚哥大学陈渊泉教授、瑞典隆德大学加丁教授,都曾写有书面材料给予较高的评价。

石锋同志的研究特点是田野调查和实验分析相结合,语言材料分析和语言理论的探考、证明相结合,因此基础比较扎实,眼界比较开阔,研究有一定的深度。他的博士学位论文《汉语和侗台语的声调格局》就体现了他的研究特点。

石锋报告自己论文的主要内容：

一、选题的意义和目的

在邢公畹先生指导下选定。国内外一个重大的争论问题——汉语与侗台语亲缘关系问题。邢先生要我在汉语和侗台语的声调系统范围内选一个题目，我选了声调格局，邢先生同意。主要考虑两方面：一方面汉语侗台语的亲缘关系问题目前还未得出公认一致的结论，而且都集中在历史比较法的研究方面，邢先生让我另辟蹊径，从语言类型学的角度来进行语言对比研究，不涉及历史比较，只看现代语言的实际表现，抓住声调格局这个突破点，以小喻大，以简驭繁，容易取得成果。另外邢先生也考虑这个题目适合我个人的条件，我对语言调查和实验分析有很大的兴趣，共时的研究范围可借助语言实验和方法，使我能扬长避短，容易取得成果。另外国内外语音实验方法同我国少数民族语言研究结合起来的成果不多，这样可以在一个新的角度上进行新的研究。

论文写作的目的，通过分析汉语和侗台语中有代表性的声调格局的各种表现、特点和规律来证明汉语和侗台语属于共同的声调语言类型，从类型学上得出有力的证据，而为进一步研究汉语侗台语的亲缘关系打下基础。能否真正达到这个目的，请答辩委员会各位先生以及到会的各位老师和同志指正。

二、论文的主要内容：全文 72000 字，5 章 17 节（各章节内容，记录从略，见论文摘要）

三、个人认为比较新的观点、方法：

1. 提出并论述了语音的三个范畴——音位、音素和音子，该思想贯穿了全文。2. 提出并定义了声调格局的概念。3. 提出了一个 T 值公式，将五度值记调法由五个点划分为五等份，可以说是改进的方法。4. 本文特别强调时长在声调中具有辅助性的区别作用，对时长给予了较多的注意。韵尾对韵腹长短元音的补偿作用，以及塞音韵尾的不可填充性，为证明汉语入声在声调中具有独特的独立地位提出了有力的证据。5. 声调格局中声调对立的几种方式，说明汉语和侗台语属于共同声调语言的混合形态，证明了汉语和侗台语具有共同的类型学特征。

四、论文不足的地方：

1. 开头部分头绪多，包括的内容很乱，各部分之间缺乏内在联系，开场的部分显得未突出主题，主观上是自己对论文资料的驾驭能力不够，详略的选择和先后次序的安排上不一定恰当，交代得不够明晰。2. 中间部分（二、三章）过于详细，使人有拖沓的感觉，自己怕把有些现象丢掉了，不厌其详，有点啰唆。3. 结尾部分（四、五章）有些论述发挥得不够充分，写得过于拘谨，应该深入的没有深入，应该展开的没有展开。思想上有所谓"前车之鉴"的教训。以前关于高坝侗语五个平调的分析，总结出的规律公式在国内外都公开发表了，现在发现了一些新情况，有些不合适，觉得论述最好少一些，要不然发现新问题就会自己否定自己了，故力求证据，造成了拘谨。论文初稿略显简单，后来邢先生看了之后，在邢先生帮助鼓励下写了关于入声韵尾的讨论和关于韵尾时长的分析，这样比原来多了一些。因此，如果说这篇论文有些长处，完全是导师邢先生精心指导的结果，是前辈学者的指教和我的一些师友帮助的结果。至于文章中的一些不足的地方，都是我个人在学术上的功力不深、水平不高所造成的。

答辩委员向学位申请人提问：

喻世长：首先说明，我的意见都是在给予论文积极评价的基础上提出的小问题。

关于五度段和五度点，我想五度点只能是四个段，五度段会形成六个点。北京话去声下降一定得超过中点。中央人民电台有一位广播员去声掌握得不好，调值降不到1的位置，一会儿是53，一会儿是42。我想改进为五段，跟以前的调值相比就有一个四对五或五对六的问题。

论文开头头绪多，多不要紧，如果把它们的关系都说清了，哪方面是第一位的，哪方面是第二位的，安排得当就可以了。现在我想问标题的性质、用意。标题有两种：一种是论文题目包含全部论文的内容，另一种题目是专标核心，只管主要的部分，没有次要的部分。想问石锋同志你的论文题目标的是什么。是只标声域部分管它叫格局？还是说，因为你第四章讨论声调系统和整个语言系统了？这个还属于不属于你的

"格局"？还有整篇作品的价值就在于从类型学上证明汉语和侗台语在语音特征上是属于同一类型的，这个目的我认为这篇文章在某种程度上是达到了。

至于说拘谨、谦逊，用得恰当好，用得不当不好，因为开头你提到了三个层次（范畴）音位、音素、音子，它们相当于是调位、调值、声学特征，第四章根据仪器给我们的成果，已经把它扩展到调值，也提到调位（有时用"类"），调位与调类是何关系？又有声调系统这个术语，那么格局与系统是什么关系？系统或许主要指音位、调位那一层，格局主要指声调的声学特征加上人的听感。回过头来，题目是把上述内容都包括在内所以叫格局呢？还是不然，而是指文章中最主要的内容，为辅的内容在格局之外，这一点希望能解释一下。

胡明扬：石锋的文章下了一些功夫，也有一些长处，提一些新的意见。①音子的提法，你是否考虑一下，好像国外语言学有过语素、音子，可能你未看到过，请查一查，可能前人提过，我记不清哪篇文章。②声调格局和声调系统的关系。③时长问题，不错，我很欣赏，过去不太注意塞尾算不算时长。④调型、调层，合起来可以说明一些问题，这些是文章的优点，不止简单地做些实验调查。

在肯定文章的基础上我提一个问题。你写这篇文章好似出现一些散乱现象，你考虑一下整个文章中心思想是否明确。为什么写这文章，侗台语与汉语有无亲缘关系有争论。尽管你未从发生学角度探讨，完全从共时的类型学的角度去探讨，但如果你的目的很明确，最终是想说明亲缘关系问题，那么就会很集中。你的文章类型学的描写完了，就行了，没有了。实际上底下必然要提出一个问题，就是从类型学上来证明在发生学上有联系，邢先生的用意就在此。我觉得你自己似乎不太明确。你描写方言时就有提及，如果背后那个目的是把它们凝结在一起，成为一个整体。不在乎你在开头提了多少，你这总目标明确后，问题必然会集中，吴江方言你就会只抓一点：送气分化声调。对你整个对比最重要的就这一点，别的不必多说。北京话、天津话也是这样，只把它与少数民族语言共同处提出来就没了。我感觉你在这个问题上不太清楚。不知是否这样，你搞具体研究了，文章就散了。

两种不同语言接触，开始时往往是借词，借这个民族中没有的东西，文化渗透多了（如中日、中朝、中越）影响就很大了，可能出现大量的借词，这就可能影响到它的音位系统，如英语与法语就有，影响个别音位很有可能。进一步接触，杂居通婚，中国有这样的例子，像五屯话就会出现基本词汇是汉语的，语法形态是藏语的，但仍保留了原来的基本词汇。如果没有声调的语言跟另一个民族接触，光是住在附近，你在广东，我在广西，边界上接近，根本不可能影响成这样，即使通婚杂居，最多形成一个混合语。这里边有个理论问题，语言怎么能够像传染病一样，从边界上传到所有的个体，使语言变质，因为假定说它是双音节的没有声调的语言，怎么可能？从现有语言接触的各种影响来看，没有这样的先例。我谈得远了，我觉得文章最后必然会提出这个问题。

提一点建议，对论文答辩的关系不大。学问有两种做法，一种做得很细很精确，但无宏观目标；另一种有宏观目标，尽管说的问题不明说，但处处都紧扣大目标，一步一步向前进。我比较赞成后一种，这种经过长期努力，一个一个小问题都搞清楚，最后大的问题也就解决了。这是务虚的意见，你考虑。你最后修订时，再细细推敲一下，如时间空位、五度点与五度段。石锋写过不少东西，希望对自己的缺点更注意一些。你过去学实验语音学，对少数民族语言不熟悉，转到这里，对历史比较语言学不太熟悉，有些难度。实验容易搞细枝末节，搞不好就成为匠人。要更多考虑宏观。入声问题你没有太展开，你的话有道理，但应该展开。你对历史比较的目的不太明确，这方面有欠缺。扬长避短，扬你实验语音学之长，避你所短。

刘叔新：同意前几位先生的发言，调查描写很细，实验很准确。突出优点，但如何从理论上加以概括，似不足。不能要求一篇文章既论共时格局，又论发生学问题。两全不现实，不可能有发生学的结论。共时的部分也有不足，格局共性的概括不太够，最终能否说明汉语侗台语格局共性高，高到什么程度？它跟发生学有什么联系，给它们的亲属关系是否可以提供有力的证据？你是怎么想的，作为一个问题提出来。

个别小的地方。开头说汉藏语系语言只有词汇性声调，极少有语法性和形态化声调。"语法性"和"形态性"两者不能并列，可以把前者称作"句法性声调"。

形态化声调只举了非洲语言，汉藏语系语言里有吗？为什么不举？汉语方言里就有。

第22页倒数第二段有些话含混："另外阳入字中固然有'及、合、拔、特、墨'等一致读短元音，也有'白、贼、立、石'等混读的现象"，混读的多少？应明确，混读的多了会影响结论。

第23页"阳调类比阴调类低，最明显的是阴平和阳平。一高一低，处于调域两极，另外三声也是如此"这话有毛病。（石锋：对！不清楚。）

喻世长：不可填充，开始觉得不好理解。鼻韵尾可以填充（声调和长度），-p、-t、-k不能起那作用，所以不能填充。我这样理解对吗？（石锋：我的意思跟喻先生说的不太一样。）系统和格局能完全一样吗？我觉得不相等。

胡明扬：第7页"汉语侗台语属于共同的声调语言类型"，这句话我觉得缺一点东西，我说就这样："汉语侗台语是属于共同声调语言类型的一个亚型"。因为非洲一些语言也是声调语言，但跟汉语侗台语不同。

王均：为证明汉语侗台语属于同系属的语言当铺垫，铺平道路。他的长处是实验语音学，扬长避短，提出大量数据，说明类型上的共同性，为下一步从发生学、词源学上证明汉语侗台语同系属做铺垫。论文最后一段话，目的是破白保罗的做法，他忽视声调，甚至引用别人材料也故意删去声调。论文正面主张声调的共同类型，说明汉藏语系语言必须谈声调。因为石锋提供了大量论据，是很有力的。

很欣赏五度点改进为五度段，有发展。你利用仪器做了大量的分析，求平均值，证明比较有力。入声塞尾，除阻没有，应当说还有音段存在，说得好，特别从历史比较角度看，不能没有入声，设计文字的音位整理可以不要入声。

同意几位先生的意见，宏观上把握，有些地方说得不太够，语言的影响可以借入一些东西，但本族固有的东西，其声调格局如此相近，不能用语言影响来说明，也不能说是"传染病"。内容有了，没有把这一点点出来。文章的写法，大量的功夫在实验，材料拿出来又加以解释，好像"木"与"林"的关系处理得不够好。关于服务于总结论方面说得有些不够。

细的问题，"广州话上阴入，有个别读长元音的字如测和黑"，从来源上说它们是臻摄栉韵字，应该是短元音，在广州话里是例外。"在下阴入中也有个别读短元音的字音如赤"。"赤"是梗摄的字，很难说了。"另外有及、合、拔、特、墨等一致读为短元音的字"。这里一致读短元音的倒是混读的情况（刘叔新插："立"一般读短元音，"白、贼"一般读长元音。石锋插：是说广州的一些人这样读，另一些人那样读。）啊！那就不叫混读，是方言中不同人的读音不同。

广州话中阴调高，阳调低，但方言中也有相反的情况，吴语、天津话（杨自翔插：安徽话也如此）如何理解呢？你说必另有原因，什么原因呢？

第 32 页，不分全阴平、次阴平，看成新派的读音，你认为不合适，理由是语音演变中一般不允许倒退的现象。什么叫倒退？平上去入各分阴阳，成 8 个调，再分送气不送气成 12 个调了，这是吴江话发展的趋向（石锋：倒退是说 12 个再变为 8 个，再变为 4 个……）。这很难说没有，现实中如北京话有 4 个调，滦县话 3 个（连读中能分出阴阳平来），这是倒退还是什么？当作理论提出来值得怀疑，你依据的是什么？（石锋：平上去入变成阴阳上去，虽仍然四个调，但内容变了，不是指这个。"倒退"的看法不是我提出的，是西方的新语法学派提过，不过他们未讲到声调问题。最近王士元讲过竞争性的演变，螺旋式的演变是可能的。胡明扬插：如 k k^h x $\rightarrow$ tɕ tɕ^{h}ɕ，不太容易再返回去成为 k k^h x。）

同意刘先生关于声调能区别语法意义，举汉语的例子，就拿四声别义来讲，其中有的就是区别不同的语法性质。你举非洲语言，也应该写出依据、来源，包括全文引用的，都把来源写清楚，××书、××页，便于查对。

杨自翔：石锋论文有很多优点，刚才几位评委的意见我很同意，我提一点小的意见。

关于入声塞音韵尾的不可填充性，石锋同志他是有发挥，有创见，在解释上，他是搞的实验语音学，他用了我们一般听感和非实验语音学的方式描写，做了解释。我觉得不可填充性还可以从这方面来考虑，按实验语音学的一般规矩，标声调着重在音调的高低（频率），能表现频率的必须有声带的振动，因此认为只有声带振动基频存在时才能量它的长度，基频停止了（不存在了）长度就停止了，从基频出现至基频结束，这长度就是声调的长度。实际发音不仅是这样。清辅音闭塞过程，不出现基频，可是发音已经开始了，这一段应算在发音时长中。塞音韵尾也不会算进时长，这样得出的音节长度自然就短了。塞尾发出，占了时间，可基频无反应。这样按基频时长作为入声塞尾字的长度，实际上不合理。你这样算法，所谓不可填充性的时间加上去，正好是合理的。我同意你的看法，这正看出你对实验数据的运用有革新的地方。这个不可填充性，有发音动作在里边，只是音没有出来。

关（于）缩气音的问题，谈到水语调查，我们两人一起调查的，所有前喉塞音都记了同一个符号，包括缩气音在内。你现在从所有带前[ʔ]的音中提出一部分出来说是缩气音，对其他部分没有表态，到底其他部分是不是缩气音？我的理解大概不能算，因为你引用材料中赵元任只谈到ʔb-ʔd。只涉及塞音部分，因为只有塞音 pb、pd 从发音原理上说才能形成空气的负压，别的音素，如擦音、鼻音，不可能形成这种负压。当然有的语音书上讲鼻音和塞音都有闭塞，认为两者相同。但鼻音塞音从发音阶段上看两者有区别，塞音必须爆发时才有声音，鼻音在持阻阶段就有声音了。当闭塞时，气流即可从鼻腔排出来，即出现声音了，不可能形成一种负压。我的意思是说在引用赵元任先生说法时，对其他带前[ʔ]的音素也明确表态，那些不属于缩气音。

周荐（列席人）：刚才几位先生对石锋论文提的看法，我就说一点儿印象。刚才胡先生说从石锋论文能从汉语和侗台语声调格局上归纳出声调语言的亚型或次类，因为我还没有机会拜读他的文章，如果能对别的声调语言的研究，不属于我们这样的次类，我想这个对理论语言学的意义就非常大了。还有一点，刚才胡先生、喻先生谈到，格局是不是系统的问题，汉语举了北京话、天津话、广州话、吴江话，好像点少一点儿，如果是系统的话，点好像少一些，点多覆盖面会大一点。（王均插：石锋论文原来列的点相当多，方言点多，民族语言点也多，后来我们建议可选一些，不要太多，分量太大，恐怕完成不了。）石锋同志是我的学长，我教现代汉语课，经常向他请教语音学的问题。

洪波（列席人）：我说两句，我是石锋的师弟，明年毕业。几位先生发言我有一点感受，通过这个答辩也给我指明了方向。如胡先生说我们在邢先生指导下做博士研究生，最终的目的要扣住历史比较法、发生学的目的。声调上，国外有一种观点，认为声调的发生是比较晚的，作为发生学上的证明，他觉得没有什么力量，他要把声调排除在外。我觉得像石锋这样证明两族语言在声调格局上这样的相近，再要从发生学上否定它们的关系，恐怕就比较困难。我觉得石锋作这篇论文的贡献在这方面。

王均：下一个程序宣布国内同行对论文详细摘要的评论意见综合汇总。同行评议人有马学良教授（中央民院博士生导师）；中国社科院语言研究所研究员吴宗济教授，博士生导师；中国社科院民族研究所副研究员鲍怀翘，专搞实验语音学的；还有张均如、梁敏、罗美珍，三位都是搞侗傣语的，还有王辅世，他是中国社科院民族所的研究员。同行专家们请得相当多，国内这方面的主要的人都请到了。综合各位同行的书面意见，由杨自翔总结的，现在我把综合意见宣读一下。（具体内容略，见综合表，不过宣读时，未读是否达到博士论文水平那一段话。）

论文评阅人的评阅意见，宣读（只读综合的，见综合表，记录从略，不过宣读时，未读是否达到博士论文水平那一段话）。

（休会十五分钟后）

王均：接着开会，石锋回答问题。

石锋：刚才几位先生提出问题，我把问题归纳后回答如下。回答不到之处，请再问。

1. 关于论文题目，是包涵全部呢，还是指出论文的主要内容呢？我考虑声调格局只是提出了论文的主要内容，没有包括论文的全部内容，是主题。论述的大部分是在声调格局这个标题下进行的，也有一些超出了声调格局的范围，当然有些有点离题，但又赶快拉回来。

2. 关于五度值，分成五个点或五个段，我论述得不太完全，五个点其实是分为四等分，现在分为五等份，是六个点。0—1 是 1 度，1—2 之间为 2 度，2—3 之间为 3 度。这样的好处，因为实验的数据不会正好在赵先生所分的五个点上，好多会是中间地带的，列五等分段，就比较好处理了。

3. 声调格局和声调系统。我一开始有考虑，邢先生让我搞声调系统，我认为声调系统的范围包括得比较广，声调格局也应当包括在声调系统当中，但声调格局并不等于声调系统，好像大圆圈里包含小圆圈。声调系统广，可以是历时的发展，又可以是共时的发展。共时的又可以是单字调、双字调、连读、轻声、重读等，都可在声调系统中，我所说的声调格局只是声调系统中的一小部分，是单字调。单字发音时表现的情况和相互关系，相互对立的关系。这样把系统其他许多复杂的因素都排除出去，研究起来比较方便，难处理的事就比较少一点，单纯一点。声调格局是声调系统中的一个子系统。

4. 胡先生提的那个写论文时脑子是否清楚，我感觉是有时清楚，有时不清楚。当局者迷。如苏东坡的诗，"不识庐山真面目，只缘身在此山中"。陷入大量材料中，往往就迷失了方向，一开始有时想得较好，爬山爬着有时就找不到路了。到现在我还没有完全脱离这种情况。几位先生提这问题之后，帮我理清了思路。对我这些材料的看法，文章的作用和意义，结构布局，详略的选择，将来修订时会有很大的帮助。至于类型学与发生学，它们之间的关系，我还没有很大把握。从类型上证明他们的一致，但能否进一步说它们在发生学上有共同的关系，我还没有很大把握去说，所以只说到论文结尾那些为止，不往下说了。这样造成印象好像还未说完。我觉得这关联着一个好像很大的问题，一个语言理论当中的大问题。如喻先生说，萨丕尔说藏语和现代的藏语就不是一个同样的类型，这样一个语言的古今差异类型不同。（喻：它是细微的类型，那是指大的粗的类,大的类型还是没有变。)所以在这个问题上我看的资料,动的脑筋并不多,但是以后我要在这方向多做一些工作,研究,找类型学和发生学之间的关系,这两种研究方法的相互作用和相互影响。我将来要多下一些功夫,进一步把现有资料的理论意义,把它提炼出来。这个可能是比较艰巨的。

5. 不可填充性问题,塞音韵尾的。韵母分三部分,韵头、韵腹和韵尾。元音尾和鼻音尾,没有韵尾,韵腹都可以填充到这里来,(喻:懂了!)但塞韵尾在这儿,韵腹就填不进来。(喻:有三句话就可说得更清楚。)之前我可能没有讲太清楚。

6. 至于语法性声调的提法,应该是"句法性声调"较好。是表示句法关系。形态关系就像构词,跟俄语变格变位相似的作用。汉语中有这情况,特别是古汉语中四声别义的现象。(刘叔新:现代方言中有。)现在有,如好(3声),好(4声)。(刘叔新:粤方言中如"食"平调,用升调表完成。)我应该多用汉语例子,因为汉语极少,我就不举汉语的了。外语的例子我都是从派克 *Tone Language* 中摘引的,他举了好多这方面的例子。我选取了形式上比较简单的放这里了。复杂的印起来很困难,就未放这里。

7. 胡先生提的"共同的声调语言类型",我考虑这句话是个歧义句。我脑子里想的是声调语言之下应分几个亚型,汉语侗台语属于同一个亚型。实际上这句话有歧义。应按胡先生那样,说得严密一些。

总的就这几个问题,还有论述不清楚的地方,几位先生都给我提出来,如入声塞韵尾的不可填充性,杨自翔先生提的从时长方面来解释,应该解释得更清楚一些。关于声带基频算入不算入,合理不合理,这样的说法,我觉得这样对我是有启发的。大体这样,看还有……

胡明扬:没有什么了,给你一个建议。类型学和发生学之间很难对比,实际上你可以看一点生物学方面的东西。类型有几种类型,人长鼻子长眼——这是普遍的,这没有什么可说。有一些是比较特殊的,这个就要考虑,是否可能是偶然的。有些类型容易共同,如主动宾,一共有这样几个位置,翻来翻去就没有多少可能性了。一共没几个类型,这样说明不了什么问题。修饰语在前在后一共就两个位置,这可能偶然相同。往往越是特殊的问题相同,越不易是偶然的。如现在研究人遗传密码的特殊性,现在就拿这个来证明亲缘关系。看看这方面材料,不是绝对的。有些不能说明发生学关系,有一些却能说明发生学的关系。可多看其他学科的材料。

喻世长:我建议,开头时把有这种现象如声调表示形态的,说明不去深入讨论它,单字调与句调变调也有联系,但我也不去讨论。为什么呢,因为我认为单字调是声调现象的核心,我的文章讨论问题的最主要部分,这样读者就清楚了。怎样提高论文的现论价值呢,我从另外一个角度提,方法和对象的关系。方法从经验中得的,再用觉得很灵,并且还增加某些东西。研究工作就这样循环,证明方法是有效的,这样论文的价值就出来。有时需要谦逊,说自己研究工作的作用,只要适当,不会给人不好印象。

胡明扬:这个文章改写的话,我在认为本人的著作不要摆进去。你应当把中文参考书目放在英文参考书目前面,都必须列出页码。

刘叔新:我认为应该统一起来,以为前面是原文,后面是翻译,应统一起来。

众:写中文参考文献、外文参考文献。

刘叔新:论文提要措辞上,个别字可能打印错了,如第二段"语言实验"应是"语音实验"。第五行"从现代语音学的观点",漏了一个"看"字吧。可能是打字。我说的是另一种:第一段第二行"发现这两种语言声调的类型学特征",你不能把"侗台语"看成是一种语言。第二段倒五行,"言语声调的音高是相对音高……这一点是语言中的声调和音乐中的……"这反映了你的观点,你不区别语言的言语,对吗?第三段第二行,"声调格局是声调系统的共时初始状态",初始二字可推敲,给人感觉好像是发生学的提法,是否改为"基础"?(石锋:"基本","基础"也可以。好!)

王均:你对刚才意见怎样看?

石锋:提得都很好,我都接受。胡先生、喻先生都是对我论文今后修订宏观上的考虑，刘先生讲的是具体的微观上的措辞等方面。都是我修改论文、做学问上需要注意的。谢谢。

王均：好，石锋你休息一下，退席。

现在到十二点，是否原则上同意通过？提的意见再下去修改，博士论文应该公开发表，发表前应加工修改，修改后作为定稿。如果论文还不能通过就得重写了。现在请先交换意见。

刘叔新：我认为达到博士论文水平了。尽管表述在宏观上有些缺陷，但基本上，内容充实，调查确切细微，描写可以，结论站得住的，有创见，创见不止一点。从这些方面看，可以通过。还可以再修改。

胡明扬：可以通过，授予博士学位。石锋是一个很有希望的学者，因此对他应要求严。应该说这篇论文他没有狠下功夫，按他现有水平他可以写得比这好。他有点赶，没有用上全部的精力，这点要给他指出来，不要自满，不要觉得自己很顺利。这样对他没好处。我对他说话不客气，因为过去他是我的硕士研究生。平时我也老敲打他。所以我对他把本人著作列在这儿很反感。

刘叔新：提供给各委员了解他在学术上的造诣，可以。当然发表时不能这样列了。

胡明扬：反映他有点自满，要求他严格一些，为我国语言学做更多的工作。自满了就要马虎。

王均：有些意见给他提出来了，要改来不及了。

喻世长：我同意通过论文，授予博士学位，因为他的主流主调够水平。不足的部分，不致淹没他主要部分。要花功夫修改。小文章一遍就成。有分量的文章，一次就成的，少。换一个人，也可能如此，不应苛求，合规律的。

王均：我也同意通过论文授予学位，刚才这些意见可提给他参考，论文还要认真修改。

邢公畹：我同意大家的意见。

宋玉柱：我已表示过同意了。

杨自翔念草稿。

喻世长：提一句，对推动汉语侗台语比较研究有一定学术价值。

胡明扬："属于声调语言中的一个类型"，把歧义句去掉，再念一遍草稿。

刘叔新：改为"论文达到了博士论文水平"，不要"已达到"。

请石锋回到答辩会。

王均宣布：经答辩委员会研究，提出下列决议：

论文选题有意义，材料丰富可靠，立论清楚，论述开拓较为深广，有创见。所论汉语侗台语属声调语言的一个共同类型可以成立。对推动汉语侗台语比较研究有一定学术价值。答辩中石锋同志能虚心听取意见，对提出的问题，大都能做出恰当的解释或谈出自己改进的设想。答辩委员会对石锋的答辩满意，认为论文达到了博士论文水平。经表决全票（七票）通过答辩，并建议授予博士学位。

王均：导师有话讲吗？石锋你要讲吗？

石锋：感谢各位先生对我的帮助，感谢邢公畹先生多年来对我的辛勤指导和关怀，以后我一定不辜负各位先生的教导和希望，一定要在语言学中做出更多的努力。

王均：我再传达一句，刚才答辩委员会（认为），石锋同志在你们这一代人中还是很有前途的，没有浮夸急于求成，希望你能保持踏踏实实地做学问的作风，对你寄予厚望。对你要严要求。

石锋：一定不辜负各位先生的希望。

记录人：杨自翔
1990年5月5日

指导教师评语（P81）

一）论文借助语音实验，对北京、天津、广州、吴江四个汉语方言和高坝、秀洞、启蒙三个侗语方言与中和水语方言的声调格局进行了类型学的分析研究，论证了汉语和侗台语的声调具有共同的类型学特征，论证是成功的。

论文总结了国内外关于语言声调的理论，并且进一步提出了论证性很强的新观点，计有五个方面：1）提出语音有音位、音素、音子三个范畴。在声调方面，调位（即调类）属于音位，调值属于音素，声调的声学特征属于音子；2）提出"声调格局"概念，在声调格局中每一声调是一条带状的声学空间；3）提出 T 值公式以规整各声调 T 值的实验数据，并将传统的"五度点"记调法改进为"五度段"记调法；4）在实验上证实了韵尾对长短元音的时长有补偿作用，因而塞音尾在时长上具有不可填充性，有力地证明了入声在声调系统中具有独立地位；5）论证了汉语侗台语都是兼有调型与调层的语言。这些创见都能站稳。

二）石锋同志的语言学理论基础很踏实，英语听、说、读、写、译均可，日语可以阅读专业书籍，发表的论文及译作很多，有很强的科研能力。

邢公畹
1990 年 5 月 2 日

附：原件影印

指导教师评语

一、对申请人论文创造性成果和水平的评价。

二、对申请人基础理论、外语程度、科研能力的评价。

一) 论文借助语音实验，对北京、天津、广州、吴江四个汉语方言和高坝、贵洞、府第三个侗语方言和中和水语方言的声调格局进行了类型学的分析研究，论证了汉语和侗台语的声调具有共同的类型学特征，论证是成功的。

论文总结了国内外关于语言声调的理论，并且进一步提出了论证性很强的新观点，计有五个方面：1)提出语音有音位、音素、音子三个范畴。在声调方面，调位(即调类)属于音位，调值属于音素，声调的声学特征属于音子；2)提出"声调格局"概念，在声调格局中每一声调是一条带状的声学空间；3)提出T值公式以规整各声调t值的实验数据，并将传统的"五度点"记调法改进为"五度段"记调法；4)在实验上证实了韵尾对长短元音的时长有补偿作用，因而塞音尾在时长上具有不可填充性，有力地证明了入声在声调系统中具有独立地位。5)论证了汉语侗台语都兼有调型和调层的语言。这些创见都很独特。

二) 石锋同志的语言学理论基础很扎实，英语听、说、写、译均可，日语可以阅读专业书籍，发表的论文及译作很多，有很强的科研能力。

指导教师签字：邢公畹

1990年5月2日

博士学位论文同行评议意见表

作者姓名	石锋	专业		研究方向	
论文题目	汉语和侗台语的声调格局				
评议人姓名	吴宗济	职称	研究员	是否博士研究生导师	否	工作单位	中国社科院语言研究所

评议意见：

根据石锋此文的详细摘要，提出评议如下：

第一章导论，指出研究范围、语音范畴及"声调格局"的说明，五度值的改进，概括了本文的目的和内容，说明分析声调所用的方法。按语音的声调与元音辅音的属性迥不相同。在人类各语言中，元音辅音有若干共性因素，例如发音部位和发音方法虽各有特点和多寡不同但总有若干相同或相近的，可以比较其异同和变异程度，可以用一种公认标准例如国际音标来衡量量。声调则是语音的"附加成分"（超音段声调），在声调语言中，在某一说话人口中，各有不同的调域，其中可有高下、升降、平曲、轻促等变化。在各语言间的取舍各异，数量相殊的情况下，很难用一个标准去衡量。本文用了"值"把正调值继承且定制的长处而加以改进，可说是迄今为止对声调语言最为理想的标调方法。关于"声调格局"的概念，认为一个语言或方言的声调都有其一定的"格局"。这个名称提得恰切。可解释为根据组局的基础。根据着声调的高低、升降等，组局是调型在调域内的分

23

24

布等可以说包括了声调模式和其相对关系，好象地理学中"地貌"的说法。

第二、三章，汉语和侗语的声调格局，12语的举例不多，12已具有代表性，南北重要方言系统都大罢哩可以包览了。北京话用带式曲线作声调格局图，有优点，可以相当于国际语音学家所用的语音变化窄间近来他们已习惯于按音变范围作图，对不斤于绝对数值。（择更取其观念定型化结果。各方言的声调模式似皆可用此法作图。）其中设定调头调尾可以不计，其实许多非生理发音要求的调头调尾，例如北京话的半上有 211、11又等，此21部分当与识别信息无关可以暴为低平调，方言中当不至此复杂。如果在声调格局中把声调加以规正，只取核心 (target) 部分，则便于比较。因此调值图是语音的实际，而声调格局可以显示音系的类型或"调貌"。

侗台语的送气音与不送气异调，在泰语和壮语中有此现象，其中有变音化现象，李氏现由于"浊辅音发音"，此点似应明确，用侗台语为无声调送气浊辅音变，今音之使使清化时，可能使元音变化，与借音送气不同（吴语中多此现象）。语言学中所谓"清音浊流"即指此。据李方桂先生《比较泰语手册》泰语及天保、剥隘等语，今送气可剥离于方言差既是古不送气浊音，现加入送气唇音，似此别具12语及侗台语中的无声化是否保于古不送气浊音似值得研究。

第四章的入声问题，侗台语入声有长短，据李方桂分析入声长调的元音必长无字或复元音，短调为短元音及单元音，此点在侗台语是普如此。若汉语则是有规律有条件的分为长短，而不说是另外的声调。

第五章声调对接的方式，有人分为两大类，调素与调型。据此不太严密，用接西方学者大量分析世界语言指出，凡有调型的语言，必定先有几个调层（平调）。调素语言居少数。12语侗台语兼其二者是不同向发展。再必另有对接方式，值得考虑。"对立"一词在音素学中康拔人签字：多元的，可以称为对比，而不是对立。

综观全文，语据广，用力勤，论据确，条理明，对含有创新，还及记似牧语与侗台语在声调方面是有共同类型的。再根据作者心往大量的考比，可以认为本文是达到博士学位论文的水平。

吴宗济 1990.4.

南 开 大 学

研究生毕业论文评阅人学术评语（如不够填写，可另附纸）：

《汉语和侗台语的声调格局》一文是国内外关于声调研究，特别是关于汉语和侗台语声调研究的理论总结，又是声调理论的卓有成果的探索，在坚实的材料基础上提出了很有价值的理论观点，因而是一篇有理论深度的不可多得的博士论文。

国内外的声调研究由于研究的语言不同，历来有调层说和调型说两种意见。研究非洲声调语言的语言学家大多主张调层说，研究汉语和东南亚语言的语言学家大多主张调型说。石锋明确地把这两种学说综合起来，纳入一个完整的声调理论体系是完全正确的。

声调作为一种语言符号的区别性的音律特征，实际上和音位并无二致。石锋把音位学理论全面运用于声调研究，区分了声调的声学特征、调值和有区别意义作用的调位，这对声调的深入研究是有价值的。

关于是否保留入声作为一个调类的论证很足以服人。以往单纯从共时描写的角度出发的人力主取消入声。石锋的论点严格区分而又辩证地联系共时研究和历时研究，说明作者有扎实的语言理论修养。

关于入声塞音韵尾和塞音清声母的音色时间应计入塞音韵尾和塞音清声母的总长度这一论点又是一个理论贡献，看来是理所当然，实际上是多年实际工作和理论探索的成果。

近年来不少人叹息中国语言学家勤于描写，疏于理论，甚为不然。中国语言学的传统是立足扎实的材料，不务空论，但决非不谈理论。石锋正是这样做的，假以时日，涓滴必成洪流。

评阅人签字：胡坦樑

一九九〇年 四月三日

关于专业学习的会议纪要

时间：2006年11月7日星期二
地点：汉语言文化学院300室
主讲人：石锋教授
与会人员：石锋教授的在读博士生和硕士生以及汉语言文化学院的年轻教师
记录人：黄彩玉

石锋教授：首先我想总结一下刚刚结束的在北京大学举办的第七届中国语音学学术会议暨语音学前沿问题国际论坛的一些情况，自从1990年秋在北京大学成功举办了第一届中国语音学学术会议以来，到现在已经是第七届了。这个会议是每两年开一次，前三届语音学会议会后并没有把参会论文结集成册，从第四届开始每次会议就都出论文集了，已经出了三本，大家最好都能好好研读一下。可能书店不太好买。

邓丹：这几本论文集可以在网上订购。

石锋教授：我叫大家看这些书的目的，一是希望大家都能了解一下现在其他人都在做什么，了解一下现在语音学界比较前沿的东西。二是希望大家能从中得到启发，现在有的同学经常说没题目可做，读书太少当然没什么可写的。要多看，从别人的经验中找到自己的落脚点，不要为自己的懒惰找借口，也不要拿无题目可做"说山"。不过大家看书也要有选择性，要能够辨别出是高水平的研究还是蒙人的东西，然后再吸取正确的精髓部分。我刚才说了大家要多看，那现在我要强调的是大家在多看的同时也要多想。现在有的同学在引用我的有关语言格局的论述的时候，几乎整段全搬照抄，当然一方面这个一定要标明出处，另一方面，在整段引用的时候更应该增加自己的理解，体现出自己对这个问题的思考，最好能用自己的话把它表述清楚。我们已经毕业的同学时秀娟就曾做过《语音格局的理解》，并在沙龙上报告过，她对语音格局有自己的认识，也完全用自己的话把它表述清楚，并且增加了一些和我不一样的认识，这是很值得提倡的。还有陈彧根据我们有关声调特征点的理论提出在对外汉语教学中的"关键点"的教学理念，都是很有创新精神的。江海燕现在在北京着手做的语调格局的工作也是在我们语音格局理论基础上的一个创新。这些都很值得提倡。

石锋教授：我现在一直提倡"实验音系学"的理念，这个我在今年的暑期班的两个会议上也都讲过，实验音系学是用语音实验的方法研究语音系统，又用音系（就是音位系统）学的理论和原则来解释和说明实验得到的数据和现象。其实我们一直在强调的就是语音本身的系统性和系统内部各元素的相关性和制约性。实验音系学不同于那种原子式的研究方法，比如说研究一个元音，就穷尽式地描写和论证，做得很细，而较少考虑它的系统意义。事实上，任何一个语音必须在语言系统中才有意义。我们和国内搞语音的同行相比，有自己开发的语音分析软件。这也体现出我们的特色，有确凿的数据说话，论证就很有说服力。所以希望新同学一定要抓紧学习软件的每一个操作步骤，我们要以老带新，老同学帮助新同学学习。最后我们也可以适当地进行考核。当然我们也可以学习一下其他的语音分析软件。现在很多兄弟院校都在用我们的软件，而且反响也不错。我们的软件也在不断改进，上次还和朱老师一起主持软件改进的会议。希望能有更多的人使用，我们还可以派我们同学去给他们辅导讲授。帮助了他们，也扩大了我们的影响。

孙雪：这次语音暑期班，我曾经指导过软件使用的一位老师就跟我说了这个软件他们现在还在用，而且效果不错。

石锋教授：当然也要学一些其他语音分析软件，比如 praat，但它提取的音高的数据不准，图形也不明晰准确，我们的桌上语音工作室（Mini Speech Lab）提取音高数据和图形是最好的，这次会议还有人跟我称赞了咱们的软件。这次语音学会我在晚上的沙龙中讲了大概一个小时左右的关于语音格局的理论，实际上我所提倡的实验音系学就是语音格局在理论和实践基础上的拓展。有关语音格局的内容我已经整理完成了一本书，将由商务出版社出版，我还将请吴宗济先生写序。现在手头有根据吴先生在这次会议中对我们语音格局理论评价的录音转写成的文字稿，请贝先明读一下。

贝先明：读转写稿。吴先生讲稿的大致内容是万事万物都是相对的，他们都在系统中获得自己的位置和价值。同样语音本身也是一个系统，内部之间的各元素也处于相对的状态之中，并相互制约和相互影响。总之吴先生很赞同石锋老师的语言格局理论，并给予了高度评价。

石锋教授：这次会议我们南开大学去的人不少，包括以前毕业的学生，大概十几个人，在这里我还是建议大家有机会多参加一些这样的会议，开了眼界也长了见识。在这次会议中我们南开师生（包括以前毕业的同学）的论文都得到了参会人员的肯定。会后，王理嘉先生特意走到我面前，肯定了我们的论文水平，希望由我转达他对南开师生的敬意。很多人也都跟我说，现在南开的语音学研究仍然和语言学本身紧密结合，我们的成果对于他们的语言研究和语言教学都很有帮助。

石锋教授：我现在说说我们同学具体学习的事情。现在我们的同学必须要通读以前毕业同学的毕业论文。我们要站在前人的肩膀上，继续向前走。我们不要做重复工作。其实我们的研究也是在不断成熟和发展的。从以前的声调格局、元音格局，到下一步我们要做的辅音格局和语调格局。我们的研究道路都是在前人的基础上不断进步的。还有我们看别人论文时要掌握人家的研究方法，能够做到举一反三。人家用某种方法研究北京话的声调，那么你就可以用这样的方法研究天津话的声调。

石锋教授：有关论文投稿的事情我还想说说，最近我们有同学向《中国语文》投稿而被退稿了。退稿信的大致内容是，你的方言语音格局的取样来自方言语音音档，但这些音档反映的是某个人的音素发音，每个人都不太可能完全一样，就是一个人几次发音也可能不一样。汉语的韵母很稳定，但在韵母中的音素就不太稳定，用本来就不太稳定的材料得出的结论就未必符合真实情况。《中国语文》是权威刊物，最好能刊发比较定型的和可靠的有指导意义的文章，由于本文具有独创性和前沿性，并很有科学价值，建议投到其他刊物。"重要的是肯定了文章的独创性和前沿性，有价值。可能是实验发音人的数量问题。其实没给发表的原因也可能是应有的论述不够清楚，不够透彻，再一个原因可能是篇幅过长，我们要求投稿论文必须控制在 1 万字以内，5000 字到 8000 字最合适。如果几千字完成不了，那就分开来写，一篇文章解决一个问题，要注意语言的锤炼，做到精益求精。

　　石锋教授：另外大家也要注意一些写作格式问题，比如写参考文献格式的时候，你想往哪个刊物上投，就仿照人家参考文献的格式来做。还有咱们的论文经常要做图和画表格，我们要力争做到简洁、清晰和美观。这些表面工夫是起码都要做到的。

　　石锋教授：我们的毕业论文一旦答辩了，其实就是半公开的了。所以大家一定要抓紧在毕业论文答辩以后，能及时把它按不同章节或不同内容要点转写成几篇几千字的论文。我们现在这几位刚毕业留校的年轻教师似乎对这件事情热情不高。现在有关学术腐败的问题层出不穷，最常见的就是剽窃他人著作发表。前一阵子马老师打的那个关于论文抄袭的官司，开始的时候都败诉了，后来得到大家的支持终于胜诉。所以我们大家一定注意，最好能在第一时间把自己的东西发表，不要懈怠。我们知道博士毕业两年就可以评副教授的。毕业论文整理出来发表，这些都算科研成果。所以我们要抓紧时间，尽量能用最短的时间完成这些事情。我们那个年代耽误了好多人。我在黑龙江下乡待了 10 年，回来以后 30 岁了，40 多岁才当上博士生导师。所以希望大家不要因为自己的懒惰耽误事情。

　　石锋教授：还有对于我们现在每周进行的沙龙的情况我也有点意见，本来在沙龙上报告的东西不一定就是成熟完备的东西，可能就是一个想法或者思路，自己有了一个创作的框架。到沙龙报告的目的就是希望在这里能把自己的东西和别人交流，听取大家的意见，碰出思想的火花，从中吸取对自己有帮助的意见。然后再不断改进，逐步形成可以发表的论文。也就是说，论文是应该在沙龙之后形成的。现在大家都在沙龙之前形成了，我们的沙龙有点走样了。我们的沙龙报告和讨论是促进论文写作的一个重要环节，不是走个形式，摆摆样子。我希望我们的沙龙以后能回归它的本来面目。

石锋教授：最后问问大家毕业论文的写作情况，先是明年要毕业的几位同学，还有后年要毕业的几位同学。对于不同年级的同学研究工作的要求是不一样的。

贝先明、向柠、黄彩玉和梁春基分别汇报对毕业论文的设想和写作进程。

石锋教授：最后给大家分派一些任务，夏全胜完成语音学会议上王洪君老师报告的录音转写。张锦玉、小吴和蔡嵘完成我在会上那1个小时报告的录音转写，黄彩玉整理这次会议记录。

给邓丹论文的评语

当代语音学领域中,语调和韵律的研究是一个热点,又是一个难点,在语言学理论和语言信息工程上都具有重要意义。这是解决句法和语音平面相互结合的瓶颈。邓丹的博士学位论文(以下称本文)从构成语调的韵律词入手进行研究,实际上是解决了语调研究中的基础问题,为语调研究的总体解决打开了道路。论文的主要创新点表现在:

第一,基于语料库的研究。

基于具有400个汉语朗读语句的语料库进行研究,更接近人们日常的口语,可以使我们的研究对实际话语的认识更加深入。本文的研究对象是语句中的韵律词,这是构成语调结构最基本的语调单元,以韵律词为基础的研究更容易观察到语句、语调特征的变化规律。

第二,采用声学实验的方法。

运用文理结合的思路,在实验数据统计的基础上进行量化分析。语音和语法结合,音高和时长结合,多种视角多种因素综合考察。从最基本的声学变量音高、音长入手,对韵律词内部和外部的结构关系和韵律特征全面分析,在已有的语调研究基础上有新的推进。

第三,超越前人的重要发现:

1. 深入分析了声调特征、韵律词的位次、停延边界、组合类型、句法结构、重音类型等各种因素对于韵律词音高和音长的不同影响,得到了不同因素制约下多音节韵律词的音高模式和时长模式,也就是汉语语调单元的韵律模型。

2. 发现了韵律词的韵律特征变化,主要依靠三种作用力来调节,一是声调因素,二是组合结构和句法结构,三是韵律位次和停延边界。声调因素的影响主要作用于音节内部和音节之间，构成语调音高起伏的基本表现。组合类型和句法结构是在声调因素基础上对于韵律词的内部和外部的韵律特征进行调节。韵律位次和停延边界则是在前两种因素的基础上对韵律短语的音高和音长进行整体调节。这三类因素中，作用于音节的力度最小，作用于韵律词的力度次之，作用于韵律短语的力度最大。

3. 发现了韵律词的音高模式主要受到韵律位次和组合类型的影响，韵律词的时长模式主要受到停延边界、组合类型、句法结构和声调特征的影响。此外，还发现普通话韵律词在音高上主要表现为有韵律峰的出现，韵律峰的峰值位置和峰值高度的确定可以通过声调特征的优选得出。

论文在评阅和答辩过程中得到专家高度评价，认为本文有关影响语句韵律变化三层因素的结论以及汉语韵律词的韵律峰分析对汉语语调研究和汉语信息处理具有重要理论意义和实用价值。

注：邓丹的博士学位论文《普通话多音节韵律词的实验研究》获 2009 年全国优秀博士论文提名奖。这里是导师的推荐意见。

给贾媛著作的评语

《普通话焦点的语音实现和音系分析》一书运用实验方法考察了汉语普通话语调韵律结构和焦点之间的关联。包括了对于焦点成分的声学表现，传达焦点信息的重音层级，焦点跟重音之间的对应关系。

作者的实验设计合理，数据可靠，分析论述符合实际。这个研究中有以下优点值得关注：

1. 语音学实验与音系学理论的结合。焦点问题涉及多方面内容，语音学、音系学、句法学、语义学等，都要考虑到。首先是语音跟音系的结合。作者吸取了语调音系学、韵律层级和优选论模式，把汉语实验数据与理论分析结合起来，值得提倡。

2. 语音跟句法、语义是相互联系的，尤其是焦点问题，跟语调直接相关。语调实际是语法问题。作者从实验句的设计开始，直到对实验数据的解读分析，在研究过程中准确把握这种多向关系，取得了喜人的成果。这种跨领域的综合式开放性研究，符合现代科学潮流。

3. 基于以上两方面的出色工作，作者在汉语焦点问题上有多种创新：首次提出全面描述普通话语调音系表征模式；详细报告普通话焦点在音高跟时长方面的各种表现特征；合理说明了普通话从焦点到重音的实现过程。这些创新具有一定的普遍意义，可以为今后的研究提供重要的参考和坚实的基础。

基于上述认识，我非常同意这本书可以获奖，并且认为可以获得较高等级。

以上意见特请评奖委员会考虑。

石锋

2014 年 11 月 30 日

注：贾媛所著《普通话焦点的语音实现和音系分析》(*Phonetic and Phonological Analysix of Focus in Standard Chinese*),（中国社会科学出版社，2012 年）获吕叔湘语言学二等奖。这是当时评阅人的匿名审读意见。

"语言探索之旅"微信讨论选载

讨论参与者：石锋和C君、Q君、W君、B君、J君、S君、P君，Y君、X君、Z君。

2019年1月16日开始讨论：

石锋：应当对语言的起源问题进行讨论。要对语言的定义进行探讨。语言学是经验科学，语言学是实证科学。语言学不是玄学。语言学的很多初始概念和基本定义以及总体观念需要重新考虑。按照语素对应的音节数来划分人类语言的类别应当进入教科书。

人类的语言研究从得语义者得天下，到得语法者得天下，现在人工智能得语音者得天下。语言学从观念到方法要努力实现科学化。

石锋：以一般语素的音节数分类是对人类语言最基本的划分。补充已有的发生学分类和类型学分类。以语素—音节分类操作简单，标准为客观条件无可争议，反映音义结合的初始态，应当作为基本分类。音节划分应当尊重母语者的语感。

C君：对于未受语言学训练的人士而言，音节划分并不困难。

Q君：对于一些原始语言、病理语言及儿童初期的语言等"low-resource language"而言，在对其音系、形态、句法一无所知且无法从母语者处获得音节划分信息的情况下，很难从语流中划分出音节来。

石锋：可以通过调查歌谣等方式在田野调查中认真向母语者调查学习。类似的，病理语言和儿童语言获得或失去一个音也同样是以音节来表现的。

石锋：在进行这类调查学习时，不应该使用语言学的术语向发音人和被试发问。语言学的合作原则就是和谐原则,并提出音节的划分实际上是一个具体的技术问题,母语者很容易解决。应当关注音节在语言系统中的地位和作用。

Q君:在自动语言识别中,识别软件会将语流首先切分成足够精细的类似于元音和辅音的片段,再根据可能组合的最大概率进行匹配,不同语境中重复出现的就可能是"词"一类的单位。这种方法在多音节语言中应用的结果优于单音节语言。

C君:这反映了不同语言的音节结构不同。

石锋:这种方法在多音节语言中应用的结果优于单音节语言的原因之一是多音节序列的概率肯定会凸显出来,而单音节因为可以自由组合,出现概率凸显就不那么明显。概率匹配是一个普遍原则,儿童的语言学习也是一种概率匹配,同时,二语习得和语言变化中也有概率匹配的因素起作用。这一原则很容易通过计算机应用,并通过算法改进,提高正确率。

B君:之前纯粹从组合匹配概率上让计算机自动分词已经有了令人惊叹的结果。

石锋:要把关注点从音节的划分转向音节的组合。语言学家以及学习语言学的学生应专注于理论问题,划分音节等技术上的问题就交给技术人员即可。但是在实验中还是要关注音节划分问题。就是我前面讲过的:母语者觉得可以分开的地方,我们就用实验找出分开的证据,母语者觉得不能分开的地方,我们就用实验找出合并的证据。这样为理论的概括和技术的实现提供量化的数据。实验就是量化分析,实验就是取得数据。

W君:母语者的音节划分同样会受到经典教材的影响,也许文盲与非文盲划分出的结果就会不一样。在快速语流中音节划分的结果同样会偏主观。所以,连人自己划分音节都会不一样,更何况机器呢?

石锋:因此不主张太多讨论音节划分问题,因为可以有多种答案——正如音位分析的多能性一样。

Q 君：音节的划分，看组合（从小到大）比看切分（从大到小）可能更好一点，从语流（句子层面）切分音节受到的影响因素更多，切分出的结果也会有更多不一致性。

石锋：语言学的本质还是在于探索对实验事实加以综合的新观念和新定律。

石锋：提出两个问题：语言不同于一般符号系统的特殊性在哪里？语言和交通信号相比，有什么区别呢？

C 君：特殊性可能是在于语言作为音义双层结构体的特点，音不离意，意不离音。

B 君：交通信号数量少，不用组合，都是单个起作用。此外，交通符号不分层级，而语言符号有层级，或者说至少有纯语音层和音义结合层。

石锋：它们都是怎样产生的？各是怎样变化的？各是怎样结束的？

Q 君：声音只是一种形式，还可以有其他形式，例如手语的手势。

C 君：手势语也是单音节语的一种。

B 君：语言符号的变化有约定俗成性，有竞争。交通符号可以由少数人的决定改变，而语言符号不会。

W 君：语言符号存在可以退化的现象，不知道这类现象是否存在于其他符号系统中。

石锋：对这些问题的探讨涉及对语言本质的认知。在讲语言是符号系统时，不讲其特殊性，是一种误导。语言是一种特殊的符号系统。

C 君：既然由于"词（word）"的定义不清而不能以第一个"词"的诞生而定义整个语言的产生的情况下，或可说作为规则系统的语言（language）产生于第一个最小词（minimal word），单纯词或叫 free morpheme，说出来的单独站得住的最小单位。

石锋：语言的产生是一个长期进化的过程，是一个连续统，很难界定一个标志作为边界。从猿啼到人语也是一个连续统，可以说出现第一个音节性语素就是向人语进化的最早征兆。

C 君：最小方案里蕴含着最大方案，一个词逻辑上蕴含着整个词库的构造法。正如洪堡特所说，一个词里蕴含着整个语言的系统规则。语言规则系统最小方案是将一切都切分至最小。最小句、最小词组、语素、音节、音，实现最小统一。如果一个单位能够同时寄寓各种身份，就是最小方案的载体。而这一最小方案在具体时空以及具体物种表达系统中的实现，是最小方案实体化的过程，属于演化语言学的内容，具有渐进性。

石锋：重视初始状态和基础条件是非常重要的，这也进一步说明了当初巴黎禁令的荒谬性和所带来的非常不良的影响。

C 君：自己的认识是首先泛时空考虑编码系统的产生，之后再放在时空中进行考虑。

石锋：语言离不开具体的时空，离开了社会，离开人去讨论语言符号就失去了语言的本质。我们所做的语言研究，就是一直在考察语言与一般符号的差异性的表现和规律。人们嘴里说着语言与一般符号系统的同，却做着研究异的工作。就好像语言既有任意性又有理据性，而人们说着任意性却又做着研究理据的工作一样。泛时空的讨论是不是既无法证实，也无法证伪？泛时空是否有些语言哲学的意味？

J 君：对泛时空的理解就是一些普遍性。至于语言符号，可能包括任意性、递归性和互补性等。

C 君：泛时空不是没有时空，而是时空汇聚/压缩于一点。实际上讲普遍性。"时无古今地无南北"。

B 君：泛时空和具体时空都要有人研究。角度不同。

C 君：将人类语言看成一个抽象的编码系统可能有利于看到它和其他相关系统的发展连续性。例如，猩猩等可能主要是一元音、二元音到人类的三元音音节编码，也就具有了连续性。而鸟类或许是以音高为主的别义系统。

石锋：不只人有语言，动物或植物也有语言。在传递信息的角度上它们起同样的作用。人类的交际系统是生物界各种交际系统的一部分。

C 君：已有研究表示鸟语以及海豚、蝙蝠、蜜蜂等语言传达的信息都很丰富，也可归纳出清楚/简约的表达性和区别性单位。这一点和人类语言并无二致。

C 君：石锋老师所说的音节"自由组合"性的成因，或许因为每个音节原本是独立的表义单位，至少在更富自然性、相似性（而非任意性）的语言阶段已然如此。

C 君："自由组合"实际上是类似单音节语的表义单位的组合，音节既是表音单位也是表义单位。至于双、三等音节语，甚至单音节语内部出现的不太自由的音节组合，如辅、元音和谐及分音词、嵌词等现实的响度序列交替可能都是后生的变化。再有，需同时解释 C_1VC_2 音节内音素组配的自由性与非自由性。

C 君：就具体语言而言其实节内音素的自由性也不一定弱于节间音素。因此，自由性的定义或许还可以进一步限定。

石锋：音节到语素第一阶段是自由组合，第二阶段是韵律赋值和后续调整。辅、元音和谐以及分音词、嵌 L 词等都属于后续调整。这几点都已经在"音节是什么？"（初定稿）里有了说明。

C 君：音节的声母、韵尾辅音在早期也都存在自由的组合，各种口/鼻塞音（塞擦后起）都可以出现，形成重复或者交替。在此类的韵尾加上一个元音，即可形成双音节结构，也依然保持重复/交替关系。

C 君：也许相对于元音辅音才是表义的关键。从闪含语来看，辅音形成的是表义的骨架。音节的自由组合也许主要突出的是辅音组合的各种可能性。如果没有辅音的话，元音形成的连续音流也就得不到切分。因此只有辅音产生了，随之才会产生"分节"音。三个位置主要辅音 p、t、k 一开始与高低两个混元音以及相关的音节都已产生。朱晓农老师将此作为分节语的初始。

石锋：关于分节语问题，一段话语音流就是元音和辅音的线性交替序列。或者说一段话语音流就是由辅音切分为一个一个音节的序列。

石锋：关于辅音、元音和谐等，在乌拉尔语系、阿尔泰语系等语言中的元音和谐、辅音和谐现象，是元音或辅音在发音方法或发音部位上的协调。如：属于乌拉尔语系的芬兰语前元音和后元音往往不能出现在同一个词中；属于阿尔泰语系的维吾尔语的词根与附加成分结合时辅音的清浊应保持一致；等等。这并不是音节与音节组合的限制，而是入选音节序列在韵律赋值以后，语音和谐律进行调整的结果。（补充：李兵老师深入调查就发现有不和谐或半和谐的现象。即语音和谐也是连续统。充分证明这是后起的现象。）

C 君：和谐等是已有音节之间的协调，而且已涉及词根词缀等语素界限，并非纯语音的音节组构。阿尔泰语系的难点恐怕也在于此，有些元音和谐发生在词根内部，而非根、缀之间。

P 君：音节是泛语言的呢？还是具有民族性的呢？

C 君：不应当以"民族性"而应当以泛语言的结构类型划分。按单、双、三、X 音节语，一个语素对应不同的音节类型。单音节语为 CV（X），双音节语 CVCV（X），三音节语 CVCVCV。X 音节语则相对较复杂。

P 君：实际上这个问题也可以从音义结合的角度进行思考。上海话语素层面没有 ti: n 结构。所以让一个上海人分析自己的母方言大约也不会认为这是一个音节。而让一个英语母语背景的人分析这个音段组合，可能得出的结论正好相反。

C 君：在考虑这些问题时都要考虑语素界限。语言学的语音学的音节，就是与语素对应或者语素下的音节。

P 君：音节类型分类基础是音义结合单位。离开意义（语素），单纯讨论语音不是完整的语言学思考。日语的 ii, in 之类的是否也应该结合语义来看其语音地位呢？

C 君：是的。第一步就是要离析语素，区分音节/语素。不做这一分析就无法找到相对的纯语音层。

石锋：音节定义的要点是两种自由和两个阶段。两种自由：音义结合的自由，包括音节组合的自由和意义选择的自由，前者是后者的基础和条件。一般情况下，二者应该是同时发生的，所以人们往往只关注后者而忽视前者。两个阶段：音节或音节序列备选入选阶段，以及韵律赋值和后续调整阶段。因为前者呈隐性状态而后者呈显性状态，人们往往关注于后者而忘记了前者。

C君：对于 C_1VC_2 这样的音节，C_1 和 C_2 是否也存在各种出现可能性？如果仅从 C_1 与 C_2 关系看，C_1VC_2 中的 C_1 和 C_2，都有各种出现可能。尤其是从语言早期来看。

石锋：音节内部结构是有音位配列规则的。应该是有制约限制条件的，然而音节内部的限制条件很多是基于发音生理的机制。

C君：节内制约条件如果从响度看，也是一种暗响暗交替条件，双音节多了一个元音/响，形成了暗响。

石锋：音系学里面的特征几何也是讲有些特征可以共现，有些特征则是相互抵制的。冉启斌曾有语音融合度的文章没发表，其实就是音联问题。

C君：节内是否也可谈韵律特征（如响度）？它与节间韵律特征，除了区别，是否也有联系？节内音素间的融合度，与节间音素融合度是否也有共性？融合，相对于不融合（各自独立、不互相影响）是否也是后起？

石锋：文章中有。语言中韵律特征的基本负载单位就是音节。各种元音长、短的对立，辅音松、紧的区别，音调的升降高低，读音轻、重的差异，都是在音节中实现的，也只有在音节里才能比较。离开音节，这些概念就会失去立足之处，没有依据，没有意义。

C君：尽管如此，依然有必要检讨音节内音素的出现的不自由，是否也是后来的事。而且，双音节语和单音节语可能存在历史转化关系。我们虽然完全着重语言结构划分类型，或可不考虑历史，但似也宜给这些可能留下余地。

石锋：赞同。

C君：双可以缩为单，单也可扩为双。现在尚不可判定，孰源孰流，都可留有余地。另外，CVC 和 CVCV 可能共有一个控制条件，这就是双韵素（mora）的条件。一个最小的表义单位（lexical morpheme）要求韵律上至少用两个韵素来表达。这使得*CV（V 为短元音）序列无法自足，要么扩展为 CVX，要么扩展为 CVCV。个人目前掌握材料（包括非洲、美洲），支持单音节语采用的是 CVX 结构（不会采用 CV 这样的单音节结构，V 为短元音），双音节语主要采用 CVCV 结构（不会采用 CVC-CVC 结构）。

石锋：赞同。

C 君：实语素的双韵素要求极强的同时，虚语素的要求则倾向于单韵素。功能性成素（formative）短于概念性成素也是常例。这样（C）V 结构（V 为短元音）虽然不能自足，但也有对应的语素类别，也就没有了脱离意义管束的音节。虚语素因为弱化可失去音节地位转为音素或者由轻走向消失，也还是意义制约使然。实素音节上要有足够的时空"展"，虚素要有成比例的"敛"。这或可叫音节的实展虚敛原则。

石锋：赞同。

Y 君：第一，音节的定义中，可自由组合的最小的音段结构单位。音段到音节是有规则的，语素到词是有规则的，只有音节是自由的，"最小的"从何说起呢？第二，音节是自由的，说到底没有意义在里面，不考虑意义的话，语素是否也可以自由？第三，音节自由组合，其他不自由，其他会不会开始也自由，后来出现各种规则？

石锋：1. 关于"最小的"，在所有音段组合的单位中，音节是最小的。2. 语素不要意义也可以自由组合？语素不要意义就不叫语素，而是音节或音节序列。我说的只是音节（包括音节序列）的自由组合。3. 其他单位是否开始是自由的，后来有了规则。音节以下即音节内部受生理机制的制约。语素以上都要受到语义、语法、语用的制约。单位越大，制约条件越多。

W 君：语素可以分为自由语素和黏着语素，从这个分类就可以看出不是所有语素都是自由的，或者说语素并不是完全自由的。

石锋：所谓实语素的自由是相对于虚语素。其实语素都不自由。都要受到语义搭配的限制，都有构词和构形的规则。

P君：如果Y君的假设建立在不考虑意义的前提下。相应的是，不考虑意义的情况下，那还是语言学吗？从实验语音学走向实验语言学，就是一个从侧重考虑物理声音到综合考虑音义关系的过程。

石锋：赞同。所以我们要对一般认为的一些基本理论做清理工作。

S君：在音节内的自由组合层面，即音素组合成音节时形成不同的音节结构，有的语言有辅音串，有的没有；有的音可以拼，有的不可以拼，如fi，有些方言可以，但是普通话不可以。方言中有的可以拼是什么造成的呢？

X君：从世界语言的角度，从古至今，我们现在能否知道哪些音素不能或者极少组合的？

Y君：从世界语言的角度，有可能都是可以组合的。

石锋：音节内部的限制条件很多是基于发音生理的机制。

X君：也许可以基于目前世界语言的情况，了解哪些组合出现的频率比较高，哪些频率比较低，并根据这个概率再与发音生理的机制相结合进行讨论。关于世界语言中音素的组合情况，有发表文章和数据库可以关注。

石锋：规则问题实际上就是习惯问题，习惯问题表现为概率问题。汉语普通话有三十几个有音无字的音节，也就是没有被意义选上的音节。考察一下，定有原因。建议你们可以写一篇文章。

C君：简单的CV结构，几乎没有什么限制，C和V各自独立性强些。CVC结构，会有声、韵及韵素的不同层级，相互影响大些，这是来自层级的压力。另外，这里没有考虑音节内的CC结构、VV结构，认为它们作为组合音，属后生。说音节自由组合，我想对于单音节语是不言而喻、不证自明的。对于双音节语的意义，是说一个CV音节可以自由地与另一个CV音节结合。二者区别在于单音节语的音节CVX与CVX是与实语素一一对应的，而双音节语的音节CV和下一音节CV，结合起来才与一个实素对应，本身都是语素下单位。总之，说音节的自由组合，不必一定要隐含音节下单位"不自由"组合的命题。

石锋：是这样的。不同的语言可能有不同的音节结构，可以分别具体分析。

石锋：语言和思维可不可以分？语言的本质是符号、公式还是什么别的？

Z君：思维和语言是可分的。思维分为三个层次：意象思维，语言符号思维和数学、逻辑思维。现在认知神经科学的证据也证明，思维并不都是语言的。（上传文件：Antonio R Damasio and Hanna Damasio: Brain and Language. Pdf 略）大脑中，有些部分是专门产生概念的，有些是产生语言符号的。有些脑损伤患者，有概念，但丧失了语言功能，而有些人认识语言符号，但无法与某些概念联系起来。这些都说明语言与概念是解离的（dissociated）。实际上，我们大量的思维只是一些意象（images）。

石锋：如果语言和思维是可分的。那么语言和思维到底是什么关系呢？是怎样的关系？

Z君：语言的思维是符号化的思维，是更加抽象化的思维。但这些符号化的思维是对图像化思维的浓缩、提炼、建构、抽象、突显等。我们的很多感知是通过意象（imgages）映射到我们的大脑的。分为不同的通道（modalities），比如，视觉、听觉、嗅觉、触觉、本体感受、内感受等都只是意象性的思维。

石锋：意象性思维就是形象思维吗？

Z君：接近，但意象性思维并不一定是视觉性的。比如嗅到的味道和听到的声音也属于意象。

Z君：（上传文件：再论语言、思维和实在三者的关系_基于科学实在论的立场.Pdf 略）国际认知神经科学界著名科学家安东尼奥·达马西奥（Antonio Damasio）说，包括我们的喜怒哀乐等情感，其实是我们的身体，特别是内脏器官在大脑中映射的图像。如果语言学研究不跳出语言符号，恐怕只能"不识庐山真面目"了。

……相反，一些现代的哲学家、心理学家、科学家根据内省经验，认为思想并不必然伴随着语言。贝克莱相信语言是思维的最大障碍。爱因斯坦认为，人们往往都经历过"事物"间的关系很明了，却又要斟酌用词的时刻，这恰恰说明思想有时不需要语言。阿达玛也认为，正因为把思想翻译成语言有时需要绞尽脑汁，证明思维并不总是伴随着语言。他认为除了语言，我们还用"意象思维"（imagery thinking）。所谓意象指意念中的形象，或者说是心理中的图像。……

……爱因斯坦也说他在思考时不需要语言："无论是在写作的时候，还是在论述的时候，所使用的单词或语言对于我正在进行的思维活动几乎不起丝毫作用。作为思维元素的心理实体只是某些符号，以及时而清楚时而模糊的意象，它们可以'自愿地'再生和复合。"并且他认为，这种含糊的意象思维是产生新思想必不可少的。……

……总之，思想的工具或手段不仅有意识层面的语言，还有无意识层面的意象。并且，阿达玛认为，问无意识和意识究竟哪个更高级是愚蠢的，它们之间是互相合作的关系。不过，意象思维产生的很多思想组合中是杂乱无用的。彭加勒认为科学家需要靠美感去辨别，而在辨别和选择过程中，无意识的美感也起着关键的作用。……

石锋：思维是分层的还是分块的？

Z君：既可以说分层，也可以说分块。而不同的块之间，恐怕还是有层次的：就像通信，先有模拟信号，后来产生了数字信号。语言符号化的思维，只是思维的一部分，而不是全部。安东尼奥·达马西奥认为，甚至昆虫也会形成意象，更不用说哺乳动物了。

石锋：画家、音乐家，他们的思维属于什么思维呢？

Z君：（发思维层次图示）艺术家擅长用右脑思维，而右脑被称为艺术脑，是负责直觉、意象、韵律、色彩等的；左脑更擅长逻辑、语言等。

有些人中风后失语了,但他们还能唱歌,如果看到一个苹果,他们不能说出苹果这个词,但可以画出来——这也说明他们有苹果的概念,却不能用苹果这个语言符号去提取了。

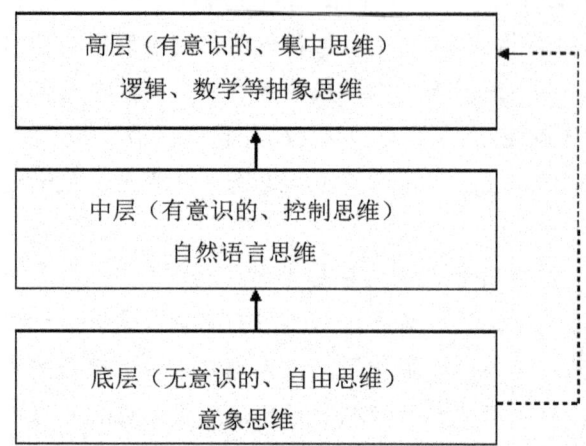

石锋:是不是艺术家的思维就属于底层思维了?

Z君:也不是,人的三个层次的思维不是截然分开的,而是相互影响的。只不过,在语言产生之前,我们可以有意象性的思维。比如,我们也会有语言所必能形容的经验:无论是看到美的东西,还是吃了美味的食物,我们只能意会不能言传。这个意会就是意象,却没有适当的词语去表达。

石锋:这种意象和艺术家的思维。好像不一样吧?

Z君:艺术家要用一些艺术技巧去呈现,那是对生活经验的再创造、再加工。

石锋:这种再创造再加工的思维是什么样的思维呢?艺术家本来就不打算用语言来表现他们的思想。

Z君:人的大脑很复杂,特别是有很多联合皮层,可以把不同通道的信息进行整合、加工、解释等。艺术创造离不开这些创新的组合、加工。总之,不能截然分开的,虽然分层次,或分块,但还是互相影响的。

石锋:体育比赛的时候,运动员的思维,教练的思维,应该是不用语言的。打排球的时候,教练要暂停,还要用语言来指导。语言和思维好像处于这种若即若离的状态。在不同的情景下和不同的个体中有着多样的表现。

Z君：思维并不总是伴随语言的，还有大部分思维是阈下的，属于下意识、潜意识的，或前意识的。

石锋：还有一种半意识的。

Z君：我们能意识到的只有5%，95%是无法意识的。可见，混淆语言与思维实在是错误的：如果不分开，混在一起，就会面临很多难以解释的困境。但是，大脑里不是截然分开的，各个脑区是交互影响的分层，表明思维是分不同阶段的。先有意象思维，然后语言思维，然后数学、逻辑思维。皮亚杰的发展心理学也持类似观点。

石锋：这里面涉及知觉、感觉、想法、意识、思维等名词概念，有没有适当的定义把它们区别开呢？思维等于意识吗？思维和语言的关系还需用明确的方式来叙述。这好像是一种多维的连续统，既分层又分块的网状关系。但是怎么分？语言是思维的产物，思维又是哪里来的？语言既是思维的工具，又是思维的枷锁。原因就在于它们是分离的，不是同质的，构成的基础要素、运作机制、存在状态、作用效果等，都不相同。这应该是没有问题的。问题在于：在什么条件下，语言和思维不可分；在什么条件下，语言和思维可以分开？贝多芬、齐白石等不进行语言类艺术创作的艺术家，思维就是底层的吗？

Z君：贝多芬也有语言，还有逻辑，交响乐有结构的，需要特定的逻辑；齐白石也应该有自己的艺术哲学，审美原则。这些都属于高级认知能力。

石锋：这些和语言有什么关系吗？需要用语言来表达吗？

Z君：这些元认知，可以用语言表达、组织。

石锋：这个观点好像并不能说服人。同意你所说的形象思维和抽象思维，但它们没有高低之分。科学家、艺术家的创造性思维属于更高层级。创造性思维也可以有形象的和抽象的；也可以用语言表达、也可以不用语言表达。两者虽然要区分开来，所以又要分层，又要分块，形象思维和抽象思维。初看起来好像是高低之分层，实际上是两块。两块之内各分高低，又相互联系。爱因斯坦所做的是我们常讲的 idea，可以称为创意。在这个意义上，贝多芬跟爱因斯坦同样都是有 idea，然后把它实现。

Z 君：关于形象思维的上中下，理性思维的上中下，要谨慎划分，因为分上中下属于价值判断，不纯粹是科学问题。

石锋：我们的分层应该以科学为基础，适当引进价值标准。人们认识价值也是有一个过程的。个人表现价值也有一个过程。我们在这里讨论思维，目的在于认识语言和思维之间的关系。

Z 君：这已经属于社会学的研究范畴了。

石锋：研究语言和思维问题，社会学原则是一个如影随身的考虑。创新性思维的判断，认定一个人是在创新探索，还是疯人痴语，这是一个社会学问题。当然也是一个思维方式问题。

从大脑的生理结构也可以帮助我们考虑思维分类分层的问题。大脑的左右半球正好是一个偏重形象思维，一个偏重抽象思维。形象思维可以有低级中级高级。抽象思维也应该有低级中级高级。创造性思维应该介于形象思维和抽象思维之间，好像更倾向形象思维。二者紧密联系相互推动，又有语言的助力。形成一种网状的系统。

形象思维和抽象思维又可以各划分成一些类别。这些类别也有初级高级之分。二者在不同级别上也都是相互紧密联系的。例如你告诉小孩"这是苹果"，他看到这个苹果，学会了这个词。可以算是一种形象思维。当他看到另一个苹果，也会知道"那是苹果"。这其中应该包含有抽象思维的成分。实际上在他认识一个苹果的时候，已经包含有抽象思维的成分。现在人们已经发现大脑中的镜像神经元，还有大脑对语言加工的重复启动效应。

形象思维是不是应该包括艺术、技术、运动等方面？文学是属于艺术范畴，但是又不同于一般的艺术形式。抽象思维是不是可以包括科学、逻辑、数学、语言？这里的语言主要是指语言的习得和运用。另外还有悟性思维，好像是在形象和抽象之间，创新性思维就是悟性思维的最佳表现。

石锋：镜像神经元可以使人不假思索地模仿他人的动作，而且在看到这些动作时，也能瞬间理解这些动作代表的意义，而不需要思考推理的过程。这可以用来解释语言中的和谐一致原则。重复启动效应表明，如果前面有一个相同词项更早地呈现出来，大脑对于这个词的加工就会变得很快而且更准确。可以用来说明语言中的概率匹配原理。

Z 君：镜像神经元的发现，对传统的逻辑语义学是一个挑战。

石锋：人们一般都把模仿看作形象思维，把类推看作抽象思维。可是实际上类推就是一种模仿。

Z 君：分类还是基于内省和直觉。

石锋：基本根据的还是大脑两个半球的构造与功能。

Z 君：两个大脑半球之间由胼胝体连接，它们相互对话。多数人是左半球为主导。

逻辑语义学认为，语义就是一个语言符号与一个实体或对象之间满足逻辑关系。比如，词语的意义就是该语言符号所指称的对象，或认为词语就是该对象的限定摹状词。而对于句子的意义，则是该语句的命题在逻辑上的真值。即是说，我们在判断一个句子的真假时，是通过逻辑推理。

而镜像神经元的发现表明，我们理解一个句子的意义并不是通过逻辑推理，而是通过心智模拟（mental simulation）在头脑中想象或模拟特定的场景，从而立即可以理解该句子的意义。并不是像计算机那样一步步进行逻辑推导与演算。比如，我们看到一个人在跳舞，心里就会模拟他的动作，并不是通过逻辑一步步推理的。我们理解电影里的角色的喜怒哀乐，同样也是通过模拟他们的情感起伏，从而有同情、有愤怒等。在语用上也是如此，我们可以设身处地地想象他人的情感，思想。这些都不是通过逻辑计算，而是快速的、立即的就能体验和感知的。

石锋：镜像神经元得到的不仅是视觉形象，也有听觉形象、触觉形象、嗅觉形象、味觉形象，以及上述各种形象的结合。是一种"具身体验"。具身体验是人类认知的基础。

Z君：这些感觉都是以形象的方式映射到大脑的，并不都是符号化的加工过程。所以意象思维应该是思维中很大一部分。

石锋：扩大了形象思维的范畴。

Z君：而以前太强调思维是通过语言符号、逻辑符号的运算。然而语义并不都是符号的加工，而是有身体的加工，具身性。

石锋：语音学中也有肌动理论。即人听辨语音时是以自己发音器官的动作体验为依据。

Z君：这就是一种心智模拟。人类的思维大部分是无意识的，比如镜像神经元的模拟，我们不一定有意识，很多是前意识的。但传统的语义研究，都把思维看成是离不开语言的符号加工过程。

语言并不是无处不在的，还有很大一部分思维，是不需要语言的。如果都通过语言，思维的速度就太慢了。一个画面，形象是立即的、自动的、无须推理的。

石锋：缩小了语言的作用。

Z君：如果从进化的角度讲，人这样一种高等动物，不仅保留了哺乳动物的特点，甚至还保留了远古生物的特征。而语言符号的思维，是进化晚期的产物，但我们还保留了进化早期的东西，比如意象思维。不可能一到人类，就全都是语言性思维，没有早期的思维了。人的思维是层层叠加的，从早到晚，从初级到高级都是互相融合的，并不是非此即彼的。

石锋：语言和思维的关系应该各从两方面来考虑。即语言是否可以离开思维，以及思维是否可以离开语言？而人们常常是把它们笼统地混在一起，结果就是一团浆糊。首先看语言是否能够离开思维，肯定不行。任何人类的行为都离不开思维，语言作为人类的行为当然不会例外。再来看思维是否可以离开语言，当然可以。首先是没有语言的时候就已经有思维。然后是有了语言之后，同样有不需要语言的形象思维。

Z君：赞同。

石锋：在我看来，判断是非优劣的标准属于社会学方面，而这一点实际上也关系到语言的本质问题。关于语言的性质特征，我在上课时只提两条：社会性和系统性。

当下其实无法证明"只有人的语言能够描述另外时空的事件"这一广为流传的说法。所有生物的信息交流方式和交流内容，都是跟生物的生存需要相适应的。

Z 君：赞同，安东尼奥·达马西奥认为，所有生物都在保持内稳态（homeostasis）。

C 君：狭义语言功能（FLN）的本质是递归，并不是出于功能的目的，而是已经存在的生物限制的副产品（by-product of preexisting constraints）——因为狭义语言功能需要把感知—运动系统（发音）和概念—意图系统（意义）连接起来，狭义语言功能的特点即是这两大系统交汇时所表现出的"形状"。换句话说，在演化史上人类为何选择"语言"（一个具有离散无限性的递归系统）？这并不是直接迫于自然选择的压力（如出于交际需要）而做的适应性演化，而是"为了"把声音和意义连接在一起而不得不选择的最优计算方式（optimal solution）。因此，只要音义结合就会有不同程度的递归性，即使是音乐。

石锋：所谓递归，不过就是拷贝。拷贝就是模仿，动物本能。要考虑为何这会成为语言本质。而且递归在数学上可以无限，在语言中却很有限，受到生理、心理、社会的制约。实际语言中的递归很少超过三次。

C 君：合并（Merge）当成语言基本规则，也不一定对。单位确立后自然会有分、合。既然合是根本特征，分可能也应该是？Merge 就是"组合"，syntax 的本义也就是"组合"。说 syntax 的核心是 merge，其实等于说组合规则的核心是组合。

石锋：何为语言器官？哪个器官是专为语言而生的？嘴巴是消化器官兼说话，鼻子、气管、肺是呼吸器官兼说话。专职发音的声带，也肯定是语言产生之前就有的。盛传的 Foxp2 是语言基因，实际上就是负责舌头肌肉快速运动的功能。很多基因跟语言有联系。

C 君：这是一个主副经历了转换的过程。当孩子练习说话时，神经丛会逐渐向脑回内部延伸，而让血管覆盖面积缩小。这样的发展，会让脑的内部慢慢转向，变成惯用脑（的属地）。换句话说，右利手的人，会因为常常说话的缘故，把自己的整个头脑慢慢变成左脑优势；脑的发展也会左倾，色泽也会愈来愈白。各地、各民族语言不同。有的语言偏重子音，有的偏重元音。子音多的语言，倾向于感知外在的环境或世界，也因此说这样语言的人比较活在物质世界里，他们也会较左脑倾向；这样的语言比较清晰、具有逻辑性。元音多的语言，倾向于经验内在的自己为中心，脑回中白色物质没有那么多，所以语言中的旋律性、音乐性很高。

石锋：语言学毕竟不是空谈能够解决的事情。所以语言学是科学而不是玄学。拉波夫和王士元的研究实证性更强。王先生的团队在语言和大脑的实验研究中取得很多进展。语言学的宗旨是探索语言奥秘。语言在哪里？在社会中、在口中、在耳中、在手中、归根结底在人脑中。

石锋：下面是我考虑的汉语普通话发音圆唇度的计算方法。从正面180度的中心对着鼻尖照相或摄像。发言人以朗读字表的方式，发出以 i、u 作为单韵母的字音。测量嘴唇两个嘴角之间的距离，得出二者的距离差，除以 10。以 i 的距离为 0，u 的距离为 10，制作量表。其他元音的发音都可以如此测算，与 u 的距离差值在二者之间分布，具有不同的圆唇度。这种方法只对发音人自己有效。不同发音人之间可以用圆唇度相互比较。不同语言的元音对圆唇的区别程度不一样，需要具体分析。

石锋：人们还是更加愿意使用简单的方法，而不论原因如何充足，都不愿意使用复杂的方法。既要有适当的量化分析，又要简单易行。要把握好这个难易程度是很重要的。

拉波夫等国外学者把 minimal effort 作为语言变化的功能解释。中国学界把它译为省力原则。我觉得都不妥。effort 不是力量，而是努力。实际上不是最小努力，而应该是最大努力原则。这不仅是一个功能方面的原则。而且是基于语言发音，生理和心理机制的一个基本原则。应该把最小努力原则改为最低到位原理。minimal target。打枪打十环是打中。是 full target。打一环也是打中。是 minimal target。这是人们语言交际中最基本的原理。

　　用最大努力达到最低限度的到位。为什么是最小到位。因为不可能再大了。我们一般讲话语速是每秒钟 5—7 个音节。快的可以达到 10 个音节。以每秒 5 个音节来考虑。最简单的音节结构 CV，就是 5 个元音和 5 个辅音。口腔在一秒钟之内要做 10 个不同的动作。不可能做到都是到位的十环。所以用两个办法来解决，一是协同发音，即共时发音，发前一个音的时候做好下一个音的发音姿势，准备好发下一个音；再一个就是只达到最小到位，一环就好。有的可能根据语义焦点的分布还会有三环或五环的情况，但绝不会是 10 环。所以不是想不想省力，要不要共时发音，而是必须如此。因为根本就没有力可省。没有别的选择。长此以往，还能不发生音变吗？

　　C 君：语速快的原因，可能有不得不说的生理、音理原因，但可能也还有匹配语义单位的 1 的表达需要。把不同的音素念到一起，可能也还是基于它们语义是 1 个单位、结合紧密的感觉。

　　石锋：应为音节内部高度融合。即内部音联。

　　最小到位原理可以量化为到位率的分析。元音到位率的计算方法。请发音人按照朗读字表的方式发出各种音节结构的字音以及轻声音节中的中央元音。测算其中元音的前三个共振峰。第 1、第 2 共振峰为基础，第 3 共振峰为参照。设中央元音的共振峰值为 0 度其他元音的共振峰值分别都是 100。分为 f1 到位率（舌位高低）和 f2 到位率（舌位前后）。然后在同一发音人的话语音流中测量各字音中元音共振峰值，分别得出与中央元音共振峰的差值，并与对应的字音共振峰值，得出到位率。可以跟韵律格局中的调域比、时长比、音量比相互对应。这种方法只对发音人自己有效。不同发音人之间可以用到位率相互比较。不同语言的元音计算，需要具体分析。

　　辅音的到位率也可以算。参考上述办法。主要是时长差值和频率的分布差异，如塞音的 vot 和闭塞时间。擦音的时长和谱中心。到位率的计算可以做实验，写文章。具有很重要的理论意义。同时在韵律格局的焦点分布中，作为又一个直接的证据。参与到焦点分析的研究之中。

石锋分享与鲁国尧先生的来往信件。

鲁先生信：忆十几年前我曾请教您，汉语的声调是仅仅覆盖韵母？还是韵母与声母全覆盖？记得好像您的回答是前者。请问近年实验语音学界的见解有无变动？

石锋回信：惶恐之至，折杀晚生也。蒙您垂问，仓促作答，或有不周，敬请指教。

上次所说汉语声调覆盖韵母，源自美国学者甘道尔（Gandour）。实际上此说并不完整。声调是由整个音节负载的，或者可以说汉语声调覆盖全部音节。其中又有调型段和过渡段的分别。在话语音流中相邻声调之间需要过渡衔接，这也应包括在声调之中。没有过渡段的声带调整就不会产生调型段的特征。一般情况下，声母部分是对应声调的过渡段，韵母部分对应声调的调型段。如果声母是浊辅音如通音，通过实验可以得出声调曲线中跟声母对应的弯头。如果声母是清辅音，声调曲线中跟声母对应处就出现一段空白，尽管看不到过渡段的曲线，声带仍然在调整，以便在韵母段发出声调的调型段。在单字发音时，声调曲线常常会有弯头和降尾，其中弯头主要出现在浊音声母，降尾则是发音结束时声带振动的惯性造成的。这样就有定义问题需要解决：我们通常所说的声调是否包括过渡段？1. 如果包括过渡段,清音声母的过渡段怎样计算？2. 如果不包括过渡段，很多人都已经把浊声母对应的曲线部分计算在内，他们只是根据是否有曲线来决定取舍。另外如果声调只包括调型段，那么调型段的判定标准还有主观客观之分。在这种情况下，我主张调型段跟韵母对应，作为一种客观的依据。据我所知，这个问题目前在学界并无一致的看法和做法。在这里讲的只是个人的观点，请您批评指正。对于汉语声调这样一个基本的问题，您一直在关心，令人十分感动。您是我的榜样。

C君：单音节语一个音节的调型，音系上是与双韵素的韵母，是匹配关系。或者可以说，调寄于双韵素。声母则可以不论，韵母部分才是

"语言学的音节"的真正的 TBU（Tone Bearing Unit）。

石锋：这种看法并不完全，而且在实际操作中也不一致，需要再加认真全面考虑。

B 君：赞同，不能只根据是否有曲线进行取舍有三个原因。

一是不同的基频计算方法可能会导致曲线有不同的呈现情况，praat 中调整基频设置参数，曲线有时会发生一些变化。

二是即使所有情况下都采用同一种软件的同一种计算方法，也未必就是整条曲线都表征声调有用的特征信息，有时候韵尾结束时声带那种惯性运动带出来的曲线，音强实际上很小了，在听觉上肯定不起作用了，如果也纳入测算只怕是有问题。

三是有些情况下曲线呈现不出来，如普通话去声后段降速太快时基频曲线往往不显示，又如有些人普通话上声折点处的曲线断开，都不应该视为此处没有声调信息而不予考虑，有一些人的声带存在病变等情况时，曲线就更是复杂。

因此基频数据的测算必须有人工主观加以判断，不能全由软件呈现的曲线来取舍，因为曲线也是人为写的程序算出来的，目前的技术条件下，程序还存在一些照顾不到的地方。

石锋：赞同。

Q 君：从哪个角度看这个问题是争议的起点。声调是音系范畴的概念，汉语普通话声调的载调单位是音节，声调的音系规则以音节为基本操作平台，这应该是没问题的。声调在语音上主要表征为音高，音高高低有感知的基础。物理声学上主要是基频，从基频角度看才有声调载调单位属于韵母还是音节的问题，但从这个角度看是不全面的。声调，音高，基频紧密联系，却是不同范畴的概念，不能相混。

石锋：赞同。

J 君：根据逻辑，从吴语连读变调的向右扩展可知声调的负载单位是音节，否则扩展不过去。

B 君：为什么是不全面的呢？

Q 君：声调和语调都是综合的韵律效应，对声调来讲，音高（声学上表征为基频）最重要，但如果把二者等同起来是不全面的。比如音长对轻声的作用被忽略了，音段信息对入声的作用也被忽略了。把基频等同于声调也面临另一个问题，除了 J 君所说的变调无法扩展，在词调语言中还可能面临一个声调中间断裂的问题。

B 君：赞同。一个音系特征往往对应多个语音特征。

讨论在继续中。

缅怀纪念

语音格局寄厚望——永远怀念吴宗济先生

一、恩师远去　缅怀无尽

吴宗济先生是中国语言学的百年宗师。他追随赵元任先生,是中国现代语言学筚路蓝缕的早期参与者。吴先生在中华人民共和国的土地上艰难起步,重新奠基并发展了语音学,成就中国语音学承前启后、继往开来之功,居功至伟。吴先生个人的音路历程就是中国语言学曲折发展的真实写照。他是中国现代语言学历史的权威见证人。

吴先生离开我们已经九年。我们一直非常怀念他。吴先生那熟悉的身影和音容笑貌时时浮现在眼前,似在循循讲授,似在孜孜求索,似在侃侃述怀,似在谆谆叮咛,似在殷殷期盼。在纪念吴先生诞辰110周年之际,再一次回顾吴先生对我在学术上的启蒙和关爱,特别是在语音格局研究中对我们的支持、鼓励和满怀期待,使我们更加缅怀吴先生。我们要学习吴先生,努力工作,不负先生的厚望。

二、音学启蒙　春风化雨

吴先生是我在学术道路上的启蒙人。1979年,我在中国人民大学的研究生导师胡明扬先生亲自把我和同学廖荣蓉托付给吴先生,在他指导下学习语音实验。从此开启了我们的学术旅程。

那时,我们参加北京大学实验语音学讲习班,有三门课:林焘先生讲汉语语音研究;张家騄先生讲言语声学;吴先生讲的是实验语音学。吴先生家在北京东南部的劲松区,到位于西北部的北京大学来讲课,每次都要骑车往返几十里路。他不辞辛苦,讲课轻松自如,旁征博引,循循善诱,把深奥的语音学原理讲解得浅显易懂,还常常加入自己的亲身体验和最新的前沿动态。我们都很喜欢听吴先生的课。

学习期间,我们经常到吴先生家中登门求教。吴先生平易亲和,对我们两个初学者提出的幼稚无知的问题,都给予耐心详细的解答。他帮助我们解决了一个个学习中的疑难,引领我们进入语音学的殿堂。最后我们分别顺利地完成了苏州方言的声调和浊音声母的实验分析,写出了毕业论文。这其中凝结着先生的多少心血!

毕业之后,我常常到北京去看望吴先生,一年至少总要有五六次。每次除了汇报我的研究工作,大都是听吴先生讲最近的研究进展、读书体会、前沿信息。坐在吴先生的书房里听他兴致勃勃地侃侃而谈,情趣盎然、引人入胜。我很喜欢这样每次至少几个小时的学术升华,精神充电。

三、一论格局 增加信心

吴先生是最早支持我们进行语音格局研究的师长,否则我们的语音格局研究不可能走到现在,为此我对吴先生充满感恩之情。

早在 1986 年我在一篇论文中试用 T 值方法进行声调分析,开始认识到声调格局的表现。当时我对声调格局的概念还拿不准,没有把握,就写信给吴先生征询他的意见,很快就收到他回信,表示支持和赞许。

吴先生说:"格"就是格式,每个声调有什么样的表现形式;"局"就是布局,各个声调的分布,相互之间的关系。声调格局可以概括勾画出一种语言(或方言)的"调貌",类似于地理学中对于不同地质区使用"地貌"的意义。

我初入学界,哪敢发声,只因有吴先生的回信,我增强了信心。在博士论文中分析对比了几种汉语方言和侗傣语言的声调格局。导师邢公畹先生认为:"在学术上是站得住的。"

后来在继续探索语音格局的过程中,曾得到吴先生多次鼓励。先生曾两次当面叮嘱:"在学术上抓住一个东西不容易。现在你们已经抓住了格局。一定要紧紧抓住,不能轻易放掉。"

四、二论格局　千斤之益

2006年10月的全国语音学会议上,安排一个晚上的沙龙由我主讲语音格局。当年97岁的吴先生亲临会场,使我非常感动。在我报告之后,吴先生站起来,做了热情洋溢的长篇讲评。以下是我从当时录音记录中摘出的几段。

吴先生说:"各种事物都有一个尺度待分的绝对值,但是我们理解的是相对的。比如在大自然中,天气好了,好到什么程度呢?今天气温是23度还是32度?去数天上的云朵,说有100块是好的,200块就是不好的?像这种事情是没法说的。我们一辈子都面对着相对的东西。

今天我们来讲的格局是语音格局。第一,格局现在又推广了,不光在声调方面,元音、辅音也有格局。用格局的思想来调查方言真是太好了。第二,再讲一讲每个人自成系统的问题,系统的观念很重要。语音学不可不去测量,测量这个手段是要有的,但是测量完了,你不能死抠这个东西。也许选100次、200次当中,有5个是语言环境不同的,你就没法给它平均。看实验好不好,你不可不精确。精确完了以后,还要认真考虑。比如普通话i,有人量出它的F1为300赫兹,F2为2200赫兹,如果另外一个人量出了i的F2为2300赫兹,那怎么办呢?其实这是没有关系的。

从格局来说,多少多少东西成一个格局,一个格局里包含多少多少东西。比如声调是不是5度的问题。加州大学的麦迪逊(Maddison)对世界的声调语言进行过记录,记录了300多个语言。其中非洲话里的声调有三格的,有四格的,还有五格的,但是没有超过五格的。也就是说,在声调格局中,5个格我们就可以辨别语音的高低了。当然说去声是53、52也行,54也行,所以说,5度值是非常高明的。

格局的概念可以运用到很多方面,不光是在语言学里,人的品格也有格局,天气也有格局。我们非常佩服格局这个理念到处可以用。我祝贺你们的成功。"

吴先生从宏观的角度,用生动的比喻,从自然界到人的品格,再到人的语言，阐述了语音格局的观念和意义。大大开阔了我们的眼界和思路。一言之助，胜千斤之益。这对我们的语音格局探索是莫大的鼓舞。

五、三论格局　更有望焉

我们的那本《语音格局——语音学与音系学的交汇点》想请吴先生作序，又怕影响先生的身体健康，我提议用 2006 年的讲话录音整理作为序言，但是先生执意要"重新写一个"。在 2007 年春节前一日，先生寄来了用电脑打印出来的序言。这是已经 98 岁的老人字斟句酌、炉火纯青的力作。序言非常精练，堪称典范，是言简意赅的大手笔。

吴先生用 234 个字回顾了中外语音研究的千年历程："人类对各自语言的语音做较有系统的分析研究的，自古迄今，中西双方各有其方法与成果。中国方面有传统的、当属隋代的《切韵》和守温三十六字母。一直延至近代，凡治音学者多不离其宗。其价值在 20 世纪 30 年代已被罗常培先生评价为：'考古功多而审音功浅'。西方则在 19 世纪初，有捷克布拉格学派的音系学，英国琼斯的英语语音学，法国巴黎的国际语音学会的国际音标表，以至欧美声学家的语音声学分析等，使语音的分析研究取得前所未有的成就。从此中西交流，通过无数学人的努力，中国的汉语方言和民族语言的语音研究，可以说也已达到前所未有的成就了。"

然后阐发语音格局的意义："人与人之间的对话，正如古语所说：'言出于我口，入于尔耳'。尽管言者所说的每个音节和声调并不那么'到位'或规范，但由于人的听觉系统可以对听到的语音进行加工处理，通过大脑的分析、记忆、比较等功能的综合处理，只要听来的语音'框架'不差，语境相近，就能被理解。这个'框架'就称为'格局'"。

进而讲到格局研究的意义："语音学的要求是分析的演绎，而音系学的要求是'框架'的归纳。演绎力求其巨细无遗，而归纳应做到言简意赅。当今的语音分析用各种仪器得到的数据，包括了一切到位的和协同的变体，已尽演绎之能事。但要归纳出一套合理的'框架'，却不那么容易。石锋教授的著作，包括各种汉语方言和民族语言的调查分析多篇，经过格局的计算,既有语音的演绎,更做音系的归纳,即以'语音格局'命名,此举在今日同类文献中是付出大量的劳动而有创新意义的。"

最后语重心长地提出殷切希望:"本人在此道中亦曾经过半个多世纪的沉浸,深知其中甘苦,今日乐观其成,愿更进一言。过去的语音学者只从事'人际对话'的语音研究,今日已进入言语工程时代,语音学者已不得不参加'人—机对话'研究的队伍。作者如能在此基础上,在不久的将来为汉语语句多变的韵律梳理出'格局',更有望焉。"

在书的扉页印着:"献给吴宗济先生,百年华诞,一代宗师。"这本书的出版正值先生百年华诞的庆祝会。我在会上把《语音格局——语音学与音系学的交汇点》作为礼物献给了先生。先生的"更有望焉"激励和鞭策着我们,全力投入语调研究。《语调格局——实验语言学的奠基石》于2013年出版,作为一束鲜花,告慰先生的期盼。今年我们的《韵律格局》也已经进入编辑程序,有望明年出版。这将再为先生献上一束鲜花,回报先生的重托。

六、钟情语调 洞察韵律

吴先生一生有两个三分之二:其一是先生的全部论文有三分之二是在八十岁以后完成并发表出来的。其二是先生的全部论文中有三分之二是研究汉语韵律和语调问题的。吴先生继承和发展了赵元任先生对汉语语调的研究。我们的语调格局探索就是以赵先生理论为基础,吸取中外学者的成果,结合了吴先生的语调单元思想和沈炯学长的声调音域方法。吴先生的语调单元思想是语调格局的主要源头之一。

汉语语调是先生一直念念不忘的课题,他退休后完成的中国社科院老年课题也是汉语语调研究。我们按照吴先生希望,集中全力研究汉语语调。吴先生表示要到天津去,跟我们一起干。考虑到先生的身体,我们十余位南开师生自带板凳来到先生家中,坐在客厅里,请吴先生讲汉语语调研究的方法。最后他还把语调课题研究的报告和今后研究计划都交给我们,叮嘱我们继续做下去。

2006年的全国语音会上,吴先生跟我一起坐在会场的侧面,一边听各位的论文报告,一边在纸条上写出评论和阐发。这种笔谈方式别有情趣,先生越写越高兴,我留下来有18张字条。其中一张就涉及重要的韵律原理。吴先生写道:"我的结论是:(1)语音要加重,调值必升高。(2)调值升高,语音不一定重。将来如有时间,似可用专文来谈这个问题。"

  吴先生的结论揭示出音高和音强之间的非可逆关系,就是一种单向蕴含的不对称性。这是非常重要的一个韵律原则。这是他一生从事语音研究的大量实践中经过深思熟虑得出的真知灼见:韵律三要素并不平衡,三者并不同步,三者并不等同。这应该是我们研究韵律问题的一个基本立足点。我们非常赞同。很遗憾吴先生没能写出这篇文章。为了完成吴先生的愿望,我们用韵律匹配的实验证据写出论文,并在2018年全国语音学会议做了大会报告:"为什么韵律三要素不同步?"

  吴先生有一次讲到应该写一部语法语音学,把所有语法现象从语音的角度进行描写,并且列举出从词语调群到语调韵律的各项内容。这给我留下极深印象。我们现在从语调格局转向韵律格局研究,就是希望能够把语音跟语义、语法、语用结合起来,分析语句焦点的韵律分布模式,努力实现吴先生的设想。

七、西游宏愿　不枉探求

  2003年初,吴先生把他刚刚出版的自选集《补听集》送给我,我立刻捧读,如醉如痴。书末第五章是诗词选录,有先生的古体近体诗、词、杂赋共数十首。先生早年在清华曾从朱自清先生学诗,从俞平伯先生学词,入室亲炙,深有功底。写诗填词,挥洒自如。遣词用典,极富文采。其中有一首词:《凤凰台上忆吹箫·寄怀北大实验语音学讲习班结业诸君,用易安韵》,我读后极为震撼。当年这个北京大学实验语音学讲习班学员有沈炯、冯隆、贺宁基、廖荣蓉、我和首都师范大学以及其他大学的几位研究生,共约10人。因此读来就像吴先生在对我们谆谆叮嘱,畅述胸怀。

宽聚谐峰；窄分调浪，绘声仪器班头。似书家狂草，铁画银勾。赚得彩鸾心醉，身付与，寝馈难休。西游愿、于今得遂，不枉探求。

归休。学成致用，喜执新问故、理实兼收。算雪泥鸿爪、图在音留。最是机前纸上，多少遍、耳目穷搜。须记取：薪传南北，莫负春秋。

上半阕从"宽聚"到"难休"，讲的是用语图仪做出宽带和窄带语图，艰难辨识，发现语音奥秘，如得到彩色鸾鸟，虽然废寝忘食，却是乐在其中。这正是吴先生自己学术追求的写照。"西游愿"中的西游，是指1956年，吴先生奉罗常培先生之命，遍访捷克、丹麦、瑞典、德意志民主共和国和苏联五国，有国外同行学者帮助，得到先进的语音实验技术以及很多珍贵文献和技术资料。这为中国已成空白的语音研究奠定了发展的基础，使赵元任等前辈开启的语音实验的事业重新起航。此行犹如唐僧取经西天，意义深远。"于今得遂，不枉探求。"吴先生心中有一个宏愿：中国语音学的春暖花开，百花齐放。

下半阕从"归休"到"穷搜"，讲的是先生理论与实践结合，学以致用的讲课风格。对繁难的语音原理和实验方法，吴先生常常是择其要点，娓娓道来，如数家珍。使我们不知不觉中，已入殿堂。"须记取：薪传南北，莫负春秋。"我联想起有一次上课之前，天气突然变化，北风呼啸，气温骤降，我们都为吴先生担心，希望他这次不要来了。可是吴先生跟往常一样，骑着自行车准时来讲课了。当时的情景一直深深留在我的心中。从这首词中，我深深敬仰吴先生的事业心和使命感。

八、薪传南北　莫负春秋

"吴先生一生对语音学研究始终有着一种执着追求的精神，因此才能够乐此不疲，乐而忘老。"（林焘语）吴先生的研究从"人际"语音学开拓到"人—机"语音学。亲身实践，引领潮流，与中国科技大学、清华大学合作，把语音研究跟语言工程结合，为提高语音合成自然度做出重要贡献。使新中国语音学从无到有，再次起飞，方兴未艾。我们要学习先生,"薪传南北,莫负春秋"。

子曰:"天何言哉?四时行焉,百物生焉,天何言哉?"(《论语·阳货》)吴先生(2007年3月30日)在给我的学生焦立为的信中写道:"我们这一行目前已与言语工程挂钩,有了经济效益,又有新生力量的努力,研究的阵容、内容和质量已经大大超越前一代了。我自觉已是跟不上时代了。回顾我的研究过程,差不多是和20世纪的实验语音学发展的过程同步。我从20世纪30年代起,应用的录音工具由唱片灌音、钢丝录音到磁带录音;分析仪器由渐变音高管、浪纹计、到X光照相、阴极示波器、到电声仪器、声级记录仪、频谱仪、语图仪、到计算机。我们分析语音的水平从传统的理论——传统的实验到现代的实验——到现代的理论。这些理论到头了吗?**现在的课题已不只是满足于'语音'的实验研究,而是向'自然话语'的实验研究进军了。**'行百里者半九十',今后要达成理想的成果,恐怕要再搭上一二十年。"(粗体字为作者所加。)

我们多年来组织语音学研讨班,近年来又努力组织实验语言学网上直播报告,以及坚持办好《实验语言学》刊物,就是在以实际行动向先生学习,实现吴先生的西游宏愿,向"自然话语"的实验研究进军,使实验语言学事业发展壮大,不断前进。

永远怀念敬爱的吴宗济先生!

石锋
2019 年 5 月

纪念邢公畹先生诞辰 100 周年

尊敬的各位学界前辈，同行朋友们，老师和同学们：

今天南开园中群英荟萃，章阁厅里少长咸集。

我们热烈欢迎大家来参加邢公畹先生学术思想研讨会！

邢公畹先生诞辰 100 周年，我们邢门弟子很早就开始酝酿该怎样来纪念。南开大学文学院决定召开这个研讨会，并在会后出版纪念文集。这是弘扬邢先生学术精神的一种很好的形式。

邢公畹先生是著名语言学家，是继李方桂先生之后的大师级学者。他在汉藏语比较研究特别是汉语与侗台语比较研究领域辛勤探索出语义学比较的新路。同时在语言理论、汉语研究、语言应用和语言教学等诸多方面，邢先生多有建树，为中国语言学增添了累累硕果，在国际语言学界赢得崇高声誉。邢公畹先生是中国语言学者的楷模。

我们今天纪念邢公畹先生诞辰 100 周年，更加缅怀先生的精神和风范，更要继承先生的追求和事业，在中国语言学研究中上下求索，奋力前行。

我们要学习邢先生，从高尚的世界观、人生观出发，从而具有正确的语言观，把对祖国、对人民的深沉的、执着的爱作为学术研究坚强的动力。他说："治学的总目的在于探索宇宙间（包括人类社会）的各种规律，以便人去利用。"他常常用《荀子·大略》中的"君子之学如蜕，幡然迁之"，来激励自己不断地走出旧的窠臼，迈向新的境界。

我们要学习邢先生，坚持严谨求实的优良学风。从实际中、从社会中获取语言事实，在事实的基础上建立理论。他不仅熟读经典，更注重实际语料。那一箱箱的卡片记录着邢先生跋山涉水进行田野调查的艰辛。

南开语音实验室就是邢先生以战略性的远见卓识而积极倡导支持下于1986年建立起来的。

我们要学习邢先生，努力吸收借鉴外来成果的同时不失自己的独立思考和学术自信。邢先生在引用《诗经·鹤鸣》的："它山之石，可以攻玉。"(《海外中国语言学研究》序，1992年)同时不忘强调："这里并不是说'所以攻'都必须从海外来。"他认为对索绪尔的学说应该"进行一些必要的修正"。邢先生最早译介乔姆斯基《句法结构》。而他却指出乔氏"天生的语言能力"，只是一种"信仰"，不属于语言科学。

我们要学习邢先生，以开放的眼界做开放的研究。语音、语法、词汇、古代汉语与现代汉语，有人常常画地为牢。他却提出"共时现象实际上是和历时现象统一着的。历时现象其实是共时现象的无限延伸。共时现象中就包含着过去遗留的因素和未来发展的因素。"(《语音学探微》序，1989年)邢先生把汉语跟侗台语进行比较，得出超越前人的成果，写成《汉台语比较手册》，是继李方桂先生《比较台语手册》之后的又一里程碑式的学术巨著。

遥想当年在芝加哥大学，李方桂先生师从布龙菲尔德和萨丕尔，调查美洲印第安语言。后来在中国的西南边疆，邢公畹先生在李方桂和罗常培指导下，调查云南的民族语言。我们在南开大学又跟随邢公畹先生，走上语言调查和研究的道路。饮水思源，薪火相传。学术就是这样不断继承，又不断创新。

邢公畹先生是一位现代中国语言学研究的领跑者，值得我们永远敬仰怀念。让我们以邢先生为榜样，发扬邢先生的精神，继续邢先生的事业，在中国语言研究中探索前进。用我们的成绩来告慰邢先生在天之灵！

石锋

2014年10月

哭德金

我亲爱的师弟，同为胡门弟子的孙德金兄：

你，生龙活虎、豪气满怀，正在人生的鼎盛，位于事业的巅峰。有多少辉煌论著等待你来写完，有多少稚嫩学子等待你去指教？

可是竟然，天降噩耗如惊雷。我们的德金兄离开了，远去了，消失了，从此天人永隔。

我愕然，我惊呆，我不相信，我想不通。我问渺渺沧海，我问茫茫大地：为什么天妒英才，掠走德金？出师未捷身先死，长使英雄泪满襟。

这些天来，我不敢看那些追忆的文章，不敢听那些悼念的话语。因为，德金还活在我的心中：

他还在清晨去职工食堂买早点的途中跟我微笑着打招呼；他还在我的博士生答辩会上认真提出问题跟学生讨论；他还在我家的客厅跟冯胜利、白建华等学界好友引吭高歌，相约再聚；他还跟我商量安排在汉语水平考试（HSK）中心讲学；他还在通知我下一次的同门聚会，他还在……他还在……他还在嘛！

德金对师长是那样尊重恭敬，德金对同事是那样热情真诚，他对工作认真负责、雷厉风行，他对学生教似严父、爱如慈母。

当年我在南开汉院做院长的时候，正是德金做汉语水平考试中心主任。每次参加中心的会议，听他高屋建瓴的讲话，看他井井有条的安排，处理各种意外和突发情况，都是那么从容镇定，果断坚决。使这项国家级考试走向世界。我为有这样出色的师弟而感到无比骄傲和自豪。

那时我们同门每次为业师胡明扬先生庆生，后来胡先生生病、去世，以及师母出书等各项活动和事务中，都是德金跟贺阳、李泉、骆峰等诸位师弟师妹商定后通知我。我从天津赶来，一切已经安排妥当。有德金，我就放心，就坦然。德金是我们胡门弟子的主心骨。

我作为银龄学者来到北京语言大学，我的办公室在 12 楼，德金办公室在 11 楼。我们是同门加上同事。有师弟在此，我的心里更有了安定感。我忝列中心的学术委员，关系又进一步。有时在楼间或电梯相遇，一声问候，几句提醒，就使我感到兄弟情深，心中温暖。

还有很多，还有很多，可如今都没有了，都没有了。

我们深深地怀念德金兄。愿你走好，愿你安息。

你的亲人就是我们的亲人，我们会代你悉心照料。

你的事业就是我们的事业，我们将完成你的未竟宏图。

你的学生就是我们的学生，我们要替你扶助他们继续前行。

愿你走好，愿你安息。

德金兄风范长存！精神永在！

石锋

2016 年 9 月 6 日

我最好的学生——韩维新

石锋

韩维新老师本来是香港教育学院的一位教普通话的老师。大约在 2006 年，经香港理工大学刘艺老师介绍来参加南开大学语音学研修班，并跟我讨论他的硕士论文粤语声调问题。他的硕士导师是北京语言大学的施家炜老师。当时韩老师已经 70 岁了。我很敬佩他年龄这么大还在勤奋努力，学习新的知识。自那以后，几乎每年他都要来南开参加语音班和语音会议并跟我讨论语音研究问题。2009 年我们在辽宁师范大学召开汉语韵律语调研讨会，他还到大连参加会议，仔细听大家的报告，认真跟我们一起讨论。我一直是把他作为年长的同行学者相处。

韩老师在北京语言大学硕士毕业后，又跟我讲想要来南开继续攻读博士学位。我很犹豫。写博士论文是很繁重的脑力劳动，需要充沛的精力和强健的身体才能完成。韩老师已经 70 多岁，能不能胜任这样的重担呢？韩老师却锲而不舍，还找到我的实验语音学启蒙老师鲍怀翘先生来跟我讲情。我又向学校询问博士生入学是否有年龄限制，回答是没有。这样，韩老师就通过层层选拔成为南开大学的博士生。我就变成了他的导师。

韩老师比我大十几岁，可是对我非常尊重，从来都是执弟子之礼，我有时都有些不好意思。我对学生们的各项要求，他都积极认真地带头做到。对于比他小几十岁的同学们，他非常关心，团结友爱。特别是在学习上刻苦努力，主动积极，更是使我非常感动。不管是老师还是同学，只要是他学习中遇到的难题，他都去虚心请教直到解决为止。同时他也热情帮助同学，毫无保留地把自己的好方法、好收获跟同学们分享。韩老师当之无愧是我的学生中最优秀的博士生。听说有的媒体记者知道南开有这么大年纪的博士生，希望来采访，都被韩老师谢绝了。这也是我非常敬佩的一点。因此我不止一次要求同学们向韩老师学习。

韩老师的博士论文题目是最前沿的香港粤语语调格局的实验研究，从理论方法到数据分析，都是颇具创新性的。他的年龄最大，可是论文进度最快，在我的学生中一马当先。学习期间多次在研究生沙龙报告他的研究成果，还到香港、上海等地参加学术会议，发表论文，很多国内外学者都是通过他的报告了解到我们正在做的语调格局研究的理论和方法。

韩老师在博士二年级就已经把论文所需的实验做完，博士论文基本成型了。还有部分数据测算分析，整理加工的事情，到三年级完成论文按时毕业，时间很充足。我考虑到他年龄大，学校里条件不好，就劝他回到香港家中继续完成博士论文。他答应了，博士三年级就回香港去写论文了。他不断给我发邮件汇报论文进展情况，一切顺利。我觉得按期毕业没有问题了。

去年2月中旬，我收到韩老师邮件，知道他生了病，要延期毕业。内容如下：

> 给石老师、师母及家人拜年！祝您全家蛇年健康、万事如意！
> 我正在按照您的要求整理论文，进展不太顺利。2月初去看病，经检查排除了中风的可能性，查出左肺有阴影，需要按照医生的要求做进一步检查和治疗。经过仔细考虑，我想申请延迟到明年毕业更切合实际，不知是否可行？
> 只要身体状况和时间允许，我还继续修改论文争取做完交卷。

我当时就有些担心，但是还没有意识到事情的严重，只是立刻回信同意，让韩老师好好保护身体，健康第一。写作毕业论文的事情慢慢来就可以。

到6月中旬，我又接到韩老师来信报告病情，知道他患了癌症，使我非常担忧：

1月31日看病，经检查排除了中风，2月6日CT电脑扫描，突然发现肺癌，经穿刺确定是腺性癌细胞，并有遗传基因突变（显阳性）不用做化疗可以服用标靶药，效果好，副作用小。从3月18日开始服用标靶药和粉状中药，两周后肿瘤已消失不见了，一个月后肺部积水也完全消失。癌细胞指数1月31日18；3月1日35；4月26日10；5月26日5.3，癌细胞指数5为正常。吃饭、睡觉均是大有好转。靠药物可维持指标稳定正常。幸运的是遇到了好朋友，好医生的有效治疗。根据病情及身体情况，明年毕业没有问题。

从5月开始修改论文。6月15日夏全胜和王毓钧同学来我家看我，非常感谢！知道同学毕业，找到了好工作，向他们表示祝贺！感谢他们的关心！我还需要办理延迟毕业的手续。您的语音平面和语调格局的书不知是否已发行？

香港每年有4000人患肺癌。内地得肺癌的人数也是在所有癌症中最多的，排第一位，病因复杂。请石老师原谅我推迟告诉您病情，请求石老师跟进我的论文发表之事！

向师母及您的其他家人问好！祝石老师健康顺利！

韩老师一直等到病情好转才写信告诉我，有知道的同学也一定是因为他不让说才没告诉我。这也是他希望明年毕业答辩的原因。心中还是不忘毕业论文以及学校规定的发表两篇文章才能毕业答辩的条件。我写信要他放心，并要他一定要把身体放在第一位，保持乐观精神。我心中的担忧像悬着一块大石头。讨论实验研究，整理修改论文，这一直是韩老师入学后跟我联系的几十封来往信件中不变的主题。到8月初，我正在美国讲学，收到韩老师的下面的信，使我松了一口气。

祝愿您和师母在美国健康愉快！7月中旬我的癌细胞指数已降到4.6（正常人的指标是小于4.7）。睡眠，吃饭，精神都很好，放心吧！

7月27日接到毓钧同学的通知，中国语音学报要求修改论文，我已按照要求修改好二校修改稿，于 7 月 28 日发给田国红老师。感谢石老师推荐投稿，如果发行就解决了答辩资格的问题。论文已修改到第 5 章，您曾经说过慢工出细活很有道理。现在头脑清醒，时间充裕，没有压力更容易写得好一点。

　　祝石老师，师母安全健康，顺利！

可是我的心情放松没有多久，9 月初又收到韩老师的来信祝贺教师节愉快并希望年底毕业。内容如下：

　　祝您教师节愉快！您不仅教给我们语言学的理论知识、科学的研究方法，还教给我们如何做正直清廉的人。我刚接受论文题目时，心中有点儿忐忑不安，我能完成吗？是石老师帮我设计好了研究方案。在老师和同学们的帮助和指导下，我终于完成了论文的研究，并有所发现。在《中国语音学报》《南开语言学刊》和《粤语研究》期刊上发表了论文。

　　石老师您一年可能做了两年的工作。我永远记得您在课堂上、沙龙上和蔼可亲的笑容。我不幸得病，但依然无怨无悔，今生今世能做石老师的学生是最大的荣幸！因为我真正学到了语言学的知识和研究方法。如有可能我希望今年年底毕业，也担心病情发生变化。9 月内能完成论文的修改工作。

　　祝石老师健康，长寿！

我见到信非常感动，同时也无比沉重。我知道病情可能已经出现变化。韩老师有可能是准备用生命实现自己多年努力的目标。我在房间里徘徊踱步，陷入沉思：韩老师的研究成果和研究水平在我的学生中出类拔萃，毕业论文只剩最后的整理完善。如果把有关的各个环节抓紧，再有上天护佑，韩老师可能会实现奇迹。因此我最后决定尽全力帮助韩老师实现这个愿望。当天就回信：

　　多谢韩老师来信！

　　你的学习已经很好了，论文也没有问题。你是我们的优秀学生。

如果十月底前修改好论文，我们就可以今年年底答辩。好吗？不要太紧张，太累了。对于病要保持乐观的态度。我写了《秋叶集》，就是准备像秋天的叶子一样掉在地上。等我把书寄给你。平时要注意休息。

我后来知道，当时韩老师已检查出癌细胞扩散到骨骼和脑部，可是他并没有听从医生的劝告及时治疗，而是推迟了电疗时间，坚持完成毕业论文答辩。这是在用生命跟病魔抗争！跟病魔争取时间！

我指派刘掌才同学帮助韩老师办理南开这边的毕业答辩前后的各种程序，印制论文，发送评审。我一开始还想用视频方式举行答辩会，没有批准。最后定好 11 月 21 日答辩。韩老师由女儿韩晨宇陪同，提前一天来到南开大学。在此之前他来信除了讲答辩细节的处理，还讲了对他留在南开的物品怎样处理安排："打印机交给语音实验室用，自行车留给师母用，答辩一切费用到校我跟您联系交付。期盼我的学业画上一个圆满的句号！"

11 月 21 日在答辩会上韩老师表现非常出色。他对于自己粤语语调的研究如数家珍，对于答辩委员的问题回答圆满，整个答辩会就像是韩老师的学术报告会。他思路敏捷而周密，论述简洁而准确，语言流畅而自如，答辩委员们一致给予高度赞扬，对论文评价很高，答辩会很成功。韩老师圆满完成了博士论文答辩。

在韩老师到南开前，有的老师提醒我应该请记者来采访韩老师的事迹，我觉得真是很好的想法。以前我很敬佩韩老师谢绝记者的采访，专心研究学习；现在我觉得应该让记者来采访，要大家向他学习。然而我担心他的身体是否顶得下来，有些犹豫，没敢答应。可是当我在爱大会馆门口迎接他的时候，看到他虽然身体有些消瘦，可是精神还不错。女儿晨宇说，在家里时总没有精神，这是为大家的重聚而兴奋，比在家时好多了。于是我就把韩老师的情况报告给文学院党委书记乔以钢老师，她立刻请宣传部去安排。有两位记者全程参加答辩会，并在会后采访了韩老师。

第二天韩老师的事迹就出现在《光明日报》第一版——抗癌老人圆了"博士梦"。很多报刊和网站都做了报道。我立刻告诉韩老师这个消息。他也很高兴，觉得自己圆满实现了多年的期盼，也可以让青年人得到鼓励。我送别他们离开南开大学时，他的心情是非常愉快的，我祝愿他在跟病魔的斗争中取得胜利。以下是《光明日报》报道的全文：

抗癌老人圆了"博士梦"

11月21日，南开大学。已近中午12点，一场特殊的博士论文答辩会还在进行中。答辩的主角韩维新是一名78岁高龄的癌症老人。

"这篇《香港粤语语调初探》是一篇高水平的博士论文……"答辩主席的话音刚落，韩维新顿时热泪盈眶，他激动地说："我终于圆了博士梦……"

从石化专家到语言学博士

韩维新出生于1935年，是河北新城县人，1964年从北京石油学院毕业后，一直在中国石油化工科学研究所工作。1990年，他的两个女儿在香港中文大学担任对外汉语教师，老人便随女儿移居香港。

1997年，回归祖国后的香港掀起了学习普通话的热潮，老人感到自己有了用武之地，开始教香港人学习普通话。

逐渐地，韩维新对语言学产生了浓厚的兴趣，于2006年考取了北京语言大学的语言学硕士，用3年时间取得硕士学位，完成了从石化专家到语言学研究者的转变。

南开园里的"老学生"

在北京语言大学读书期间，韩维新一直与南开大学的语言学教授石锋保持密切联系，经常请教有关语言学研究的方法，还屡次流露出拜师的意愿。

由于担心这位比自己还大10多岁的学生难以顺利完成学业，石锋开始并未应允。于是韩维新打起"持久战"，不但自己软磨硬泡,还多次托北京语言大学和中国社科院的专家求情。但是考虑到他的身体状况,石锋犹豫了。石锋去辽宁师范大学开语音学研讨会,韩维新闻讯后竟穷追不舍地跟到了会场。面对这位执着、好学的老人,石锋在询问过研究生院得知博士生入学没有年龄限制之后,石锋终于接纳了他。

石锋告诉记者:"当年跟韩维新一起入学的共有 4 位博士生,可他却是最让我省心的一个,不但领悟能力极高,论文的进度也最快。最让我惊讶的是,他居然还跟其他同学一起选修了英语和计算机课程,并且取得了不错的成绩。"

绝不向病魔低头

正当韩维新在学业上攻坚克难时,病魔向他伸出了毒手。

今年 1 月,他被确诊为肺癌,并接受了手术治疗。当术后癌症指标达到正常人的水平时,韩维新才向石锋报告了自己得病的消息。直到那时,石锋才恍然大悟:当初老人申请延期半年毕业,竟是因为患病需要住院治疗。

病魔仍在肆虐。10 月,韩维新的博士论文正在关键阶段,却被检查出癌细胞已经转移到骨和脑。女儿十分着急,让父亲赶紧住院治疗。可老人却坚持完成对 540 个语音样本的音高和时长的详细统计和分析。他说:"我的时间不多了,心里只有一个愿望:早日拿到博士学位,圆自己一个梦。"

为了让老人尽快接受治疗,石锋联系了专家,安排了这场特殊的博士论文答辩会。

"《香港粤语语调初探》细致地描述了香港粤语陈述句、无标记疑问句和焦点句在音高与时长上的具体语音表现特征,总结了香港粤语语调模式的基本特点……"在答辩委员会《关于韩维新同学博士论文答辩的决议》中,专家们对这篇博士论文给予了高度评价。

圆了"博士梦"的韩维新说:"我的努力与付出都是值得的。接下来,我要投入新的战斗,专心与病魔去抗争了……"他还寄语在场的博士生:希望所有研究者都能认真踏实地做学问,让自己的每一天都过得充实、有成就感。

（光明日报 天津 11 月 21 日电 本报记者 陈建强 本报通讯员 聂文斐）

回到香港之后，韩老师还不忘给我来信。下面是他 12 月 1 日的信：

请您原谅我这么晚才给您发电邮！往返都有轮椅送我，还好安全返港。医院检查癌细胞指数由 15 上升到 23，医生诊断肺已好，主要电疗治脑，化疗治骨，决定停服标靶药，这一决定十分危险，从 27—30 日停服标靶药，病情越来越重，十分疲劳，不能吃东西，30 日晚去私家医院取了标靶药，今天有好转。

由于您对答辩的周密筹划，精心准备，才有如此高效精彩满意的结果！我和我女儿在天津的 3 天，您给了我们最好、最周到、最亲切的照顾，我躺床上回忆那些动人情景时，多次感动得热泪盈眶，久久不能平静！

新闻报道大大提高了我的人生价值，充分证明了石老师的胆略和智慧，也为南开增添了光彩！充分发挥团队集体的智慧和力量是最宝贵的成功经验。我有很多实例证明这一点，不再罗嗦了！您多多保重！我会学习王瑛（我送给韩老师的报纸上报道的抗癌病人——石锋注）与病魔作斗争，去争取胜利！

去年年底我曾到香港、广州开会讲学，因为日程很紧，没有来得及去看望正在电疗和化疗中的韩老师。其实我心里一直惦记着韩老师的情况。今年 1 月 31 日收到韩老师女儿晨宇代发的春节祝贺，如此病重还不忘执弟子之礼给老师拜年，令我非常感动。2 月 6 日给我回信又是晨宇代发的，讲到"最近电疗之后身体状况不好，没有精神。谢谢您的关心。"我相信他有很强大的精神力量跟疾病作斗争，但是病魔如此肆虐，韩老师已到耄耋之年。我又预感凶多吉少。

2 月 16 日接到晨宇电话，告诉我韩老师于 14 日去世。接到电话后，我顿时觉得头脑一片空白，心情异常沉痛。然后我强忍悲痛，用微信和电子邮件告诉我的学生们。很多相识的、不相识的同学和老师都留言悼念，纷纷表示敬佩，要向韩老师学习。这些天，只要忙完事情安静下来，我的脑海中就常常浮现出韩老师和我们在一起的那些情景：在课堂上讨论提问，在沙龙中踊跃发言，在会议上报告成果，在联欢会上引吭高歌，在操场上锻炼身体，在饭桌上边吃边聊……韩老师还在我们中间，韩老师活在我们心中。

　　韩维新老师没有丝毫功利之心，一心向学，追求学术；他对人充满爱心，尊敬师长，关心同学；他勇于向死神争夺时间，挑战病魔，淡定从容，实现自己的博士梦。韩维新老师是胜利者，他有着高尚的道德情操，这是一种多么强大的精神，这是一位多么坚强的老人啊！我们已经太久太久没有见到这样的人了。今天的中国太缺少这样无功利之心而充满阳光、充满爱心的人。今天的中国学界太需要这种高尚的精神！他为我们中国学人树立了光辉的榜样。我非常感谢他，我为有这样优秀的学生而骄傲自豪！

　　我深深感到，虽然在学习上我是他名义的老师，可是在精神上他却是我真正的老师。确实，韩维新老师是我们所有人的老师。他用生命为我们上了最为精彩的一课，让我们永远难忘的一课。

石锋
写于 2014 年 2 月 22 日晨 6 时
改于 2 月 23 日 24 时

立此存照

银龄学者致聘会讲话

我参加这个会非常高兴,感谢各位领导,感谢北京语言大学的各位老师,都是我的朋友和同行。

昨天我发给司院长微信:有劳三位校领导大驾,诚惶诚恐、感激涕零。深深感动,同时深有感慨。

我跟北语的密切关系,不说源远流长,也是历史很久了。

1979—1982年我在北京上学,读研究生。经常来北语,听导师胡明扬先生和其他教授的学术报告。当时,吕必松院长广邀语言学专家来北语做报告。

1992年我还是南开大学副教授时,北语聘我为兼职教授,杨庆华院长发聘书,至今保留。1993年我在南开破格晋升教授,这应该是一个促进因素。深为感动,至今不忘。

1993年,北语召开第七届中国语言学会年会,我是理论与应用组召集人之一。今年9月北语又主办第十七届中国语言学会年会,我做了大会报告。当年我曾经跟杨院长讨论过调到北京语言学院的事情,后来因为我出国研究和讲学一去8年,回来已经人面桃花,时过境迁。

我在南开大学任汉院院长期间跟崔希亮校长多次合作,筹备开会:海内外互动与互补的汉语教学会议,影响很大。多次参加评审北语的基地项目以及本科的教学评估,留下了很多愉快的回忆。至今占着对外汉语教学研究中心的学术委员的虚位。我最近的一部书《语言平面实验录》就是崔校长亲自批准出版并上报评奖,获全国高校大学出版社优秀学术著作二等奖。一直没机会当面致谢。(把《秋叶集》赠送崔校与大家。)

知道我将从南开退休,最先向我热情招手的就是北语。还有几个大学要我去发挥余热。我第一个响应宇明书记和希亮校长、志耘校长的召唤，选择北语。我在北语的朋友最亲近、最真诚；在北语有我最多的语言学同行。

去年我就在北语招收了博士生和硕士生。在宇明书记、学校领导和张维佳、李庆本前后两任科研处长的鼎力支持下，我以北语为依托单位申报国家社科基金重大项目：普通话语音标准的声学和感知参数数据库建设获得批准。学校决定一比一支持。经过领导同意，项目开题报告会下周就要在北语召开。希望各位老师支持。

这都是激起我兴奋愉快和充满感恩之心的动因、源泉。今天我站在这里，心潮澎湃。

聘任仪式我一直说不要麻烦领导了，可今天希亮校长和戚校、曹校都来了。如此深情厚谊，令人没齿不忘，厚爱包含期望。

我这本《秋叶集》以秋叶自喻，是南开30年的总结。感谢北语聘我为银龄学者，但愿天假以年，能够在北语重新振奋精神，再多做些工作。搞好病理语言学和脑科学研究所，建设实验室。请大家多多帮忙，多多扶助。为把北语建成国内语言学重镇，我愿意跟各位一起，团结合作，共同努力，早日实现这个目标。谢谢。

石锋
2014年3月11日

附：北京语言大学"银龄学者"聘任报道

石锋教授受聘为北语首批"银龄学者"

3月11日，入选我校首批"银龄学者计划"的石锋教授在语言科学院参加了聘任仪式。

在会议中心第一会议室，语言科学院院长曹志耘副校长主持了石锋教授的聘任仪式。戚德祥副校长宣读了关于聘任石锋教授担任我校"银龄学者"和语言科学院语言病理与脑科学研究所所长的决定，并介绍了石锋教授简历。崔希亮校长为石锋教授颁发聘书并讲话，他对石锋教授加入北语语言科学院表示热烈欢迎，并激励语言科学院全体老师团结一致为学校发展做出更大贡献。石锋教授随后发表了受聘感言。

　　石锋教授,曾任南开大学教授、博士生导师,北京语言大学特聘教授,中央民族大学特聘教授,美国明德大学暑期中文学院研究生课程教授。《南开语言学刊》主编,《实验语言学》主编,南开大学语言所所长。

北京语言大学
语言科学院、外国语学院
2014 年 3 月 12 日

银龄学者总结[①]

石锋

我非常感谢北京语言大学及其语言科学院、语言康复学院的各位领导和同事们，使我能够在北京语言大学作为银龄学者度过一段紧张而愉快的时期，在南开大学退休之后还可以继续顺利地进行语言学的教学和研究工作。现在我把在 2013—2016 年银龄学者聘期之内的工作做一个小结，接受学校的考核。

我从 2011 年开始逐渐加入我们学校的工作，首先是准备申报国家社科重大项目的前期工作和语言病理及脑科学研究所的酝酿、申请和规划筹组等各种事项。到 2013 年正式签约受聘银龄学者，开展各项工作，初步回顾，主要有以下几类。

一、建立语言病理及脑科学研究所

蒙领导信任，担任所长职务。跟学校老师一起积极联系学校各个部门，推动建所工作。首先招聘教师，帮助战立侃博士应聘成功；原拟引进王崇颖老师，因南开大学聘其为副院长而没有来校报到。后又招聘陈墨老师来校短期工作，而后出国离职。最后又招聘两名博士后，使阵容初步形成。

为建立用于儿童的脑磁图扫描仪（MEG）实验室，多次跟学校老师一起联系校产处，实地勘查，确定位置。仪器运到学校的时候，夜里卸载集装箱，我跟战立侃老师一起，到现场照看并帮助安排装卸工人把各

[①] 银龄学者协议于 2018 年 12 月到期结束，双方同意不再续约。

种仪器箱放置安全。直到完全解决，已经是半夜时分，虽然很晚，却很兴奋。

为了拓展资源，扩大办学空间，我还曾在学校安排下，赴承德市和东戴河实地考察，为学校献计献策，为发展我校的教学科研尽力争取机会。为了发展学术事业，我用个人的科研经费支持邀请美国北卡大学的校长、院长、系主任来校商谈签署合作协议，邀请美国明德中文学院白建华校长来校商谈合作办学，购置有关学科建立的图书资料，报销所内教师出差旅费，举办康复培训班所需实验软件等有关开支，共约20万元。这都促进了研究所创办期间的教学科研及国内外交流合作的顺利发展。

二、申报并成功建立新的本科专业和研究生专业

为申报建立本科专业言语听觉科学，多次跟教务处联系，跟学校老师一起参加申报会议，积极努力争取校领导的支持。成功获批后，又跟教务处领导多次协商，解决安排招生宣传、招生名额及学生安置等事项。已经于2015年顺利招生。

为申报增设语言病理学这一硕士专业，多次召开校内外专家论证会，并且积极联系研究生院领导，解决申报程序，最后获得批准。目前已经　　招生。

三、培养博士生和硕士生

经过学校批准招收研究生。2013年开始招收一名博士生和两名硕士生，现在都已经顺利毕业。学生在学习期间获批学校资助的研究项目，并评为优秀博士生，得到优秀博士论文培养计划奖励。后来又陆续招收了博士生和硕士生。每学期为研究生开一门专业课，至今已经开过的课有《社会语言学》《实验语言学》《语言与大脑》等，每次开课都有50—60名研究生选课。我对于研究生除个别指导谈话，还定期举行学术沙龙，交流研究成果，鼓励他们努力进行实验分析，发表研究论文。每位学生在学习期间都写出2—3篇论文，在会议上宣读，并有一部分发表在学术刊物上。

去年因汉语研究中心孙德金教授不幸去世，原来在他名下的研究生有四位转到我名下来指导。因此目前一共有20位研究生在学，其中博士

生 5 位，硕士生 15 位。今年又将有 5 名研究生毕业。

四、完成国家社会科学重大项目的研究工作

非常感谢学校领导和科研处的大力支持，我在 2013 年以北语为申报单位，成功获得国家社科基金重大招标项目"普通话语音标准声学和感知参数数据库建设"，学校又配套支持 80 万经费。2015 年在我校顺利通过中期考核，又成功得到追加的 60 万经费。

在学校各级领导的支持下，项目研究进展顺利。我们组织研究生广泛进行调查，采集了北京、上海、广州各 100 名发音人，以及美、日、韩等国留学生说汉语的大样本录音语料，并且分别对其中的单字音、连读音和语句中的元音、辅音、声调、语调，从音质、音高、时长、音强几个方面进行实验分析。目前已经部分地得出了初步的结果。有些成果已经发表在会议或刊物上，跟这个项目各子课题相关的成果汇集为《听感格局》（商务印书馆）、《汉语功能语调研究》（北京语言大学出版社）、《实验语言学初探》（中国社会科学出版社）、《鼻音研究》（时秀娟著，中国社会科学出版社）、《汉语语音习得研究》（南开大学出版社）五部论著已经或即将在年内出版。目前正在整理出版《汉语普通话语音大样本实验分析》（年内将书稿送出版社）和重大项目的全部语料、文献以及实验数据图表等内容的立体数据库建设。

在学校领导的支持下，这个重大项目的全部研究工作有望在 2018 年底基本完成并按照预定计划如期进行结项鉴定。

五、发表论文并出版专著

从 2013 年到现在，我已经在海内外独立或合作发表论文 51 篇。在北语的这几年，在我的学术经历中相对来讲是发表成果最多的一个时期，所以我非常感谢学校各级领导和同事为我创造的良好条件，以及多方面的关怀和支持。

独自或合作出版《汉语功能语调研究》（2017）等五部论著，将于年内见书。其中作者介绍："石锋，北京语言大学银龄学者，南开大学教授。《南开语言学刊》主编，《实验语言学》主编，《中国语言学报（JCL）》副主编，*Lingua* 编委。研究领域为实验语言学、语言变异和语言习得。

在国内外发表论文 200 余篇，出版《语音格局——语音学与音系学的交汇点》《语调格局——实验语言学的奠基石》《实验音系学探索》《语音平面实验录》《秋叶集》等论著 15 部。"

  实际上，我的另外几部重要著作也都是在这个时期陆续出版的。如《语音平面实验录》，北京语言大学出版社，2012；《语调格局——实验语言学的奠基石》，商务印书馆，2013；《大江东去——王士元先生 80 华诞庆祝文集》（石锋、彭刚主编），香港城市大学出版社，2013；《秋叶集》，南开大学出版社，2013。不过因为这些书的主要工作不是在这个时期，因此不能算入银龄学者的工作成绩中。

  另外，2015—2016 年已经把美国宾州大学教授拉波夫的三卷本巨著《语言变化原理》前两卷的译稿交付商务印书馆编辑。今年将交出第三卷译稿。这部国际语言学界的经典之作的中文版译作会很快跟中国读者见面。全部译稿主要的定稿工作都是在北语这几年内完成的。

  六、举办三届实验语言学高级研修班

  全国性实验语言学研修班是南开大学从 1986 年开始创办，已经在语言学界成为品牌，广有声誉。从 2014 年开始，转为在北语举办，到 2016 年已连续成功举办三届，影响巨大。每期报名人数都超过预期的一倍。每期都有几位资深教授学者来参加学习。如：2016 年北京大学中文系项梦冰教授和内蒙古大学著名教授白音门德教授等都是亲自带学生来，自始至终参加学习，认真上机实习。研修班充分发挥了北语的学术辐射作用，增加了语言学现代化的学术影响。

  七、促进国际学术交流

  在北语工作期间，用我的科研经费邀请美国北卡罗来纳大学校长、院长、系主任来访，签订协议合作交流，为我们的本科专业和研究生专业的教学和实习准备好基础条件。

  另外，还邀请了国际著名学者来校访问讲学，如美国加利福尼亚大学洛杉矶分校（UCLA）的全善娥（Jun, Sun-Ah）教授和美国加州大学伯克利分校的凯西·约翰森（Keith Johnson）教授等来语言科学院交流讲学，都有很好的交流影响，每次有很多老师和学生参加，座无虚席，超过 80 人。他们的旅费和各种接待住宿等费用也都是从我的科研经费中支出，跟我的研究项目相结合的，一举两得。

去年还利用我的科研经费邀请美国明德暑期中文学院白建华教授来访并陪同到东戴河校区实地考察，探讨合作的途径。今年还会有国外著名学者来访交流。

以上谨把我在受聘银龄学者期间的六项工作初步做了小结，很不全面、很不完整，有些工作如参加国内外的学术会议、到国内外的大学应邀讲学、担任《中国大百科全书语言学分卷》语音学分科主编等，都没有包括其中；特别是工作中的不少缺点错误没有很好检讨，认真吸取教训。敬请学院和学校各级领导给予批评指正。同时再次对学校和学院的各级领导及同事们表示衷心的感谢。

石锋
2017 年 3 月 30 日

给《当代语言学》编辑部的回信[①]

《当代语言学》编辑部各位同仁：

多谢贵刊 9 月 1 日的来信。我看后跟合作者交换了意见，对来信所述的两件事，谨提出以下说明，供贵刊参考。

1. 来信说："近日有读者反映 2006 年我刊第 4 期发表的《北京话单字音声调的分组统计分析》（石锋、王萍）与同年刊发于《中国语文》2006 年第 1 期《北京话单字音声调的统计分析》（石锋、王萍）有较多雷同之处，经核查，属实。"

我已经把两篇文章的电子版附在后面作为实证。因为两篇文章都是利用 52 位北京发音人的语料，采取声调统计的方法，所以关于实验材料与方法说明应该是一致的。然而两篇文章的分析角度和研究结论并无相同之处。现分别说明如下：

《中国语文》2006 年第 1 期《北京话单字音声调的统计分析》是首次以大样本进行北京话声调实验统计分析。通过阴、阳、上、去四个声调的主体分布、极限分布以及对比分析，区分出每个声调调位的稳态段和动态段。过去确定声调的调型段和特征点都是主观判断，本文根据实验统计结果提出客观量化标准，并据此确定：阴平的声调特征点是起点和终点；阳平的声调特征点是终点；上声的声调特征点是折点；去声的声调特征点是起点。

贵刊 2006 年第 4 期《北京话单字音声调的分组统计分析》是在上文基础上，进一步根据三种社会因素分组进行的后续研究：（1）不同性

[①] 在这封回信之后，信中所涉及的文章"阴平调的听感范畴"已经发在《当代语言学》2016 年第 1 期。非常感谢《当代语言学》同仁采纳我们的解释意见。

别；（2）新、老北京人；（3）不同年龄。为便于读者理解，开头用 360 字和两幅图示介绍前文的总体分析。文中新增统计图示 16 幅，展示出女性声调曲线居上，老北京人声调曲线居上的系统差异。分年龄统计的结果是老北京人很有规律。按照从大到小年龄对比：阴平终点下移，阳平起点升高，上声起点升高、终点降低，去声的终点上移。新北京人总体上跟老北京人中的年轻人相似。本文发现，声调滑移多出现在前文确定的动态段。共时语音的年龄差异有可能使我们容易捕捉到那些正在进行中的语音变化的特征。

综上所述，这两篇文章分别是不同深度的声调研究，其中贵刊发表的是更为深化的研究成果。二者的分析过程和结论并无雷同之嫌，为什么会有同行读者有如此感觉呢？其中可能是有些人对实验语言学进展和学科特色的了解不够，也可能我们在写作方式和细节处理上还须改进，以免使人产生误解。以上意见，敬请编辑部详察为盼。

2. 来信说："您及其他合作者（荣蓉，王萍，梁磊，李幸河，陈曦丹，薛鑫）2012 年投给我刊的《汉语普通话阴平调的听感范畴》（2012—0147）与您及王萍、荣蓉、陈曦丹、李舒、王秀秀今年在《中国语文》第 4 期上刊出《汉语普通话上声的听感范畴》一文，运用的方法相同，再刊出的话，学术贡献不大。"

我们最早完成的是 2012 年投给贵刊的《汉语普通话阴平调的听感范畴》。而《中国语文》今年第 4 期《汉语普通话上声的听感范畴》是 2013 年完成投稿的，结果先发表了。但这并不影响二者各自的学术意义。实验方法都有一定范式，方法相同才有可比性。关键要看实验设计、实验对象、分析过程和研究结论。当然，实验范式的创新更有意义，而投给贵刊的拙稿，恰恰就是对新的实验范式的首次探索。以下对这篇拙稿做简要归纳：

理念更新：前人做语音听觉实验多是只为证明是否具有范畴性。我们则认为一个音位就是一个听觉范畴，不需再证其范畴性，重要的是得出各个音位的听感边界，这包括边界量化表现和影响边界的因素。另外，我们认为语音声学实验对听觉实验具有重要的参考价值，把声学实验的结果作为听觉实验的基础来制定实验设计方案，分析实验结果。

方法探索：建立新的范式。(1) 利用对角测试法，设定人们有一个声调听觉空间，用对角线把这个空间分成两半，制作语音连续统进行测试。(2) 前人多用单音进行测试，而我们却是采用两字组真词听辨，因为这样更接近自然状态语音的听感特征。

研究收获：通过阴平—阳平、阴平—去声、阴平—上声系列听辨测试，得到阴平调听感范畴的量化边界；发现阴平调同时具有两种范畴边界，稳态边界（调型的区分）和动态边界（调阶的区分）。并确认目标字的位置与参照字的声调是影响边界的语言学因素；时长、降阶、播放次序、显示次序、性别等因素都会对听觉范畴的边界分布产生规律性的附加影响。

语音的声学格局已经得到学界公认，而这是探索听觉格局的第一步，我们心中还很忐忑。在 2013 年我们以这些实验发现为基础，中标获得国家社科重大课题"普通话语音标准声学和感知参数数据库建设"，说明学界同仁初步认同，给我们增加了一些信心。

由于拙稿在贵刊正在处理中，以上的想法谨供贵刊参考。我们只是努力按照科学规范做出研究，写出文章，尽可能为学界贡献新知新见。关于拙稿的质量水平如何，完全相信同行专家评审和贵刊的判断。

我们一向敬重贵刊的学术权威性，有了新的成果都愿最先投给贵刊。我们非常感谢贵刊过去长期对我们的扶持和鼓励，一直跟贵刊保持良好的学术联系。我们所从事的实验语言学是当代语言学中跨学科的探索研究，真诚需要贵刊继续给予支持扶助。

以上如有不当之处，请予指正为盼。

谨祝编安！

石锋
2014 年 9 月 2 日

访法报告

一、访问目的及经过

第 12 届国际语音学会议于 1991 年 8 月 19 日至 24 日在法国爱克斯普鲁旺斯市召开。我们提交该会的论文被接受后参加了这次会议。吴宗济是该会议常设理事会的成员,作为本届会议主席 M. 罗西的特邀人士,取得在会议期间的免费待遇。同时我们还接到巴黎人文科学院院长 C. 海勒函约吴宗济在会期后访问巴黎,提供费用。我们因航班安排,提前于 8 月 16 日到达马赛即转爱克斯市,大会后于 24 日往巴黎,访问了 4 个研究单位,于 9 月 3 日返国。兹将参加会议及访问交流情况汇报如下。

二、出席第 12 届国际语音学会议

国际语音学会议(International Congress of Phonetic Sciences,ICPhS)每 4 年举行一次,1991 年为第 12 届,由理事会于上届会议中议定法国爱克斯普鲁旺斯(Aix en Provence)为此届会议的东道主,由该大学语音系主任 M. 罗西教授(Mario Rossi)担任主席。会议地点即设在大学的语音系新楼,含会员及来宾约六七百人。会议形式分为 4 类:全体报告;半全体报告(两组报告分在两处同时进行);专题讨论会(有中心报告一篇及辅助报告三四篇,围绕一个专题);分组报告(共有 21 个课题,分为 50 余组,每组提出论文有 10 篇左右。分组报告又按内容安排为组内宣读或辟室展示两种形式)。

大会报告及专题讨论的课题有:综合语音学与音系学,言语合成的沿革,言语合成对语音学的贡献,今后 10 年的语音学,以及言语感知,

言语信号与符号，自然语言的机器理解，言语产生的模型，言语的节奏，语言的共性研究，言语病理学，言语产生与声学的联系，语调模型，非线性的音系学等。分组报告计有：言语的产生，言语的感知，音系学，言语声学，医用语音学，社会语音学，描写语音学，历时语音学，言语病理学，形态语音学，语音韵律，语调、重音、时长、节奏等研究，语言学的语音学，言语习得，外语教学，言语工程，言语合成，说话人识别，韵律特征研究的国际合作等。

这次会议盛况空前，无论在论文数量与质量，会议活动的安排、会议场所的现代化、工作人员的效率等，均超过上届。大会主席罗西致开幕词时说：此次会议能在现代语音学大师和创始人卢赛洛（Jean Pierre Rousselot，1846—1924，法国实验语音学者）和帕西（Paul Passy，1859—1940，《比较语音学》的著者）的故乡法国举行，实感荣幸。又说：这次会议是继承上届会议的精神，要进一步把语音学和音系学融合起来。开幕大会的中心发言由欧哈拉教授（John Ohala，美国伯克利加州大学及加拿大埃特蒙顿大学教授）担任，题为《综合的语音学与音系学》。他指出语音学和音系学在60年前分家，现在迫切需要携手合作，共同攻克对言语实质知识缺乏的难关。这个报告为今后的国际上研究语音的方向定了调子。

在大会期间，召开了该会常设理事会的工作会议，由于全会主席彼德·赖福吉（Peter Ladefoged，美国洛杉矶加州大学语音系前主任）请求退职，改选了林德勃鲁姆（B. Lindblom，瑞典斯德哥尔摩大学教授）为全会主席，并议定下届会议（第13届，1995年）在瑞典举行。

这次会议我国有五人参加，计有：中国社会科学院语言研究所吴宗济和林茂灿，中国科学院声学研究所张家騄，北京第二外国语学院王超尘，南开大学石锋等。本所语音室曹剑芬和杨顾安也都有论文提交大会，载入会议录。

吴宗济　林茂灿
语言研究所语音研究室
1991年10月
（摘自吴宗济《补听集》）

参考文献：

吴宗济，2003，《补听集》，北京：新世界出版社.

注：我在吴宗济先生送给我的《补听集》中。无意中发现了这个访法报告，其中记录了参加第 12 届国际语音学会会议的情况，并把我计入当时参加会议的五名中国学者之中，这是在我学术道路上重要的一页。1990 年博士毕业之后，我在 1991 年第一次出国。先是到美国加州圣克鲁斯参加暑期语言学讲习班并做助教；再到法国埃克森普罗旺斯参加第 12 届国际语音学会议报告论文；最后到英国访问伦敦大学亚非学院和其他几个大学。在法国会议上听到欧哈拉教授的报告，要把语音学和音系学结合起来。我非常赞同。回国之后，马上把他的报告译成中文《语音学和音系学的总合》，发表在《国外语言学》(即《当代语言学》前身)。从此明确了我在学术研究中的方向。

语言调查报道二则

一次有意义的语言学田野调查

今年9月，中文系石锋教授利用与海外合作研究中国语言的项目经费，带领少数民族语言专业研究生到云南省西双版纳进行语言学田野调查，历时3周，颇有收获。

参加这次田野调查的共有4人：南开大学客座教授、美国加州伯克利大学教授及香港城市大学教授王士元和一名博士生；石锋教授和一名硕士生。他们对勐腊县蓝靛瑶、顶板瑶的语言和傣语开展田野调查。经过6位发音合作人的帮助，记录了几千个词语以及几个有关专题的语言资料，并经过核对整理后进行录音，圆满结束了这次田野调查。

这次调查的资料经过整理分析将作为王士元教授和石锋教授合作研究项目的阶段成果报告。其中蓝靛瑶语言的资料国内尚没有见到系统的介绍和分析，石锋教授的研究生将以此为素材完成硕士论文。

王士元教授在工作中高度评价南开学生的语言学知识基础和刻苦认真的学习态度，对南开大学培养的研究生的素质非富满意。同时与石锋教授商量决定在今年年底结合汉语方言学方向的研究生调查实习，采取同样的方式对广东省汉语方言和民族语言再做一次短期调查。希望以此为起点，探讨与南开大学联合培养研究生的适宜途径。

华林

1997年9月

博罗田野调查记

广东省博罗县位于广东中部，东江下游，珠江三角洲的东北端。这里地理位置优越，自然环境优美。县境之内，既有人称岭南"蓬莱仙境"的罗浮山，又有苏东坡曾倾趋3次的佛迹汤泉，是个山清水秀的好地方。博罗也是个历史古城，它的历史可追溯到几千年前。秦朝统一之前，博罗属"百越"之地。据《后汉书·郡县志》记载，秦统一后，因"博罗有罗浮山，以浮山自会稽浮来傅于罗山，故置傅罗县"，后代又改称博罗。博罗县名是岭南地区在史籍中最早出现的地名之一，博罗有着悠久的历史。由于历代战乱，人口迁徙，县内居民有多种来源。大体说来，其中有客家人、福建人、广东人、潮州人和博罗城以及一些城镇原有的本地人，另外还有一些畲族人。这样就形成了博罗县内十分复杂的语言面貌。

1997年12月，中文系利用跟香港城市大学王士元教授合作研究中国语言的项目经费，由石锋教授带领民族语言文学专业和汉语语音及方言专业的三名研究生外出调查实习。我们一行4人，从冰天雪地、万木萧素的北国，远赴温暖如春、繁花似锦的广东省博罗县进行语言学的田野调查工作，这次调查包括了当地的民族语言和汉语方言，历时两周，在当地政府和有关部门的支持和帮助下，进展顺利，收获很大，取得圆满成功。

博罗县面积近3000平方公里，人口71万。境内的语言和方言交错分布，相互影响，其情况的复杂程度超出我们的预想。在博罗有八种存在着内部差异的语言和方言。一般认为，博罗的土著语言有两种：白话（粤方言）和当地土话（系属有争论）。客家话在博罗县非常通行。闽南话（当地人称学佬话或福佬话）通行于沿江地区。这跟历史上客家人和福建人的移民有关。另外，这里还有从福建迁入的大约有7000人使用的平婆话（未见于文献）和已经很少使用者的蛋家话（属粤方言）。平婆话虽然与闽南话比较接近，但又在语音、词汇上有别于闽南话，可视为一种方言变体；蛋家话是以渔船为家的渔民所说的一种方言，是属于粤语的一支地方变体。因畲族的定居，这里还有仅存几百个使用者的畲语。

此外，很多人都会说带有地方方言特点的普通话。在学校讲课、机关开会，以及对来自北方的外地人说话都可以讲这种普通话。当地几乎每个人都能通晓三四种甚至五六种方言。在这个不大的县境内的语言竟是如此丰富多彩，将会使语言学者大有用武之地。

  在石锋老师的指导下，我们分工合作，对博罗县的畲语、博罗城话、客家话和平婆话进行了初步的调查。这次调查时间很紧，工作任务繁重。在调查的过程中，石老师不仅对我们在学业上给予悉心指导，而且在生活上也关怀备至。他不辞辛苦，带领同学深入畲族聚居地——横河镇，对那里的畲语和平婆话的情况做了深入调查，并且了解了当地的民俗风情。我们这次参加调查的同学在工作中也是专心致志，刻苦认真，罗浮胜境近在咫尺而无暇游历。我们先后在八位发音合作人的帮助下，记录了几千个单字及单词，经过核对整理后进行录音，取得了较大收获。这次调查，使我们对博罗县境内的这几种语言和方言的语音系统和词汇概貌有了初步了解，为我们进一步深入了解语言间的相互影响和历史演变打下了一定的基础。在调查中，博罗县教育局、文化局、县志办和博物馆的领导都给了我们很大的帮助。

  这次博罗之行使我们受益匪浅，获得了进行语言调查的实际经验，并且学会对纷繁复杂的语言现象进行初步的辨识。最为重要的是，课上学到的理论跟实际生活的语言现象结合在一起，我们感到语言学不再是那么枯燥了，而是蕴涵丰富的矿藏待我们去开发，是充满生机的沃土待我们去开垦。这次难忘的语言学田野调查对我们今后的学习和研究一定会有重要的影响。

晓风
1998 年 1 月 12 日

（摘自《南开周报》）

诗五首

石锋

将进京

接中国人民大学录取书,终于告别北国风光,欣喜若狂。

十载波涛旧梦稀,几番挚友贺新生。
金风瑟瑟离愁淡,笑语盈盈喜气浓。
花好终须天作美,月圆有赖世晴明。
豪情漫卷杯频举,又读诗书再启程。

(写于 1979 年)

送友人

深圳大学创校招聘,书赠两对夫妇四学友赴任。

同窗三载友情深,
学海书山细探寻。
此去南国多珍重,
前程似锦焕然新。

(写于 1982 年)

黔灵行

入贵州调查水语近半年，唯盘山弯路，至广西百色，始见大路，笔直朝天，心潮澎湃。

山遮新雨羞迎客，
寨遇古风笑送人。
最喜荔波榕树下，
聆听皓首记新音。

（写于 1986 年）

无题

心系蹄湖畔，
寄情彩云边。
风雨寻常事，
聚散谈笑间。

（写于 1991 年）

又见明德[①]

世上有这样一片乐土：这里聚集着最优秀的汉语教师；这里吸引着最用功的中文学生；这里实践着最高效的教学模式。斗转星移，年复一年，师生共享教与学的辛苦和甘甜，同时感悟着人生真谛，体味着心路历程……

又见明德，笑语欢颜，
旧友新朋抱成团。

---

① 明德大学（Middlebury College）暑期中文学校为美国汉语教学旗舰之所，历时 50 余年。

黑肤白牙，金发碧眼，
"你好""再见"①满校园。

又见明德，绿野连天，
晚风习习廊桥边。
灯下操练，饭厅交谈，
苦读汉语不觉难。

又见明德，心中伊甸②，
书声朗朗意犹酣。
写字如画，说话似歌，
中文学子非等闲。

又见明德，世外桃源，
白楼白云映蓝天。
地球两端，人生驿站，
乐为汉语献韶年③。

（2011年7月10日写于明德，8月9日最后改定）

---

① 都是阳平。
② 精神家园。
③ 爱的奉献。

往事如烟

我怎样写论文

梁磊老师多次跟我说要我给大家做一个报告，他要求学术不要太强。因为有学语言的、有学文化的，各个方面都要照顾到。所以我想了半天也想不出什么题目来。后来梁磊老师告诉我，讲一个我是怎么写论文的，我一想也很不好准备。写论文这个事情，每个人都有每个人的经验，都不能讲成理论的。在中文系培养不出来文学家的，写小说的都不是中文系培养的。中文系上完之后就不能写小说了，话都不会说了。这不符合规范，那不符合语法，所以就不行了。因此我就不敢讲怎么写论文，讲完了你们就不会写论文了。不讲还会写，越讲越不会写，对不对？后来我想，我就讲我是怎么样走上写论文的道路的。不算报告，是漫谈。

一

去年我不当院长的时候，卸任以前，曾经给老师们讲过一次话。因为我要卸任了嘛，就讲得比较多一点。我现在60多岁了，我算了一下，从1岁起，我大概每10年左右，就有一个变化。

第一个阶段，就是1岁到10岁。我是共和国同龄人，1949年到1959年，在天津出生之后，到承德住了7年，避暑山庄是我经常玩的地方。保定住了3年，保定是梁磊老师的老家。我在保定上小学，那个小学是非常好的，保师一附小。你们看过《野火春风斗古城》，那就是保定师范的斗争经历，它的附小就是保师一附小。现在那个旅游胜地——古莲花池，是我们放学之后经常玩的地方。这是第一个10年。

第二个阶段，是1959年到1969年，10岁之后又回到天津，上小学和中学。上小学的时候有一次到南开中学搞活动，开了一个会。当时看到南开中学很好,绿树红花,树影下的宿舍和教室,给我留下了很深的印象。我说以后要上这个学校,后来我就考上了。在南开中学待了7年,应该是6年,因为遭遇"文化大革命",多待了一年,到1969年。前几天,温家宝总理又回到南开中学,跟同学们谈心。大家看到了吗?他的讲话在报纸上登着,在南开大学网站上也有,大家可以看一看。我跟温总理有一点关系,温总理上南开中学的班主任,就是我的班主任。所以温家宝当总理的时候,我的那位班主任说:"哎呀,他当年就是我班上的学生,现在当总理了。"南开中学有一个好处,就是学习不是那么紧张。当时有好多社团,合唱团、口琴队,波波夫社团是打电报的,还有演话剧的,还有其他好多的社团。我参加了朝花社,写文章,波波夫社也去听了几天。期末考试时,第二天要考试,我们前一天晚上还在礼堂里文艺汇演,各个班都要演节目的。现在第二天考试,头一天搞活动,没有的。头一天都得好好念书。

第三个阶段,1969年到1979年,是很有意义的,我下乡在黑龙江。咱们班上有黑龙江的,我感到很亲切。黑龙江是我的第二故乡了。20岁到30岁,青春献给北大荒,在黑龙江的农场里待了9年,还有1年是在哈尔滨上大学,哈尔滨师范学院,现在叫哈尔滨师范大学。这个地方在哈尔滨的和兴路,斜对面就是动物园,哈尔滨动物园。但是我上学的时候没有去看过,很遗憾,下次去一定要去看看动物园,不过听说那个动物园已经搬走了。这是第三个10年,20岁到30岁。

1979年到1990年,这期间的事是在北京上研究生,在天津当老师,然后又完成了博士学位。我是1990年读完博士,很大了。不过还没有我们韩老师大,韩老师70多岁,他要是得了学位,大概要七十五六岁了。我那时候40多岁,这是第四个10年,10年多一点点。

第五个10年,1991年开始出国去,到美国、法国、英国,短期。然后又到中国香港城市大学两年半、日本名古屋学院大学四年。一直到2002年回来。第六个10年,在汉院当了10年的院长。然后将是下个10年,不知道还有没有10年,反正现在已经有一两年了,做什么还不知道。

二

现在我就来从头给大家讲一讲，怎么样走上写论文的道路。

第一个 10 年就不讲了，太小，总是玩的事情，就不要说了。

第二个 10 年稍微好一点，因为在南开中学嘛，有点纪念意义。南开中学对我影响很大，为什么温总理总是要回南开中学去看一看。初中高中都在那里，对思想成长是很有影响的。

后来到黑龙江这一段也比较重要，20 岁到 30 岁，你们现在正好在这一段。你们现在多好，在南开大学的教室里，我们那个时候在广阔天地，修理地球。

我们下乡的地方叫南阳。南阳是个小村子，我们就在那里进行农业劳动。后来我们那些个荒友，你们知道什么叫荒友吗？我们那些一起到北大荒的人，前两年又一起出了一本书——《躬耕南阳》，很厚的一本书。那本书写我们当年在那儿的生活，又艰苦又快乐，苦中取乐。我在那里干了好多事情，赶牛车、种地、打铁、割稻子、割麦子，我都干过的，赶牛车很快乐的。我曾经写过一篇散文，写出那时怎样的痛苦和苦中作乐。写怎么赶牛车啊，干了一天，牛车都是要拉很重的东西，拉麦子、拉石头等等，干了一天赶着牛车回到村子的过程。在那个大堤上，老马识途，老牛也识途的，你不赶它，它也回到那个牛圈。我就躺在牛车上，看着蓝天、白云、晚霞，有一首校园歌曲是吧，蓝天、白云，就是那种感觉，非常好。躺在牛车上，看着天，非常快乐的一种享受。从那个时候到现在，回到城里之后再也没有那个感觉了，那种轻松的感觉没有了。城市里喧嚣、紧张，压力越来越大，你们看我，头发都白了。

在黑龙江头几年我是在这个农业连队做农活，还在后勤排，赶车、打铁。我为什么现在身体那么好呢？都是打铁打的。那么大的铁锤，我要抡起来打一天，打牛掌，打镰刀。所以现在练得身体劲比较大，一般不要跟我碰。后几年我就当了小学老师。一个教室里有好几个年级，每个年级各有五六个小孩。我要上语文、算数、历史、地理、体育、音乐，都要上。所以那个时候我比较多才多艺，就是水平不高。小孩上课开始要先唱歌，那时候小孩不懂得上课啊，上课都随便说话。我就要他们一起唱歌，唱几个歌之后，小孩们就都坐好了，有那个上课的气氛了。好了，开始上课。一年级的讲单词，讲完了之后一个字写10遍。再给二年级的讲，讲算数，留多少道题，然后给三年级的讲。这样的好处是能接触一点知识，那个时候都不让学的。我是老师嘛，我可以学一点。那个时候我做了三件事比较重要。

第一件事，那些学生坐在那里，头发像乱草窝。我看了很不舒服，就拿那个理发的推子一个一个给他们理发。小孩们理完发之后坐在那里就显得很整齐。我的理发技术提高得很快，后来他们的头发一直是我理的。我上大学之后，我们班男同学的头发都是我理的，上研究生也是，全体男生都由我来理发。我们有一个班长要结婚，结婚头一天晚上找到我："给我理理发。"我说你都要结婚了，到外边去理吧。他说外边理不好。我为什么理得好？我会根据他们的脸型来设计发型，留出头发长短。所以他结婚之前，人生大事，来找我理发，不简单啊。现在他在中国人民大学当教授，教古典文学。

第二件事，过六一儿童节，小孩们要演节目，要走队。我就让他们每人买一点布，买完之后，我给他们量、裁、做。那个时候衣服都不是买的，都是自己做的，我的衣服裁、剪技术都很好。

还有一个，当地的农民，家里没有什么东西，但都有点木材，黑龙江有木材。我们帮着他们做家具，我开始当小工，后来我就学会了。我们家的桌子、箱子都有我做的。

我后来很后悔，要是我不考大学，这三样手艺，每一样都有很好的前途。比如说裁剪衣服，我要是发展起来，那就是中国的皮尔卡丹啊。做木制家具也很厉害啊，你看现在达·芬奇的家具，要是我做的话，就是中国的品牌啊。还有理发美容院也是非常赚钱的，从男性理发发展到女性烫头，那就厉害了。可惜啊！一上大学，中国这未来的三个品牌都没了：理发的、家具的、服装的。

然而我还是愿意上学，当时有工农兵学员，每年由贫下中农推荐。我就很不凑巧，每年冬天的时候都要推选劳动模范，我每年都是劳动模范。每年夏天的时候推选去上学,每年都不让我去上学。这样就一直等到 1976 年,把"四人帮"打倒,有华国锋粉碎"四人帮",然后恢复高考,不用推荐了。我是 1977 年的冬天考试,1978 年的春天上学,到哈尔滨师范学院。我很感谢华国锋、邓小平,国家的命运改变了,个人的命运也改变了。到了哈尔滨,从农村到了城市,开始学习。

三

我不太安分,我上的是中文系,但是我经常到英语系听课,当时英语系有一个同学叫林克难,也是从农村考上去的。你们有没有天津外国语大学考来的,林克难是天津外国语大学的教授,台柱子,英汉翻译的专家。我们在哈尔滨,一个宿舍 8 个人,4 个上下铺。他们那 7 个人,除了星期日,平时上课的时候、不上课的时候他们基本上都看不见我。他们还没起床我就起来了,他们睡觉了我还没回去。所以他们一般看不见我。我干什么呢?我躲在图书馆里准备考研究生。

准备考研究生的时候,我桌上放了两本书,一本书是王力的《中国音韵学》,很厚的,一本是巴尔扎克的《高老头》。因为光看音韵学的书,看时间长了会打瞌睡,所以《中国音韵学》看一章,然后《高老头》看一章。那时候我把所有的能借到的书都看过了,《安娜·卡列尼娜》《战争与和平》,都放到我的另一边,一本一本地看。

当时我们第一年的时候,学校里同意没有毕业的同学考研究生,所以我第一年的时候赶快去准备考研究生。其他的课考试怎么办?有办法。大概到期末倒数第一、二次课的时候,老师要把这个学期的课串一遍,我就那个时候去听课,其他时候都旷课的。那个时候还比较好,现在不行了,要点名,你们不要学我。我就在最后一节课去听课,把那个听课笔记背得滚瓜烂熟,考试的时候考优秀。一定要在考试的时候考优秀,要不然考研究生就没有资格。我第一年各门课都是优秀,所以学校同意我考研究生。我就考到了中国人民大学。本来要考南开大学的,南开大学的老师病了,所以就改考中国人民大学了,投靠到胡明扬先生的门下,这就是第三个 10 年的事。

来到北京上学,我在黑龙江待了 10 年,大学的课都没有学完,怎么写论文都不知道。我又是用的哈尔滨的老办法,早上、晚上看书。胡明扬老师很厉害,他今年 6 月刚去世。我一直很害怕他,我上学的时候他一直说我:你要打基础,你基础不好。他知道我没有上大学。因为跟我一起上研究生的都是老大学生了,北京大学的。我当时算年纪比较小的,我就整天看书。当时有两门重要的课,一门是外语、一门是古文。外语课要看《傲慢与偏见》,英文原版的,每次上课的时候都要讲。古文讲《左传》。这样学下来有一点好处,我的外文好一点儿了,古文也还可以。当时我们一起上学的有好多老大学生,他们能力很强,上学的时候就发表了很多文章。我当时比较眼热,就问胡老师:我能不能也写文章。胡老师说:不行,不准写文章,学好了再写,所以我上学的时候根本没有写文章,然后就去调查方言,准备写毕业论文。

四

谢自立老师带着我们去苏州,我们在苏州住了两个月。上有天堂,下有苏杭。我们当时住在东山镇的雕花楼。现在已经不能进了,进去要花 100 块钱。我当时住在楼里,找一个老先生来发音、记录,还通过请 500 人发音,调查苏州话前 a 后 a 的表现,调查它们的变化。这是当时比较早的社会语言学的调查。

当时我是学习实验语音学。为什么要学习实验语音学呢?因为我上学的时候,正是科学的春天,百废待兴。"文化大革命"那么多年,所有的学问都废弃了,我当时就想学最先进的实验语音学。胡明扬老师不懂实验语音学,怎么办?他就把我,还有一个同学,送到吴宗济先生那里。他说:"吴先生,请你帮我带他们。"

实际上,教我实验语音学课的有好几位老师,一位是吴宗济先生,他到北京大学给我们上课,然后我们每个星期去他家,有什么疑难问题,可以向他请教。还有一位是鲍怀翘老师,鲍老师也是每个星期有半天固定的给我们讲课,到他家里去讲,属于私塾。另外一个是北京大学的林焘老师,中国人民大学离北京大学很近,我们每周就跑去听课。还有一位是张家騄老师，他是中国科学院声学所的研究室主任，讲言语声学，那是最难懂的，所以我听了一遍又一遍，我把我的经历叫作"吃百家饭"。我跟的不是一个老师，是很多老师。哪里有课我就去听，在北京比较方便一点。

我们从苏州调查录音回来，回到中国人民大学做实验。中国人民大学没有仪器，科学院语音所的仪器不能随便给外人用，我们就找到邮电研究院，它仓库里有一台语图仪可以用，我们花了一点钱租用。他们也不用，也不太贵。我们花了两个月的时间做实验，测量、统计，把苏州话的实验做出来。现在做实验用软件简便多了，用不了两个月的时间。那个实验实际上很简单，我的同学做的是声调的实验，我做的是声母的实验，做完实验就要写论文。

写论文我就有些傻眼，因为声调比较好办，声调不管怎么样它都有一个图形，高低、长短可以测量它。声母不太好办，声母到底要测量哪些东西，哪些东西是有用的，哪些是没用的，都不知道。然后就去查文献，外国人怎么说，别人怎么做。整天跑到图书馆，社会科学图书馆、北京大学图书馆、北京图书馆，各种图书馆。暑假写不出来论文，都不敢回家。不像现在，一到放假就想跑回去，要整天看书的。

写文章要有想法。白天想法比较少，夜里想法比较多。躺到床上，思绪纷呈，又睡不着觉。我就裁了好多小纸片，放在枕头边上，有什么想法，就用铅笔，在肚子上盲写。因为躺着么，不敢开灯，旁边好几个人睡觉呢，不是你一个人。这样就把一个一个的想法写下来。不能等到早晨再写，早晨醒来脑子里一片空白，晚上想的全忘了。所以想到什么要立刻把它记下来。这样的纸条第二天早上要马上整理，因为晚上摸黑写的，一行一行的都是歪歪斜斜的，字都叠在一起，看不清，所以要趁着脑子还比较清醒的时候把它整理出来，要不然就忘掉了。我那时候一个暑假攒了好多这样的小纸条，然后把这些零零散散的想法，根据论文写作的提纲，先写什么，后写什么，按照顺序填到里边去。再用比较通顺的语言把它们连接起来，前因后果加以说明。花了很长的时间，费了很大力气才写出来的。题目叫作《苏州方言浊音声母的实验分析》。到了

1982年毕业答辩通过了。

五

胡明扬老师当面对我很严厉，实际上对我非常好。我的文章写出来以后，他就帮我推荐到《语言研究》，1982年写的文章，1983年就刊登出来了，那是我发表的第一篇文章。我发表的论文到现在已经有140多篇了，但是第一篇文章很重要，我就这样走上了写作论文的道路。你们看是不是有点被动的。

大家知道，人喝酒有三个阶段：第一是被动的，第二是主动的，第三个阶段是自动的喝酒。一个人到了自动喝酒的时候，就无可救药，肯定要成为酒鬼。学习如果到了自动的阶段却是大好事。

我一开始的时候是被动的，算是置之死地而后生。为了要考回家，要离开北大荒。后来被胡明扬老师摁着"好好念！"被胡老师制服了，只好在那儿好好念书，但是之后就是主动的了。一看发表文章还不错，就努力学了。

胡明扬老师在我面前从来不表扬我。哪怕在我毕业了以后，也还是说这个你要好好做，那个你要好好学。就好像是一个赶车的人，在后面拿着鞭子使劲地抽我。他总是说我这个做得还不够，那个做得还不足。可是北京的其他老师都告诉我：你们胡老师把你夸成一朵花啊！我说我从来不知道，他总是批评我。所以我的老师对我非常好，他怕我骄傲，总是压迫我，但在别的老师面前总是夸奖我。

胡老师今年6月住院的时候，我正在北京开会，听说以后，马上去医院看他。他当时刚住院一两天，他跟我讲："你们学习怎么样？语调研究怎么样？要把你们的研究搞得全国最好。"我当时还说："您放心吧，一定努力。"一两天后，他病情恶化，进了重症监护室，大夫不许进屋，只能扒窗户看他。后来胡明扬老师去世。我6月份去美国讲学前，当月26号去八宝山向他的遗体告别。

这两年我心里很不平静，去年是吴宗济先生去世。他住院的时候我去看他，不过他住进去的时候已经觉得不行了，因为他101岁了。看望他之后我就到美国去。在美国讲学期间得到消息,吴宗济先生去世了。今年是胡明扬先生去世。这两年我们连损大师。我都写了文章纪念恩师,边写边伤心落泪。这样真正的好学者仙逝远走,今后难以再有。

六

1982年我毕业回到天津。从1969年离开算起离家13年。当时有两个地方要我:天津外国语学院,天津人民出版社。我还是选择到学校去,于是到天津外院去教外国人汉语。我教对外汉语很早了,美国人、日本人、长期班、短期班、编教材。我教汉语也有很多办法,带他们到人民公园去上课。让他们自己坐车、自己买票,跟公园里的游人聊天,回来跟我报告。当时有好几篇报道发在《今晚报》上,都找不到了。你们现在从事的汉语国际教育,我在1982年就开始做了。

在天津外院期间,我参加了天津市的一个评奖,我1983年发的毕业论文评为二等奖。当时邢公畹先生就发现我了,他要我到南开大学来。1984年开始办理调动,1985年成功,花了1年的时间,调到南开大学。然后就一直到现在。1985年要我过来做什么呢?建立实验室。1986年跟语言所联合开了全国第一个语音实验讲习班,规模很大,有150人。从那时到现在,我们几乎每年都办,好多次,今年也办了。最早的那几期,我们叫作"黄埔三期"。"黄埔三期"那些学员,现在都很厉害的,都是主任、院长、博导、教授。现在已经搞不清总共有多少期了,就写年代,不写第多少期了。

在南开除了建语音实验室之外,我还做了民族语言调查。1986年讲习班结束之后,我们就到贵州调查少数民族语言。去了半年,1987年才回来,回家时身上只有5块钱。没有钱了,就回来了。少数民族都在深山老林、原始村寨。越是困难的地方越是要去,因为那里是原生态的民族语言,没有经过汉化的语言。我们调查、录音,调查了水语和其他语言,辗转很多地方,从贵州到广西,倷语就是在广西调查时发现的。在那个山区,没有铁路,公路都是弯弯曲曲的盘山路。我半年没有看到直的公路。最后我是从广西百色出来,坐的是长途汽车。看到了平原上笔直的公路，那心情真是豁然开朗。在贵州的时候，我诌了两句诗"山遮新雨羞见客，寨遗古风笑迎人"。"山遮新雨"，那半年我看了很多山，山连山，各种山。贵州归来不看山。后来我再看什么山都不那么新奇了。"寨遗古风"，那里都是少数民族。少数民族都是很淳朴的，待人很诚恳。

为什么我要讲这个呢？原来我以为少数民族语言很神秘。调查完了之后我就有信心了，就去找邢公畹先生。邢先生是侗台语专家，研究少数民族语言的。我就跟邢先生说，我要报考你的博士生了，我已经调查了解过一些民族语言，邢先生就同意了。所以我1987年到1990年，在职博士生，一边工作一边读书，1990年毕业，我是邢先生第一位博士。后面还有好几位，洪波、曾晓渝、袁明军，上海大学的薛才德等，都是我的师弟师妹。

七

1991年我就出国了，那时候出国开会还很少的，一个学校没有几个人。为什么第一次出国要去美、英、法三国？有几个来历，一个比一个复杂。

第一个是法国，开的是国际语音科学大会。这个会4年开一次，跟奥运会一样。每次人很多，像我参加的那一次就是800人，这次在香港出席会议的有1000人。学校为什么同意我去呢？因为1987年我申请过一次。那一次是在苏联，爱沙尼亚的塔林。他们开会前我交了一篇文章，对方就发来了邀请信让我去开会。我就交申请，领导说：没有钱，不让去。结果就没有去。后来中国社科院去开会的人回来说，你不去，排到你报告论文，是林茂灿老师临时上台，按照你的提要去讲的。当时苏联和中国要搞好关系，中国有四五个人去开会，所有的住宿费、旅费全免，而且会务组带他们到各地访问旅游一周。我听完之后非常后悔，就告诉领导：你看，你不让我去，他们怎么怎么样，领导就觉得很对不起我。所以4年之后，到1991年，在法国的普罗旺斯开会，那是个风景很优美的地方。我又申请去，这次领导批准了，所以我就到法国去。

到英国是怎么回事呢？这是从两层前因得到的结果。第一层是基础。我曾在南开参加英语强化班,每天有外教上课半天。每个星期5个半天,进行英语强化训练。一个班里十二三个人,他们都不爱讲话提问,就像你们一样。我上课特别爱说话,提问题,然后美国老师回答,这样我练会话的时间多,就练得熟一点了。

第二层是机会。有一次我到北京大学开会,会议期间,张家騄老师在声学所请了一个英国教授做报告。他知道我在北京,就说你来听报告吧,我就去了。那个英国人叫戴维·班纳特,是英国伦敦学院大学语言学系主任,他做的报告内容正好是研究汉语语音的一个问题。那时候大家的英语不像你们现在这么好。他们用汉语提问题,张老师先用英语向英国教授转达,得到回答之后,再用汉语告诉大家。我是站起来直接用英语问,英国教授用英语回答,然后张老师再跟大家讲问答的内容。因为我也做的汉语语音,我就跟他讲,我们做的实验跟你有哪些不一样。报告结束,张老师把我介绍给英国教授,说他是从南开大学来的。他印象深刻,非常感动,把他的名片给我,从此我们建立了联系。

我确定可以去法国开会之后,给他写信,说我要去法国开会了,估计你也要去,我们可以在法国见面,讨论问题。结果他给我回信说,暑假他要陪夫人回她老家南斯拉夫,不能去开会。不过你既然到了法国,我希望你能来伦敦。我虽然不在家,你可以住在我家里,可以和别人交流。我给领导汇报这个事,领导一看英国离法国很近,就说去吧,而且住在教授家里,不用另外批钱。这个教授很好,曾经接待过好几位中国学者住到他家。他不在家,但是他儿子在家,两个儿子都很好,照顾我。在英国访问了伦敦学院大学、曼彻斯特大学、兰开斯特大学。

我到美国去是王士元先生来信邀请的。王先生写过一篇文章叫"Phonological features of Tone",就是《声调的音系学特征》,这篇文章很重要。当时我要做论文,就把它翻译成汉语,王先生看了很高兴,后来把我的译文发表在《语言研究译丛》。有一次,王先生到北京大学讲演,他告诉我:你要来北京找我一下。我在天津很近的,就到北京去看望他。我在北京上学时也见过他。当时王先生在北京大学做报告,风度翩翩,身穿一身乳黄色的西服,拿着胶片,做语音学报告,侃侃道来。那时没有 PPT，胶片就更少见了。我就觉得原来做学问可以做到这样，就被他吸引住了。

　　他对我印象很好。他回到美国之后，1991 年美国语言学会第一次举办汉语语言学暑期讲习班，以前都是英语的。那一年，王先生和丁邦新先生争取到机会，去美国语言学会专门办一个中国语言学讲习班。他马上写信告诉我说你可以来。而且他说在讲习班上给我设一个助教的位置，给那些讲课的专家复印资料，做些服务。我一看很好，又去找领导。当时教育部统一负责公派出国事宜，我要找到教育部外事司去谈。教育部这一次不行了，你到法国同意你了，到英国同意你了，这次又到美国。为什么呢？他们只要同意，就要出路费的。我就跟他们讲，美国这个很重要，是第一次，国内很少人去的。他们还是不同意，说你这样等于绕地球一圈了，从中国到美国，再过大西洋到欧洲，绕回来。说在教育部所属的人里边，只有复旦大学的苏步青一个人这么走过，苏步青很有名的。我说，如果单独去美国，要花两份路费。要是先到美国再去欧洲，就可以给你们教育部省钱了。好，同意。行了。

　　然后就这样，先到美国加州圣克鲁斯参加讲习班半个月，那是个很好的旅游城市。因时间紧张来不及，在北京只办好美国和英国签证，又到旧金山办好到法国的签证。然后到法国、英国。我第一次出国就去了这么多地方。这都是有原因的，偶然之中有必然。所以你们要随时做好准备，机会来了才能降临到你们的头上。你们的路还很长，运气比我好。

　　后来我又到香港 2 年半，日本 4 年。然后就回来做了 10 年的院长。再后来就是卸任到现在。这些你们都知道了。

　　好了，先讲到这里。时间太晚了，耽误了大家时间。

讲话时间：2012 年 10 月

历尽严寒——忆石锋的三次考学

田美华

一、1977年高考到哈尔滨师范大学

1976年"四人帮"被粉碎,"文化大革命"结束了。1977年底,我国恢复了停顿了10年的高考制度。这个消息,真是大快人心,我简直不敢相信这是事实。"文化大革命"剥夺了我们学习的权利,我们耽误了10年的时间,这回说什么也要把学习的机会找回来。

我跟石锋在1976年初结婚。当时我已回城上学,是天津中心妇产医院的医生。他还留在黑龙江农场当知青。我对石锋充满信心,凭他的实力一定能考上大学,这样我们也可以团聚了。我马上找了一些高中课本给他寄去,让他准备考试。没想到,报名时遇到了麻烦。场部不让报名,说当老师的不准报名,这可真是当头一棒。后来从一个同学的在场部总机工作的女朋友那里得到消息,当老师的只能报黑龙江省的师范类院校。经过一番周折,他总算勉强报上了名。没有办法,只能报哈尔滨师范学院(现为哈尔滨师范大学)了,还是不能一步到位。

1977年底全国统一高考,全农场局的考生都要集中到北安县的一个考点考试。那几天北大荒的雪下得很大,地上积雪很厚。我们农场距考点大约100多里地,所以农场的考生早早就坐着卡车出发往考场赶。没想到半路上汽车坞到雪里了。这下把这些考生急坏了,最后费了好大劲儿,终于赶到了考场。可是已经晚了一个多小时了。原以为没什么希望了,没想到整个考场还没发试卷,等着他们呢。真是不幸中的万幸。他

们没有失去第一届高考的机会。这种情况要是在现在是绝对不可能的。

北大荒的冬天气温最低到零下 40 多度，他们在冰冷的教室里考试，手冻得不好使了，就用嘴冲着手哈哈热气再写，就这样终于把几门课考完了，回去等待考试结果。

高考后一个多月，一点消息也没有。1978 年春节，石锋就回津探亲了。正在这时，一些同学陆陆续续办病退回天津了。我们打心眼儿里羡慕他们，心想还不如办病退回天津算了。很快假期到了，他只好如期归队。刚到县城，就见到认识他的同学，他们很惊奇地问：你怎么这么早就回来了？难道你没收到哈尔滨师范学院的录取通知书吗？这时他才知道自己被哈尔滨师范学院录取了。

按理说上大学是自己梦寐以求的事，应该很高兴才对，可是他就是高兴不起来。这意味着还要在哈尔滨学习 4 年，也就是还要两地分居 4 年。他心里很矛盾。当时离新生报到还有一个多月的时间呢，回家吧，又得费这么多路费（记得当年回天津的路费是 20 元 4 角，往返就是 40 多元钱，相当于一个多月的工资呢！）干脆还是不回家，先去大学报到。拿定主意后，他简单收拾一下行李就去哈尔滨了。

到哈尔滨师范学院后，人家接待新生还没开始呢。他说明情况后，学校特意给他安排了住宿。从校方得知他的高考成绩在黑龙江农场局第一，在全省是第四，真是太不简单了。在开学前的一个月里，他整天泡在图书馆里，如饥似渴地学习。开学后，在全校非英语专业的英语比赛中，他获得了第一名，当时《黑龙江日报》还报道了这个消息呢。奖品是一套英语教科书（*Essential English*）和一本辞典。从此他就开始了紧张的大学学习生活。

二、1979 年考研进中国人民大学

大学开学不久，全国第一批研究生招生工作开始了，我根本就没动心。石锋在来信中提到准备报考南开大学的古代汉语专业研究生。当时我想怎么刚上大学就考研究生？这是根本不可能的事，开玩笑吧？可是我也不好估量他的能力，只好鼓励他努力争取一下。我还从我们中学语

文老师常老师那里借了两本古代汉语的书，寄给他。他在那儿没日没夜地学习，除了学习当时大学的课程外，还要学习、准备考研的内容，每天只睡几个小时的觉。多少年以后，他的一个大学同学提起他考研的事跟我说："那时我们在宿舍很少见到他，晚上我们睡觉的时候他还没回来，早晨我们起床时他已经走了。"

经过不懈的努力，他的分数超过了录取分数线。后来还跟导师见了面，导师对他印象很深，认为他考得很不错，但可惜因为导师的名额有限，只录取了两个"文化大革命"前毕业的大学生。并鼓励他明年再考。

真是好事多磨。又经过一年的努力，他迎来了1979年的考研。当时是5月5日全国统一发准考证，5月15日考试。在4月30日那天，我突然收到他的一封很长的电报，电报意思是：南开大学研究生院的魏老师通知他，他所报考的导师病危了，正在医院抢救，为了稳妥起见，建议他最好改志愿。于是他更改了志愿，选择了专业比较接近的中国人民大学。让我到南开大学去找通知他的那个魏老师，催促他赶快把报名表寄到中国人民大学去。5月5日以前必须寄到，否则就来不及了，就会错过了这年考研的机会了。

记得收到电报的那天是星期日的上午，第二天是五一劳动节，这两天学校都放假。5月2日再办恐怕就耽误了报名，也就耽误了今年考研的机会。时间太紧了，我心想今天无论如何也要找到这个魏老师。于是我骑着自行车顶着大风来到了南开大学，找到了行政办公楼，好不容易找到研究生院，可是因为放假没人值班。我就在行政楼门口见人就打听，但他们都说不认识魏老师，真把我急坏了，这可怎么办？再打听不到不就耽误大事了吗？真是功夫不负有心人，最后我还真打听到魏老师的住址了。我按着人家提供的地址，骑车到了西北村，好容易找到魏老师家，可这位魏老师说他不是负责研究生招生工作的，他猜我找的很可能是另外一个魏老师，并告诉我那个魏老师的详细住址。我又顶风从西北村到西南村，中间路过一大片稻田，没法儿骑车，我只好推着自行车走过去，最后还真找到了。可惜魏老师不在家，他家里人说魏老师下午才能回来，我只好下午再来一趟了。下午见到了魏老师，说明了情况，他说已经把石锋的报名材料寄到中国人民大学了。我不放心，怕魏老师委托别人寄的，别人会不会还没寄出。又追问是不是他亲自寄的。魏老师肯定地说是他亲自寄的，没问题。这时我心里的一块石头才落了地。

然后我马不停蹄地从南开大学的西南村骑车到南开大学对面的八里台邮局，把详情用电报告诉了石锋，让他放心。我又买了 2 斤牛肉干给他寄去，让他在备考时增加营养。当时牛肉干是每斤 4.2 元，可算是够奢侈的了。以至现在他还总说他是靠吃牛肉干考上研究生的。

果然没几天他就收到了中国人民大学的准考证，总算没耽误考研。由于准备考研太累了，考试后他身体已经很虚弱了，经学校同意他便请假回家了。学校的意见是：如果考上了研究生，就算大学毕业，否则下学期补考，继续上学。后来才知道第二年学校就规定：大学在学的学生不准报考研究生了。真悬呀，我们是赶上了末班车，太幸运了。

考研后的 6 月初，石锋就回天津了，之后我们就焦急地等待着考试结果。一直到 8 月中旬，他去中国人民大学打听了一下，果真被中国人民大学录取了。这可是天大的好事。这意味着他可以到北京来上学了，离天津很近了。几乎与此同时，我妊娠试验阳性，怀孕了，这也是一件大好事，是我们结婚 3 年来不敢想的事。不光是我们的家人，还有我们的同学、同事都为我们高兴，上研究生、回北京还有怀孕这三件事，都说我们是三喜临门，还让我们请客呢！后来 1998 年我们带儿子回下乡的农场看望时，从石锋当时的学生（现在是财务处的领导）那得知，当年他们是带农场工资上学的，所以从师范学院毕业后还要回农场来当老师。听到这个消息，我们真庆幸他在大学一年级时就考研了，否则大学毕业还要回农场工作。

在研究生班里，绝大多数同学都是"文化大革命"前毕业的大学生。石锋和另外一个女同学的年龄最小，也没有人家的基础好，只有努力学习才行。在北京上学的 3 年里，虽然离家很近了，但除了寒暑假以外，他平时很少回家，只是一门心思学习。甚至在我生孩子时，他都不知道赶快回家，还是在同学们的催促下才回来的。我出院后他马上又赶回了学校。

他每月有 44 元的生活费，除了吃饭和买些必需的生活用品外，省下的钱全都买书了，一分钱也不给我。只是每次回家给孩子买一些最便宜的吹塑玩具而已。记得他研究生毕业时，从北京运回来的行李主要是书，生活用品很少。那个搬运工人一边搬行李一边问：这里都是什么，怎么这么重？我们告诉他都是书后，看得出他很不理解。我当时每月工资只有 40 多元，还有个孩子，那阵我们的生活也够困难的。医院的工作又忙，多亏我婆婆帮我带孩子，才使我度过了这个困难时期。

转眼 3 年过去了，1982 年，石锋研究生毕业了。本来学校让他留校当老师，可是他没有答应。因为我们俩婚后已经分居 6 年了，他从 1969 年到 1982 年，离开家也已经 13 年了，该回家了。于是就回到了天津，当时他工作上有两个选择：天津人民出版社和天津外国语学院（现为天津外国语大学）。因为他愿意当老师，于是就选择到天津外国语学院工作了。

他在天津外院主要从事对外汉语教学，每天课时比较多，白天在学校教学，晚上回家还要搞研究写文章。那时居住的条件很差，居民区里小贩的叫卖声很吵。记得他学习时，就用棉花把耳朵堵住来解决噪音的干扰。冬天屋里冷得水能结冰，夏天太阳西晒又很热。就是在这样的条件下，他写出了很多有价值的学术文章。3 年后，也就是 1985 年，经南开大学与天津外国语学院商调，他被调到了南开大学。

三、1987 年在南开大学读博

1986 年暑假石锋和系里一些老师去云南、贵州等地调查民族语言。不久其他老师都陆陆续续地回来了，说他还在调查，后来就一点消息也没有了。其间也没给家写过一封信或打电话。他是一门心思搞调查。可是家里人都担心死了，这样一走就是半年多。后来才知道，他在少数民族地区发现了很多语言现象，收集到了很多宝贵的语言资料，如获至宝。自己一个人越走越远，越走越不想回来。以前我曾想过，在这样的高等学府里没有高学历是站不住脚的，曾多次鼓励他读博士。这次调查回来，他说出了他的想法，他的调查研究正是为了读博做准备，我们真是不谋而合呀！1987年他又以优异的成绩考取了南开的博士。

因为是在职上的博士，所以比较辛苦，除了给学生上课之外，他还要学习博士课程，搞研究、写文章，很紧张。所以家里的活儿我都包下来了，基本不让他干，而且我还抽出时间帮助他。那是20世纪80年代，我们国家还没有普及电脑，写文章还需要用稿纸抄，那时他写的文章几乎都是我帮助抄到稿纸上的。

1987年他和另一个老师编写字典，那个老师把词都写到小纸条上了，小纸条很薄，一捆一捆的足有两大纸箱子，我们得把这些小纸条按字典的音序排列起来。这可是大工程，我看着都头疼，他哪有时间搞这个，还是我来弄吧。说实在的，我心里也很怵头，没办法呀，不干怎么办呀。当时我还有攒了两年的干休假没用呢，于是我向医院请了两年的干休假，大约有40多天，集中搞这件事。那些日子我每天都起早贪黑地干。首先逐一打开小捆纸条，先把字的第一个字母相同的一张一张地弄到一起，摊得床上、写字台上，甚至小床上都是，那时正值七八月份，天气特别热，屋里别说空调了，连电扇都没有，即便有电扇也绝对不能开，那还不得把字条全吹跑了。每天很晚再把分好的字条用皮筋捆好，分别放好，第二天再接着干。按第一个字母相同的分好后，再继续把第二个字母相同的弄到一块儿……就这样干了一个多月，终于按字典音序把这两箱子的字条排列好了。

整理词条说着容易做着太难了，整天弄得我头昏脑胀的。那些天，低头低得我的脸都是肿的。现在想起来我都不知道那些天我是怎么过来的。现在有了电脑，把字条信息输到电脑里，按一下鼠标就排出来了，这得省多大的事呀！

大概是20世纪90年代初，他写的稿又是我利用休息时间帮他输入电脑的。有一次400多页的内容我给输入电脑后，文档找不到了，我又给重输了一遍，我就当练习打字了。有的访谈录是我一边听录音一边用笔记录下来的。每一句话要反复听几遍，尤其是有方言口音的问题，我常常听不出说的什么，就更得多听几遍，实在听不懂的就用拼音暂时记下来，然后他再改。改后我再抄写到稿纸上，让被访人修改，然后我再抄好。一个访谈录要反复好几遍才定稿。当然后来他都用电脑写文章了，就简单多了，我也就解放了。

经过两年半的努力，石锋于1990年春就顺利地通过论文答辩，拿下了博士学位。这是他刻苦努力的结果。在他学习的这几年，我除了完成我的本职工作外，在他的鼓励和支持下，也在不停地上学。如选修了新华业大和河北业大的英语，医学基础六门，还去上了专业证书班和国家教委的大专班等。最后取得了国家教委的大专学历。

这时他在国内外学术界也有了一定的影响。1991年夏天他第一次出国交流访问，曾到美国加州的中国语言学讲习班做助教；之后又去法国参加国际语音科学大会；最后又去英国伦敦大学亚非学院访问。前后一共用了78天，环游地球一周，比法国科幻小说家凡尔纳的《八十天环游地球》的主人公福特还快两天呢！

（选自田美华著《平凡岁月》第八章，个别文字稍有修改。）

水寨记水语

石绍霞回忆 石丽菊访谈并整理

　　说起和石锋老师合作的事情，距离现在应该有三十几年了吧。关于这件事的回忆零零散散出现在我脑海里。因为当时年纪很小，有些记忆很模糊。我当时刚刚工作不久，是给电影做水语配音的，可现在你看我有两个月就要退休了。当年可能是因为我给电影做水语配音工作，绍军哥哥带着石锋老师来我工作的地方找我，说要录水语。当时我年仅十七八岁，对这份工作充满了好奇。

　　谈到给电影做水语配音的事情，我想起我小时候的一件事。当年我还很小，才几岁。有一天我爸爸要去县城办事情。路上我遇见他了，我说我也要去。他说不行，你要好好在家放牛割草带妹妹。他赶路去等客车去县城。我也悄悄尾随爸爸，走出了寨子。以前我们寨子外面的路边，都是参天大树。我使劲钻到路边的树丛里，顺着放牛踩出来的小道，偷偷尾随爸爸，直到等车的地点我才钻出来喊爸爸。爸爸不让我上车。我就在老爸上车后，赶紧跳上车，小脑袋使劲往前钻到爸爸的身边。爸爸没办法，让我坐上座位。车慢慢启动出发。因为第一次坐车，随着车速越来越快，窗外树木不断地快速地往后倒退。我哇哇大哭不止。到了下一个站，爸爸把我抱下车，烦熟人帮忙把我带回村寨。但是我爸爸前脚一上车，我后脚急忙又跟上去了。我爸爸没办法，就带着我去县城了。一路上颠簸，看着两边后退的树木，我一路大哭。到了县城下车，爸爸想牵我的手，怕我走丢，但是我甩手不让。自己一个人东钻西钻，东张西望，一路盯着路边高楼目不转睛地欣赏，惊叹着这高大的建筑。一不小心还踩到了菜农的菜篮,被菜农训斥了几句。过后跟着父亲去办完了事情,父亲带我逛街,买了包子、水果糖等好多好吃的,还买了很多在家里没见过的东西给我吃,我可高兴了。回到家后,我迫不及待地召集村里的小伙伴,跟她们分享这次进城的所见所闻。还特别强调了县城的厕所非常豪华,有门板,还有门插,还有隔板挡着,像一个个小房间似的。每个伙伴都非常羡慕我,感觉我好像是从北京回来一样。

这次进城对我人生有着重大的意义,是我坚持努力读书的巨大动力,甚至也决定了我努力的方向。当时在我们这一片,女生读书是极其罕见的。由于偏见,我读书回家的路上经常被寨子的伙伴欺负,他们半路打我骂我,甚至有的老人会骂我,说我作为女生就应该好好放牛,读书败坏风气,是不可取的。过后我就编水歌,用水歌怼他们,让他们哑口无言。每每遇到这种情况,我妈妈总是做我的思想工作,反复强调我之前去县城回来分享的内容,还说要想去县城工作生活,读书才是唯一的途径。经过自己不懈地努力,我终于如愿去三都工作了。因为在水歌方面有某些天赋,我获得了一份为电影做水语配音的工作。

话说到为电影做水语配音,也是因为这个契机,绍军哥哥才把我介绍给石锋老师。在经过较为详细的了解后(如怎么录音、我需要做什么工作),我觉得这个工作是为水族做贡献,是宣传水语的一种方式,当时很愉快地答应了与石锋老师合作,接受了这个任务。

在合作期间,先是在县城工作了几天,我们每天说的水语比较简单,印象里都是日常用语,没有什么特别难的词语。在县城工作那几天,我们每天的工作不是很辛苦。石锋老师对我们生活很照顾。我们还有生活补助。我和我们寨子的另外一位大伯一起工作,他比我年长,现在已经去世了。这个大伯为人不厚道,他曾跟石锋老师说我年纪太小,发音不地道。他的意思就是要换掉我,换其他人来。我听他那样说我,心里面很难过。石锋老师应该最清楚的,他需要什么样的发音合作人,由他决定。同时,作为同一个寨子的,他这样说我,我心里面很难受,但是又不想与长辈有其他的冲突,也就没有表现出来。在工作期间,我与石锋老师他们相处十分融洽。他们人很好,对我也很照顾。

说到这里，我还想起一件特别的事情。之前不是跟你分享我去县城做水语配音的事情吗？我现在都还记得当初自己是怎么有机会被选上的。当时，县里面要来下面选拔人才。先是到学校选拔，让我们写一篇作文记录印象里最有意义的一件事儿。我现在都还很清楚地记得我的作文内容。我当时就写了关于我自己家庭的情况，传统的、封建的社会环境对我的影响，我个人想改变这种不好的社会现象等内容，包括那次去县城的所见所闻，回来召集小伙伴分享的场景和心得；还包括家族对女生读书的见解，我自己如何在这困境里面坚持读书。除此之外还说明了我喜欢唱山歌，对山歌等，以及我自己的理想与抱负等等内容。过后听老师说，当时的县长看了这篇文章都哭了，也因此我有机会参加工作，从此我的命运发生了改变。你不知道当时在家里面可辛苦，不仅仅要放牛砍柴，还要背弟弟妹妹。那时我特别能挑东西，力气特别大。那时候还是集体记工分的年代。大人3个工分，小孩1个工分。那时候可不公平了，当时我挑的和大人一样多，甚至比很多大人都还挑得多，但是我也只能拿1个工分。吃的条件可差了，3两米左右煮一大锅粥，基本上都是汤和一些野菜。

再回来说和石老师合作的事情。在县城过后几天，我们就去都匀市录音了。我依稀记得我们是乘坐汽车上去的，到都匀时又换乘轮船到达目的地。我记得我们住在人民旅社，在食堂吃饭，伙食很好。好像是在一个什么房间里面录音，但是录音的具体情况不记得了。

但是有一件事在我记忆里特别深刻。在录音期间，石老师喊我念水语的腿（pa^{11}）、耳朵（q^ha^{11}）、眼睛（$^nda^{11}$）、肩膀（ha^{11}）、手（mja^{11}）等这几个单词，我念的次数多了混淆了，他会马上听出来，说："念错了，念错了，不是这样念的。"这件事我印象非常深刻。

我觉得石锋老师的国际音标非常好。同时觉得这个国际音标太厉害了，能把我们水语记得这么准确清晰。同时也很佩服石老师的记音能力，我们只要说出来的，他都能记下来，太厉害了。我自己也一直想找机会学习国际音标，把我唱的水歌记录下来。可惜一直工作，直到现在都没有机会学习。

记得当时来的共有两位老师。这两位老师特别认真负责，很勤快，能吃苦。虽然他们是读书人，还是很能吃苦的。我们也在一起吃饭啊什么的。对于同一个词，他们会反复问很多遍。同时感觉他们会看我们的嘴巴，很细心。我不知道他们拿这些有什么用，但是我觉得肯定是有价值的。晃眼间过去几十年了，回想当年做的这份工作，觉得十分有意义。

石锋补记

1986年暑假到1987年初，我第一次做民族语言调查，辗转黔、滇、桂三省区近半年，实地调查记录了水语的几个点以及佯僙话和倈话等民族语言的语音、词汇和一些长篇语料，收获颇丰。我曾有几句打油诗记述："山遮新雨羞见客，寨遗古风笑迎人。最喜荔波榕树下，坐听皓首记新音。"

期间跟杨自翔老师一起到贵州三都水族自治县中和乡（现与其他乡、镇合并为中和镇）中寨调查水语，并带发音人石绍霞和石尚清到黔南布依族、苗族自治州首府都匀市广播电台录音室录制语料以便进行语音实验。基于这次调查资料写出的论文曾先后发表在《中国语言学报》（JCL）、《民族语文》《民族调查研究》等海内外刊物，并作为我博士论文的基础语料之一。此事虽然已过去30余年，因为对我从汉语方言进入民族语言的学术起步有重要意义，所以印象深刻，记忆犹新。

2017年暑假我到云南民族大学主持演化语言学会议期间，巧遇当年水族发音人石绍霞的侄女，已经是语言学研究生的石丽菊。她告诉我：常听姑妈讲到我的事情。我是喜出望外，感慨万分。赶快与她加了微信，请她问候她的姑妈。

此后我们不断有微信往来。今年5月喜讯传来，小丽菊考上了中央民族大学的博士生。这次她暑期回乡，专程去听绍霞姑妈讲述当年水语发音的往事，整理出访谈记录，其中保留她的两段有关的人生经历。这一缕如烟往事，是学术轶事，也是学术趣事。

愿绍霞健康快乐！祝丽菊学业有成！

附：跟石丽菊同学微信消息几则

（1）

菊：我是水族中和村石丽菊。石老师好，很高兴今天遇到你。

你比姑妈形容的还要和蔼帅气。太激动了，竟然能遇到石老师您。百闻不如一见。

锋：[微信表情表示感谢]

菊：老师，回去了吗？有时间分享一下我们俩的合照哈。姑妈比我都还激动，想看看现在的您。

锋：[发石锋跟丽菊合影照片]

菊：收到，赶紧分享给姑妈去了，她还不相信，以为我和她开玩笑。

锋：你的姑妈是石绍霞吗？

菊：是的，石老师。你现在才想起来吗？[发绍霞合影照片]

菊：姑妈在最左边，时光荏苒，是否还认识？

锋：早想起来，问你姑妈好！

菊：哈哈哈好滴。有时间来三都转转哟。

锋：三都是个好地方。

菊：强烈同意。

（2）

菊：[发绍霞唱水歌视频]与老师分享。

锋：祝小石同学新年快乐！代我问候你的姑妈哦！

菊：谢谢老师，我一定会转达的。祝老师新年快乐，万事如意！

菊：刚刚和姑妈聊天了。她把几十年前的事情聊（给）我听，说你给她寄的一封信，搬家弄丢了，没有你联系方式。还有你们录音的一些好玩的事情。说我又遇到你，真是莫大的缘分。她说一提起，很多回忆涌来。

锋：哈哈！有些事情细节我都忘了。请她写一个回忆文章。我记得还有一位男生，也姓石，还跟我们一起去都匀录音。

菊：她刚刚跟我聊的时候说，你叫她发哪个音，她都还记得。她说是个同门的大伯。老师有最近的相片吗，姑妈想看看30年了大家都变化了多少？

锋：[发照片]这是我在美国跟我的美国学生和同事照的。嗯哈哈！又有变化啊。胖了一点。

菊：老师和姑妈风采依旧啊！哈哈哈，是吗？我没有对比老师年轻时候的，不知道。但是姑妈有点点胖了。

锋：[发照片]这是我在香港讲学的照片。都是今年的。我也比年轻时胖一点。

菊：哦哦哦。刚刚姑妈打电话问我什么时候回家，聊天时她一再叮嘱我，请您有时间去三都玩，她定会热情招待你。并向你转达新年快乐，万事如意。

菊：转告老师，刚刚和姑妈聊天得知，另外一个发音人（堂爷爷），前几个月刚刚去世。作为晚辈的我，在这里为他默哀……缘分让我了解这一段时光，了解前辈您们这跨越空间与时间的回忆与友谊。倍感荣幸，谢谢石老师。

锋：谢谢！先休息吧。悼念这位堂爷爷。以后一定找一个机会再去中和。

（3）

菊：[发2018春节中和中寨赛歌视频]第一届水族古歌赛正在进行中……绍霞姑妈唱滴。

锋：[微信表情表示赞叹]替我问好哦！我把她唱歌（视频）转发我的朋友圈。里面有很多中国和外国的朋友们。看到这熟悉的地方，以后一定找时间再去看看你姑妈。

菊：哇，谢谢石老师滴宣传。好的，定会转达，随时欢迎石老师来水乡做客。

（4）

锋：[把中和中寨赛歌视频发到朋友圈，并注文]我32年前做水语调查的地方。唱水歌的歌手就是当年的发音合作人石绍霞，如今应该已经50多岁了。歌声依旧，风物依旧。但愿人长久，千里共婵娟。

桃李满园

石锋指导的博士生论文题目与摘要

汉语的声调和语调在布洛卡语言区模式化的研究

梁洁 2002

本篇论文对 8 位汉语失语患者的声调和语调（陈述与疑问）进行了实验分析。其中包括对典型布洛卡氏失语病例的分析，即对元音音段/a, e, i, y, o, u/和超音段（声调）的损伤进行了听辨实验、声学分析以及线性识别预测。实验结果显示与健康发音人相比患者的声调严重损伤，而与此同时，患者的 7 个元音音段却完好保留。本实验结果有力地证明了音段和声调分别实现于大脑的不同部位或实现于不同的神经机制。语法中的音系或语音成分在语言优势半区的分布，要比迄今为止所想象的更宽泛。该研究成果具有一定的理论意义，它从语言产生的神经部位或机制出发，为非线性音系学声调独立于音段的理论（自主音段音系学的假设）提供了证据，即音段特征和声调特征分别属于不同层面，声调特征独立于音段。在语调的实验分析中，本研究根据 3 个不同损伤部位，用声学分析和语言感知的方法——音域的分析法和语音片段识别法对八位失语患者的声调和语调进行了实验分析，结果表明失语患者在声调严重损伤的情况下，仍然能够较好地保留其语调特征，该研究结果表明声调和语调分属于大脑的不同部位或由不同的神经机制产生，同时该研究结果也为声调和语调在语言系统中分别属于不同的层级提供了证据。

在上述研究的基础上，本作者提出了普通话声调、语调底层表达的假设。随后，本作者对普通话的声调与陈述句、疑问句的语调的语音特征进行了语音合成—识别的先导实验。该实验结果初步验证了对汉语普通话声调和语调底层表达所提出的假设。

傣语的声调格局和元音格局

蔡荣男 2003

　　本文利用语音软件"桌上语音工作室（Mini Speech Lap）"对共时状态下的傣语单字调和元音进行语音学和音系学相结合的实验分析。在德宏傣语方言使用者中选择五位不同年龄段的发音人，在西双版纳傣语方言、金平傣语方言以及傣语的亲属语言——泰语使用者中各选择两位发音人，进行语音实验。

　　论文分以下五个部分。

　　1. 介绍傣族的分布区域、历史概况、文字状况和语音系统，并对傣语的亲属语言—泰语的语音系统做简单说明。

　　2. 讨论本文选题的目的和意义，介绍实验设备、实验语料、调查过程，回顾前人的研究。

　　3. 对傣语的德宏方言、西双版纳方言、金平方言以及傣语亲属语言——泰语单字调的声学特征（音高和调长）做描写和分析。

　　4. 通过元音声学图分析泰语主要元音系统性的表现。讨论了元音的分布位置、内部变体和分层关系等。能够充当单韵母的元音，在傣语三种方言中都有 a、i、e、ɛ、u、o、(ɔ)、(ɯ)、(ə)，但德宏傣语的 ɛ 和 o 仅出现于少数语气词上，不列入元音格局的分析中。泰语除了这九个元音外，还有相应的九个短元音可以单独作韵母。傣语没有能够带韵头的二级元音，泰语有 a 元音可以带韵头，韵头的舌位前后对主要元音有影响；傣语和泰语都有能够带韵尾的三级元音，而且韵尾丰富，韵尾的舌位前后对主要元音有影响。傣语没有既能够带韵头又能够带韵尾的四级元音，泰语有 a 元音，在韵头和韵尾同时存在的情况下，韵尾的作用要大于韵头的作用。

5. 傣语 a 元音在带韵尾时分长短。泰语 a、i、e、ɛ、u、o、(ɔ)、(ɯ)、(ə) 九个元音，不仅在带韵尾时分长短，而且在单韵母中也有长短的区别。我们以德宏傣语和泰语为例，分析长短对立元音在音高、音质以及音长方面的表现。

通过语音实验分析，我们看到傣语和泰语同一声调下主要元音为长元音或者为短元音的单词，它们的声调曲线在调域中的分布位置相同；在舌位分布上，短元音和长元音有重合的部分，但是受到发音时间的制约，短元音的分布位置都要比长元音的分布位置偏高；音长方面，长短元音有着明显差别，长元音的音长要长于短元音的音长，但是由于韵尾和主要元音之间存在的时长补偿作用使得有长元音的韵母音长和有短元音的韵母音长相差不大。

豫北晋语语音演变研究

陈鹏飞 2003

本文结合国内外有关语音演变的最新理论，研究豫北晋语的语音变异状况。

引言介绍本研究的意义、采用的方法；并对豫北晋语的形成历史做了考察，认为豫北晋语是在宋明之际由山西向河南移民形成的移民方言。

第一章回顾音变理论的发展演变。主要包括青年语法学派的连续式音变理论、拉波夫的城市方言学、王士元的词汇扩散理论和徐通锵等的方言叠置理论。

第二章探讨汉语韵母格局的历时演变，认为汉语韵母格局经历了阴、阳、入三分格局到开尾、元音尾、鼻音尾三分格局的演变过程。汉语韵母格局呈相对对称和相对稳定状态，但又是可变的。

第三章研究中古入声韵和入声调在豫北晋语中的共时表现与历时

音变。认为入声舒化跟全浊声母清化和韵腹元音的高低密切相关。在音变的方式上，入声舒化可能采用不同的音变方式进行，既有词汇扩散式的音变，又有叠置式的音变。

第四章研究中古阳声韵在豫北晋语中的共时表现与历时音变。认为豫北晋语阳声韵鼻尾消变的顺序跟大多数汉语方言韵尾消变的趋势是一致的。本章还对林州方言*-n尾的消变作了研究，认为林州方言*-n尾的消变是采用连续式音变的方式进行的，*-n尾的消变使方言中产生了一个推链式的音变。

第五章谈音变的原因，从音系结构层面对中古阳声韵和阴声韵在豫北晋语中的共变规律进行研究。

第六章研究中古知庄章三组声母的历时音变，指出知庄章三组声母在早期豫北晋语中是二分的，后来庄组合口字受介音*u的影响，声母跟知章合并。

第七章讨论与语法相关的语音弱化现象，主要是豫北晋语中的D变韵和Z变韵。D变韵方面，我们结合汉语语法史的研究成果，对"了"的语法意义与语音形式之间的对应关系做了探讨，认为获嘉方言中一部分动词D变韵是"动词＋了"的合音形式形成的。Z变韵方面，认为Z变韵发展到最后阶段，语音上派生音和单字音处于同模建构状态，语法上则表现为不同语法手段的"叠置"。

汉语方言声调格局的类型学研究

焦立为 2003

本文的目的是研究汉语方言声调格局的类型。声调格局是一种语言（或方言）中所有单字调构成的格局。声调格局研究的内容包括这种语言（或方言）中各个声调的调值、调型以及它们分布、组合的特点。

文章从3个方面展开，第一个方面是语音实验的角度，本文分析了

40处汉语方言的代表点，其中官话17处，非官话23处。通过语音实验，发现了声调格局中不同的调型的特点以及整个格局的特征。综观这40处方言的声调格局，可以看出拱度声调（contour tone）十分丰富。

第二个方面是从声调数目不同的方言的角度探讨它们的声调格局，共分有3个单字调、有4个单字调（舒声调）、有5个舒声调、有6个舒声调的方言，共4种情况，一共考察了1187处方言。在有3个或者4个单字调（舒声调）的方言中规律比较明显，那就是无论调值还是调型，都有几个出现频率明显很高的调值和调型，另外，调值、调型的组合规律也很强。在有4个单字调的方言的调型组合中，"升、平、降、降"这种组合竟占了所有调型组合的40.55%。

第三个方面是从不同的方言区划的角度探讨它们的声调格局。一共分冀鲁官话、胶辽官话、中原官话、兰银官话、西南官话、江淮官话、晋语、吴语、湘语、赣语、客家话、粤语、闽语几个区域进行讨论，统计了1377处方言，发现了每个方言区划声调格局的特点，并把一些明显的组合特征用方言地图的方式表示了出来。

另外，文章还讨论了汉语八个调类（阴平、阳平、阴上、阳上、阴去、阳去、阴入、阳入）在现代方言中的调值和调型。文章既统计了某个调类所有的方言的调值和调型，又着重统计了同时具有某阴阳调类的方言的调值及调型。在此基础上，文章统计了汉语方言阴阳调类平均的高度。

本文着眼于声调格局的共时研究，在研究方法上采用语音实验或者统计学的方法，力争做到定量的分析。文章的不足之处是对声调格局历时演变的探讨不够深入。

论13世纪傣泰语言的语音系统

杨光远 2003

傣族和泰族自古就属于同一个民族。傣语和泰语同属于汉藏语系侗台语族壮傣语支。本文研究的对象是泰语（以曼谷话为标准音，以现代泰文为标准语言）和傣语的两个方言（西双版纳和德宏方言）。

论文分为四章：第一章绪论；第二章印度阿萨姆邦阿洪傣人同我国德宏傣族在语言历史文化方面的联系；第三章泰国素可泰王朝时期（13世纪）坤兰甘亨碑文注释；第四章傣泰语言语音系统的比较。书后附有词汇对照表。

在绪论中说明侗台语族壮傣语支的特点，介绍傣泰民族的历史文化、语言文字，并对该研究领域的主要成果进行综述。

印度阿萨姆邦阿洪傣人是 13 世纪从德宏地区迁徙到印度去的，带去了德宏古傣文。《阿洪姆兰基》是一本用傣文记载阿洪傣人搬迁到印度后的历经 36 代傣王的历史文献。阿洪傣语已经消亡了约 200 年，但其文字材料是对德宏傣语的印证和补充。

泰国素可泰王朝（13 世纪）坤兰甘亨碑文的年代是 1292 年。它对于研究当时的泰语极其重要。"最早的暹逻碑文（13 世纪）保存清浊声母的区别，而两套声母不同的声调却没有表示。……这就是说晚至 13 世纪，这两套声调还没有成为音位，至少暹逻话是这样的。"（李方桂）这块碑文已经被译为中文、英文、日文、法文等。笔者用国际音标把全文注释出来，以便研究参考。碑文上的字母跟现代泰文字母的形体是一脉相承的，存在着古今音的差别。可以根据辅音的高低组字母来推测声母的清浊类别。

在傣泰语言语音系统的比较中，主要对照傣语西双版纳方言、德宏方言跟泰语的声、韵、调，力图找出对应规律及演变的途径。通过比较，可以看出早期傣泰语言语音系统的共同性。在研究过程中，笔者吸收了李方桂等学者的研究成果。

西双版纳古傣文五十六字母、素可泰王朝坤兰甘亨古碑文、德宏和印度阿萨姆邦阿洪傣语的材料综合起来，构成了13世纪傣泰语言的语音系统。13世纪的傣泰语言语音系统是一致的，其一致性表现在相同的声母系统、九元音系统，且都有平、上、去、入四个声调。分化是在13世纪之后的事，而且主要表现为德宏傣语分化成为现代德宏方言这个语音格局。

汉语语调问题的实验研究

江海燕 2004

本文用语音实验的方法对汉语语调，主要是各种疑问句的语调进行了实验分析。论文分7章，涉有关汉语语调的六个问题，内容包括：汉语语调问题的已有研究成果、语气意义的承载单位、字调与语调的关系、陈述与疑问语调的分辨界限、语气词和语调的交互作用以及陈述、疑问语调的调位。

第一章"引论"部分首先评述了赵元任以来海内外汉语语调研究的成果；然后论述了语调的作用和语调研究的意义，并且对本文的研究范围和例句的选择标准做了说明；最后又澄清了对本文的研究有着重要影响的几个理论问题，包括语气和口气的区分问题，句类与语气、语调、主客观态度等的关系问题。

第二章讨论关于语调的承载部位的问题，我们对传统的"句末语调观"和"句段语调观"进行了对比分析，并通过基频对比的语音实验和句尾换接听感实验证明，句末语调在只有语音手段起作用时，对于判断陈述、疑问语气有决定性作用；同时认为，不应夸大句末语调的作用，不能以这一结论概括其他各类语气语调的情况。

第三章比较了陈述句与无标记疑问句末音节的基频曲线，以考察语调对字调的影响，比较的结果，疑问句中的字调与陈述句的相比，不仅音阶抬高了，而且倾斜度发生了逆时针上扬。这一结论解决了字调语调叠加观的一些细节问题。

第四章通过一系列听感实验找到了陈述语调的音高上抬到什么程度才能从陈述语气转变为疑问语气，这中间的音高过渡区域应该在哪一个范围。

第六章的内容把研究的视野扩展到六类不同词汇语法结构的疑问句，以实验数据为依据，通过一定的统计计算做出了包括陈述句在内 7 类句子的语调表现图，又对各类句子首尾音节的音长进行了统计分析。

最后一章对全文的工作进行了总结，包括对每一部分所用的方法和所得的结论及意义进行总结。

附录包括 3 部分内容：第六章的实验所涉及的所有例句 10 个发音人的音高数据；7 类句子调域上下限估算所依据数据的统计学意义；最后是 7 类句子首尾音高逐句对比。

汉语中和调的跨方言研究

梁磊 2004

本文所关注的问题是汉语中广泛存在且广为人知的轻声（本文把其定义为中和调，详见正文。摘要中为叙述方便仍使用"轻声"的叫法）现象。

本研究的主要内容分为三个部分：一、本文准备在对汉语方言中的轻声全面调查的基础上，以不同语言的韵律系统以及汉语的双音节化、语法化为理论背景和研究视角，探讨以轻声与重音的关系为核心的如下两个问题：轻声的成因以及轻声的本质。以理清其他几种汉语的语流音变与轻声的复杂关系。二、本文尝试探讨轻声的历史层次、汉语的韵律演变等几个相关问题。三、对学界一直以来所争论的轻声的语音性质从新的角度、引入新的参数进行重新分析。

本文共分为 8 章：

前 3 章交代必要的研究背景。第一章为绪论，介绍本研究的主要内容、文章结构以及解释本文涉及的一些基本概念；第二章是对轻声及相关问题研究的回顾与述评；第三章，理论背景和研究视角，介绍本文涉及的重音和韵律学理论以及对汉语重音问题的研究。

第四至第七章是本文的主体部分。第四章，对汉语方言中轻声的调查与分析，以较全面、较大范围内的材料为基础，对广泛存在于汉语各方言的轻声现象进行细致、深入的类型学分析，以清楚地了解轻声在汉语不同方言中的共时存在状况；第五章，汉语轻声的本质与成因，以语法化和双音节化与汉语韵律的互动关系为理论基础，并把轻声放到了更大的语流音变的考察框架中，从更宏观的角度对一直以来学界争论很大的汉语轻声的本质与成因问题做出新的解释；第六章，轻声的历史层次问题，从 3 种与轻声相关的连读变调出发对轻声的历史层次问题进行了尝试性的解释，并从前面的研究没有涉及的幅度积的角度考察了轻声的语音性质；第七章，轻声的语音学研究，采用新的理论和方法对轻声的音高实现进行探讨。

第八章，结论。本文认为，轻声是一种长久以来广泛地存在于汉语各方言的语言现象，其产生和发展与汉语自身的音段（音节的元、辅音结构）、韵律、语法、词汇均有着密切关系，同时也受到相邻外族语言的影响。轻声也因此在不同的方言中呈现出差异很大的共时存在状态，反映其历史层次。但是，轻声最本质的表现就是在重音和声调互动下其原来单字调的中和化。

日语和汉语的拟声词的比较分析

山本未英(日)2004

本文对汉语拟声词和日语拟声词进行了比较研究。论文从意义、结构、语音、功能等四个方面考察了汉语拟声词与日语拟声词。第一章介绍了目前拟声词的研究状况以及本文研究的意义和目的。第二章论述意义上的比较研究。意义上比较的结果是,汉语拟声词和日语拟声词基本上一致。此章主要考察了含有两种以上意义的汉日拟声词情况。第三章论述结构上的比较研究。在结构类型上,汉语拟声词比日语拟声词丰富,但是如果把促音、拨音、长音等附属部分看作另一个类型的话,日语拟声词比汉语拟声词丰富。辞典里的类型,汉语拟声词以基本型 A 型、AB 型为主。日语拟声词以重叠型 ABAB 型为主。汉语拟声词重叠型,虽然在辞典里介绍的不多,但好多汉语 AB 型拟声词可以作为重叠型。从拟声词的变体来看,汉语重叠型拟声词也很丰富。第四章论述语音上的比较研究。在语音上,汉语拟声词、日语拟声词都以塞音开头的最多,第二音节情况是汉语拟声词以边音"L"开始的最多。日语拟声词以塞音"t"开始的最多,其次是以闪音"r"开始的。第五章论述功能上的比较研究。在功能上,汉语拟声词和日语拟声词作为状语的最多。汉语拟声词在功能上的用法比日语拟声词广泛。就目前来看,日语拟声词不作补语和宾语;汉语拟声词不作主语,但是日语拟声词在儿童用语中可以作为主语用。

现代维吾尔语元音的实验语音学研究

易斌 2004

本文运用语音学与音系学相结合的实验分析方法，对现代维吾尔语标准语的元音进行了系统研究。以音节为语音分析框架，对维语8个元音分别进行了实验分析，结果表明，维语八个元音基本音值分别为[ɪ]、[ʏ]、[ɷ]、[e]、[ø]、[o]、[ɛ]、[a]。有的元音在音节层受到不同辅音发音特征的影响，会发生一定的音质变化，在特定的语音环境中，甚至会变为另一个元音。

实验结果显示，8个元音中，元音/e/、/ø/、/ɷ/、/o/音质相对稳定，没有明显变化。元音/i/在多数语境中音值为[ɪ]，但在某些语境中分别变为[i]、[ɤ]、[ə]、[ɨ]、[ɯ]等。元音/ʏ/在多数语境中音值为[ʏ]。元音/ɛ/音质基本稳定，只是在一定语境下舌位偏后。元音/a/在多数语境中音质较稳定，在某些语境中舌位会偏前或偏后。

本文基于声学分析的结果，结合音系学基本理论，对维语的元音格局进行了分析，对维语元音和谐的形式特点进行了概括，对形成元音和谐的语音内部机制进行了探讨。在语音层面，元音和谐的形成与元音在元音系统内部的运作机制有关。维语元音在音节层和单词层两个层面上相对独立运作。在音节层，元音以单个元音为单位，在音节结构规则的制约下运作，从而构成音节。在单词层，元音以子集为单位在元音和谐规则的制约下运作，从而构成和谐词。元音的这种不同层面、不同单位、不同规则的运作，是形成元音和谐的基本语音机制。

维语的元音和谐具有层次性，不同类型的元音和谐各在不同的层级。不同类型元音和谐的形成与元音系统内部的结构格局有关。以语音特征聚合而成的自然子集，进而以相同的功能（能共同构成某一类元音和谐）聚合成元音子集。不同层级的元音子集既互相区别，又互相联系，构成维语的元音格局。元音和谐的层次性跟元音系统中的元音层次性密切相关。不同层级的元音子集分别以不同的规则构成不同类型（级别）的元音和谐。不同层级的元音子集在声学元音图中的分布模式不同。每一级别的元音子集在声学元音图中的分布特点与其所构成的元音和谐的形式特点密切相关。

语言系统演化与语言习得建模

陈瑞雪 2005

本文采用基于复杂适应系统的研究手段对语言演化和语言习得进行研究。复杂适应系统（CAS）理论为语言研究提供了新的思路和方法，是当前复杂系统研究的一个热点。语言系统是人类特有的智能系统，语言变量之间的关系是动态的，这种动态关系表现在相互连结的动态性和连结强度的实时变化两个方面。本文研究语言系统演化及语言习得建模，把复杂系统、人工智能、耗散结构等观念应用到语言研究领域。

语言的起源、演化以及语言习得是语言学问题，也是激起多学科研究兴趣和深入探讨的问题。演化语言学是现代语言学的一个分支。它受生物演化理论的影响，强调竞争和自然选择机制在人类语言演化中的作用，认为语言系统是一个持续发展的演化系统。使用计算机仿真建模的方法可以建立动态模型来研究这一系统的某些性质。

论文首先概括论述了语言系统演化与语言习得建模研究的背景以及研究意义；国外对人类语言演化与语言习得的相关研究；复杂系统研究及其在语言科学领域的应用以及人类语言演化与语言习得研究及进展。然后介绍了复杂系统、国内外对复杂系统研究的主要情况；复杂系统研究的起源与建模；将复杂适应系统理论与语言学研究相结合。

论文深入阐述了人类语言系统是一种复杂自适应系统，讲述了语言建模的部分模仿策略。在此基础之上，建立了基于复杂系统的语言演化与语言习得的理论框架，同时建立了基于语言演化的语言习得模型。包括：人类语言的特征、交流行为的分类、习得符号交流系统的传递、基于神经网络的语言学习模型等。对语言演化与语言习得中的协同现象进行了较为深入的说明。语言出现与语言习得之间存在着天然的理论关联。讨论了意义空间结构的影响和语言主体的神经网络模型，以及研究复杂系统的仿真平台——Swarm。在此基础上，采用Swarm平台建立语言习得的计算机模型，得到语言涌现的结果。

最后，总结全文并讨论了今后需要做的工作。

基于普通话的汉语阻塞辅音实验研究

冉启斌 2005

第一章为绪论，介绍论文的选题和方法等内容。

第二章分为两部分。第一部分梳理、讨论辅音的一些基础性问题；第二部分探讨、分析辅音格局的一些问题。论文把辅音产生的时程阶段叫作辅音的气流过程。发音部位与发音方法这两个维度并非独立而完备的参量，而是具有一定相互制约的关系。辅音格局可以从音类配列格局，语音变体格局，阶、层关系等方面进行分析，格局是多方面的。

第三章对普通话爆发音进行实验分析。爆发音最常见的部位是舌尖（舌冠）。[t] [k]基本上出现于所有汉语方言。后接音素[u]有使双唇爆发音 VOT 增长的倾向。用音轨方程分析了普通话的爆发音，音节中元音的声学空间与单念时相比有所缩小，其中后高元音[u]前移明显。音轨方程对舌根爆发音的分析有效性较低。送气音的闭塞段短于相应的不送气音的闭塞段，双唇音比舌尖音和舌根音的闭塞段都要长。

第四章对普通话擦音进行实验分析。擦音最常见的是[s]，所有汉语方言都至少有一个擦音。擦音与送气爆发音具有一定关系。较长的一类擦音的音高较高、音强较强；较短的一类擦音的音高较低、音强较弱。

这是由发音时摩擦缝隙的大小决定的。采用擦音空间分析的方法，发现音长较长、音高较高、音强较强的一类擦音，在擦音空间上谱重心较高，分散程度较低。时域上的结果和频域上的结果具有相互对应的关系。浊擦音比相应的清擦音谱重心要低得多，分散程度和分布范围要小得多。

第五章对普通话闭擦音进行实验分析。闭擦音一般出现在中舌面之前。闭擦音存在于所有汉语方言当中，一般至少有一个[ts]。zh、ch 的时长比其他两组闭擦音都短，在语音特性上介于闭擦音和爆发音之间。从音系角度把 zh、ch 分析为闭擦音更为合适。送气闭擦音与擦音有比较接近的方面，二者在历时上经常有相互转化的情况，这与两类音素共时状态下的强弱势态有关。

第六章为结论，总结研究的结果，并讨论研究中的问题。阻塞辅音的声学特征受自身性质的内因影响明显，而相邻音素以及声调等外因影响相对小得多。音位标写与语音实质，声谱特征与发音生理，它们之间的对应关系是纷杂多样的。

汉语方言元音格局的实验研究

时秀娟 2005

论文运用元音格局理念和语音实验的方法研究汉语九大方言区 40 个方言点的元音格局，考察其元音的定位系统、内部变体及整体的层级关系。具体内容包括各方言点一级元音的个数、定位系统、元音三角形的构形、分布位置等。全文共分 7 章。第一章概论，介绍元音格局的研究方法及研究对象；第二章为实验材料及实验说明；第三、四章为实验结果及分析；第五章从元音格局的角度看汉语方言的分区；第六章讨论汉语方言元音格局内部高、中、低元音的分布、音系特征、声学空间；第七章为结论。

第三到六章是全文的主体。第三、四章的实验结果显示汉语方言元音格局具有以下特点：（一）顶点元音有三个，即高元音/i、u/和低元音/a/，元音外缘构型都是三角形，可以分为三类：1. 等边型；2. 等腰型；3. 锐角型。（二）高、中、低三种元音都有。各方言的元音有6—11个元音不等。其中高元音丰富，中元音次之，低元音最少，只有一个/a/。（三）中元音/ɤ/具有游移性。

  第五章把元音格局与方言分区相联系，发现元音三角形的类型与方言的分区有很强的一致性。同一方言区内元音三角形构型的类型基本一致。从元音三角形构型的类型来看，同一种类型中，或是同一方言区，或是相邻方言区，再则是有渊源关系；非官话区内部既有一致性，又有差异性；元音格局反映出汉语方言的南北大界和方言间的亲疏关系。

  第六章分别考察高、中、低元音，得到：（一）元音格局之间的特点：1. 各元音格局具有独立性；2. 同一元音占据的声学空间具有相对性；3. 元音F1离散度大，F2离散度小，说明元音在高度维比较分散、灵活，在前后维较集中、稳定。（二）元音格局内部特点：1. 高、低元音的稳态性原则；2. 舌尖元音的不稳定性原则；3. 中元音高低维度上的灵活性及/ɤ/的游移性原则；4. 低元音的趋中性原则。

  第七章进行简单的回顾与总结，并做了进一步讨论。论文把汉语方言元音格局的类型与世界语言语料库中元音类型进行比较，总结出汉语方言元音格局的共性与个性。汉语方言共时的元音格局类型，都是汉语语音历时发展的结果。

汉语普通话元音习得的实验研究

温宝莹 2005

  论文选取了30名母语为美国英语、60名母语为日语的汉语学习者和40名母语为汉语普通话的儿童录音。使用语音分析软件"桌上语音工作室"以及统计软件excel、spss10.0等进行实验测算和统计做图。得到元音共振峰数据和声学元音图作为分析依据。对他们习得七个汉语基础元音/a、i、u、y、ə、ɿ、ʅ/的进程进行全面考察和比较。结果如下：

1. 习得顺序。决定第一语言（L1）元音习得顺序的主要因素是元音标记性，无标记元音的习得速度快于有标记元音。决定第二语言（L2）元音习得顺序的主要因素是学习者母语和汉语的元音相似性，新元音习得速度快于相似元音。在二语习得中，标记性只是制约新元音的习得。标记性弱的新元音习得速度较快，强标记性甚至会使新元音的习得晚于相似元音。实验结果验证了"非逆向一致性"法则，否定了对比分析假说，修正了新迁移假说和标记性假说。

2. 元音的系统性。（1）发音偏误的系统性。儿童元音的偏误是成系统的，三岁以下儿童发音错误的主要类型为元音替换，三岁以上则为元音偏移。L2学习者元音发音偏误的类型依据母语的不同而有差异，主要是母语迁移的影响；而对新元音的发音偏误却跟儿童相似。（2）元音发展的系统性。儿童的元音发展是系统进行的，元音格局是一种有序的平衡分布。L2学习者的元音习得是逐一进行的，元音格局常常达不到平衡分布。（3）L2学习者发音的离散性。汉语母语者发音的舌位高低比较灵活，舌位前后比较稳定。而L2学习者却是舌位前后比较灵活。

3. 汉语中介语的一些特点。（1）L1和L2的元音习得过程中都会出现反复。L1在反复之后，能够重新习得；而有些L2学习者在反复之后就停滞不前。（2）L2元音发展有两种方式：收缩式和移动式。（3）L2元音的习得有三种途径：a、通过母语语音的正迁移习得；b、通过克服母语的负迁移而习得；c、通过建立新的语音范畴习得。（4）同一母语背景的女生学习速度快于男生。美国学习者的习得速度快于日本学习者。

4. 汉语普通话儿童的元音发展同元音的普遍类型相对应，同汉语语音总体的历时演变相对应。

5. 普遍语法对于儿童的语音习得和语法习得都起到决定作用；只是对L2的语法习得发挥作用，而在语音习得中却是母语迁移的作用大于普遍语法。

汉、日语音与句法语义关系的研究

杨晓安 2005

　　语音是呈示句法语义关系最重要的、无可替代的形式手段。本论文以这种思考为前提，运用实验语音学的方法，详细比较研究了汉、日两种语言的韵律与句法语义的种种关系。

　　全文分三大部分。上篇包括第一章至第四章。第一章比较现代汉、日语音系统。第二章比较汉、日单元音的分布格局。第三章分析汉、日单元音的时长变化及比例关系。第四章分析了汉语送气音/不送气音与日语清音/浊音的时长比例差异。

　　下篇含第五章至第十二章。第五章通过汉语"啊""吧"与日语"よ""ね"两组句末语气词的语音分析，讨论了语调与信息的关系。第六章通过比较上升调名词独词句在汉语和日语中的句法语义差异，讨论了名词独词句的语音与句法语义的关系。第七章通过比较汉日形容词独词句在表现四种语气中呈现的不同语音特征，讨论了语音与语气的关系。第八章主要讨论汉日语调疑问句中区别特指问与是非问的语音手段。第九章至第十一章都是探讨语音与歧义关系的。第九章讨论了潜存于歧义结构理解中的韵律习惯。第十章讨论了歧义和词语时长变化的关系。第十一章讨论了时长在歧义切分中的标示功能。第十二章 讨论了"N1+的（の）+N2"结构中 N2 的弱化与句法语义结构的联系。

　　结语部分（第十三章）主要从同异关系、语音手段（高与低、强与弱、长与短、连与断）、协同与主次三个方面，对汉日语音与句法语义关系做了综合论述。讨论范围涉及基频高低及曲线变化、振幅强度、时长比例、停顿时间等非音质手段与句法语义的种种联系。我们认识到：一、语音作为句法语义呈示形式有丰富的再现功能。二、语音系统具有丰富的句法语义呈示功能。任何句法语义内容都必须通过语音而形式化。语音也必然负载相应的句法语义内容。语音与句法语义关系的研究属于语言研究中异常重要的领域。三、尽管汉语和日语的语言类型差别很大，它们的共同点还是非常多的。特别在语音手段区别句法语义内容上，同占其主，异为其次。这反映了人类语言的一致性。

伪装语音的声学研究

张翠玲 2005

本文从听觉感知和声学分析的角度对法庭案件语音中经常出现的九种伪装发音类型进行了深入细致的研究。通过与正常语音的比较分析，对各种伪装语音的发音特点、声学表现、参量的变化及其对于话者识别的影响进行了归纳和总结。本文共分为十章，内容安排如下：

前三章主要交代研究的背景，第一章为绪论，介绍了司法语音学研究的主要内容及其在中国的发展历程，重点介绍法庭话者辨认技术及其理论基础。第二章介绍了伪装语音的定义、伪装语音类型、国内外的研究结果。第三章介绍了本文研究的出发点、内容和方法。

第四章至第九章是本文的主体部分。第四章研究的是一位发音人和他的九种伪装语音，对他的正常语音和伪装语音进行横向比较分析，通过语音改变的程度来考察伪装发音时个人发音习惯改变的适应性和发音器官的调制能力。第五章对所有发音人的正常语音进行声学分析，明确了正常语音声学参数的总体分布水平，以便与伪装语音的参数水平进行对照研究。第六章至第九章分别对改变基频伪装语音、变速伪装语音、四种通过外在干预发音器官形状形成的伪装语音和耳语伪装语音进行了研究。通过声学调查和统计分析，并与正常语音的参数水平进行比较，总结了各类伪装语音的声学特征、与正常语音的差异、参数的稳定性和抗畸变能力、伪装发音的参数改变对于话者识别率的影响以及实际伪装语音检验鉴定中应该注意的问题等等。

第十章是结论。研究表明：第一，伪装语音产生很大程度的变异。然而，语音的伪装具有局限性，一方面受发音器官生理结构和调制能力的限制；另一方面，缺乏稳定性和持久性，发音习惯的"根深蒂固"使发音人很难完全保持伪装模式发音。第二，听觉感知和声学表现不是完全对应的，有些语音的感知结果还没有发现对应的声学相关物。第三，伪装语音的声学参数改变呈不均衡状态。有些参数比较敏感，变化显著，有些参数则相当稳定。利用回归模型可以在一定程度上实现伪装语音的参数补偿和逆推。第四，在同一种伪装发音中，不同发音人有很强的特异性，这有利于话者识别。

大连方言声调研究

高玉娟 2006

本文运用了实验语音学、音系学和社会语言学相结合的研究方法，对大连方言的声调进行了较为系统的研究。论文的主要内容有：

第一章为引言，指出选题的背景、研究的目的和意义，说明研究的理论基础和主要方法，以及论文的写作思路和框架等。第二章对大连方言语音系统研究进行回顾，以分析前人对于大连方言语音研究中的得失和目前所存在的问题。

第三章至第六章为论文的主体部分。第三章是关于大连方言声调格局变化的实验研究。包括两部分内容：声学实验部分和听辨实验部分。声学实验部分研究了大连方言声调新、老两派在时长和音高等方面的声学特征，运用声调格局的思想，做出大连方言的声调格局，确定了新老两派的具体调值，考察了大连方言声调由四调向三调合并的倾向，展示了大连发言声调格局的变化发展。听辨实验部分通过对大连方言阴平和去声在单字调情况下和在双字组连读情况下的听辨，进一步验证了声学实验部分的结论。此章最后初步探讨了影响大连话声调格局变化的主要相关因素。第四章是对大连方言二字组连读变调的研究，包括两大部分内容，即"非轻声二字组连读变调的研究"和"轻声二字组的研究"。前者结合实验语音学和音系学探讨了新老两派非轻声二字组在调域、时长以及音高等方面的声学特征，考察了新老两派的连调模式和连读变调规则，并与传统的研究结果进行比较，以展示这一方言连读变调的变化。在此基础上，分析了影响大连方言连读变调变化的相关因素。对于大连方言二字组的轻声也从音高、时长和音强等方面进行了声学考察。第五章和第六章运用社会语言学关于语言变异的相关理论和研究方法，通过社会调查结合实验分析，考察了大连方言二字组连读变调"去阴"和"去上"组合新变式发生的大致时间、稳定程度、以及在不同群体中的使用状况，并且预测了其发展趋势，考察新变调规则的使用是否受到了某些社会因素的影响等。对于新的变调规则的使用原因也做了初步的考察和分析。

第七章为结论。概括总结了本文的主要内容及研究发现，总结了本文的某些创新之处，并且指出了本文的不足和后续研究需着力的地方。

云南方言语音研究

吉田仁（日）2006

一个语言具有它自己的历史，方言也是如此。一个语言或方言与它所处的地域历史有着密不可分的关系。地域历史又可以说是其地域居民的历史。因此，要探讨一个语言或方言的来龙去脉，应该了解当地居民的历史、文化、习俗、地理分布等各种因素。云南地处中国西南边疆，这里的汉语方言也有它自己的历史和演变过程。在云南，明代洪武年间以后才有大批汉人移民从内地迁来此地定居繁衍。因此，从时间的角度来说，云南汉语方言只有600多年的历史。云南又是多民族的一个省份，明代以前，云南的主体民族是以白族、彝族等为主的藏缅语族，所以探讨该地的汉语方言，就要牵涉到当地世居民族的历史和与其相关的汉人移民历史，从中探讨各个历史时期的语言情况。云南汉语方言（以下简称云南方言，下同）属于广义的北方大方言区下的西南次方言。许多学者认为西南方言在语音上有许多共同点，但由于云南方言有着其独特的地理环境、历史背景、民族构成、汉人移民历史等原因，与邻近地区相比却有许多不同之处。本文拟以《云南方言调查报告（汉语部分）上下册》《云南省志卷58方言志》《云南史料丛刊》等著作为主，并参酌其他资料，运用分析、统计等方法，探讨云南方言的语音历史。

全文共分为6章。第一章：介绍云南地理、人口、民族的概况。第二章：考察云南少数民族的历史，特别是明代以前在该地区起主导作用的白族、彝族等民族的历史，以及与此相关的汉人移民的历史和云南境内各时期的语言使用情况。第三章：考察移民汉语和白语、彝语等世居民族语言之间的接触情况，以及云南境内少数民族的语音特征和其地理分布。第四章：考察云南方言、其他西南方言、被认为是云南汉族移民"母方言"的江淮方言的语音特征，并通过对三者的比较、统计，分析云南方言的语音特征及其产生的原因。第五章：比较20世纪40年代调查的《云南方言调查（汉语部分）上下册》和80年代调查的《云南省志卷58方言志》，考察近50年来的云南方言语音的变化，并从中找出该方言语音变化的规律性。第六章：结论。

北京话语气词韵律特征研究

张彦 2006

本文主要对北京话语气词（主要指句末语气词）用于不同语气时的韵律特征进行了实验分析，并在此基础上总结出语气词韵律特征的语气表达功能。

全文共分8章。第一章为绪论，第八章为结语。

正文分两大部分，第一部分是语音实验，分析用于各种语气的语气词的韵律表现，包括第二、三、四章。第二章考察句末语气词的韵律特征如何受句重音影响，第三章和第四章在第二章实验结论的基础上，排除重音影响，考察用于中性语气和非中性语气时语气词的韵律表现。中性语气主要指典型的陈述、疑问、祈使和感叹语气，即通常所谓的"语气"，共计四类；非中性语气主要指各中性语气的下位小类，即通常所谓的"口气"，实验选取较为常用的共计20类非中性语气。

正文第二部分是分析总结，包括第五、六、七三章。第五章分析句末语气词的韵律特征同所在句句调之间的关系，主要有两种情况，一是句末语气词的韵律特征是句调的一部分，与前面重读音节共同承载句末语调，大多与句末其他轻声音节并不相同，有表达语气的作用；二是句末语气词的韵律特征独立于句调之外，带有或升或降或平的调尾，不同的调尾表达不同的语气。第六章总结语气词韵律特征的语气表达功能。音高的语气表达作用最强，其次为时长，能量的作用最小。音高升降幅度大小表达语气确定程度的高低；调阶的高低则传达出语气的高昂与低沉。当语气词带有调尾时，调尾的平升降走势各有不同的语气表达作用。升调尾除了可以表达不太相信、不耐烦的语气之外，还可以表达提醒或警告语气；降调尾主要表达说话人"自高位置"的态度等；平调尾表傲慢、不满以及央求语气等。时长的长短传达出语气的干脆与否；能量大小通常与语气强弱有关。各韵律参数互相配合形成多种多样的韵律特征整体，还可以表达更为丰富的语气。但还是以音高表达的语气为主，时长其次，能量只为辅助。第七章通过对比句末语气词的韵律特征来判断语气词所在的疑问句和陈述句句调的异同，为判断疑问句的疑问语气是否由句末语气词带来提供一定依据，从而考察句末语气词是否表达疑问语气。重点分析较有争议的语气词"呢"和"吧"，结论是这两个语气词都不表疑问语气，不是疑问语气词。

中国人的非言语交际：以革命时代题材作品为主要材料的分析

奥田宽（日）2007

本文主要对中国人的非言语交际进行了分析研究。第一章为绪论，以符号学的内涵意义的观点来记述中国人的非言语交际，还对研究方法和前人的研究进行了论述。

第二章探讨了非言语交际也属于一种符号，简要叙述了日本、中国关于中国人非言语交际的研究历史。

第三章第一节论述了姓名作为一种符号，在"革命"语境里具有的含义。第二节论述了面部相貌在"革命"语境里作为一种符号，具有的含义。第三节就文学作品中的"大手"这一具有阶级性的现象展开讨论。第四节探讨以旧社会为背景的文学作品中，人物所持有的扁担或文明棍这些道具，反映出人物的社会性。

第四章第一节用例句分析了外国人学习汉语时难以理解的部分，即辞典里几乎没有收录的体态语的含意。第二节讨论"肩""背""手""脚"的典型动作，指出这些固有动作由于革命行为而被象征化。第三节通过电影和革命小说，考察了中国人表达爱情行为的符号内容。

第五章考察了中国人对老人的期待，即"理想老人"对社会的作用等。

第六章对中国的旧式白话小说《儒林外史》与革命小说中对人物的描写进行比较，对照新社会中对人的描写与旧社会对人的描写，探讨了两者的时代差。

第七章是以绘画为一种符号来探讨中国人的体态语的内涵意义。有些体态语表现在《连环画》这样以绘画为中心的传达手段中。用绘画的手段把语言中不太容易传达的象征性意思传达给读者。

第八章指出相面术的外貌可理解为符号表现，符号表现和符号内容结合后，在传统的代码和现代中国小说中对登场人物容貌描写的代码之间存在着某些重合部分，二者有着互补的关系。

第九章第一节以中国和日本小说中对人物的描写为资料，探讨在描写"人"时，作者都选择的符号表现，赋予的符号内容，并比较了两种思维方式的差异。第二节选择日本现代小说中的身体语言，对照分析中国翻译者的语言表现；讨论在日、中两种语言怎样通过翻译来处理对应。

第十章第一节对日本人、中国人、英美人"蹲"的内涵意义进行了探讨。第二节从日、汉、英三种语言资料中分析了"疲劳"的身体语汇化与文化性动作的情况。

普通话多音节韵律词的实验研究

邓丹 2007

本研究主要采用语料库语言学的研究方法，对从包含400个句子的语料库中切分得到的普通话双音节、三音节和四音节韵律词的韵律特征进行了细致深入的分析。文中主要针对普通话多音节韵律词的音高、音长、重音以及轻声等特征开展了研究。从最基本的声学参数音高和音长入手，对普通话双音节、三音节和四音节韵律词在语句中的实际表现进行了全方位的考察，得到了在声调特征、韵律短语位置、停延边界、组合结构、句法结构、重音类型等因素制约下普通话多音节韵律词的音高模式和时长模式。

研究得到的主要结论有：1. 韵律短语位置对音高的影响最为显著，它只对声调的整体高低产生影响，一般不会改变声调的调型，从韵律短语首到韵律短语末的音高均呈现下降趋势。2. 相邻声调只会对相邻音节的音高产生影响，具体表现为，前接声调终点的高低对后字调头段的音高产生同化作用，后接声调起点的高低对前字的整体音高产生异化作用，同时还对前字的调尾产生同化作用。普通话韵律词中具有高特征的声调存在降阶现象。3. 停延边界只对边界前一个音节的时长产生影响，在B2边界（相当于韵律短语边界）前音节的延长最显著。时长延长和各声调的调型特征有关，随着停延等级的增加升调的时长继续延长，其他调型则逐渐变短。4. 组合结构对三音节词中字音高的影响最大，2+1结构中的中字比1+2中的更容易发生变化，变成前后两个声调的过渡调。中字阳平的变调和三个上声连读时的变调，都要受到组合结构的影响。在时长方面，三音节词的时长模式除了受组合类型的影响外，有时还要受到自身语法功能的限制。5. 四音节词的时长模式要受到组成四音节词的前后两个双音节词之间的句法结构的影响。句法结构不同对四音节词时长分布的影响，主要体现在第二音节的时长变化上。第二音节时长的变化主要反映了不同句法结构四音节词内部，两个双音节词之间结合的紧密程度。6. 语流中普通话双音节韵律词的词重音倾向于前重，但在较大停延边界前后重的比例逐渐增加。获得重音的音节的音高变化幅度较大，时长也较长。7. 具有"降"调型的轻声和去声的表现类似，尤其是阳平、去声后的去声和轻声，它们的部分声学特征已经重叠，语句中会出现相混的情况。

北京话单字调和元音的统计性研究

王萍 2007

本文对北京话的单字调和元音分别进行大样本的声学实验和统计分析。以下是本文的主要创新点和结论：

1. 本文尝试将"T"值和"V"值分别应用到声调和元音的统计分析中，收到良好的效果。它们都是相对化、归一化以后的单位，可以很好地去除外部因素带来的个体差异，从而得出一些共性的结论，同时也可在不同社会背景的人群的比较中得出系统性的差异。

2. 本文将"偏分布"的概念和算法引入到天津话声调和北京话基础元音的统计分析中。据此得到的声调数据分布的集中区可以强化声调的区别性特征；据此得到的顶点元音/a/、/i/、/u/的数据分布的集中区与它们各自的历时变化方向相一致，可以为未来的音变方向提供线索和征兆。这有利于音系学研究以及语音的共时表现和历时变化的关系研究。

3. 声调的"稳态段"和"动态段"理论是将语音学和音系学相结合的一个很好的例证。本文通过北京话、天津话各自单字调的统计分析，以及与苏州话单字调的对比分析，发现"稳态段"和"动态段"的分布在以上方言中是普遍存在的，并且是有规律可循的。调型和调层是制约稳态段和动态段分布的两个重要因素，而且它们对于声调"凹""凸"特征的出现也有重要作用。

4. 本文以元音格局的概念为基础，利用"V"值对北京话的四级元音进行细致的统计测算和比较分析，研究结论使我们对于整个北京话的元音系统，包括各级元音的分布空间、相对位置以及变化规律等方面都有了更为全面的认识。

5. 本文在前人声学研究的基础上，尝试利用听感的方法来考察前响二合元音/ai/、/au/和后响二合元音/ia/、/ua/中/a/的不对称性表现，以及/ai/、/au/是否存在真正意义上的稳态段等问题，是对前人研究的补充。

6. 关于声调对元音是否产生影响这一问题，学界一直存在争论，其中一个很重要的原因就是发音人的个体差异。基于此，本文从大样本的角度考察，得出声调对于北京话/a/、/i/、/y/、/u/、/ɤ/五个舌面单元音的影响方式和影响程度。

全文由始至终贯穿一个理念：将个体的语音表现置于整个语音的系统和格局中去考察，而不是孤立地进行原子式的分析。

方言接触中的语音格局

贝先明 2008

　　方言接触在语音上有哪些表现和规律？方言接触受到哪些因素的影响？本文通过对湘语、赣语之间接触的个案考察，探讨了上述问题。

　　全文分为7章，其中第一章为绪论，回顾以往湘语、赣语的语音研究以及语言接触的研究，并对本文的研究进行说明。第二章论述接触对象（湘语、赣语）的历史情况、共时状态。第三章和第四章分别从元音格局和声调格局方面详细地论述了湘语、赣语接触的语音表现和规律。第五章论述了方言接触的内部因素和外部因素对语音格局的影响。第六章对方言接触、语言接触、语言习得进行了初步比较。第七章为结语。

　　通过深入考察发现，混合方言语音格局的建构和演变有外部因素和内部因素的共同作用。从外部因素看，在地域型方言接触中，地域因素使得接触具有扩散性。在移民型方言接触中，移民的方式、时间、人数、次数、移民与迁入地原居民在数量上的比例等等，都有重要影响。同时，交际压力度越大，接触会更加深。此外，政治、经济、文化、人口等因素也对方言接触起到重要作用。

　　从内部因素看，在方言接触中出现的"过渡、越位、反弹"的声学分布模式中，"过渡"模式出现最多，"反弹"模式出现较少。"反弹"模式多是在协和度低或标记性强的语音单位出现。混合方言在语音格局的调整和演变中，往往从协和度低或标记性强的语音单位开始变化，方向是提高语音的协和度和降低语音的标记性。感知显著度高的语音优先进入混合方言的语音系统。此外，也存在其他的一些内部因素，诸如链移式音变、语音四要素之间的相互影响和作用等。

　　本文的创新主要有：1. 材料上，首次对湘语、赣语之间的接触进行深入的研究。2. 方法上，首次利用语音格局的方法来研究汉语方言接触。

3. 理论上，首次提出接触当中混合系统的过渡、越位、反弹三种分布模式，首次提出偏向度的概念及其算法，借鉴性地提出方言接触的三个阶段（拼合—混合—回归）。

本文的研究意义：第一，推动了湘语、赣语两大方言的进一步研究。第二，推动了方言接触和语言接触研究。第三，深化对语音格局的认识与应用。第四，对湘语、赣语的方言识别提供依据。

中介语元音系统建构与发展的实验研究

李晶 2008

本文研究的基本理论出发点为：二语习得者所习得的目标语是一个自成体系的中介语系统，它的建立和发展有其内在的规律。

本文选取了三个年龄组共计十二名母语为汉语的英语学习者，对英语基础元音/a、i、(ɔ)、(ə)、u/进行实验对比分析。还分别考察了四名美国初学者习得 7 汉语基础元音/a、i、u、y、(ə)、(ʅ)、(ɿ)/的情况和四名中国初学者习得八个法语基础元音/i、a、u、y、o、ɛ、e、ə/的离散度排序。初步有以下几个结论：

1. 中介语元音系统建构次序具有自身的规律。不同母语背景的二语初学者在习得不同目标语元音的离散率有类似的排列顺序，是中介语元音系统建构次序规律性的体现：相似元音的建构要早于新元音;当同为相似元音或新元音时，标记性弱的音早于标记性强的音。

2. 中介语具有四个主要特征：（1）动态性：表现为共时状态下的可变性和历时状态下的发展性。（2）系统性：中介语元音系统建构次序的一般规律就是这种系统性的体现。（3）创造性：中介语不是对母语的简单复制或对目标语的单纯模仿，而是习得者创造的一个新系统。（4）"化石化"现象：绝大多数二语习得者最终都不会获得与母语者相同的语言能力。

3. 母语影响。母语影响在中国学生的汉英中介语元音系统中表现十分明显：（1）母语顶点元音/a、i、u/的绝对发音位置会直接影响到中介语元音的发音位置。（2）非顶点元音/（e）/在母语元音格局中的相对位置会影响中介语元音的相对位置。（3）随着二语水平的提高，母语影响的表现会逐渐减弱。

4. 语言普遍性。语言普遍性在中介语元音系统的建构过程中发挥重要作用：（1）建构次序与儿童习得母语元音的规律趋向一致。（2）当同为相似元音或者新元音时，弱标记的音比强标记的音先建构。（3）中国学生三个组习得英语元音/（e）/发音位置的改变方式说明元音的系统性对元音的建构和发展有制约作用。

5. 母语对中介语系统的影响是显在的，是"显规则"。语言普遍性规律在深层次上控制着系统构架和建构次序，是"隐规则"。这两种规则分别作用于中介语系统的不同层面，二者之间相辅相成。

韩、中学习者汉、韩语音习得实验研究

梁春基（韩）2008

本论文通过声学实验和统计分析，对韩国学生学汉语和中国学生学韩语的语音习得情况进行全面考察和比较，以期对中介语语音习得理论有进一步的了解。

第一章为绪论，介绍本论文的选题意义、研究目的和有关理论。

第二章为汉韩语单元音习得研究。实验表明：韩中学习者先习得与母语相似度高的音素，但是到了熟练者阶段，相似音素的偏误仍然存在，而对新音素的习得，虽然初级阶段较难掌握，但是经过训练和纠正也会达到母语者的水平。

第三章为汉韩爆发音习得研究。实验结果如下：韩国学习者对汉语送气爆发音的习得好于不送气爆发音。中国学习者对韩语爆发音的习得顺序为，从易到难，紧音＞送气音＞松音。从发音部位的角度来分，韩中学习者同样对双唇音的习得相对好一些,对舌根音的习得相对差一些。两种语言爆发音都存在送气音,但是二者送气音的声学参量不完全一致。中韩学习者的韩汉爆发音习得当中，母语迁移现象比较明显，尤其是送气音的表现更典型。

第四章为韩国学习者的汉语声调习得研究。实验表明：对单字调的习得顺序为：去声＞阴平＞上声＞阳平。二字组和三字组声调偏误都以调类为区分标准，而不是在二字组或三字组中的位置。最典型的偏误表现为：阴平读成高降调、去声读成高平调、阳平和上声相互混淆，这与单字调的偏误类型一致。韩国学习者的二字组和三字组声调习得顺序是：阴平＞去声＞上声＞阳平。他们的三字组声调几乎不存在语法结构的区别。韩国学习者多音节声调偏误有：声调曲折比汉语母语者多一些，主要原因在于韩国学习者发多音节当中的上声时，发成上声降升调值的情况很多。

第五章为结论，对前面几章研究的结果在理论验证的角度下进行讨论。从本文关于第二语言语音习得的实验结果来看，传统的语言迁移理论仍然具有说服力，新的语言迁移理论和标记性理论需要考虑实际情况并加以修正。

拉祜语四音格词研究

刘劲荣 2008

本文以拉祜语四音格词为研究对象，全面地描写其语音结构、构成方式、声调形式、语义特点、语法形式等。研究表明，四音格词是语音、语义、语法的统一体，重叠、音韵和谐、双音化是形成四音格词的动因。

全文共分六章。

第一章，绪论。简要介绍拉祜族及语言文字概况；简述拉祜语四音格词研究概况；对拉祜语四音格词进行界定。

第二章，语音形式。根据音节是否重叠及语音和谐关系，拉祜语四音格词可以分为六类，即 ABAC、AABB、ABCD、ABAB、ABCB 和 ABCC 型。四音格词在连读中的共时变调和辅音脱落形式与双音节词一致。我们还通过语音实验，观察不同类型四音格词的声、韵、调形式。

第三章，语法特点。四音格词从构词的角度区分为联绵式、复合式、重叠式、非重叠式、配音式等类型。一半以上的拉祜语四音格词具有固定的结构，称为四音格语型。具有极强的能产性，显示出格式化特征。

第四章，语义特点。多层结构是最普遍的结构方式，单层结构和双层结构次之，整体结构的四音格词较少。在多层结构和双层结构里，由于各成分之间表现出来的意义存在差异，所以这两种结构具有较大的搭配空间和意义容量，语义搭配关系也表现出多样性特点。

第五章，类型比较。拉祜语作为分析性语言，重叠是普遍采用的构词和构形手段，它是构成拉祜语四音格词的主要方式之一。双音化是四音格词得以发展的基础。四音格词是汉藏语系大多数语言共有的词汇现象，通过对拉祜语四音格词与汉语和傈僳语四音格词的比较，有共性也有个性差异，进一步深入研究必将有更多收获。

第六章，四音格词中的拉祜文化。许多四音格词与丰富多彩的拉祜文化有着千丝万缕的关系，特别是反映族群迁徙、宗教信仰、文学艺术、日常生活的四音格词中蕴藏着丰富的文化内涵。

本文采用了描写和比较相结合、统计与层次分析相结合的研究方法，即在掌握丰富语料的基础上进行系统描写和比较分析。在说明拉祜语四音格词总体特征的基础上，对四音格词的形成、结构和类型等方面作了更深层的研究，为拉祜语拥有丰富的四音格词提供语言机制方面的解释。本文对拉祜语四音格词进行的多层次、多角度的统计，为整体研究和最后的结论提供了可靠的论证数据。

不同级别音联中普通话元音的语音特征

向柠 2008

本文根据4位（2男2女）北京发音人的语音样本，考察孤立词和语流两种语境中不同音联（闭音联、音节音联、节奏音联以及停顿音联）前后的元音在频域和时域上的语音表现和相互联系。还利用电子腭位仪（EGP）考察了1名女性发音人孤立词闭音联内元音间的协同发音现象。本文的主要发现如下：

1. 在频域上，音联级别和前后位置影响元音的音质差异。同一元音在闭音联前后的音质与在音节音联、节奏音联和停顿音联前后的音质差异较大。后三者之间的音质差异较小。各音联元音音质按照偏离典型值的程度大小排序（从大到小），大多是：闭音联→节奏音联→音节音联→停顿音联。各音联元音间的音质差距按照大小排序（从小到大），依次是：闭音联→节奏音联→音节音联→停顿音联。这种非对应性主要出现在中间的节奏音联和音节音联上。

2. 在时域上，音联级别和前后位置影响元音的音差异。同一元音在闭音联前后的音长与在音节音联、节奏音联和停顿音联前后的时长差异较大。后三者之间的时长差异较小。各音联前的元音音长排序（从短到长，下同）跟元音间的音长排序相同，都是：闭音联→节奏音联→音节音联→停顿音联。各音联后的元音音长排序是：闭音联→停顿音联→节奏音联→音节音联。

3. 各音联前的元音时长越短，音质越偏离典型值；时长越长，音质越接近典型值。各音联元音间的音质差距跟音长也是这样：元音间音长越短，元音间音质差距越小，协同发音作用越弱；元音间音长越长，元音间音质差距越大，协同发音作用越强。

4. 通过电子腭位图数据发现闭音联前后的元音/u/以及跟元音/u/

邻近的其他元音的舌腭接触情况均为空接触。低元音/a/和央元音/ə/的舌腭接触情况反映了元音间协同发音作用的大小与元音间的舌位高低的相互关系。

本文的创新：（1）研究内容上，首次以音联体系为切入点，全面考察各种因素下元音的动态特征。（2）研究视角上，首次结合声学和生理两个角度考察了普通话闭音联元音间的协同发音情况。（3）研究方法上，首次运用VQD（元音间音质差距）公式来分析元音间的协同发音作用的强弱程度。

现代汉语构形重叠与构形词尾"儿"和"子"的研究

郑彰培（韩）2008

不同学者对汉语形态的认识不同，研究汉语形态之前，应正确认识"形态"的概念。很多学者把汉语形态分成"狭义"和"广义"两部分："狭义的形态"就是"严格意义的形态"或"内部形态"，指的是一个词内部的词形变化，通过这种变化表达某种语法意义，但其词汇意义没有改变，这就是"构形形态（inflectional morphology）"；"广义的形态"就是"外部形态"，它们不是一个词内部的词形变化，而是它们本身就是一个词，通过这种词也可以表示词的语法意义。我们认为这已经不是词法的研究范围，而是句法的研究范围。本文所说的"形态"指的是"狭义的形态"，"形态"不能超出一个词的范围，词形变化后它的词汇意义没有变化，只有语法意义的增加。

词缀和词尾是不同概念的术语，词缀是构词语素，词尾是构形语素。构词形态和构词词尾等说法是不符合本文所说的形态的概念，应使用构形形态或构形词尾等术语。词的形态变化一般通过附加法、内部屈折、重叠、异根、零形式等几种方式表现，但不是每一种语言都具有这几种方式。现代汉语只具有其中两种方式：一种是重叠，另一种是附加法。

重叠是汉语最典型的一种形态,但不是所有的重叠形式都是形态,重叠可分为构词重叠与构形重叠:"孜孜""蛐蛐"等叠音词和"爸爸""渐渐"等重叠词是属于构词重叠,因为叠音词是由一个语素构成的单纯词,重叠词是由两个相同语素构成的合成词,单纯词和合成词的内部结构问题是与构词法有关的,这不是本文所说的构形形态;"走走""商量商量""小小""高高兴兴"等重叠是属于构形重叠,因为它们与"走""商量""小""高兴"之间没有词汇意义的变化,只增加了一些语法意义,这种重叠是一个词的不同语法变体,这就是本文所说的构形重叠。

本文主要研究动词、形容词、名词、副词、量词的构形重叠形式和语法意义。附加法是由词尾的变化方式表现出来的。很多学者主张现代汉语没有这种形态变化,就不承认现代汉语构形词尾的存在。本文承认现代汉语构形词尾的存在,比如,表示"体"的词尾"了、着、过",表示复数的词尾"们",与派生词缀不同的词尾"儿"和"子"等。

汉语作为外语"任务型"增效教学研究

钟英华 2008

本文从第二语言教学和第二语言习得理论出发,试图从划分语言技能特征系统入手,摸索第二语言习得技能系统的规律性。文章通过留学生汉语技能需求调查和估价,分项技能测试,言语例证分析等,结合第二语言习得的研究成果,提出"说听技能特征系统"和"写读技能特征系统",并通过技能测试,运用教育统计方法,对二者之间的相关、回归系数、独立性特征、不均衡性与平衡性特征进行分析阐述,提出"任务型"增效教学的内部关系和理论设计,摸索行之有效的汉语作为外语教学的对策方案。

文章把成人汉语的二语教学作为重点,根据第二语言习得两个技能特征系统的规律性认识,最大限度地发掘成人习得潜能,充分发掘成人的"元认知"能力，通过"任务型"增效教学模式，突出"输出技能"与"输入技能"之间的对应联系，减少学习过程干扰因素，强化以形成"输出技能"作为目标的针对性"输入技能"设计。在技能获得系统设计上，改变传统的听说读写四项技能"齐头并进"的方式，采取"说听技能特征系统"与"写读技能特征系统"分立设置，"可对接""可分开"的灵活教学模式，避免时间和精力的浪费，促进技能获得效率提高，使教学更加符合实际需要，解决长期以来汉语作为外语教学的低效率问题。

文章从历时的角度，综合比较第二语言教学理论、第二语言学习理论，吸取各语言教学流派优长，针对当代成人语言习得的特点和当今第二语言学习者的需求走向，提出"从言语到语言再到言语"的技能获得方法，应用于第二语言习得"输入、互动、输出"环节；提出了以两个"输出技能"——"说技能"和"写技能"的形成作为目标，设计与之相匹配的"输入技能"——"听技能"和"读技能"的针对性训练内容和训练方案。形成"说听技能特征系统"与"写读技能特征系统"两套"任务型"教学可选模块，达到增效教学的目的。

文章在如下两个方面存在不足：1. 学习者需求调查分析、分技能测试等环节取样有待进一步丰富，有待在更大范围做进一步分析；2. 大脑中枢对言语技能的作用，还有待得到更多心理学研究成果的支持。

现代汉语歧义结构的实验语音学分析

黄彩玉 2008

歧义研究一直被定位为语法研究。我们以语音上的韵律特征为切入点，运用语音实验的方法客观地解释和验证语法上和歧义相关的问题将是一次有益的尝试。

首先对句法、语义和语用方面歧义结构进行全面整理，通过声学和听辨实验把具有韵律表现的多义结构筛选出来。然后分别在其中选取具体案例语句，进行声学和听辨实验。我们把声学参数分析统计和语义理解实验结合，一方面是探讨韵律特征消解多义的机制；另一方面是发现语法、语义、语用中一些具有普遍性的韵律特征。

通过对多义结构 V 双+N 双（如"学习文件"）在不同语句的声学实验，发现在不同句义下这个短语的最重音分别落在动词或者名词上，同时最高基频、时长和调域三者的变化具有一致性。多数情况下能让听话人正确感知为语义强调项。

通过对"都"字语义歧义句进行语音实验和统计分析，同样得出"都"字句中"都"所强调部分的基频、时长和音强三者表现的一致性，并从听辨实验得到验证。都 1 最强（如"汤都凉了，没有一晚是热的。"），都 3 最弱，都 2 不很稳定，大体上比都 1 弱，比都 3 强。

在"都"字语用歧义句中，最重音落在"都"所总括指向的部分。从中我们拟测出句中各种重音在成为焦点的可能性顺序：对比重音＞话题重音＞常规重音。

在"VP+就完了"多义结构的声学考察中发现，共时平面"VP+就完了"多义结构不同句义下的韵律表现，证实了"就完了"结构的两条发展路径，即词汇扩散路径："就完了 1"—"就完了 2"；语法化路径："就完了 1"—"就完了 3"。①

通过对多义结构的声学实验和听辨测试的数据分析，结合其中的句法、语义、语用等问题进行讨论，将使我们对多义现象有更加深入的科学认识，并对已有的语法研究的结论进行检验或补充。在语法和语义的讨论中合理利用语音学的知识，对我们科学地解决消除歧义的问题大有裨益。

---

① 例如："就完了"1——请别着急，我说句话就完了。2——那时候千万别出声，我说句话就完了。3——这事好办，我说句话就完了。

国际音标符号系统之元音声学特征分析

孙雪 2009

本文采用元音格局的方法，通过比较归纳11位中外语音学者实际所发国际音标符号系统中的主要元音的声学表现，结合与26种自然语言主要单元音声学特征的对比，试图发现国际音标元音符号在不同时代、不同人所发音中声学表现的共性，从而从语言学、语音学、统计学角度证明国际音标在其设立原则、使用理念上的科学性及其与人类语言规律的深度吻合。

首先，通过实验对诸发音人所发国际音标进行初步观察后，我们发现每个发音人所发元音格局的声学空间都不相同，彼此独立但是又有相似的地方。由于个人生理条件不同，各发音人所发声学元音格局大小、高低各有不同。但经过将声学空间归一化、相对化以后，可以明显看到在这个空间中各人所发国际音标元音格局系统相对稳定、有序。系统中的大部分元音关系相对固定，具有一定的系统性。有的元音之间的位置非常接近，但分析其F1、F2和F3数据后可知，它们都彼此独立地占有确定的空间，本质上与其他元音形成鲜明区别，并不混淆。对这些国际音标元音在声学空间中的相对位置、分布区域大小、元音间组合聚合关系进行了探讨并得出一些具体结论。最后，考察了26种语言中的元音与11位学者根据元音图所发国际音标的声学特征，将其中主要元音进行声学实验比较，进而考察它们在分布范围、分布方式、系统性等方面的异同，从而更深一步地对国际音标符号具体发音的声学特征进行了挖掘。

总之，从具体国际音标发音人来讲，每个人所发国际音标特征与其母语背景、个人发音习惯、生理心理条件、分辨能力有关。但本着格局观念，从每个人所发元音系统间组合、聚合关系来看，虽然每个人使用国际音标总有自己的习惯、甚至偏误，但总体对应关系上不会颠倒。这同样证明，虽然国际音标元音表中的符号，是一个描写无差错的理想言语中的"语言学-语音属性"的系统，这个系统并不是明确地指向某一个言语个体。它不为任何一种特定语言提供音系分析，不涉及任何语言个别的"正确"标音，但是却为所有类型的语音分析得以被广泛理解提供了必需的资源。我们从声学的角度上证明：国际音标元音的原则、设计、使用、观念符合人类语言的共同规律，我们是有科学的方法可以理解、掌握这些符号系统的。

英语语调实验分析研究

郭嘉 2010

本研究以语调格局理论为基础，对 4 位发音人 3 种调群 4 种语气共 432 个句子的语句调域、调群调域和音步调域，以及各语句内韵律单位之间的起伏进行细致深入的分析对比，得到了四种语气的音高分布模式。这些研究结果不仅有助于对英语语调更为深入的认识，同时在语言工程技术中韵律控制方面，具有一定的应用价值。主要结论有：

1. 在自然焦点下，句末词的重读音节为全句的焦点。

2. 在句调域层面，陈述句调域＜感叹句调域＜疑问句调域＜祈使句调域，其中祈使句调域和疑问句调域相差甚微。本研究提出窄调域（陈述句），中调域（感叹句），宽调域（疑问句和祈使句），指出在同一尺度下，句调域的宽窄可以看作区分四种语气的声学参数。

3. 在自然焦点下，在不同的语气中，句中调群或音步调域所起到的语调作用各不相同。

4. 决定承载语调的韵律单位应该考虑到三方面的因素，一是语句最高值和最低值的位置以及它们的差值；二是各韵律单位的音高调域值和它们彼此之间的调域差值；三是句中群调域的大小及其与句末群调域的差异。

5. 英语语调格局中的语调动态守恒主要表现在 3 个方面：一是随着语句的延长，句调域增加，而语句内的调群调域和音步调域却依次减少，这种"不对称性"确保了英语语调的动态守恒。二是韵律单位的恒定与变化，韵律单位的调域越大，所涵盖的信息量就越大，语调规律性就越不稳定，成为导致语调变化的主要因素。三是各韵律单位调域的不同变化也确保了英语语调的动态守恒。

6. 语气语调在语调格局中的近似对称性。陈述句与感叹句、疑问句和祈使句以近似对称的方式分布在语调格局中。

7. 句调域上线具有区分功能。依据 4 种语气的表现，可以区分为陈述句低开低走，低调窄域；疑问句中开高走，中调宽域；祈使句中开低走，中调宽域；感叹句高开高走，高调中域。

8. 中线作为研究语调的隐性参数，起着重要的标记作用。陈述句和祈使句的句末中线都在 50％以下，而疑问句和感叹句的句末中线在 50％以上。经过归一化处理后，得到 4 种语气的中线分布模式。

9. 在自然焦点下，英语句调域下线的起伏明显大于上线，对语调韵律起着重要的调节作用。

基于超声波检测的汉语普通话基础元音发音的舌体运动研究

陈彧 2011

本文利用超声波检测手段所得到的舌体形态数据，同时结合发音过程的头动、唇形变化数据，对 4 名发音人汉语普通话 7 个基本元音/a/、/i/、/u/、/ə/、/y/、/ɤ/、/ɿ/发音 S2 至 S4 阶段的舌体形态及其运动方式从原始图像观察、数据分析、发音音系学考察和发音生理空间分布等角度进行了分析。

结果表明，在各元音发音的各个阶段，舌体均经历了相应的形态变化。其中，在 S3 阶段，即发音的稳定阶段，舌体经过调整达到各元音特定的发音姿势。研究发现，在发音的 S3 阶段，各元音的舌体形态在稳定程度上有所不同，在舌体形态峰值实现时间上亦有所区别。

根据各元音舌体数据在 S3 阶段的表现，同时在必要情况下结合唇体变化数据，我们在发音音系学理论框架下对各个元音的发音姿势进行了分析。同时，也对顶点元音/a/、/i/、/u/的稳定性，中元音/ə/的游移性，圆唇元音/y/的外圆唇性质和舌尖元音/ɿ/、/ʅ/的无标的特性等问题进行了探讨。

鉴于 S3 阶段舌体高点数据在区分不同元音中的重要性，本文还在元音格局理论的分析框架下，参照元音声学格局的分析方法提出了元音发音生理格局的 S 值公式，就各元音 S3 阶段舌体高点数据进行了 S 值计算，绘制出了相应的普通话元音发音生理格局分布图。在本文中，我们在利用 EdgeTrak 提取超声波舌体数据的基础上，开发了一组基于 R 环境的集舌体数据处理、统计、分析和绘图的 S 语言代码，为今后处理和分析海量超声波舌体数据提供了可能。

本文的研究结果，确证了超声波技术在发音生理研究中的巨大潜力，确证了发音音系学理论的解释能力，确证了基于数据分析的元音格局理论的普适性、可移植性和解释能力。

现代汉语句法歧义加工的眼动研究

于秒 2011

语言理解是心理语言学研究的重点和热点。句法歧义消解成为探讨句子加工的重要领域。国外围绕语言理解是模块的还是相互作用的，提出很多理论模型，有着很多争论。歧义消解研究绝大多数是以英语为对象，因此，得出的结论不一定能够反映人类语言理解加工的最一般特征。

本文选择汉语中的 3 种句法歧义格式作为研究对象，使用眼动仪实时记录被试阅读歧义语料的眼动轨迹，探讨语义倾向性、语境等因素在句法歧义建构及消解中的作用，分析句法歧义消解的认知机制。文章共分为7章。

第一章绪论。介绍理论背景、研究现状、存在的问题。本文的研究内容、方法及意义。第二章介绍眼动技术。

第三章探讨歧义结构"V+N"（学习文件）的加工情况。研究发现，语义信息在加工早期就会影响偏向型的歧义结构的加工，结论支持制约模型。在增加前语境的条件下，均衡型歧义结构的语义倾向性消失，两种意义都得到激活，结论支持混合模型。均衡型歧义结构实际上是按照定中关系义加工的。

第四章研究"V+N1+的+N2"（关心学校的老师）的加工情况。结果发现，语义和语境信息影响歧义结构的早期加工，支持制约模型。增加前语境之后，均衡型歧义结构的歧义效应消失，两种意义激活程度接近，支持混合模型。文章从动词的语义特征，名词2的生命度及认知主体突显和两个名词的概念距离等角度，对语义倾向性进行分析和解释，认为均衡型歧义结构实际上按照定中关系义加工的原因是两个名词之间的概念距离较远。根据邻接原则，动词和名词1率先组合，符合认知的经济性原则。

第五章分析"Q+N1+的+N2"（两个体院的学生）的加工情况，探讨非限制竞赛模型的解释力。研究发现，歧义结构的加工情况并不支持非限制竞赛模型，而支持短持续竞争模型。对于均衡型歧义结构，在语义倾向性一致的情况下，被试采用邻接原则，将临近的成分组合在一起加工的认知策略。

第六章综合讨论。本文认为语义和语境在句法歧义加工中的作用与歧义结构类型及语境强度有关，不能笼统地归为系列加工或者是并行加工。句法歧义加工是相互作用的。第七章结论。进行总结，包括本文的创新和不足以及未来的研究方向。

普通话言语韵律与呼吸节律的交互关系研究

张锦玉 2011

　　本文的主要研究内容为，通过量化的手段，分析不同状态（平静呼吸、朗读短文、复述短文、自我介绍和歌唱）下呼吸曲线的形状特征、基本类型，并划分出呼吸层次，揭示呼吸单位与韵律单位之间的对应关系。本文使用呼吸带传感器和 Praat、Mini Speech Lab 等仪器、软件，测量了 20 名汉语母语者实验任务中的呼吸和声学过程。测算的生理、声学指标包括：吸气和呼气的时长、幅度和斜率，时长停延率等。分析得出的主要结果如下：

　　1. 平静呼吸。单位时间的呼吸频率较固定。吸气相和呼气相在时间、幅度、斜率的数值上比较接近。性别差异主要表现在呼吸幅度上，男性呼吸量显著大于女性。

　　2. 言语呼吸。分为朗读、复述、自述三种言语活动中的呼吸状态，分析呼吸曲线形状和基本类型、呼吸单位与韵律的对应关系、停延的呼吸特征以及呼吸的性别差异等方面。

　　总的来看，朗读呼吸的规律性最强，呼吸曲线较整齐，与韵律层级的关系最紧密，呈现为不同程度的陡、缓、平形状。呼吸单位可分为呼吸群、呼吸段、呼吸节三级，分别对应于韵律单位中的话语、语调短语、韵律短语三级单位。韵律单位的等级与呼吸参数的大小是正相关的。被试间个体差异和性别差异都很小。

　　自述呼吸的随意性最强，与韵律层级的关系最疏远，呼吸曲线的可预测性大为降低。各呼吸单位间的差异减小，边界模糊，规律性减弱。非正常停延频率高且位置不定，与韵律层级无关。被试间个体差异很大，性别差异多不显著。

　　复述呼吸的状态介于朗读呼吸和自述呼吸之间。总的来说，复述呼吸更接近朗读呼吸，开始出现了一些自述呼吸的特征。性别差异多不显著。

3. 歌唱呼吸。歌唱的旋律群对应于呼吸段落，会打破韵律、语法、语义的影响，出现"跨界"现象。乐谱重复的旋律群之间在呼吸参数上都比较接近，其变化规律基本一致。不同被试的歌唱呼吸模式大致相同。

综上所述，在言语状态下，认知加工难度的提高导致被试对呼吸监控度下降，组织言语的注意程度越高，韵律对呼吸的影响作用越小，呼吸与韵律的关系越疏远。而在歌唱状态下，旋律节奏的规律性较强，影响呼吸作用较大。

汉语名词、动词和动名兼类词语义加工的 ERP 研究

夏全胜 2012

本文通过 ERP 技术和半视野速示技术，对汉语名词、动词、动名兼类词的语义加工进行考察，并且通过进一步匹配动词和动名兼类词的具体性，对语义特征和具体性在语义加工中的作用进行了探讨。通过比较左脑/右视野和右脑/左视野条件下，不同词类加工的表现，对语言加工中的偏侧化现象进行了讨论。主要得到以下结果：

1. 汉语名词、动词作为两个基本词类，在语义加工过程中存在差别。在不区分视野呈现条件下，名词和动词的 P2 和 N400 存在差异；在半视野呈现条件下，名词和动词的 N400 在左脑/右视野和右脑/左视野中都存在差别。名词和动词在语义加工中表现出的差异，一方面是因为名词和动词具有不同的语义特征，另一方面是因为名词和动词在具体性上存在差别。名词、动词的分离不应在形态层面和句法层面上，名词和动词的差别也不是源于具体性的不同。

2. 汉语动名兼类词处于典型名词和典型动词的中间状态，在逐渐具备了名动两种句法功能的同时，其语义也发生了变化，体现出不同于名

词和动词的语义特征。N400 和 LPC 两个成分可以体现这种语义差异，并表现出动名兼类词从动词逐渐向名词发展的语义动态轨迹。同时，动名兼类词与名词和动词的差异还表明，在进入句法位置前，动名兼类词就为能够同时实现名词和动词的句法功能做好了语义上的准备，体现语言的语义层面和句法层面的对应一致性。

3. 具体性变量在语言加工中具有重要作用。在语义加工中，具体性会影响 N400 成分的波幅。但是具体性对于不同词类加工的影响不同，具体名词和抽象名词之间的 N400 差异要大于具体动词和抽象动词之间的 N400 差异，说明具体性对名词加工和表征的影响更为显著。这种差异与名词、动词的语义特征有关，具体性更适合对名词进行分析。

4. 在语言加工中，左脑和右脑之间是分工协作的。在语义加工过程中，左脑主要负责语言的加工，右脑主要负责形象的加工；左脑多是对主要的、单一语义进行加工，右脑多是对广泛的、多个语义进行加工。

5. N400 至少具有两个子成分，一个与语义特征的加工有关，一个与具体性的加工有关。LPC 在词汇判断任务中体现判断的确定性，单义词和多义词加工的差异可以通过 LPC 体现出来。

汉语司法话者分析研究

曹巧玲 2013

本文研究汉语话者特征和语言特征之间的关系。通过综合统计和声学分析，主要就话者所属地域、年龄、身高和语言特征的关系进行了探讨和总结。

论文共 8 章。第一章介绍论文的选题意义、研究方法等。第二章为研究综述，包括司法话者分析的理论基础、国内外研究成果，以及汉语司法话者分析的研究现状和实际应用情况。第三章和第四章分别研究话者所属地域和方言特征、普通话特征的关系。第五章、第六章分别就话者年龄、身高和语音声学特征的关系进行了实验分析。第七章介绍了汉语司法语音查询分析系统和汉语司法话者分析系统的构建。第八章为结语，并指出了下一步的研究方向。

主要研究结果如下：

1. 提炼出一、二级方言语音特征用于话者所属地域划分，并对各方言片、小片的划分标准和地理范围进行了初步总结；统计整理了《汉语方言地图集》中40项语音、词汇、语法特征在99个代表城市的分布情况。

2. 与标准普通话相比，统计分析了东北三省吉林市、沈阳市、延边市、哈尔滨、长春市、大庆市、佳木斯市、大连市、营口市9个代表城市普通话特征的共性和差异。

3. 话者年龄与语音声学参数的关系——音节音长均值、音节平均音强在四个年龄段差异显著，有较强的区分价值；音节基频均值和长时平均功率谱在4个年龄段之间差异较小；共振峰均值则因音素和共振峰峰次而异，其中[i]F3、[i]F4、[y]F3、[y]F4、[ɤ]F3、[a]F1、[a]F2、[m]F3总体上差异显著。

4. 话者身高与语音声学参数的关系——音节基频均值、音节音强均值在3个身高段之间总体差异显著；音节音长均值、长时平均功率谱数据在各身高段无显著差异；共振峰均值也因音素和共振峰峰次而异，其中[y]F1、[y]F3、[y]F4、[ɤ]F1、[ɤ]F3、[u]F1总体上差异显著。

本文的创新之处及实用价值：1. 创建了适合汉语司法语音实践应用的语音检索分析系统，能实现各种条件下的语音文件检索、语音播放和初步的语音声学分析。2. 初步构建了汉语司法话者分析系统，能实现通过对语言特征、声学特征进行选择或描述，检索分析出话者身份特征的可能趋势和分布范围等，为搜寻犯罪嫌疑人提供线索、缩小范围；也能为法庭话者鉴别提供参考。3. 在汉语司法语音领域首次进行了较为系统的研究，使用接近自然口语的语料。

香港粤语语调初探

韩维新 2013

本研究以语调格局理论为基础,通过音高起伏度和时长停延率,对香港粤语4位发音人5种句型(自然焦点陈述句、句首焦点句,句中焦点句、句末焦点句、无标记疑问句)共540个样品句,进行全面分析。根据语调层级的理论,本文对香港粤语不同的语调层级做了细致考察,并与普通话对应句型的语调进行对比,得到二者之间的共性和差别。主要创新点如下:

1. 陈述句句末音节的音高表现是全句语气信息的焦点。数据表明,普通话的句调域、词调域、字调域均比香港粤语跨度大,二者调域的最大值均在句末词调域和句末字调域。

2. 香港粤语舒声调的陈述句四人平均停延率的排序:句末>句首>句中。男性的数据是1.24>1.06>1.00,女性的数据为1.36>1.06>1.00。句末词的末字时长的延长是香港粤语陈述句的又一重要特征。

3. 香港粤语无标记疑问句以句末字音高的提高,调域的扩展,时长的延长来表达疑问语气。不同的声调,疑问语调提高的幅度不同。男性舒声调末字比左边相邻音节的音高提高了43%,女性提高了49.5%。低调值的末字提高的较多,高调值的末字提高的较少。句末字时长的延长是疑问语气的重要标志,6个舒声调句末字的停延率从1.36到1.69均有显著延长。舒声调句末字停延率比前一字音延长了0.54,超过一半。

4. 以自然焦点陈述句为参照。香港粤语舒声调焦点句中焦点词调域的排序:句末焦点>句首焦点>自然焦点>句中焦点(84>75>71>66)。普通话的排序:句首焦点>句中焦点>句末焦点>自然焦点(94>89>77>61)。二者对比有两点差别:(1)香港粤语句末焦点词调域最宽,普通话句首焦点词调域最宽。(2)普通话句首、句中焦点词调域出现最大化扩展，调域大幅度压缩。香港粤语没有这些特征。这一特点与许毅等的研究结论一致。台湾普通话、闽南话，德昂语布雷方言、香港粤语均无焦点后音高骤降的特点，可能与语言类型有关。

香港粤语舒声调焦点句的焦点词末四人平均停延率的排序跟普通话十人平均停延率的排序相同，都是：句末焦点＞句首焦点＞句中焦点＞自然焦点。同类焦点句的时长位次相同，证明同类焦点句具有相同的韵律特征。

汉语普通话声调的听感格局

荣蓉 2013

本文以普通话声调的听感范畴为研究对象。前人研究多以单字调为听感刺激音。本文在前人实验的基础上，考察声调在真词双字组中的听感范畴。实验选取声调最小区别的两个双字组，按目标字（声调不同的字）位次分为前字组（眼花—烟花）和后字组（天险—天仙）；按参照字（声韵调一样的字）的调类分为阴平组、阳平组、上声组、去声组。本文涉及的实验包括阴平—阳平、阴平—去声、阳平—上声、去声—上声、阴平—上声的对比，以及不同时长和雷琴音的听感实验。

阴平—阳平实验确定了阴平和阳平的起点听感边界，阴平—去声实验确定了阴平和去声的终点听感边界，阴平—上声实验确定了两个平调之间的调阶听感边界。基于这三个实验的数据分析，总结并得出阴平调的听感范畴。

去声—上声实验确定了去声和上声调的起点听感边界，阳平—上声实验确定了阳平和上声调的终点听感边界。结合阴平—上声实验结果，本文总结并得到上声调的听感范畴。

同样，阳平调的听感范畴从阴平—阳平实验得到起点边界，从阳平—上声实验得到终点边界；去声调的听感范畴从去声—上声实验得到起点边界，从阴平—去声实验得到终点边界。于是，我们初步得到普通话各声调的听感范畴，并以此为基础总结成为普通话声调的听感格局。

此外，我们在阴平—上声测试中改变时长，得出时长听感分界的影响程度因目标字的位置不同而有差别。我们还以阳平—上声的听感分界实验结果为例，从选词、被试性别、选项呈现顺序、刺激音播放顺序等几个方面的数据表现，考察外部因素对声调听感边界的影响。

另外，我们以阳平—上声的实验为例，对雷琴刺激音与真词刺激音对比实验进行描述和分析。通过对在雷琴音基础上模拟汉语声调的刺激音的听感实验，对比控制了音强与音质因素后的雷琴音实验与之前的真词音实验的结果异同。希望能进一步总结普通话听感的影响因素，并发现更好的、可行的实验方法。

在此基础上，我们总结了汉语声调的听感影响因素。我们认为，除了音高因素之外，汉语普通话声调听感的影响因素还有很多，这些因素对不同调类间感知影响的程度也是各不相同的。

汉语学习者言语韵律与呼吸节律的交互关系研究

王毓钧 2013

本文采用声学实验和生理实验相结合的方法，使用呼吸带传感器和 Praat、Mini Speech Lab 等软件，测量了韩国、日本、美国、泰国的 24 名汉语学习者（12 名男性，12 名女性）实验任务中的声学和呼吸数据。实验任务是朗读短文、复述短文和自我介绍。

本文通过量化的手段，分析不同任务下呼吸曲线的形状特征；比较汉语学习者与汉语母语者在同一任务下言语呼吸上的异同。以下是本文的主要结果。

总体看来，汉语学习者朗读时与韵律层级的关系最紧密。朗读呼吸曲线形状比较整齐，由于受到韵律、语法和语义等的影响，朗读呼吸曲线表现出不同程度的陡升／降、缓升／降、平升／降等形状。朗读时正常停顿的情况多，但也出现了很多非正常停顿。虽然朗读呼吸的规律性最强，但与汉语母语者相比，表现出呼吸节数量多，呼吸曲线不同，出现非正常停顿等特点。

汉语学习者的复述呼吸也受到韵律、语法、语义等的一定影响。复述的呼吸曲线、呼吸特征有自己的特点，曲线的形状渐趋复杂，呼吸单位与韵律单位对应的规律性减弱，被试个体间差异增加，非正常停顿增多等等。跟汉语母语者相比，汉语学习者的曲线更为复杂，可预测性大大减弱，非正常停顿的数量也更多。

汉语学习者自述呼吸的随意性最强，与韵律层级的关系更加疏远，呼吸曲线的样貌趋于复杂，被试个体间差异很大。自述时的呼吸单位边界更加模糊，与韵律单位之间的对应也更加复杂。与汉语母语者相比，汉语学习者的特征表现为：呼吸曲线更加复杂，与韵律层级对应的规律性下降，非正常停顿出现频率高，非正常对应的呼吸曲线形状也多种多样。

综上所述，本文认为，在言语任务下，认知加工难度的增大和不同，导致了汉语学习者对自述和复述的呼吸监控度下降，在组织言语上所耗费的心理资源越多，韵律对呼吸的影响作用也越小，呼吸节律与言语韵律的关系也越疏远。

韩国语语调的音高起伏度研究

金惠成（韩）2015

本研究以全善娥（Sun-ah Jun）的韩国语韵律词音高模式与石锋的语调格局和音高起伏度计算法为研究基础，对四位韩国语首尔话发音人的 8 种韩国语陈述语句与疑问语句语料进行了声学分析。并在此基础上比较了韩国语语调和汉语语调之间的共性与个性。汉语实验部分参考了石锋、王萍、梁磊的研究成果。起伏度分析法研究重点在语句调域、韵律词调域等调域数据以及其音高的最高点与最低点的上下起伏状态。研究结果表明，韩国语首尔话的语调上存在音高下倾趋势与降阶现象。从韩国语的调域宽窄而言，句首词调域最窄、句末词调域最宽，从汉语的调域宽窄而言，句中词调域最窄、句末词调域最宽。

韩国语首尔话词调和语调的音高表现根据每一个韵律词首音节的辅音情况而不同，研究主要结果有：

1. 韩国语陈述句语调，从句末词的音高表现来看，若句末词的首音节以高音开始（词首音节的辅音是[+spread glottis]或者[+constricted glottis]，S1、S3、S5、S7），则句末词调域宽；若句末词的首音节以低音开始（词首音节辅音是[-spread glottis]或者[-constricted glottis]，S2、S4、S6、S8），则句末词调域窄。与此相反，韩国语疑问句语调，若句末词的首音节以高音开始，则句末词调域窄；若句末词的首音节以低音开始，则句末词调域宽。

2. 韩国语陈述句语调和疑问句语调，句首词的调域情况比较相似，若句首词的首音节以高音开始（S1、S2、S3、S4），则句首词调域窄；若句首词的首音节以低音开始（S5、S6、S7、S8），则句首词的调域比以高音开始的句首词调域宽一些。但韩国语语调句首词的调域表现最窄，所以更容易发生个人差异和例外。在韩国语同一个语气之内变更其音高曲线的主要因素是每一个韵律词首音节的辅音状态（词首音节辅音上，有无喉的特征）。有时，各韵律词的音节数等因素也会影响到起伏的格式。研究显示出分析音高起伏度的方法是语调量化分析的重要指标。

基于排比句朗读的言语呼吸韵律研究

张金爽 2015

研究语调和呼吸的关系可以揭示言语呼吸奥秘，探索语言生理机制。本文采用实验语言学方法，使用 MP150 呼吸带传感器、麦克风、调音台、Praat 等仪器、软件，录制呼吸信号和语音信号，用 Matlab 软件编写的"言语呼吸韵律平台"、Mini Speech Lab 等进行数据切分和提取。语调量化指标包括：调域、起伏度、停延率、音量比，呼气量化指标包括：呼气度和呼气斜率。本文的语料分为句内排比句和句际排比句两个部分，对 10 名北京发音人（5 男 5 女）的平静呼吸参数和朗读时呼吸、语调参数进行测量和分析。另加入声母和韵母的呼气分析。

本文主要内容：句内排比句朗读的言语呼吸特征，句际排比句朗读的言语呼吸特征和句内、句际排比句朗读的对比研究三个部分。下面是主要结论：

呼气特征方面：1. 排比句朗读时呼气速度都低于平静呼气，有送气声母、鼻音韵母或在韵律边界处可能有例外。2. 朗读时呼气度主要根据排比句的语法结构、韵律节奏、语义重音等进行调节。3. 在排比部分的呼气参数形成统一的循环模式复现，体现排比句的特点。4. 两类排比句在句中不同位置显示出不同的特点。5. 在呼气速度方面的性别差别较大，女声比男声表现稳定。

语调特征方面：1. 排比句与普通陈述句的语调都有音高下倾。2. 语调参数在排比部分形成循环模式的复现，体现排比句特征。3. 两类排比句焦点位置不同，各语调参数中音强差别最大。4. 各个韵律层级中音长的变化是最稳定的，调域上线与音长、音强的关系最紧密。5. 两类排比句焦点调和边界调显示出不同的特点。6. 除音强外，语调的性别差别不大，女声比男声表现稳定。

语调和呼气关系方面：1. 呼气度和语调参数的关系最密切；2. 语调停延率和呼气参数的关系最紧密；3. 调域上线和呼气参数的关系最紧密；4. 句内排比句的韵律短语的语调和呼气关系表现最稳定，句际排比句的小句语调和呼气关系表现最稳定。5. 句内排比句提挈语的语调和呼气关系比句际排比句的提挈语表现稳定。6. 排比部分的语调音高、音长和呼气关系形成相同的循环模式。7. 在焦点调和边界调的作用下，各部分参数关系表现各有特点。8. 性别差异主要在音强和呼气速度方面。

韩国留学生汉语语调习得研究

金智恩（韩）2016

　　本文采用语音实验的方法，基于语调格局的研究思路，考察了 12 名以韩语为第一语言的学习者的汉语陈述句、疑问句以及强调焦点句语调的习得表现。文章通过对比汉语母语者和韩国留学生语调的音高表现，将两者差异不显著的部分视为已习得，差异显著的部分视为未习得，从性别和水平两个维度对中高级不同水平的韩国留学生汉语语调的习得情况进行了详细考察。全文一共分为 5 章。第一章绪论部分主要介绍了已有汉语语调研究以及本文所使用的理论框架和研究方法。第二章到第四章依次考察了韩国留学生汉语陈述句、疑问句及强调焦点句语调的习得表现。考察内容包括句调域、词调域、字调域、起伏度以及字调在语调中的表现。疑问句和强调焦点句部分还与陈述句语调音高表现进行对比，对其韵律特征进行描述。第五章总结了韩国留学生汉语语调习得过程中的不同表现及习得难点，讨论了第二语言教学中语调教学的重要性，并提出了相应的教学策略。

汉语普通话基础元音的听感格局

刘掌才　2016

　　本文通过一系列听感实验分别考察了不同语境中（单字音、双字音）普通话基础元音的听感边界状态，并进一步考察了影响听感边界的语言学和非语言学因素。

　　本文的主要结论和创新点如下：

1. 通过对单字音实验的考察，初步得出各基础元音的听感空间。综合各实验的听感边界，同时结合"合理推测"和"相关实验证据"两个原则，得出了七个基础元音/i/、/y/、/u/、/ə/、/a/、/ɣ/和/ɤ/的听感范畴，并最终勾勒出普通话基础元音的孤立感知格局。通过孤立感知格局与声学格局的对比，找到了二者在分布上的一致性。

2. 通过双字音实验的考察，综合各实验的听感结果，初步得出/i/、/y/、/u/、/ə/、/a/五个基础元音的听感范畴，并最终得出普通话基础元音的连续感知格局。通过与基础元音声学格局的对比，发现二者在主体分布上同样有很好的对应，但是相对于声学空间的确定性，各基础元音的听感空间具有更大的波动性。

3. 对孤立感知格局和连续感知格局进行了比较、分析，得出普通话基础元音听感格局的基本特征：总体分布上听感格局与声学格局有很好的对应；听感格局中顶点元音的主体分布较非顶点元音分散；中元音/ə/听感空间的分散程度在所有基础元音中最大。

4. 初步考察影响听感边界的语言学因素（调类、目标字的前后位置）和非语言学因素（测试界面正反序、性别）。结合单、双字音实验的总体情况，语言因素中调类对听感边界有显著影响，而目标字的前、后位置以及非语言学因素测试界面和性别等对听感边界影响都不显著。

5. /a/-/ə/-/u/和/i/-/ə/-/a/两个三选实验的结果显示：/a/-/ə/-/u/实验中被试能很好地感知到元音/ə/的过渡，而在/i/-/ə/-/a/实验中，/ə/的辨认率极低且不规则。

实验表明，元音/ə/听感空间的主体分布属于央偏后，处于/a/-/u/连线的过渡地带，这与其声学表现是一致的。此外，本研究在理论基础与研究方法上都有诸多的创新和突破。理论基础上，"元音听感格局"是对语音格局理论的丰富和拓展；研究方法上，灵活采用"线性测试法"和"矩形测试法"解决了刺激音合成中变量不一的问题，字表的设置上，区分单字音和双字音，分层次、成系统地考察了孤立感知格局和连续感知格局，并最终得出了普通话基础元音的听感格局。

现代汉语感叹语调实验研究

邓文靖 2016

论文通过语音实验探讨了三类感叹句的语调特点：带有句法标记的句类感叹句、不带句法标记的语用感叹句、叹词句。论文的主要分析内容和结论如下：

1. 感叹句的语气调、焦点调和情感调特征：全句音长最长，句末语气词时长最长、调域最宽，音高下线大幅度下延。此外，情感调和焦点调主要表现在强重音、音阶高低、音域宽窄，以及音高上线下倾幅度等方面。高兴感叹句的音阶高、音域宽。句类感叹句主要实现手段是抬高感叹中心的音高上线；语用感叹句主要实现手段是抬高全句音阶，尤其是全句音高上线。悲伤感叹句的音长加长。句类感叹句主要实现手段是延长副词（指示程度）的时长；语用感叹句主要是增加主语和谓语的时长和音量。

2. 焦点结构位置影响句调轮廓：焦点结构"程度指示词+感叹中心"形成了一个语调模块，充当不同的句子成分时，基本特征不变，却使整体的语调轮廓发生改变。

3. 感叹标记词"多"和疑问副词"多"的语音关联：副词"多"在疑问句中，音高凸显，这使它与句类感叹句语调相似，而与疑问句语调不同，这也许是疑问副词"多"能够演化为感叹标记词的语音基础。

4. 感叹词音高是语调而不是声调：感叹词音高变化丰富，多种特征与情感意义直接关联，这超出了声调的规定类型，形成鲜明对比。感叹词音高的本质是语调，"叹词句"的称谓更能体现它的本质特点。

5. 叹词句和后续句语调的共时和历时关联：叹词句和后续句的语调具有共时协同关系。悲伤情感叹句和后续句语调特征都是降、中音阶，时长最长；高兴情感叹词句和后续句是降、半高音阶，时长较长；表惊问和追问的叹词句和后续句均为升、高音阶，时长最短，且音域范围高度一致。疑问叹词的高升特征和感叹叹词的低降、长特征，具有原生性交际优势，不仅在共时层面影响后续句语调，还可能在历时层面诱发疑问句和感叹句的语调特征形成。

  论文的创新有 4 点：1. 采用停延率、音量比、调域比、高音点落差、调阶和斜率，多角度分析语调特征。2. 对语调特征进行量化分析。3. 通过比较多组同型句，离析出感叹句的语气调、焦点调和情感调各自的实现手段。4. 运用平均值和标准差，探讨句调模式。

阿拉伯语陈述句、疑问句及焦点句语调的实验研究

Wafaa Bahaaeldin Nematalla Ahmed Darwish 娃发（埃及）2017

  在中国的众多语调研究中，有关英、韩、日等语言的语调研究有很多。可截至目前，有关阿拉伯语的研究都集中在语法层面和词汇层面，而不重视语音方面的研究，特别是阿拉伯语的语调，完全被忽略了。

  本文根据石锋教授提出的"语调格局"的思路，利用石锋教授提出的语调起伏度的研究方法，使用 Cool Edit Pro 录音软件和 Mini Speech Lab 语音分析软件，首先对阿拉伯语陈述句、特指疑问句、语调疑问句以及强调焦点句语句调域、调群调域和调群之间的起伏度表现进行了系统性的定量、定性的描述及分析，并对于实验的语句的调域、调群以及这两者之间的起伏度特征进行了探讨。

  全文一共分为 7 章。第一章为绪论部分，第二章到第六章考察阿拉伯语语音和阿拉伯语陈述句、疑问句以及强调焦点句语调的表现，第七章是全文的总结。第一章绪论部分主要介绍了已有汉语语调研究以及本文所使用的理论框架和研究方法。第二章分析对比了阿拉伯语和汉语，针对阿拉伯语与汉语的异同点进行研究，特别是对阿拉伯语与汉语的语音进行对比研究，为学习汉语的阿拉伯学生提供了有益帮助。第三章到

第六章依次考察了阿拉伯语陈述句、特指疑问、语调疑问句及强调焦点句语调的表现。考察内容包括句调域、词调域以及起伏度的表现。疑问句和强调焦点句部分还与陈述句语调音高表现进行对比，对其韵律特征进行描述。第七章总结了阿拉伯语语调的不同表现，对比阿拉伯语语调跟汉语语调的相同点和不同点，在此基础上提出了阿拉伯语学生在习得汉语时语调方面存在的主要问题，以及中国学生在习得阿拉伯语时语调方面存在的主要问题，并提出了相应的教学策略。笔者希望今后研究者继续就阿拉伯语其他句式，如祈使句、感叹句等以及语调与重音、节奏和句法结构之间的关系等课题做进一步探讨。

汉语颜色词的生成与发展——以重叠形式颜色词为中心

沈相淳（韩）2017

　　本文是关于汉语重叠形式颜色词的生成与发展的研究，以西周至晚清不同历史时段代表性文献为语料，采用语音、语义、语法、句法、语用五个平面相结合，共时与历时相结合，句法场分析、统计分析与全面描写相结合等研究方法，对汉语重叠形式颜色词的生成与发展进行了系统的研究，考察了汉语双音节颜色词与重叠式颜色词的有机关系、汉语颜色词的原生重叠与后生重叠的有机关系、汉语重叠式颜色词的产生路径、汉语重叠式颜色词的生成与发展的动因，探讨了汉语重叠式颜色词的生成与发展的机制，总结了汉语重叠式颜色词生成与发展的规律，描写了汉语重叠式颜色词的生成与发展的共时状况与历时面貌。本文从 AB/BA 式组合结构的词汇化、AB/BA 式颜色词的形态变化、非颜色语素的 AA 式重叠词的形态变化、非颜色语素的 AA 式重叠词的语法化、非颜色语素的 AA 式重叠词的音缀化、双声叠韵的形态变化、变声变韵的词缀化七个方面考察了汉语重叠式颜色词的生成与发展；从非颜色语素的 AA 式重叠词与重叠式颜色词的语义转化、非颜色语素的 AA 式重叠词与重叠式颜色词的语义繁化、非颜色语素的 AA 式重叠词与重叠式颜色词的语义泛化、重叠式颜色词的语义专化四个方面研究了汉语重叠式颜色词的语义变化体系；从非颜色语素的 AA 式重叠词的语义指向变化、A+BB 式颜色词的内部结构变化两个方面建立了 ABB 式颜色词的发展模式，即"始发重叠→过渡重叠→目的重叠"；从 ABB 式颜色词转化为 ABC 式颜色词的形态变化、ABC 式颜色词转化为 ABB 式颜色词的形态变化两个方面研究了词汇扩散过程；采用统计分析法探讨了重叠式颜色词的量变与质变的关系。

本文的研究意义与价值在于，厘清了众多有关颜色词的重叠形式的来龙去脉，以有助于全面认识理解汉语重叠形式颜色词的演化脉络。在前贤的丰硕成果的基础上，我们能够发现汉语颜色词的演变现象，即句法结构的词汇化、音节的复音化、实词的语法化和词汇的生动化，受益匪浅。除了这些之外，重叠形式颜色词中的方言口语音变现象给我们很好地说明词汇扩散的动态现象，在不同语境里不断产生和变化的语境义与由此伴随的结构变化呈现出颜色词的演变和适应产生了一个复杂系统。

朝鲜族英语学习者英语语调研究

郑晓杰 2017

本文以"语调格局"为理论框架，以音高为最基本的声学参数，对两组朝鲜族英语学习者（高水平组 4 名和低水平组 4 名）英语单调群和双调群共 4 种语气的句子进行了考察；从语句调域、调群调域、音步调域和语句内各韵律单位之间的起伏变化几个方面，描述了朝鲜族英语学习者各语气语句的语调特点；并通过与英语母语者的语句调域、语调格局图的总体分布情况及音高线的分布情况进行对比，总结了朝鲜族英语学习者的英语语调特征；又通过与以汉语为母语的中国学习者的简单对比，进一步了解朝鲜族学习者与仅受汉语母语影响的中国学生在英语语调上的异同。

作为特殊的英语学习群体，朝鲜族英语学习者在双语，即母语朝鲜语和第二语言汉语的共同影响下习得英语语调，具有一定的特殊性。本研究将有助于进一步了解学习者在双语环境下英语语调的习得特点，并能有效地指导英语语调教学。研究表明无论是高水平组还是低水平组，朝鲜族学习者在各个层面都表现出了与英语母语者的不同之处，相似之处甚少。首先，朝鲜族英语学习者的英语陈述句的语句调域最小，这与英语母语者一致；但是其他语气语句的语句调域并没有形成一致的大小规律，且并没有像英语母语者那样，随着语句的延长而出现语句调域增加的情况。其次，朝鲜族学习者同汉语为母语的中国学生一样，都倾向于通过大幅度扩展句末调群调域来实现不同语气，很少使用抬高音高上线的手段。再次，朝鲜族学习者的音步规律性不及英语母语者和以汉语为母语的中国学生。最后，朝鲜族学习者语调格局内音高线的分布也不同于英语母语者；音高上线区分语气的功能不适用于朝鲜族学习者；音高中线与英语母语者接近，但是其他语气语句的音高中线则没有彼此独立的空间分布，都集中在语调格局的中间位置。朝鲜族学习者对英语各语气语调的掌握程度并没有随着学习年限的增长而更加接近英语母语者。

留学生汉语"洋腔洋调"的实验研究——以泰韩日留学生为例

阎锦婷 2017

本文基于"语调格局"的理论框架，选取了母语分别为声调语言（泰语）、语调语言（韩语）及音高重音语言（日语）的学汉语的学生，录制其汉语陈述语句和疑问语句的发音作为实验材料，使用起伏度、停延率、音量比的计算方法，研究其"洋腔洋调"的表现。

全文共 12 章。第一章为绪论，第十二章为结语。正文主要分两大部分：留学生汉语陈述句的"洋腔洋调"和疑问句的"洋腔洋调"。首先分别探讨泰韩日留学生汉语语句的声调和语调偏误表现；然后对全体留学生汉语语句"洋腔洋调"的表现进行对比分析，提取共性特征，找出群体性特点。

本文发现：留学生汉语陈述句中，字调域是"洋腔洋调"的主要起因，受母语背景的影响，泰韩日学生的偏误表现各不相同却有内在统一性。音高下倾的特征留学生均已基本掌握；"洋腔洋调"主要表现在停延率和音量比方面，泰国学生的表现相对较好；在单音动词位置避免大幅停延，缩短与后接宾语的时长，减少拖音现象等是留学生说汉语时应注意的问题。留学生汉语疑问句中，除字调域外，词调域也是"洋腔洋调"的重要起因，泰韩日学生句末词调域均未实现最大化扩展；音高起伏程度和母语者不同，日本学生句末词调域上线与母语者差距最大，疑问语气偏弱；留学生汉语疑问句偏误整体较多。

字序的韵律匹配是本文的创新，分为单项互匹配和跨项自匹配两种。使用统计分析的方法，在起伏度、停延率、音量比 3 项数据中，每次在同一母语发音人的不同字序之间选择其中的一项进行分析，考察其匹配模式，称为"单项互匹配"；将起伏度、停延率、音量比 3 项数据放在一起，每次在不同母语发音人的同一字序上进行分析，称为"跨项自匹配"。韵律匹配的结果表明句首字、句中韵律词首字和单音动词是留学生汉语陈述句中出现"洋腔洋调"的主要位置，这些位置的字音与其他字音之间的匹配关系构成了留学生和母语者在陈述句停延率和音量比上的主要差异；单音动词和韵律词末尾位置是留学生汉语疑问句出现"洋腔洋调"的主要位置，这些位置的字音与其他字音之间的匹配关系构成了留学生和母语者在疑问句起伏度、停延率和音量比上的主要差异。字序的韵律匹配是评估语调发音自然度和流畅度的新指标。

美式英语语调实验分析研究

Jonathan Sieg 许子恒（美）2018

本研究在"语调格局"理论的框架内，对美式英语的语调进行了实验分析。本文从以下3个方面进行：一、美式英语语调的声学表现分析；二、美式英语与英式英语语调声学特征的对比；三、英语母语者与中国学习者英语语调声学特征的对比。这三个方面的分析结果如下：

1. 对美式英语的重音位置、词位置、音节位置、音节数、调群数和语气这六个声学表现的分析得到：（1）陈述句中的词首非重音音节和词末重音音节的调域比较宽，所以右重词的词调域宽于左重词的词调域；（2）疑问句中的非重音音节调域加宽的程度和上线起伏的变化（以提升为主）都比重音音节的大；（3）疑问句中的词末音节音长缩短的程度大于其他位置音节的音长缩短程度；（4）双调群疑问句中第二调群的重音音节表现出了上线的提升和音长的加长，跟第一调群中的重音音节表现得正相反。

2. 对美式英语与英式英语的语调声学特征的对比得到：（1）美式英语的平均句、词调域都宽于英式英语的平均句、词调域，并且在陈述句中，美式英语的平均词上、下线起伏的幅度大于英式英语的平均词上、下线起伏的幅度；（2）两种英语变体之间最大的差异在疑问句的起伏度上，即美式英语疑问句的语调表现为句中的降调和句末的升调，而英式英语疑问句的语调表现为句中的高平调和句末的降升调。

3. 对英语母语者与中国学习者的英语语调声学特征的对比得到：（1）中国学习者的平均词调域窄于美国发音人的平均词调域；（2）中国学习者的疑问句起伏度和英国发音人的疑问句起伏度相比有比较明显的差异。针对中国学习者语调方面的错误，本论文的作者推荐使用以语法功能为主的教学方法，具体的教学策略为：（1）老师可以强调英语的重音和节奏性质，指导学习者通过多种连续言语的练习活动改正过窄的词调域；（2）老师可以强调英语中各疑问句类型所对应的调型，指导学习者通过多种包含疑问句的对话练习改正学习者不标准的疑问句起伏度。

本文得出了以下结论：1. 美式英语中的韵律功能和语法功能表现了比较复杂、多样性的声学特征；2. 美式、英式英语疑问句调型之间的差异表明，确认各语言中语调功能与对应的语调模式的重要性；3. 中国学习者语调方面的错误能够通过比较全面的语调教学方法得到有效的改正。

马来西亚华语陈述句和疑问句语调的初步实验研究

叶佩诗（马来西亚）2018

本文基于"语调格局"的理论框架，选取 20 位以马来西亚华语为母语的华裔青年，录制其华语陈述句和疑问句的发音作为实验材料，使用起伏度、停延率、音量比的计算方法，初步描写和研究马来西亚华语语调的表现。

全文共 10 章。第一章为绪论，第十章为结语。正文主要分两大部分：华语陈述句和疑问句的语调描写。两部分都是首先分别探讨普通组（一般普通人）和播音组（播音员）华语语句的声调和语调表现，将两组发音人的实验数据进行对照比较，再对全体发音人的语调表现进行对比分析，尝试找出共性特征及归纳群体性特点。

主要发现：从句调域、词调域的升降趋势来看，陈述句的语调音高表现为音高下倾，疑问句则为调域扩展。整体而言，约 70% 发音人的陈述句特征表现为句调域句首词上线最高同时句末词下线最低；仅 30% 发音人的疑问句特征表现了句调域句末词上线最高同时句末词下线最低，但 75% 发音人表现了疑问句句末词调域跨度最大。

结合陈述句、疑问句的表现来看，句末下降的趋势掌握得理想，句中和句首的表现则较游移，调域动态主要在上线，下线较受限制。句中词调域为句首、句末词调域之间的过渡调节要素，对表达语气有辅助作用，马来西亚发音人大多在这过渡环节把握失序，对句中词调域跨度的调节能力较弱。发音人以上线的调整为主，下线的调节能力较弱。上限的调节变化和语义的加强相关，下限的调节变化和节奏结构的完整性相关。由此看来，是语调的节律感较弱。

停延率倾向于三音节人名中字和单音动词字音的延长，而音量比最大值则出现在三音节人名末字，单音动词亦有所增强。整体表现显示了语句中以句首词（即主语）为重音的趋势，同时发音人多有不自觉地强调单音动词的倾向。在字调域中，调型的维持能力较弱，升降的把握也不稳定，以阴平和去声的表现较为稳定，而阳平和上声相异的动态情况较多。

综上所述，播音员和普通人因是否接受过口语语音训练而有明显的差异。但整体来看，两者间的共性亦很强，尤其是在停延率和音量比方面。概言之，一般播音员接受的语音培训，主要是修正了音高方面的部分发音问题。

汉语普通话声调大样本实验研究

张妍 2018

本文基于"语音格局"的理论框架，选取 50 位北京发音人的语音样本作为实验材料，采用 T 值、停延率、音量比的计算方法，对普通话声调音高、音长、音强的实际表现进行了全方位的考察。

全文共 8 章。第一章为绪论，第八章为结语。正文主要分三大部分：普通话单字音声调音高特征的总体分析、分组统计分析，音长分析和音强分析；普通话双字组、三字组、四字组声调的音高、音长、音强统计分析；普通话单字音、双字组、三字组、四字组声调的音高、音长、音强表现对比分析，普通话声调音高、音长和音强的语音特征表现模式总结。本文得到的主要结论有：

1. 音高方面：单字音中声调音高的总体分析证实稳态段和动态段的存在。分组统计分析结果显示，发音人家庭语言背景对普通话声调音高的内部一致性产生影响，老北京人的普通话内部一致性比新北京人低。元音类型对普通话声调音高的影响主要体现在普通话四个声调的稳态段，高元音/i/和/u/比低元音/ɑ/的声调曲线高，在动态段的差异不明显。多字组音高内部存在降阶现象。

2. 音长方面：从性别类型来看，在多字组中普通话声调的音长表现为男性发音人倾向于延长多字组的前半部分音节时长，而女性发音人则更倾向于拖长后半部分音节时长。音节时长随音节数目的增大而缩短，但时长变化的比例并不相同。

3. 音强方面：普通话声调的音强也存在"音节数效应"，音节越多，幅度积越小。单字音里上声在普通话四个声调中音强最弱，但音长最长。停延率与音量比之间不一定成正比的关系。

总体来看，普通话 4 个声调在音高、音长和音强 3 个语音特征方面各有所长，互为补充。在多字组中，语法类型对音长和音强有影响。动宾结构的首音节无论在音长还是音强方面都要比其他语法结构的音长和音强更长、更强。

巴基斯坦汉语教学研究

Azeem Aftab 大山（巴基斯坦）2019

为了更加全面、深入地了解巴基斯坦汉语教学的现状，促进汉语教育朝着更稳健的方向发展。笔者通过回顾汉语教学在巴基斯坦的历史与发展进程，以本人在巴基斯坦大学、国立现代语言大学、伊斯兰堡孔子学院和巴基斯坦中小学教学点的实践经验和访谈记录内容为基础，再结合专家访谈、问卷调查以及课堂考察等形式，针对学生、师资、教材、课程设置以及教学方法这五个部分进行考察，分析学生构成、师资队伍、教材配置、教学方法、教具改善、中巴教师合作和教师培训的情况，从而剖析巴基斯坦汉语教学目前存在的问题，寻求适宜的解决方法。

整体而言，巴基斯坦汉语教学存在的问题主要有如下 9 个方面：1. 汉语教学点分区不平衡；2. 汉语学习环境不够好；3. 汉语课程设置不合理；4. 汉语教材匮乏；5. 汉语教师人数缺乏；6. 教学方法单一；7. 教师业务培训不足；8. 教学设施陈旧；9. 汉语推广方面的问题。因此，为了全方位和从整体上提高巴基斯坦的汉语教学，巴基斯坦要根据本国教育特点、学生实际情况，制定合理科学的教学方案。相应的解决策略包括：改善教学方法，加强汉语师资建设，完善课程设置，编写本土化的汉语教材，提高汉语教学的现代化水平。

全文共分为 5 章：

第一章：绪论。阐述选题意义和重要性、研究目的和意义、国内外研究现状、研究成果、研究目标和方法、研究思路和论文的框架。

第二章：巴基斯坦汉语教学的起源及发展历程。第一节，探讨汉语教育在巴基斯坦国内的兴起及发展过程，以及巴基斯坦国内高等院校、中小学汉语课程的开设历程及孔子学院在巴基斯坦国内的兴起和发展，梳理汉语教学在巴基斯坦的发展历程。第二节：国立现代语言大学的汉语教学发展，分别就该校汉语教育的历史、进展、课程设置分配、课程内容、课堂教学情况和教师水平进行了分析，并且通过实验考察了巴基斯坦汉语学习者单字调的声学表现，找出其偏误。

第三章：巴基斯坦汉语教学现状的调查与结果分析。就学生、师资、教材、课程设置以及教学方法这 5 个部分开展调查，并根据结果做出详细的分析。

第四章：分析巴基斯坦汉语教学存在的问题，并提出相应的教学策略。

第五章：总结全文。

第二语言学习者汉字习得的脑机制

徐洪凯

本项目为纵向追踪研究,分别在 4 个时间节点对零基础的母语为拼音文字系统的汉语二语学习者进行多方面考察,测试时间分别是接受正式的汉语课堂教学后的 1 个月 (t1),2.5 个月 (t2),8 个月 (t3),20 个月 (t4)。包括 3 次磁共振 (t1,t3 和 t4),1 次 ERP 脑电实验 (t2) 和 4 次行为实验(每个阶段都对应 1 次)。汉语母语者作为参照,只收集 1 次磁共振数据和 1 次脑电数据。

实验一:前后测设计的功能磁共振实验(前测 t1,后测 t3),实验任务为字形判断,包括真字、假字和非字条件,考察汉字正字法意识的发展并探讨字形加工的脑机制。

实验二:前后测设计的功能磁共振实验(前测 t3,后测 t4),实验任务为同音字判断,考察汉字阅读中形音转换的发展及其脑机制。

实验三:脑电实验,实验任务为内隐的颜色判断任务 (t2),包含了更多条件的视觉刺激对比,包括粗糙调谐和精细调谐,在 t1 和 t3 中间时间点进一步考察字形加工的特点,并根据相应的脑指标(ERP 和磁共振数据结果)对日后汉语习得水平如识字量等进行预测。

实验四:纵向设计的结构磁共振实验 (t1,t3,t4),考察随着汉语学习经验的增长,留学生大脑结构的重塑。

本研究的创新性有以下几点:首先,被试在实验开始阶段为大一新生且二语水平为零起点,能够有效控制不同被试之间由于汉语二语习得年龄和熟练度不同造成的混淆,并可以发现一些在语言习得初期的脑机制特点,更好地对未来语言能力进行预测。其次,相比实验室短期训练的方式,在目的语国家的正式课堂学习更具有生态效度,如接触的语言知识真实存在,语言知识相对系统等,更能反应语言教学带来的行为及大脑变化。此外,研究采用纵向设计,相较于横向对比,统计上精细度更高,能够揭示不同指标随时间的变化规律。此外,由于脑成像和脑电技术在空间分辨率和时间分辨率上各有所长,采集多模态的数据,使得不同指标之间能够互补。

普通话不同类型轻声的超音段特征:从声调到轻声

黄靖雯

  本文从声学实验和感知实验两大角度入手,研究普通话不同类型轻声的情况。研究分为普通话轻声音高、音长和音强的语音特征表现和音高、音长、音强在普通话轻声感知中的作用。
  声学实验是普通话轻声特征研究的基础,以声调格局和语调格局为指导,分别探索不同类型轻声在轻声双音节孤立词和轻声实验句中轻声的语音特征,考察不同类型轻声在孤立词情况下的表现,同时还考察轻声位于自然语流中不同位置、不同信息结构情况下的表现,有利于全面、立体地了解轻声的语音面貌。
  感知实验以修改语音刺激中的音高、音长和音强为手段,探讨区别语义轻声词对中轻声和相应非轻声之间的感知范畴边界,并通过考察区别语义轻声词对、可轻声可不轻声词对和习惯性轻声词[①]对的目标词与

---

  ① 习惯性轻声词,指的是《现代汉语词典》(第7版)中标记为轻声的非功能性轻声词,音节有本调,人们在平时口语交流中将其说为轻声,若说为本调,虽然可能不影响词汇意义,但是会影响词语的自然度和可懂度,从而可能影响听话人的理解。
  可轻声可不轻声词,指的是《现代汉语词典》(第7版)中标有声调也同时标为轻声的双音节词,音节本身有声调,人们在平时口语交流中可以说为轻声,也可以说其本调,并不影响词汇意义。
  区别语义轻声词,指的是《现代汉语词典》(第7版)中标为轻声的功能性轻声词,音节有本调,但若在交流中使用其原来的声调就会改变词义或者词性。实验在设计区别语义轻声词的同时,还选择了与之底层声调相同的非轻声词构成区别语义轻声词对(轻声词-非轻声词),二者只有末音节表层声调不同,一个为轻声,一个为非轻声,两词因为表层声调不同而语义不同或者词性不同。
  以区别语义轻声词对为准,词对中轻声词和非轻声词相对应,表示不同的词义,因而也将可轻声可不轻声词和习惯性轻声词分别设计成轻声词与非轻声词相对应的情况,以适应实验需求。

实验句的语义是否一致的方式，以 N400 的波幅大小来确定相应词对在轻声与非轻声之间游移的合理性，从而辅助声学实验结果以进一步证明从声调到轻声之间是否有明显的边界范围。

注：徐洪凯与黄靖雯两位博士仍为在读博士，学位论文尚未定稿答辩，故将开题报告附于此。

附录：石锋著书目录

1.（1990）《语音学探微》，北京大学出版社。
2.（1994a）《语音丛稿》（石锋、廖荣蓉合著），北京语言学院出版社。
3.（1994b）《海外中国语言学研究》（主编），语文出版社。
4.（1995）《汉语研究在海外》（主编），北京语言学院出版社。
5.（1999）《中国语言学的新拓展——王士元先生65华诞庆祝文集》（石锋、潘悟云主编），香港城市大学出版社。
6.（2004a）《二十世纪的中国语音学》（焦立为、冉启斌、石锋合著），书海出版社。
7.（2004b）《乐在其中——王士元先生70华诞庆祝文集》（石锋、沈钟伟主编），南开大学出版社。
8.（2006）《汉藏语言研究》（赵嘉文、石锋、和少英编），民族出版社。
9.（2008）《语音格局——语音学与音系学的交汇点》，商务印书馆。
10.（2009）《实验音系学探索》，北京大学出版社。
11.（2010）《汉语教学谈》（石锋、施向东主编），南开大学出版社。
12.（2012）《语音平面实验录》，北京语言大学出版社。
13.（2013a）《语调格局—实验语言学的奠基石》，商务印书馆。
14.（2013b）《大江东去——王士元先生80华诞庆祝文集》（石锋、彭刚主编），香港城市大学出版社。
15.（2013c）《秋叶集》，南开大学出版社。
16.（2016）《汉语语音习得研究》（温宝莹、邓丹、石锋），南开大学出版社。

17.（2017）《实验语言学初探》（石锋、夏全胜、于秒、张锦玉），中国社会科学出版社。

18.（2017）《汉语功能语调研究》（石锋、王萍），北京语言大学出版社。

19.（2019）《听感格局——汉语语音感知特征初探》，商务印书馆。

20.（将出版）《韵律格局——语音跟语义、语法、语用的结合》，商务印书馆。

21.（将出版）《普通话语音实验录》，中国社会科学出版社。

译作：

1.（2001）王士元《语言的探索》（石锋等译），北京语言文化大学出版社。

2.（2019）拉波夫《语言变化原理：内部因素》（石锋、郭嘉译），商务印书馆。

3.（将出版）拉波夫《语言变化原理：社会因素》（石锋、魏芳、温宝莹译），商务印书馆。

4.（将出版）拉波夫《语言变化原理：认知与文化因素》（石锋、于辉、苏珩骅译），商务印书馆。

丛书：

1.（2010、2014）《语言学文选》（石锋、张洪明主编）第一辑、第二辑，世界图书出版公司（北京）。

2.（2011、2013）《语言学译林》（石锋、张洪明主编）第一辑、第二辑，世界图书出版公司（北京）。

* 以上著作目录收录时间截至2019年9月